财政部规划教材

# 管理学基础

Fundamentals of Management

张小红　成思思　主　编
白瑗峥　成文章　温　瑶　副主编

中国财经出版传媒集团

经济科学出版社
Economic Science Press

图书在版编目（CIP）数据

管理学基础 / 张小红，成思思主编 . —北京：经济科学出版社，2020.2

财政部规划教材

ISBN 978 - 7 - 5218 - 1335 - 7

Ⅰ.①管… Ⅱ.①张…②成… Ⅲ.①管理学 - 高等学校 - 教材 Ⅳ.①C93

中国版本图书馆 CIP 数据核字（2020）第 024900 号

责任编辑：杜　鹏　常家凤
责任校对：王苗苗
责任印制：邱　天

## 管理学基础

张小红　成思思　主　编
白瑷峥　成文章　温　瑶　副主编
经济科学出版社出版、发行　新华书店经销
社址：北京市海淀区阜成路甲 28 号　邮编：100142
编辑部电话：010 - 88191441　发行部电话：010 - 88191522
网址：www.esp.com.cn
电子邮箱：esp_bj@163.com
天猫网店：经济科学出版社旗舰店
网址：http://jjkxcbs.tmall.com
固安华明印业有限公司印装
787×1092　16 开　24.5 印张　530000 字
2020 年 6 月第 1 版　2020 年 6 月第 1 次印刷
印数：0001—4000 册
ISBN 978 - 7 - 5218 - 1335 - 7　定价：56.00 元
(图书出现印装问题，本社负责调换。电话：010 - 88191510)
(版权所有　侵权必究　打击盗版　举报热线：010 - 88191661
QQ：2242791300　营销中心电话：010 - 88191537
电子邮箱：dbts@esp.com.cn）

# 前 言
## INTRODUCTION

历史经验表明，一个国家要想繁荣富强，一个组织要想发展壮大，一定要把管理工作做好。在现代社会中，管理作为组织实现目标的一种手段，可以说无时不在、无处不在。人们不管从事何种工作，都在参与管理活动，要么管理国家，要么管理组织，要么管理业务，要么管理家庭、管理子女。可以说，国家的兴衰、组织的成败、家庭的贫富无不与管理工作是否得当有关。

在亚当·斯密的分工理论（1776）和查理·巴贝奇机械制造业管理理论（1832）的指导下，英国在18~19世纪的生产管理获得了飞速发展，成为当时世界经济最发达的国家。进入20世纪以后，在泰罗的科学管理（1911）、福特的移动式装配流水生产线（1913）、休哈特的质量控制（1931）等一系列管理思想和技术的推动下，美国经济获得了突飞猛进的发展，在20世纪成为世界第一经济强国。20世纪60~70年代，日本创造性地推行了全面质量管理和准时制生产等管理手段，这使日本变成当时世界第二大经济强国。由此可见，哪个国家最先创造性地推广使用了新的管理方法和管理技术，做好了管理工作，其经济就会获得最快速的发展。因此，学好管理学，掌握管理的基础理论，提高管理的整体水平，实现管理的科学化，是做好管理工作的前提。

管理学是一门建立在经济学、心理学、行为学、社会学、数学等基础之上的综合性和实践性很强的应用性学科，是学习经济、管理专业的入门课程，学习和掌握管理学是掌握完备的知识体系的重要基础。管理学是研究和探讨各种社会组织的管理活动的基本规律和一般方法的科学。这些基本规律和科学方法对于所有管理领域具有普遍适用性，是管理学科群中最为基础的学科，它涉及的范围广，影响面大，是理论性与应用性较强的专业基础课程。

本教材在继承、借鉴前人研究的基础上，力求系统、全面地介绍管理理论、知识、方法、手段，尤其强调管理观念的更新、管理内容的拓宽。本教材可作为相关专业专科、本科、研究生的教材，也可作为相关管理人员的培训教材，并为从事经济管理和工商管理人员进行管理研究与解决问题时提供参考。

本教材第一章、第二章、第三章、第五章、第六章、第七章、第八章、第九章、第十二章、第十四章由张小红、成思思和成文章编写，第四章、第十章、第十一章、第十二章、第十三章由白瑷峥、黄津孛、温瑶编写。整个教材由张小红统稿和定稿。在本教材编写过程中得到了北京石油化工学院经济管理学院领导的支持与指导，本教材的出版也得到了北京市长城学者培养计划项目（CIT & TCD20180314）资助，在此一并表示感谢！在本教材编写过程中参阅了大量有关书籍及资料，在此一并向提供资料的学者、专家深表谢意！

　　由于编写时间及编者水平所限，教材中肯定存在一些不足、缺点、错误之处，恳请各位批评指正。

作　者

2020年3月于丽园

# 目 录
## CONTENTS

第一章　管理概论 ……………………………………………………………… 1
　　第一节　管理及其评价 ……………………………………………………… 1
　　第二节　管理者 …………………………………………………………… 17
　　第三节　管理学 …………………………………………………………… 25

第二章　管理理论的形成与发展 ……………………………………………… 33
　　第一节　管理理论形成前的管理思想 …………………………………… 33
　　第二节　古典管理理论的形成 …………………………………………… 36
　　第三节　行为科学理论的兴起 …………………………………………… 44
　　第四节　现代管理理论的丛林 …………………………………………… 49
　　第五节　当代管理理论的发展 …………………………………………… 56

第三章　管理组织的形成与演变 ……………………………………………… 62
　　第一节　企业的概念及特征 ……………………………………………… 62
　　第二节　企业组织的形成与演变 ………………………………………… 63
　　第三节　企业的分类 ……………………………………………………… 65
　　第四节　现代企业制度 …………………………………………………… 69
　　第五节　企业管理的基础工作 …………………………………………… 77
　　第六节　非营利组织概述 ………………………………………………… 82

第四章　管理与环境 …………………………………………………………… 95
　　第一节　管理与环境的关系 ……………………………………………… 95
　　第二节　组织的一般环境 ………………………………………………… 99
　　第三节　组织的特殊环境 ………………………………………………… 102
　　第四节　组织的内部环境 ………………………………………………… 108
　　第五节　组织环境的管理 ………………………………………………… 118

## 第五章 管理道德 ............................................. 123
### 第一节 管理道德概述 ....................................... 123
### 第二节 管理道德的特征和影响因素 ........................... 125
### 第三节 培育管理者道德的途径 ............................... 128
### 第四节 企业的社会责任 ..................................... 130

## 第六章 预测 ................................................. 136
### 第一节 预测概述 ........................................... 136
### 第二节 预测的内容与步骤 ................................... 140
### 第三节 预测的方法 ......................................... 143

## 第七章 决策 ................................................. 157
### 第一节 决策概述 ........................................... 157
### 第二节 决策基本理论 ....................................... 163
### 第三节 决策的过程与方法 ................................... 165

## 第八章 计划 ................................................. 182
### 第一节 计划概述 ........................................... 182
### 第二节 战略性计划及其过程 ................................. 188
### 第三节 计划制定的原则与程序 ............................... 198
### 第四节 计划制定的方法 ..................................... 201
### 第五节 目标管理 ........................................... 204

## 第九章 组织 ................................................. 214
### 第一节 组织概述 ........................................... 214
### 第二节 组织设计 ........................................... 217
### 第三节 人员配备 ........................................... 237
### 第四节 组织变革 ........................................... 248

## 第十章 领导 ................................................. 260
### 第一节 领导概述 ........................................... 260
### 第二节 领导理论 ........................................... 269
### 第三节 领导艺术 ........................................... 283

## 第十一章 激励 ............................................... 294
### 第一节 行为与激励 ......................................... 294
### 第二节 激励理论 ........................................... 298

第三节　激励的原则 …………………………………………… 303
　　第四节　激励的基本途径与手段 ……………………………… 306

**第十二章　沟通** ……………………………………………………… 314
　　第一节　沟通概述 ……………………………………………… 314
　　第二节　沟通的基本类型 ……………………………………… 320
　　第三节　沟通的障碍与克服 …………………………………… 329

**第十三章　协调** ……………………………………………………… 337
　　第一节　协调概述 ……………………………………………… 337
　　第二节　协调的要求与内容 …………………………………… 340
　　第三节　协调的途径与手段 …………………………………… 345

**第十四章　控制** ……………………………………………………… 350
　　第一节　控制与控制系统 ……………………………………… 350
　　第二节　控制过程 ……………………………………………… 356
　　第三节　控制的内容 …………………………………………… 368
　　第四节　控制的方法 …………………………………………… 375

**参考文献** ……………………………………………………………… 381

# 第一章 管理概论

**【学习要求】**

通过本章学习，初步认识管理和管理学，并深刻认识到学习管理的重要性，了解管理产生的原因，掌握有效管理的概念、特征、性质，能区分效率、效益和效果，明确管理的基本职能，能清楚管理者的特征及类型，清楚管理者在组织中所充当的角色和发挥的作用，能区分谁是管理者，把握管理者应具备的技能，了解管理学科体系，掌握管理学科的性质特点，清楚学习管理学的重要意义和方法，认识自我并有意识地培养自己的管理素质。

## 第一节 管理及其评价

### 一、管理的产生

管理活动自古有之，它起源于人类的共同劳动，是一种与人类文明共存的社会现象。人类社会的发展史同时就是一部管理发展史。管理作为人类最重要、最基本的活动之一，广泛地存在于社会生活的各个领域，它是一切有组织的活动所必不可少的组成部分。

在西方，管理的含义一般与人类的组织活动有关。人类在实践中发现，多个人在一起工作能够完成个人无法完成的任务，于是逐渐产生了各种社会组织。在组织内，为了协调大家的活动，就要进行管理。通过管理，人们的生产、生活和其他活动得以有目的、有秩序、有效率地进行。

历史已经证明，生产力越发达，人类社会越进步，管理也就越重要。反之，一个社会的管理水平越高，其发展也就会越快。管理和科学技术已成为推动现代社会发展的两大车轮。

作为人类一种特殊的社会实践活动的管理，是任何组织生存与发展所不可缺少的。大量实践证明，一个单位、一家企业，在其他条件不变的情况下，不同的领导班子和不同的管理方式往往导致不同的经营结果。管理正是要解决有限资源与多种目标的矛盾，以便更有效地提高组织利用资源的能力。尽管管理因对象的不同而具有特殊性，由此形成的管理理论也千差万别，但其所要解决的问题具有显著的普遍性。也正因为如此，管理才有了探索的必要性和可能性。

任何一个组织若要维持自己的生存和发展，首先需要拥有一定的资源，其次要能够对有限的资源进行合理的配置，以达到最佳的使用效果，支持组织目标的实现。一般而言，一个组织的存续至少需要这样几种类型的资源：（1）人力资源，即组织中拥有成员的数量和质量的总和，尤其是人的技能、能力、知识以及他们的协作力和潜力，它是组织中最为重要的资源。（2）财力资源，即组织所拥有的现金及货币资本。由于它可以用来购买物质资源和人力资源，故一个组织所拥有的财力资源的多寡实际上也反映了组织拥有资源的多寡。（3）物质资源，即组织存在所需要的诸如土地、厂房、机器设备、办公室、交通运输工具、各种材料等物质。对于一个组织而言，物质资源的多寡也可以表现为其拥有财富的多少。（4）信息资源。它包括知识性信息和非知识性信息两类。在人类进入知识经济时代的今天，信息资源对任何一个组织的存续都是非常重要的。（5）时间资源。时间是组织中最稀有、最特殊的资源，因为时间具有不可逆性。除了以上所需的共同资源外，现实中个别组织可能还需要其他特别的资源。

尽管每个组织所拥有的资源在数量、质量、种类上都不尽相同，但肯定是有限的。假使资源的供应是无限的，人们要人有人、要物有物、要资金有资金、要信息有信息、要时间有时间，那么组织的活动将会为所欲为，管理将变得多余。事实上，无论是人类社会赖以生存发展的自然资源，还是组织赖以生存的人文社会资源，都是有限的。虽然当今时代处于信息大爆炸的状态，但总体上来说信息仍然是有限的，况且每天都在发生大量的信息。现实中不同的组织所要追求的目标是多种多样的，但不管什么样的目标，都必然要受到资源有限性的制约。而且人们从自然界摄取资源后创造的财富相对于人们的需求而言也是有限的，因此，管理的基本矛盾就表现为有限的资源与组织目标之间的矛盾。随着生产力的发展，随着人类社会的进步，资源与目标的矛盾越来越复杂，管理也就显得越来越重要。

管理总是为了解决现实中的管理问题，正因为组织的资源是有限的，所以才要求组织充分有效地配置资源，即：对有限的不同类型的资源，根据组织目标和产出物内在结构的要求，在量、质等方面进行不同的配比，并使之在产出过程中始终保持相应的比例，从而使产出物成功产出。在资源配置过程中，管理发挥着重要作用。管理作为对组织内有限资源有效整合的活动，贯穿于组织资源配置的全过程。

就社会生产过程而言，管理的必要性主要是由以下三个因素决定的。

1. 管理是由共同劳动引起的，是社会化大生产的必然产物。当社会生产力还不发达、人们的生产活动尚未进行分工的时候，根本不需要管理。随着社会生产力的发展，当很多人在一起从事共同劳动时，由于劳动者之间存在着分工与协作，为了使他们之间动作协调、步调一致，有秩序、有成效地从事生产活动，就需要有一定的管理。在手工业工厂里，分工协作的共同劳动已使管理成为组织活动不可缺少的条件。但是，一般来说，手工业工厂的生产规模比较小，生产技术和劳动分工比较简单,因此,管理工作也比较简单。随着现代机器大工业的出现,大规模地采用机器进行生产,不仅生产技术复杂,企业内部分工更加精细,协作更加严密,生产过程具有严格的比例性和高度的连续性,而且劳动的社会化程度空前提高,社会联系更加广泛,要使生产力的各个要素正确地、合理地结合起来,使人力、物力、财力得到有效的配合和利用,就更需要对生产过程加以科学的组织。可见,管理是共同劳动的客观要求,共同劳动的规模越大,生产的社会化程度越高,劳动分工与协作越精细和严密,管理工作也就越重要,对管理的要求也就越高。

2. 管理是现代科学和技术发展的客观要求,是促进技术进步的有力武器。科学技术是第一生产力,它融合并制约着劳动者、劳动资料及劳动对象这三个生产力的实体要素。管理是生产力中的结合性因素,生产力诸因素的有机结合是靠管理来实现的。离开了管理,不仅生产力诸因素无法有效地结合,而且科学技术的作用也无法发挥,特别是,当代科学技术的发展突飞猛进,社会生产力跳跃式发展,科学技术在生产力中的地位越来越显著。在现代工业生产中,无论是产品的设计、工艺规程的制定、操作方法的选择、生产过程各阶段的划分与结合等,都必须系统地运用科学技术知识来解决。为了提高企业产品的竞争力,不断提高产品的质量和劳动生产率水平,就必须大力加强科学技术研究,将科技成果尽快地应用于生产领域,管理是把科学技术成果转化为实用生产技术的手段和中介,只有加强管理,才能加速科技成果的转化。

3. 管理是提高社会效益和经济效益的重要手段。当今世界,有些国家很富有,有些国家非常贫穷,尽管资源和其他方面的基础对国家的繁荣与否有很大的影响,然而有的国家资源贫乏但国家富有,而有的国家资源丰富却并不富有。事实上,一个国家是否繁荣取决于该国生产率的状况,亦即该国是怎样有效地利用其人力、财力、土地、原材料、技术和其他资源。换句话说,一个国家的发达与否取决于其管理效率的高低。企业的情况也一样,经营管理者的能力差、水平低,必然导致该企业管理的低效率,而不管企业的设备有多么优良、资金有多么充足、员工有多么优秀。由此可见,一个国家、一个民族或者一个企业,由强变弱或由弱变强的转换力量在很大程度上是管理水平的高低;也可以看出,一个单位或企业,在其他条件不变的情况下,不同的领导班子和不同的管理方式完全可以改变其原有状态,既可能使之起死回生,也可能令其一败涂地,所以,好的管理可以使各类资源得到最有效的利用,以便人类社会经济活动更有成效,从而提高社会效益和经济效益。

## 二、管理的概念

长期以来,学者们从不同的研究角度出发,对管理作出了不同的定义。典型的有:

(1) 管理是组织的某一专业职能或综合职能。例如,美国著名管理学家赫伯特·西蒙认为,"管理就是决策"。法国著名学者法约尔认为,"管理就是实行计划、组织、指挥、协调和控制。"

(2) 管理是对组织资源或要素进行协调以达到组织目标的活动。

(3) 管理是一个活动系列,是连续的动态过程,能发挥多种作用,具有一定特征。例如,美国学者孔茨等认为,"管理就是创造一种环境,使置身于其中的人们能在集体中一道工作,以完成预定使命和目标。"

(4) "管理是通过他人的努力来达到目标"(美国管理协会的定义)。因此,有人说,管理就是"管"你的。

这些定义从不同的侧面和角度揭示了管理的含义或某些方面的属性,应该说,其对管理本质的认识还是基本一致的。

我们认为,管理是指一定组织中的管理者,通过计划、组织、激励、协调、控制等手段实施有效的组织活动,对组织资源进行配置,建立秩序,营造氛围,以实现组织目标的动态实践过程。

实际上,管理的内容是广泛的,一个人有效地利用时间是管理,合理地安排自己的工资收入也是管理。但我们在本教材中讨论的管理主要是对一个社会组织而言的。

这个定义包括以下含义。

首先,管理是为实现共同目标而进行的有组织的实践活动,离开共同目标,管理将无的放矢,不得要领。管理的目的是发挥集体作用,满足个人努力无法满足的需要。人的需要有时通过自身努力可以予以满足,但在绝大多数情况下通过个人努力是无法满足的。当人类需要通过个人努力无法满足时,就求助于集体。但自由组合的集体不久就会产生危机。管理是集体努力产生效果的必要条件。管理有助于达成分散的个体达不到的目标,满足个人努力无法满足的需求。

其次,管理的对象是组织要素及其组合和组织系统的运行。组织目标的实现过程具体表现为各项工作任务的执行和完成过程,而执行和完成工作任务,就必然要求组织的管理者给每一项任务配备必要的人、财、物等生产力要素,创造良好的组织文化和工作氛围,并对各部门、各级人员的工作进度和协作关系进行有效协调,确保整个组织系统高效运行。可见,管理活动所指向的对象,既包括组织要素及其组合状态,也包括组织系统运行状态。其中,组织要素既包括劳动力、劳动资料、劳动对象等"硬件",也包括工作任务、组织结构、组织制度、组织精神等"软件"。或者说,管理既要"管人",也要"管事",还要"处关系"。

最后,管理是通过行使一定的管理职能来实现组织目标的,包括决策、计划、组织、激励、领导、控制等。管理者的主要工作是行使管理职能,而不是一般的、具体的生产劳动。在组织中,各个管理职能是相互联系、不可分割的,共同形成管理的整体性活动。如组织、领导、控制等职能性活动都要围绕计划目标和计划方案进行,并且各职能性活动相互配合、协调一致才能发挥管理在促进组织目标实现中的作用。

### 三、管理的特征

#### （一）管理是一种社会文化现象

说管理是一种社会现象，是指任何以共同劳动为基础的社会组织都需要管理，管理是一种普遍存在、作用广泛的社会职能。说管理是一种文化现象，是指管理作为一种有组织的社会职能，一方面，体现了特定组织和社会的文化特征；另一方面，管理作为一种生产力或生产力的表现形式，要能够反映特定组织和社会的文化发展要求，这样才能充分发挥其作为生产力的功能和作用。

管理这种现象是否存在，必须具备两个条件：两个人以上的集体活动；一致认可的目标。管理作为社会组织不可缺少的活动，产生于人们有组织的共同劳动。由于共同劳动，人们需要沟通意愿、统一指挥；由于共同劳动，人们需要分工协作、组织协调；由于共同劳动，人们需要统一行动、规范行为。因此，在共同劳动的社会组织中，管理人员及其管理活动就成为必然。组织活动具有明确的目标，没有共同的目标，就没有共同劳动。管理人员的职责就是通过管理引导和激励组织成员为实现组织目标而努力。组织活动需要各种资源，管理就是通过行使计划、组织、领导和控制等管理职能，实现组织资源的合理配置和组织系统的高效运行。管理活动存在于每一个组织中，组织是管理的载体。

文化泛指一个组织或社会历史上所创造的物质财富和精神产品的总和，不同的文化对管理产生不同的影响，使其打上一定的文化烙印。因此，管理是无处不在的社会文化现象。管理作为一种有组织的社会职能，一方面，组织和社会的价值观、生活习惯、工作方式、行为风格、审美情趣等，或多或少要反映到管理活动和管理职能上来；另一方面，管理要能够充分发挥出其作为生产力的功能和作用，就必须符合和代表这个组织或社会中人们的某些共同要求，帮助他们实现其理想、抱负和人生价值，给组织和社会带来精神与物质生活上的满足；否则，管理就难以发挥出其作为生产力的应有功能和作用。正因为如此，管理和技术一样，具有很强的地域专用性，脱离当地具体实际，盲目套用别人和外国的管理方法与模式，将无益于本地和本国的经济发展与社会进步，只能起到事倍功半的效果。

#### （二）管理的主体是管理者

管理活动是由管理者来实施的。既然管理是让别人和自己一道去实现组织既定的目标，管理者就要对管理的效果负重要责任。管理者既要管理组织，又要管理各类工作，还要管理组织不同层次中的各类人员。具体内容见本章第二节。

#### （三）管理的对象是组织及其资源

管理是通过对人、财、物、信息及其他各种组织资源的运用来实现的，任何管理活动都离不开资源的消耗。资源总是有限的,管理活动无非就是以最低的资源消耗、最佳的活动方式去安排和协调组织行为,从而实现管理的目的。因此,管理的对象是组织及其资源。社会组织按其是否以营利为目的可以分为两大类,即营利性组织(主要是企业)和非营利组织(包括教育科研、文化艺术、医疗卫生、宗教、慈善福利以及公交、水电、铁路等社会公共服务机构)。具体内容见本书第三章。

### (四)管理的目的是有效地实现组织目标

管理作为一种手段,总是围绕着共同的组织目标而进行的。目标不明确,管理就无从谈起;目标是否科学合理,直接关系管理的成败或成效的高低。同时,管理的根本目的就在于有效地达到组织目标,提高组织活动的成效。一个组织如果没有内在的效率要求,也就不会产生管理的动力。

### (五)管理的核心是处理好人际关系

管理主要是通过协调处理人与人之间的活动和利益关系。人既是管理的主体又是管理的客体,管理的大多数情况是人与人打交道,它使组织目标得以实现的同时也满足了组织中的成员实现其个人目标的愿望。因此,管理绝不等价于命令或强制,利用各种方法处理好各阶层的关系才是管理的关键,可以说,管理的本质是协调,管理的核心是如何处理好人际关系。

## 四、管理的性质

管理作为一种普遍的社会文化现象和特殊的实践活动,具有自己独特的性质。

### (一)管理的二重性

管理的二重性是指管理具有自然属性和社会属性,即与社会化大生产相联系的自然属性、与社会制度相联系的社会属性。从根本上讲,管理之所以具有双重属性,是因为其对象——社会生产过程本身具有二重属性。我们知道,任何社会生产都是在一定的生产方式下进行的,生产过程既是物质资料的再生产过程,同时也是生产关系的再生产过程,这就决定了对生产过程所进行的管理相应地具有二重属性。一方面,管理是适应共同劳动的需要而产生的,在社会化大生产条件下,管理具有组织、指挥与协调生产的功能,是社会劳动过程的普遍形态,只要进行社会化大生产,就必然要进行管理,这就是管理的自然属性,它反映了社会劳动过程的一般要求,是各种不同生产方式下共有的一系列经验和相关科学方法的总结。这就是说,管理的自然属性取决于生产力发展水平和劳动的社会化程度,不取决于生产关系,因而它是管理的一般属性。另一方面,管理又是适应一定生产关系的要求而产生的,具有维护和巩固生产关系、实现特定生产目的的功能,由此决定了管理的社会属性。管理的社会属性取决于社会生产关系的性质,与生产力发展水平无关，劳动的社会结合方式不同，管理的社会性质也就不同。管理的社会属性是管理的特殊属性，它表现为劳动过程的特殊历史形态，为某种生产方式所特有。

（二）管理的科学性与艺术性

1. 管理的科学性。管理是人类重要的社会活动，存在着客观规律性。管理的科学性，表现在它是以反映管理客观规律的管理理论和方法为指导的具有一套分析问题、解决问题的科学方法论等方面。

管理科学的形成经历了漫长的岁月。自有人类历史以来，人们在由简单到复杂的管理实践中不断总结成功的经验和失败的教训，经过长期的研究、探索和提炼，使管理的思想萌芽逐步形成简单的概念进而发展成为一套比较完整的、反映管理过程客观规律的理论知识体系，使得管理活动能够在一系列体现管理客观规律的原理、原则和方法的指导下进行。

管理作为科学，就是指人们发现、探索、总结和遵循客观规律，在逻辑的基础上建立系统化的理论体系，并在管理实践中应用管理原理与原则，使管理成为在理论指导下的规范化理性行为。

人们不断地通过管理活动的结果检验管理理论与方法的正确性及有效性，从而使管理科学的理论与方法在实践中不断得到丰富和发展。因此，管理作为一个活动过程，其间蕴涵着客观规律，成功的管理总是遵循客观规律办事的结果。如果管理者掌握了系统的管理知识、方法及其运行规律，就可能对管理中存在的问题提出正确的解决思路，采取有效的改进措施，取得令人满意的管理效果；反之，则可能凭经验办事，"拍脑袋"决策，不但不能很好地解决管理中的问题，甚至可能因决策失误而给组织造成严重损失。可见，如果不承认管理的科学性，不按规律办事，违反管理的原理与原则，随心所欲地进行管理，就必然导致管理中的随意性、一言堂甚至独裁与腐败，就必然受到规律的惩罚，最终导致管理的失败。

2. 管理的艺术性。管理的艺术性，即强调管理的实践性。管理虽然可以遵循一定的原理或规范办事，但它绝不是"按图索骥"的照章操作行为。管理理论作为普遍适用的原理、原则，必须结合实际应用才能奏效。管理者在实际工作中面对千变万化的管理对象，因人、因事、因时、因地制宜，灵活多变地、创造性地运用管理技术与方法，解决实际问题，从而在实践和经验的基础上创造了管理的艺术与技巧，这就是管理的艺术性。强调管理的艺术性，目的在于让管理者意识到，管理科学并不能为人们提供解决一切问题的标准答案，掌握了管理理论并不意味着管理活动一定能够成功。管理者要想实施有效的管理，更好地实现组织目标，必须以管理科学提供的一般理论和基本方法为指导，根据所处的组织内外环境，充分发挥积极性、主动性和创造性，因地制宜地将抽象的管理理论与具体的管理实践紧密结合起来，采用适当的方法灵活地、创造性地解决所遇到的问题。如果管理者掌握了娴熟的管理技巧，而不是单纯依靠书本上的知识进行僵化的管理,则可能取得较好的管理效果。

真正掌握了管理知识的人,应该能够熟练地、灵活地把这些知识应用于实践,并能根据自己的体会不断创新。这一点同其他学科不同,学会了数学分析,就能求解微分方程;背熟了制图的所有规则,就能画出机器的图纸。管理则不然,背会了所有管理原则,不一定能够有效地进行管理。重要的是培养灵活运用管理知识的技能,这种技能在课堂上是很难培养的,需要在实际管理工作中去掌握。

管理是科学与艺术的结合。管理既是科学,又是艺术,这种科学与艺术的划分是大致的,其间并没有明确的界限。说它是科学,是强调其客观规律性;说它是艺术,则是强调其灵活性与创造性。而且,这种科学性与艺术性在管理实践中并非截然分开,而是相互作用、共同发挥管理的功能,促进目标的实现。管理需要科学的理论指导,没有理论指导的实践是盲目的实践,盲目的实践必然导致失败。但是,管理理论是管理实践的概括与抽象,具有较强的原则性,而每一项具体的管理活动都是在特定条件下展开的,因此,要结合实际进行创造性的管理。

### 五、管理的职能

管理的职能在社会发展过程中不断地得到丰富和发展。20 世纪初,法国工业家法约尔(1916)在其著作《工业管理与一般管理》中写道,所有管理者都行使着五种管理职能:计划、组织、指挥、协调和控制。在法约尔之后,许多学者对管理职能作了进一步的探讨,出现了许多不同的学派。如戴维斯(1934)认为管理有三项职能,即计划、组织和控制。古利克(1937)认为管理有七项职能,即计划、组织、人事、指挥、协调、报告和预算。孔茨和奥唐奈(1955)认为管理有四项职能,即计划、组织、人事和控制。特里(1972)认为管理有四项职能,即计划、组织、激励和控制。尽管学者们的划分不尽相同,但计划、组织、领导和控制是各学派公认的职能。本教材中将管理的职能划分为计划、组织、领导和控制,在章节编排上按照预测与决策、计划、组织、领导、激励、沟通与协调、控制等顺序,其中,预测与决策、沟通与协调在管理的各职能中都要用到,有学者也将其称为管理的职能。

(一) 预测与决策

预测就是通过调查分析,根据过去和现在对未来形势进行主观判断的过程。决策是决策者在占有大量信息和丰富经验的基础上,对未来的行为确定目标,并借助一定的手段、方法和技巧,对影响决策的诸因素进行分析研究,从两个以上备选的可行方案中确定一个满意方案的分析判断过程。未来形势的发展变化受到多种因素影响,这些影响因素是不确定和不断发展变化的,对未来形势的发展变化很难十分准确地进行预测,因而决策就会存在一定的风险。要作出正确的决策,就必须进行系统的调查研究,全面收集信息和资料,进行科学预测,拟订各种可行方案并进行比较，对选定的满意方案付诸实施，在实施过程中不断进行检查和信息反馈，以保证决策得以层层落实，并在实践中评价决策是否正确。管理的过程是不断发现和解决问题的过程，从某种意义上说，决策就是为了解决问题而采取的对策。预测是决策的前提，预测为决策提供依据，预测的质量直接决定决策的质量。决策贯穿于管理的各个方面和层次，是管理过程的核心，是实施其他管理职能的前提和基础。

## （二）计划

计划是管理的首要职能，其他管理工作都只有在计划工作明确后才能有目的地进行。计划是对既定目标进行具体安排，制定组织成员在一定时期内的行动纲领，以及实现目标的途径、方法和对实施效果进行评价的管理活动。在执行计划职能时，要对组织的人、财、物等各种要素进行合理分配和使用，要对各个环节进行协调和很好地衔接，要将计划指标加以分解，具体落实到各个部门和单位，并要明确目标和责任，进行控制和考核。因此，计划是行动纲领，是联系组织诸多条件与目标之间的桥梁。科学地制定计划，必须对组织的内外部环境进行系统的科学分析，并将计划指标层层分解落实，通过计划把各方面的工作有机地组织起来，充分发挥计划的指导作用，实现既定目标。正确发挥计划职能的作用，不仅有利于组织主动适应环境变化，统筹安排各项活动，而且有利于正确把握未来，保证组织在变动的环境中稳定发展，还有利于组织对有限的资源进行合理的分配和使用，以取得良好的社会经济效益。

## （三）组织

为了实现决策目标和计划部署，需要对各种实践活动所要求的人、财、物等要素以及活动过程本身各环节、各部门在时间和空间上进行有效的组合。组织是指依据既定目标，对成员的活动进行合理的分工和合作，对有限的资源进行合理配置和使用以及正确处理人们相互关系的活动。组织的目的就是保证决策和计划的实施，去实现既定的目标。通过组织可以形成比个体大得多的力量，进行分工协作去完成任务。这就要求依据任务的多少建立卓有成效的组织机构，拟订上下左右联系的方式，制定一系列组织制度，使各种要素在总的目标下被充分利用，高效率、保质保量地完成任务。组织职能的具体内容主要包括：设置管理机构、划分管理层次、确立管理体制；确定各机构的职权范围、明确相互合作关系；建立信息沟通渠道；人员的配备、选拔、考核与奖惩；培育组织发展所需要的组织文化。组织是管理的载体，是其他管理职能活动的组织保证。

## （四）领导

一个组织要生存下去并取得成功，就需要有效的领导。而一个领导者是否有效，取决于他所领导的组织目标完成得如何。为了有效地实现组织的目标，不仅要做好计划，设计合理的组织结构，将组织成员安排在合适的岗位上，而且要使每个成员以高昂的士气、饱满的热情投入组织的活动中去。在组织的各种要素和资源中，人的因素对组织目标的实现及实现的程度起着决定性作用。如何调动组织成员的积极性就成为领导工作的重要任务。领导是指领导者利用组织赋予的权力和自身的能力去指挥与影响下属为实现组织目标而努力工作的过程。领导者通过指挥、指导、协调等去影响个人和集体活动，包括对组织成员进行指导和督促，使他们履行自己的职责，消除无人负责的现象；协调组织活动中各方面的相互关系，解决活动中出现的各种矛盾和分歧，以保证各个部门和各级人员密切配合、协调一致；合理选拔和使用人才，以实现量才使用、各尽所能、人尽其才，有效地实现组织目标。

### （五）激励

在一个组织中，各成员的需要和愿望既有相同之处又有差异，激励就是通过一定的手段使组织成员的需要和愿望得到满足，以调动他们的工作积极性并充分发挥其个人潜能去实现组织目标的过程。人的需要是多种多样的，因而激励的方法也应是多种多样的，通过提供创造和提供满足员工个体需求的各种外部条件，诱导和激发其符合组织目标所要求的行为动机，调动其工作的积极性、主动性和创造性。

### （六）沟通与协调

沟通就是通过信息的传递和思想、观点、意见交流，统一人们的意志，协调和改善人际关系，提高组织的凝聚力，促进决策和计划的有效执行。协调就是对组织的各个环节、各个部门的活动进行统一安排和调度，使之互相配合、紧密衔接，减少矛盾和冲突，有效地实现组织目标。沟通与协调是管理的一项综合职能，在发挥决策、计划、组织、激励和控制职能的过程中都存在着沟通与协调问题，只有通过良好的沟通与协调，才可能充分发挥其他各项管理职能的作用。

### （七）控制

由于环境的不确定性、组织活动的复杂性和管理失误的不可避免性，为了保证有效地实现目标，就必须对环境、组织成员和组织活动等加以控制。控制就是按照既定目标、计划和标准，对组织活动各方面的实际情况进行检查，发现偏差并采取措施予以纠正，以保证各项活动按原定计划进行，或根据客观情况的变化对计划进行适当的调整，使其更符合实际的组织活动过程。控制工作具体包括确立控制标准、衡量实际业绩、进行差异分析、采取纠偏措施等内容。控制是管理的一项基本职能，也是较易出现问题的一项工作。在许多情况下，人们制定了良好的计划，也进行了很好的组织，但由于没有把握好控制这一环节，最后还是不能达到预期的目的。在组织的整个活动过程中，对各个环节、各项活动都应加强控制，以保证计划和组织目标的实现。

### 六、管理的原理

原理是指带有普遍性的、最基本的、可以作为其他规律的基础的规律，是具有普遍意义的道理。管理的基本规律即管理原理，指的是管理领域内具有普遍意义的基本规律，它以大量的管理实践为基础，其正确性经实践所检验和确定，能够指导管理的理论研究和实践。管理原理是对现实管理现象的一种抽象和对管理实践经验的一种升华，是对管理实践的客观规律进行分析和总结而得出的具有普遍意义的道理。它反映管理行为具有的规律性、实质性的内容。因此，管理原理可以运用在任何场合和条件下，对一切管理行为和管理方法都具有普遍的指导意义。

#### （一）系统管理原理

任何组织都是一个只有特定功能的相对独立的系统，都由若干个相互联系、相互制约的要素按一定的结构关系构成，都与外部环境不断地进行着物质、能量和信息的交换，都是更大系统的一个子系统，都在系统内部存在一定的纵向和横向分工。要实现组织的宗旨和目标，一个重要的方面就是根据环境条件对组织进行科学设计，使组织的社会职能、结构体制、权责配置、运行机制等与外部环境保持动态的平衡；另一个重要的方面就是对组织发展过程中遇到的各种问题进行系统分析，从整体的、开放的、关联的角度观察和处理问题。这就是系统原则的思想。

#### （二）人本管理原理

人本原理，顾名思义就是以人为本的原理。它要求人们在管理活动中坚持一切以人为核心，以人的权利为根本，强调人的主观能动性，力求实现人的全面、自由发展。其实质就是充分肯定人在管理活动中的主体地位和作用。然而，任何管理理论的提出都有其阶级和时代背景，人本原理也不例外。随着科学技术的日新月异和经济全球化的到来，各个领域的管理哲学和管理实践都发生了翻天覆地的变化，人本原理也被赋予了新的时代意义。人本原理主要包括以下主要观点：员工是企业的主体；员工参与是有效管理的关键；使人性得到最完美的发展是现代管理的核心；服务于人是管理的根本目的。

#### （三）责任管理原理

管理者为了完成既定的生产或经营任务，就需要为每位员工分配工作任务，在合理分工的基础上确定每个人的职位，明确规定各职位应担负的任务，即职责。所以，职责是整体赋予个体的任务，也是维护整体正常秩序的一种约束力。它是以行政规定来体现的客观规律的要求，而不是随心所欲的产物。一般来说，分工明确，职责也会明确。但是，实际上的相应关系并不是这样简单。这是因为，分工一般只是对工作范围作了形式上的划分，至于工作的数量、质量、完成时间、效益等要求，分工本身还不能完全体现出来。所以，必须在分工的基础上通过适当方式把每个人的职责做出明确的规定：首先，职责界限要清楚，在实际工作中，工作职位离实体成果越近，职责越容易明确；工作职位离实体成果越远，职责就越容易模糊。按照与实体成果联系的密切程度，可划分出直接职责与间接职责、实时责任和事后责任。其次，职责内容要具体，并要做出明文规定。这样便于执行与检查、考核。再次，职责中要包括横向联系的内容。在规定某个岗位工作职责的同时，必须规定该岗位同其他单位、个人协同配合的要求，只有这样，才能提高组织整体的效率。最后，职责一定要落实到每个人，只有这样，才能做到事事有人负责。

### （四）效益管理原理

效益是管理的永恒主题，影响着组织的生存和发展。效益是有效产出与其投入之间的一种比例关系，可以从社会和经济这两个不同的角度来考察，即社会效益和经济效益。经济效益是讲求社会效益的基础，而讲求社会效益又是促进经济效益提高的重要条件。两者的区别主要表现在，经济效益较社会效益直接、显见，经济效益可以运用若干种其他形式来间接考核。管理应把经济效益和社会效益有机地结合起来。

### （五）权变管理原理

权变是指相机而变、随机制宜、随机应变。具体的权变管理理论的主要观点有：(1) 把环境对管理的影响作用具体化，把管理理论与管理实践紧密地联系起来。(2) 描述环境变化与管理对策之间的关系。权变关系理论认为，环境（包括组织的内部因素和外部因素）变化是自变量，管理对策（包括管理模式、方案、原则、方法、措施等）与管理变量之间的函数关系即权变关系，这是权变管理的核心内容。环境可以分为外部环境和内部环境。外部环境又可以分为两种：一种是由社会、技术、经济、法律、政治等因素组成；另一种是由供应者、顾客、竞争者、雇员和股东等因素组成。内部环境基本上是正式组织系统，它的各个变量之间是相互联系的。总之，权变原理理论的最大特点是：它强调根据不同的具体条件采取相应的组织结构、领导方式、管理机制；把一个组织看成是社会系统中的分系统，要求组织各方面的活动都要适应外部环境的要求。

## 七、管理的方法

管理方法是指各种旨在保证实现组织目标和维护管理活动顺利进行的手段与方式的总和。管理活动常用的方法主要有行政方法、经济方法、法律方法和教育方法等。

## （一）行政方法

行政方法就是依靠行政组织的权威，运用命令、规定、指标、条例等行政手段，以权威性和服从为前提来组织指挥管理活动的方法。它的实质是通过组织以及组织所赋予管理者的职位、职权来行使管理。这种管理方法具有以下特征。

1. 权威性。行政方法依托于行政组织和领导者的权威。领导者的权威越高，被领导者对信息的接受率就越高。

2. 强制性。行政方法通过发布命令、规定指标、下达指令等，以鲜明的服从为前提来实施强制性的管理。

3. 层次性。行政方法是通过行政层次自上而下、逐级指挥来实施管理活动的，具有鲜明的层次性。横向同行政级别的指令、指挥往往无效，多头指挥和越级指挥也违反管理原则。行政方法有它的优点，如有利于集中统一，便于职能的发挥，也是运用其他方法的重要手段；其缺点是横向联系难，不利于子系统发挥其积极性和创造性。因此，行政方法要与其他方法结合起来使用，取其优点，避其缺点，使它更好地发挥作用。

## （二）经济方法

经济方法是指根据客观经济规律，运用各种经济手段，调节各种不同的经济利益之间的关系，以获得较高的经济效益与社会效益的管理方法。这里所说的各种经济手段，主要包括税收、价格、信贷、利润、工资、奖励、罚款以及经济合同等经济手段来实施管理的方法。这种方法的实质就是运用经济规律和物质利益原则来引导人们的行为，正确地处理好国家、集体与劳动者个人三者之间的经济关系，最大限度地调动各方面的积极性、主动性、创造性和责任感，促进经济的发展与社会的进步，达到实现管理目标的目的。不同的经济手段在不同的领域中可发挥不同的作用。

人们除了物质需要以外，还有更多的精神和社会方面的需要。在社会生产力迅速发展的条件下，物质利益的刺激作用将逐步缩小，人们更需要接受教育以提高知识水平和思想修养。再者，如果单纯运用经济方法，易导致讨价还价、一切向钱看的不良倾向，易助长本位主义、个人主义思想。因此，要注意将经济方法和教育方法等有机地结合起来。另外，既要发挥各种经济杠杆各自的作用，更要重视整体上的协调配合。如果忽视综合运用，孤立地运用单一经济杠杆，往往不能取得预期的效果。此外，随着改革开放的深入，要不断完善各种经济手段和经济杠杆，使之趋于合理，以适应经济发展的需要。经济方法的主要特点是，对管理对象的作用是间接的。

## （三）法律方法

法律方法就是运用法律来实施管理的一种方法，是指国家根据广大人民群众的根本利益，通过各种法律、法令、条例和司法、仲裁工作，调整社会经济的总体活动和各企业、单位在微观活动中所发生的各种关系,以保证和促进社会经济发展的管理方法。

法律方法的内容,不仅包括建立和健全各种法规,而且包括相应的司法工作和仲裁工作。这两个环节是相辅相成、缺一不可的。只有法规而缺乏司法和仲裁工作,就会使法规流于形式,无法发挥效力;法规不健全,司法和仲裁工作则无所依从,将造成混乱。法律方法的实质是实现全体人民的意志,并维护他们的根本利益,代表他们对社会经济、政治、文化活动实行强制性的统一管理。法律方法既要反映广大人民的利益,又要反映事物的客观规律,调动和促进各个企业、单位和群众的积极性、创造性。这种方法具有鲜明的强制性、规范性、权威性和稳定性。使用法律方法对管理的规范化、制度化具有重要作用:首先,它能保证管理必要的秩序,使整个管理系统正常有效地运转;其次,它能保证管理系统的稳定性;最后,它能有效地调节管理系统之间各种因素的关系。

### (四) 教育方法

教育方法是指通过传授、宣传、启发、诱导等方式,提高人们的思想政治素质和业务水平,以发挥人的主观能动作用,是执行管理职能的一种方法。通过教育来提高人的素质,是充分发挥人的作用必不可少的途径之一。教育方法是其他方法的前提。不仅其他方法离不开宣传教育,而且教育方法可以解决其他方法不能解决的问题,如思想认识、理想前途、业务水平的提高等。教育方法也是提高人的素质的重要手段。人的素质在管理中起着十分重要的作用。管理必须通过教育方法大力提高人的素质,使人在组织中发挥更大的作用。

除了以上方法以外,还有其他方法。比如,数学方法就是运用数学来分析经济现象之间的关系,建立数学模型来揭示资源分配、利用效果及数量界限的一种定量管理方法。数学方法的优点是使管理定量化。但用数学方法必须具备一定的数学知识,如线性规划方法、生产函数法等。

## 八、衡量管理的标准

在现代社会,由于资源相对于人的欲望普遍缺乏,人们自觉或不自觉地都会运用一些管理的方法来协调资源有限与欲望无限之间的矛盾。从管理的角度来看,管理是一个投入收益的过程。管理者依据决策与计划,将人、财、物等资源条件投入生产或服务运转之中,经过管理主体和管理客体的相互作用与创造,产生出一定的收益。任何一种管理理论或技术革命,无一例外都是为了达到相对投入的降低。相对投入的降低可以通过两条途径:一是在一定的投入下收益的增加;二是在一定收益上投入的减少。而收益的增加归根到底就是为了减少相对投入,或者说是降低成本。组织系统是由组织目的、组织环境、管理主体、管理客体四要素构成的,对于组织而言,减少投入或者降低成本就是在产出一定的情况下减少管理客体的投入。彼得·德鲁克在《管理实践》一书中写道:"管理人员在作出每一个决定、采取每一个行动时，都必须永远把经济绩效摆在第一位。只有通过它产生了经济效果，它才有存在的价值，才有权威；也需有一些很重大的非经济的效果，如企业成员的幸福、对一个群体的福利或文化的贡献，等等。然而，管理如果不能生产出经济效果它也就失败了。它如果不能以消费者愿意支付的价格供应消费者想要的货物和服务，它就失败了。它如果不能改善或者至少是维持用交换给它的经济资源制造财富的能力，它就是失败的。"

有效的管理有助于组织更好地实现目标。那么，什么样的管理才是有效的？怎样才能说管理达到了预定的目的？或者说，衡量管理好坏的标准是什么呢？管理目标的实现程度就是衡量管理工作好坏的标准。那么，管理的目的是什么呢？两个字——效益，即管理者对组织进行管理的目的是使组织产生一定的经济效益和社会效益。效益高低就是衡量管理水平的标准。任何组织的管理都是为了获得某种效益。效益的高低直接影响着组织的生存和发展。

## （一）效益

效益是有效产出与其投入之间的一种比例关系，是指某一特定系统运转后所产生的实际效果和利益，可从社会和经济这两个不同的角度去考察。具体地说，它反映了人们的投入与所带来的利益之间的关系，即目标的达成度，也就是产出满足需求的程度。如果我们通过管理所获得的产出并不是我们所需要的，那么这种产出再多对我们也毫无意义，相应地，这种管理就是无效的管理。只有当我们通过管理实现了既定的目标，我们的管理工作才是有效的。

与组织效益紧密相关的还有组织的效率和效果。

## （二）效率

效率的含义是随着生产力的发展而发展的。最初的效率概念就是传统意义上的劳动生产率，因为在劳动力作为主要生产力的时候，劳动生产率基本上决定了整体的生产力。随着工业革命的深入，生产者的体力劳动逐步被机器设备所代替，而要购买机器设备就需要大量的资金，因此，资金也被作为生产力要素之一来看待。之后，人们逐渐开始把资金的投入和产出的大小作为衡量企业效率高低的标志。效率的含义也有了扩展。

效率是指投入与产出之比，或成本与收益的对比关系。投入或成本从一般意义上来说就是利用一定的技术生产一定产品或提供一定服务所需要的资源，既包括物质资源，也包括人力资源；既包括有形资源，也包括无形资源。产出或收益指的是人们利用一定的技术、投入一定的资源生产出来的能够满足人们需要或具有一定使用价值的物品或服务，既包括有形产品，也包括无形产品。

一定的投入能取得多大的产出，主要取决于我们所采取的工作方式和方法。因此，讲求效率要求我们用比较经济的方法来达到预定的目的。如果对于一定的投入取得了更多的产出，那么就是提高了效率；同样，如果对于一定的产出，我们减少了投入，那么也是提高了效率。由于人们所拥有的资源常常是短缺的，因此，就必然关心资源的利用效率，因而有效的管理也就必然与资源成本的最小化有关。管理的目的是通过提高资源利用率以实现更多（或更高）的目标，因此，仅仅效率高是不够的，管理还要讲求效益。

如果用公式来表达效率的概念，即：

$$效率 = 收益/投入$$

从该公式不难看出，提高效率所要考虑的内容只有两个：收益与投入。对组织而言，由于总的投入水平一定，收益越多就是效率越高，反之亦然。而组织中收益的增加是以某些投入（如劳动、原料、管理费用等）为前提的，相对投入越少，说明生产成本越低，因而利润额就越大。如果没有这部分投入的相对减少，那么增产就只是生产规模的扩大，并没有效率可言。效率的提高，实际上就是相对投入的降低。因此，相对投入的降低成为组织最为关心的问题。

在组织系统中，管理客体是人、财、物。管理学一般把人、财、物作为三个平行的要素加以探讨，认为管理就在于通过组织、计划、协调、控制等手段，对人、财、物进行合理的配置，使人尽其才、物尽其用。其实，人是一类因素，财和物则是另一类因素。因为人是有感情的，人在多大程度上接受管理，完全取决于管理者在多大程度上调动了人的积极性、主动性和能动性。管理者越是能够调动起被管理者的积极性、主动性和能动性，被管理者也就越愿意接受管理。在人的管理中，管理和被管理、主动和被动是统一的。对财和物的管理与对人的管理则不同，因为财和物都是一种客观的、完全由人支配的物质因素。所以，在组织系统中，被控制对象分为两类：一类是对资金、物资的控制；另一类是对人员、组织的控制。前者主要表现在物资的筹措、供应、使用、保管方面的合理安排，以提高物资、装备的使用效率；后者多表现为计划、组织、制度、体制的科学制定，以提高人员的工作效率。

效率与效益是相互联系的。如果说效率意味着如何把事情做好，那么效益则意味着要做对的事。由此可见，效益是解决做什么的问题，它要求我们确定正确的目标、做有助于目标实现的事；效率是解决怎么做的问题，它要求我们选择合适的行动方法和途径，以求比较经济地达成既定的目标。什么事情该做，取决于我们的目标定位，怎样才能把事情做好，取决于我们做事的方式方法。效率与效益相比较，效益是第一位的。一件有害于目标实现的事，我们做得越好，损失就越大；而把一件可做可不做的事情做得很好，也没有多大价值。因此，有效的管理，首先要求我们做对的事，其次才是把事情做好。

## （三）效果

效果是一项活动的成效与结果，是人们通过某种行为、力量、方式或因素而产生的合乎目的性的结果。企业生产的产品虽然质量合格，但它不符合社会需要，在市场上卖不出去而积压在仓库里，最后甚至会变成废弃物资，这些产品的生产活动就是没有效果的，因为它既不符合企业的目标也不符合市场的需求。

效益与效果和效率是既相互区别又相互联系的概念，它们之间的关系是：

$$效益 = 效果 \times 效率$$

要使效果好就要有正确的战略，要使效率高就要有正确的方法。要提升组织效益就要用正确的方法（策略）做正确的事（战略）。管理的目的就是既要做对工作又要做好工作。

有效的管理，要求既讲求效益又讲求效率。仅注重效率而不注重效益，是碌碌无为；仅注重效益而不注重效率，则会得不偿失。在日常生活中，人们之所以不能取得良好的管理效果，其中的一个重要原因就是人们常常只注重某一方面而忽视另一方面。例如，某些政府部门通常只注意如何用各种规章制度、政策法规规范人们的行动，使其保持正确的方向，却不注重提高办事效率，不讲究方式方法，以致常常错失时机或不能取得预期的结果；某些企业则只注重效率而忽视了效益，如通过实施计件工资制提高了工人的生产效率，大量生产出来的却是市场并不需要的商品，以致库存积压、负债累累。

## 第二节　管　理　者

### 一、管理者的概念

在任何组织中都有一些人通过执行计划、组织、领导、控制等职能带领其他人为实现组织目标而共同努力，即从事管理活动，这些人就是管理者。

一般而言，不管组织的性质如何、规模大小，所有管理者执行的基本职能都大致相同，即构建并维持一种体系，使在这一体系中共同工作的人能够用尽可能少的资源消耗完成既定的工作任务，或在资源消耗一定的情况下创造出更多的产品或服务。尽管如此，管理者总是因其各自所在的组织类型和所做的具体工作不同而处于不同的地位和层级，担任不同的管理职务，掌握不同的权力，承担不同的管理责任。据此，可以将管理者简单地划分为三个层次，即：高层管理者，例如处于组织最高领导位置的公司总裁、副总裁、总监、总经理等，他们主要负责战略的制定与组织实施；中层管理者，例如项目经理、地区经理、部门经理等，他们直接负责或协助管理基层管理人员及其工作，在组织中发挥承上启下的作用；基层管理者，主要是指监工、领班、班组长等，他们处于作业人员之上的组织层次中，主要负责管理作业人员及其工作。

### 二、管理者的类型

管理者是指在组织中从事管理活动的全体人员，即在组织中担负计划、组织、领导、控制和协调等工作以期实现组织目标的人，是组织中最为重要的一个因素。

管理者在组织中工作，但并非组织中的每一个人都是管理者。一个组织的成员可以分为两类：操作者和管理者。

在组织中，操作者是指直接从事具体实施和操作工作的人。例如，汽车装配线上的装配工人、饭店里的厨师、商场的营业员、医院里的医生、学校里的教师等，这些人处于组织中的最底层，不具有监督他人工作的职责。

组织中有不同类型的管理者。例如，在学校里有校长、副校长、系主任以及其他各类管理人员；如果你参加了工作，在工作的地方你可能看到主管人员、财会审计人员、销售管理人员、车间主任以及总裁、副总裁。这些人都是管理者，他们都在为了实现组织的目标而对人或事进行计划、组织、领导和控制。

管理者有许多分类方法，最常见的是根据在组织中的级别、职位和职能头衔区分为高层管理者、中层管理者和基层管理者三个层次，如图1-1所示。

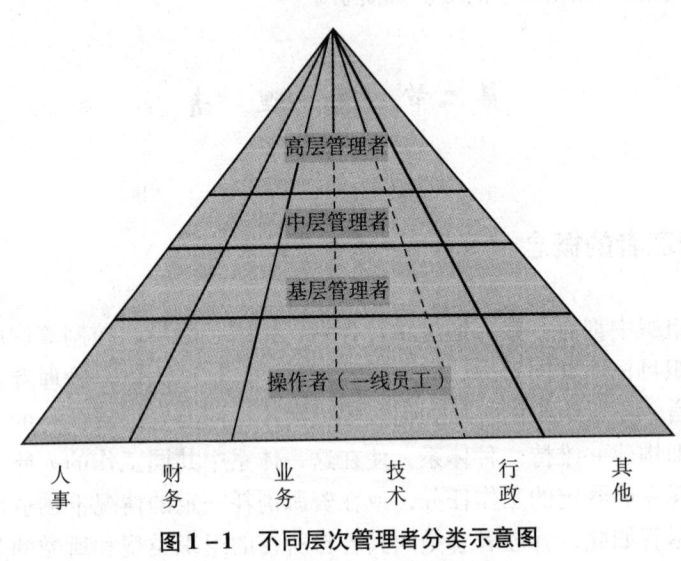

图1-1　不同层次管理者分类示意图

高层管理者是一个组织的高级执行者，负责全面的管理，他们的主要任务是制定组织的总目标、总战略，把握组织的发展方向，如"在未来两年中销售额翻一番"。不过，现在的高层管理者更多地被叫做组织的领导者，他们必须创造和阐述一个为人们所认知且积极认同的公司目的。

中层管理者位于组织高层管理者和基层管理者之间，有时被叫做战术管理者，他们的主要职责是贯彻执行高层管理人员所制定的重大决策和管理意图，监督和协调基层管理人员的工作活动，或对某一方面的工作进行具体的规划和参谋，如"招聘两名销售员""推出三种新产品"等。中层管理者角色的变化需要他们不仅是管理的控制者，而且还是其下属的成长教练。他们必须支持下属并训导他们，使其更具创新精神。

基层管理者即最直接的一线管理人员，这个角色在组织内是非常关键的，因为基层管理者是管理者与非管理性员工之间的纽带，他们的主要职责是直接给下属作业人员分派具体工作任务，直接指挥和监督现场作业活动。基层管理者传统上受上层的指导和控制，以确保其成功地实施支持公司的战略行动。但在一些优秀的企业内，其作用被扩大了。在优秀的公司中，基层管理者执行的作用变弱了，而对其创新和创造性的需要在增加，以实现成长和新业务的开发。

### 三、管理者的角色

在一个组织中，管理者的角色是一个社会角色。1955年，美国著名管理大师彼得·德鲁克率先提出了"管理者角色"概念。他认为，管理是一种无形的力量，这种力量是通过各级管理者体现出来的，所以管理者扮演着三种角色：管理一个组织、管理管理者、管理工人和工作。20世纪60年代末期，管理学家亨利·明茨伯格进一步提出，管理者扮演着10种不同的但却是高度相关的角色，这些角色可以归纳为三种类型，即人际角色、信息角色和决策角色。

#### （一）人际角色

人际角色产生的根源在于管理者的正式权力基础。管理者只要在组织中处于一定的管理层级，拥有组织所赋予的权力，在处理与组织内部成员和其他利益相关者的关系时就要扮演人际角色，包括代表人角色、联络者角色和领导者角色。所有管理者都要履行礼仪性和象征性的义务，在正式场合，代表着一个企业的领导人，扮演代表人角色；当管理者与组织成员一起工作，或在企业内部各部门之间以及与外部利益相关者建立良好关系时，就在扮演联络者角色；当管理者出于促使员工努力工作以确保组织目标实现的动机而对组织成员进行教育与培训、激励或惩罚时，就在扮演领导者角色。

#### （二）信息角色

在信息社会中，准确、快捷、全面地传递信息，对任何组织都非常重要。从某种意义上讲，任何组织的管理者都要有意识地从组织内部或外部接受和收集信息，以便及时了解市场变化、竞争者动态以及员工需求等，这时管理者扮演的是监听者角色；当管理者将自己掌握的重要信息向组织成员进行传递时，他在扮演传播者角色；当管理者代表组织向外界发布信息或表态时，他扮演的是发言人角色。

#### （三）决策角色

决策是管理者的一项重要职能。当管理者密切关注组织内外环境的变化及事态的发展，随时准备发现有利机会并利用机会进行投资时，扮演的是企业家角色；当管理者采取措施全力应对出乎意料的突发事件时，扮演的是处理混乱的角色；管理者是资源分配者，因为他负有对组织所掌握的各种资源，包括人力、物力、财力、时间、信息等资源，进行合理配置的责任；管理者还要扮演谈判者角色，因为他必须为了组织的利益与其他团体讨价还价、商定成交条件。

## 四、管理者的技能

每位管理者都在自己的组织中从事某一方面的管理工作，都要力争使自己主管的工作达到一定的标准和要求。管理是否有效，在很大程度上取决于管理者是否真正具备了作为一个管理者应该具备的管理技能。通常而言，作为一名管理人员应该具备管理的技能包括概念技能、人际技能、技术技能三大方面（如图1-2所示）。那些处于较低层次的基层管理人员，主要需要的是技术技能，其次是人际技能；处于较高层次的中层管理人员，更多地需要人际技能，其次才是技术技能与概念技能；而处于最高层次的管理人员，则尤其需要具备较强的概念技能，其次是人际技能与技术技能。

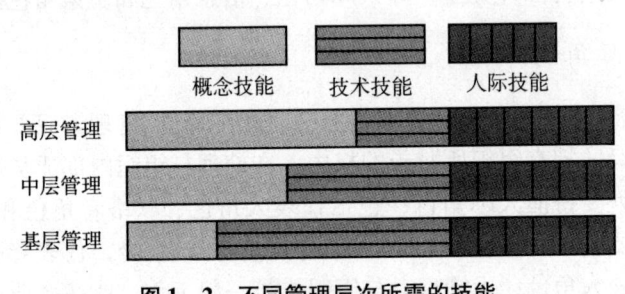

图1-2 不同管理层次所需的技能

### （一）概念技能

概念技能又称观念技能，是指管理者对事物的洞察、分析、判断、抽象和概括的能力，包括理解事物的相互关系从而找出关键影响因素的能力、确定和协调各方面关系的能力以及权衡不同方案优劣和内在风险的能力等。管理者不但应看到组织的全貌和整体，了解组织与外部环境是怎样互动的，了解组织内部各部分是怎样相互作用的，能预见组织在社区中所起的社会的、政治的、经济的作用，知道自己所管部门在组织中的地位和作用，而且还要能够快速、敏捷地从混乱复杂的情况中辨别出各种因素的相互作用，抓住问题的起因和实质，预测问题发展下去会产生什么影响，需要采取什么措施解决问题，这种措施的实施以后会出现什么后果。显然，在组织的动态活动中任何管理者都会面临一些混乱而复杂的环境，需要认清各种因素之间的相互联系，以便抓住问题的实质，根据形势和问题果断地做出正确的决策。当今社会，决策对于组织的生存与发展至关重要，而概念技能又是影响决策能力与水平的重要因素，拥有出色的概念技能，可以使管理者做出更科学、更合理的决策，所以，管理者必须具备并不断提高自身的概念技能。在一个组织中，管理者所处的层次越高，其面临的问题就越复杂、越无先例可循、越具有多变性，就越需要概念技能。

## （二）人际技能

管理者大多数时间都在与人打交道，他们必须开发领导、激励和有效沟通的能力。人际技能又称人际交往技能，是指处理与人事关系有关的技能，即理解、激励他人并与他人沟通、与人共事、与人打交道的能力。具体来说，包括：联络、处理、协调组织内外人际关系的能力；创造一种使人感到安全并能自由发表意见的氛围，从而激励和诱导组织成员充分发挥积极性、创造性的能力；正确地指挥和指导组织成员有效开展工作的能力。比如，管理者必须学会同下属人员沟通并影响下属人员的行为，还要与上级领导和同级同事打交道，还要学会说服上级领导，领会领导意图，学会同其他部门同事的紧密合作，还要与相关的外界人员或组织发生相应的联系和交往。要想成为一个成功的管理者，与不同类型的人愉快相处并交换信息的能力是不可缺少的。

人际技能是所有管理者都必须具备的重要技能，这种技能对处于不同管理层次的管理者具有同等重要的意义，是影响管理成效的重要因素。管理者的人际技能越强，越容易取得人们的信任与支持，越可能有效地实施管理，从而收到满意的管理效果。这是因为，具有高超人际技能的人，既注意自己对别人、对工作、对群体的态度，也关注别人对自己、对工作、对群体的态度；不但虚心接受与自己不同的观点和信念，而且善解人意，能够敏锐地观察别人的需求与动机；善于灵活地与不同的人交往，并在此期间恰如其分地表达自己的诚意，其领导意图易于得到下属的认同和理解。

## （三）技术技能

技术技能指管理者从事自己管理范围内的工作时需要运用的技术、方法和程序的知识及经验。技术技能与管理者所从事的具体业务密切相关，在管理者技能层次结构中，属于最具体、最基本的技能。例如，车间主任要熟悉各种机械的性能、使用方法、操作程序以及各种材料的用途、加工工序等，办公室管理人员要熟悉组织中有关的规章、制度以及相关法规，熟悉公文收发程序、公文种类及写作要求等。对于管理者来说，虽然没有必要使自己成为精通某一领域技能的专家（因为他可以依靠有关专业技术人员来解决专门的技术问题），但也必须了解相当的专门知识，掌握最基本的专业技能。管理者越是熟练掌握技术技能，越能够有效地指导下属工作，也就越能得到下属的尊重和信任。否则，就很难与他所主管的组织内的专业技术人员进行有效的沟通，从而也就无法对他所管辖的业务范围内的各项管理工作进行具体的指导。毋庸置疑，医院的院长不应该是对医疗过程一窍不通的人，学校的校长也不应该是对教学科研工作一无所知的人，军事首长更不能对军事指挥一无所知。当然，不同层次的管理者对于专业技能要求的程度是不相同的。相对而言，基层管理者需要的专业技能的程度较深，而高层管理者则只需要有些粗浅了解即可。所以，管理者都应当掌握技术技能，但是，一般情况下，管理层次越低，越需要具有较强的技术技能，因为他的大部分时间都用于训练下属人员或回答下属人员提出的有关具体业务方面的问题。另外，从学生学习的角度来看，技术技能的获取也十分必要。当你离开学校时，如果你拥有了一套技术技能就会比较轻松地获得一个入职的机会。如会计专业的人要有一些关于做账和审计方面的基本技能，营销专业的人则要知道定价、市场调查和销售技术等，在某些时候这些技术技能可能会帮助你成为管理者。例如，你所掌握的基本的会计和财务课程可以帮助你拥有管理与理解组织财务资源所需的技术技能，你就可以进入一个可能的管理岗位。

综上所述，各种技能在组织的不同管理层次之间的相对重要性是不同的。越是高层管理者越要有较强的概念技能，因为他们是影响决策的主体，他们的战略眼光、战略思想和战略决策关系着组织的生存与发展及事业的成败；人际技能对于所有管理者都很重要，因为任何管理者所实施的管理及其任务的完成，都离不开他人的积极配合与协作；越是基层管理者越要有较强的技术技能，否则，他就很难随时随地给予下属人员具体的指导和帮助，但对高层管理者而言，技术技能则处于次要地位，因为高层管理者完全可以有效地利用下属的业务技术能力实施管理。

### 五、管理者的权力

权力是指组织成员为了达到组织目标而拥有的开展工作或指挥他人行动的力量。任何一个组织成员都拥有与其岗位职责相对等的岗位权力。对管理者而言，要履行好自己的职责，扮演好其角色，运用好其技能，必须拥有相应的权力。根据权力的来源，管理者的权力可分为正式权力和非正式权力。正式权力来自上级的授予，源于其在正式组织中的地位，通常与职务有关，并由法律、制度明文规定，因而也叫职权。职权一般包括支配权、强制权和奖赏权。非正式权力主要来自管理者个人的品德、资历、背景、专长、魅力等。非正式权力虽然与职位有一定的联系，但不是法定的，也不能靠别人授予，主要取决于管理者个人的思想、知识、能力、水平，以及与下属的思想共鸣、情感沟通、相互理解、信赖支持等。

#### （一）法定权

法定权是由管理者在组织中的职位决定的一种正式权力。管理者被组织任命担任某一职位而获得了相应的法定权，从而依据其工作分工对下属发号施令，下级必须服从上级的指挥。法定权局限于管理者的工作职责范围之内，只有在工作需要时才能发挥作用，一旦超越这一范围，这种权力就会失效。

#### （二）强制权

强制权是管理者对其下属具有的强制其服从的力量。它通过精神、感情或物质上的威胁强迫下属服从，或者通过强制性的惩罚来影响下属的一种权力，例如批评、降职、降薪、撤职、除名、辞退、开除等。

强制权只适用于管理者要求下属履行其职责范围内的工作。当下属没有能够按照要求履行其应该履行的职责时，管理者可以通过惩罚威胁来迫使下属履行职责，从而保证组织分派的各项任务的完成。强制权发挥作用的基础是下属的惧怕，在使用过程中往往会引起愤恨、不满甚至报复行为，因而需要慎用。

（三）奖赏权

奖赏权是管理者控制下属所重视的资源而对其施加影响的能力。在下属完成一定的任务时，管理者承诺给予相应的奖励，可以鼓励下属的积极性，使其付出额外的劳动，达成超出组织要求的额外的业绩。奖赏权源于下属期望奖励的心理，建立在交换原则基础上，其关键是奖赏内容与下属的需求是否一致。例如，上级在其职权范围内可以决定下级的薪水、晋升、提拔、奖金、表扬，或分配有利可图的任务、职位，或者给予下属所希望得到的其他物质资源或精神上的安抚、亲近、信任、友谊等，从而有效地影响下属的态度和行为。

（四）专长权

专长权是由管理者个人的特殊技能或拥有某些专业知识而形成的影响力。社会分工越细，专业性越强，完成任务就越依赖于专业特长。专长权源自管理者丰富的经验、卓越的专业技能，例如，一位医术精湛的医生在医院中具有巨大的影响力；一位资深的名牌教授可能没有任何行政职位，但在大学里具有巨大的影响力；企业中的总会计师、总工程师、计算机专家等可能拥有某种专长权力。专长权与职位没有直接关系，但谁掌握的知识多，获取的信息多，谁拥有的专长权就大。

（五）感召权

感召权是由于管理者拥有吸引下属的个性、品德、魅力、经历、背景、作风等而产生的影响力。感召权能让下属认同、赞赏、钦佩、羡慕，从而自愿地追随和服从管理者。它源自管理者高尚的品德、良好的人际关系、特殊的个人背景等，它是一种无形的很难用语言来描述或概括的权力。例如管理者的无私工作、刚正不阿、主持公道、清正廉洁、思路敏捷、开拓创新、不畏艰险以及关心群众疾苦、保护下属利益、倾听不同意见等都会形成巨大的感召力。

## 六、管理者的素质

管理者要履行好自己的职责，运用好组织所赋予的权力，必须具备相应的素质。"科学管理之父"泰勒曾具体说明一位"全面"的工长应该具备的九种品质，法约尔也从身体、智力、道德、知识、经验等方面指出了作为一名管理者应具备的素质。综合各方面的研究，管理者的素质主要包括品德、知识和能力三大方面。品德决定着管理者工作的愿望和干劲,知识代表着管理者的智能水平,能力决定着管理者的工作潜力。

## (一) 品德

品德体现了管理者的世界观、人生观、价值观、道德观和法制观念,持续有力地指导着其对现实的态度和行为。管理者应该具有强烈的管理意愿和良好的精神素质。

首先,管理者要有强烈的管理意愿和责任感。如果一个人缺乏为他人工作承担责任、缺乏激励他人取得更大成绩的愿望,那么即使他走上了管理类岗位或者具备管理工作的潜能,也不可能成为一个合格的管理者。管理愿望决定着管理者能否学会并运用其技能。只有树立一定的理想,有强烈的事业心和责任感,管理者才会有干劲,才会在管理岗位上勇挑重担,有所作为,有所贡献。

其次,管理者要有良好的精神素质。即要具有创新精神、实干精神、合作精神和奉献精神。管理人员要有创新精神,勇于开发新产品、开拓新市场、引进新技术、起用新员工、采用新方法,以适应时代发展的要求;管理者要敢于冒风险,要有一定的承担风险的心理素质;管理者要有百折不挠的拼搏精神和吃苦耐劳的实干精神;管理者要有与人合作共事的精神,善于团结群众、依靠群众;管理者要有一种服务于社会、造福于人民的风险精神,对事业执着追求,愿意为此牺牲个人利益。

## (二) 知识

知识是提高管理水平和管理艺术的基础与源泉。由于管理是一门综合性的学科,管理者不仅要掌握专业知识,还要掌握政治、法律、经济、管理、人文、社会、科学、技术等方面的知识。

1. 政治、法律方面的知识。管理者要掌握所在国家执政党的路线、方针、政策,国家的有关法律、法规和条例,以便正确把握组织的发展方向。

2. 经济学和管理学知识。管理者要懂得按经济规律办事,了解管理理论的发展情况,掌握基本的管理方法。

3. 人文社会方面的知识。管理者面对的管理对象主要是人,而人既是生理的、心理的人,又是社会的、历史的人。管理者掌握一些人文社会方面的知识,如心理学、社会学等,有助于其了解管理对象,有效地协调人际关系和调动员工的积极性。

4. 科学技术方面的知识。无论管理什么行业,管理者都要有一定的本专业的科技基础知识,如计算机及其应用、本行业科研及技术发展情况等,否则就难以根据行业的技术特性进行有效管理。

## (三) 能力

能力是管理者把各种管理理论和管理知识应用于实践,进行具体管理工作、解决实际问题的本领。能力与知识是相互联系、相互依赖的，基本理论和专业知识的不断积累与丰富，有助于管理者潜能的开发与实际能力的提高；而实际能力的增长与发展，又能促进管理者对基本理论知识的学习消化和具体运用。管理者应该具备三种基本的管理技能（详见管理者的技能）。

在管理者的素质中，良好品德的形成取决于各种因素，特别是家庭教育和社会教育，专业知识主要取决于学校教育和专业培训，管理技能主要取决于经验和管理实践。

## 第三节 管 理 学

管理学是一门系统研究管理活动的普遍规律、基本原理和一般方法的科学，是在总结管理发展历史经验的基础上，综合运用现代社会科学、自然科学及先进的技术方法，研究管理规律和方法，以指导管理实践活动的一门综合性、理论性、实践性、应用性很强的科学。它是对千百年来人类管理经验、管理智慧高度概括和总结的基础上形成的能够反映管理活动客观规律的理论知识体系，它由一系列管理理论、管理职能、管理原理、管理原则、管理形式、管理方法等组成。

管理学是运用哲学、数学、社会学、心理学等学科的研究成果，对经济、社会领域中生产经营活动的一般规律、共同原则进行综合研究的学科。管理学普遍适用于任何类型的组织，如工商企业、军队、学校、医院、科研机构、政府机关、教会等。

### 一、管理学的研究对象

管理学的研究对象是适应于各种组织的普遍的管理原理和管理方法。包括：研究合理组织社会生产的有效途径，有效进行资源配置、发展生产的方案与措施；研究各种管理职能、各项管理制度、各种组织文化和多种教育方式；研究组织微观管理、社会宏观调控；研究管理方式、管理手段和管理方法。管理学是以各种管理工作中普遍适用的原理和方法作为研究对象的。

### 二、管理学的研究内容

从管理的二重性出发，管理学着重研究三个方面的问题。

1. 从生产力方面。研究如何合理配置组织中的人、财、物，使各要素充分发挥作用的问题；研究如何根据组织目标的要求和社会的需要，合理地使用各种资源，以求得最佳的经济效益和社会效益的问题。
2. 从生产关系方面。研究如何正确处理组织中人与人之间的相互关系问题；研究如何建立和完善组织机构以及各种管理体制等问题；研究如何激励组织内成员，从而最大限度地调动各方面的积极性和创造性，为实现组织目标而服务。

3. 从上层建筑方面。研究如何使组织内部环境与其外部环境相适应的问题；研究如何使组织的规章制度与社会的政治、经济、法律、道德等上层建筑保持一致的问题，从而维持正常的生产关系，促进生产力的发展。

### 三、管理学的研究方法

管理学是一门综合性科学，不仅研究范围十分宽广，而且研究方法也多种多样，主要包括以下六种。

（一）系统研究方法

系统是由各个部分组成的、具有特定功能的有机整体。按照系统理论，世界是由大大小小的系统构成的，系统具有整体性、相关性、动态性、有序性等特点。研究管理对象就应把管理对象作为一个系统来研究，研究该系统的内部构成、运行以及发展变化的规律，研究该系统与其他系统之间的关系等。

（二）比较研究方法

没有比较就没有鉴别。比较研究方法是通过纵向、横向比较，发现异同，探索规律，找出事物结果所产生的原因，为指导管理活动提供依据。

（三）矛盾研究方法

管理工作是为了解决一定问题的。矛盾研究方法是把事物矛盾的双方看成一个统一体，通过对矛盾的正面与反面、内因与外因以及矛盾双方的辩证关系、矛盾的成因和发展趋势等进行分析，从而实现找出问题、分析问题、解决问题的目的。

（四）案例研究方法

在管理学中广泛地使用案例研究方法，即通过选取典型案例进行分析研究，归纳出经验、理论和规律，再用这些经验、理论和规律去指导实践。在运用案例研究方法时，要注意案例的代表性，搞清楚事物发生结果的前提、背景和条件。要运用辩证唯物主义和历史唯物主义的方法去找出事物发展中的因果关系。

（五）试验研究方法

试验研究方法是使研究对象处于特定的环境条件下，观察其实际发展结果，以寻求事物发展的因果关系的一种研究方法，往往可采取改变研究对象的条件来观察其结果如何变化，这种试验称之为比较试验。试验的时机、地点、范围、规模不同，对试验的结果会产生一定的影响。试验研究方法是一种用实践来检验理论、总结经验、发现规律的好方法，但在实际运用中应进行科学的组织和系统的观察。

## （六）演绎研究方法

演绎研究方法是根据已经证明了的公理、定理、规律来进行推理的一种研究方法。它是由一般到个别、由一般原理得出关于个别事实的结论的一种推理方法。演绎推理一般采用三段论式的形式，如"所有的金属都导电，铁是金属，因此铁导电"就是三段论式。在演绎推理中，结论中所提出的概念只能含有前提中已经有的概念，而不能改换概念；如果它的前提是正确的，在推理过程中又遵循推理的规则，那么结论也是一样正确的。

## 四、管理学的主要特点

管理学作为一门学科与其他许多学科不同，它具有许多特点。例如，管理学是一门不精确的学科，是一门综合性学科，是一门应用性很强的学科，是一门发展中的学科。要用系统的观点来学习管理。了解管理学的这些特点，将有助于加深理解本教材的内容。

### （一）管理学是一门不精确的学科

人们通常把给定条件下能够得到确定结果的学科称为精确的学科。如数学就是一门精确的学科，只要给出足够的条件或函数关系，按一定的法则进行演算就能得到确定的结果。管理则不然，在已知条件完全一致的情况下，有可能产生截然相反的结果。用管理学术语来解释这种现象，就是在投入的资源完全相同的情况下，其产出却可能不同。比如，两个企业已知其生产条件、人员素质和领导方式完全相同，他们的经营效果可能相差甚远。为什么会有这种现象出现？这主要是因为影响管理的因素众多，许多因素是无法完全预知的，如国家的方针、政策和法令，自然环境的突然变化，其他企业的经营决策等。而管理主要是与人打交道，同人发生关系，对人进行管理，那么，人的心理因素就必然是一种不可忽略的因素。而人的心理因素是难以精确测量的，它是一种模糊量。诸如人的思想、感情、个性、作风、士气以及人际关系、领导方式、组织文化等，都是管理学的研究对象，又都是模糊量。在这样复杂的情况下，我们还没有找出更有效的定量方法，使管理本身精确化，而只能借助于定性的办法，或者利用统计学的原理来研究管理。因此，我们说管理是一门不精确的学科，人们只能借助于假定或人为的分析，进行定性和定量相结合的研究。实际上所谓"两个企业的投入完全相同"这句话本身就是不精确的，因为"投入"不可能资金相同，即使表面上在数量、质量、种类方面完全相同，人的心理因素也不可能完全相同。但尽管如此，从科学是正确反映客观事物本质和规律的知识体系，是建立在实践基础上并经过验证或严密的逻辑论证的关于客观世界各个领域中事物的本质特征、必然联系与运动规律的理性认识这一概念来说，管理是一门科学，虽然不像自然科学那么精确。经过几十年的探索、总结，管理学已形成了反映管理过程客观规律的理论体系，据此可以解释管理工作中过去的和现有的变化，并预测未来的变化。可以用许多精确科学中所用的方法定义来分析和度量各种现象，管理学也通过科学的方法学习和研究，不同的只是其控制和解释干扰变量的能力较弱，不能像精确科学那样进行严格的实验。

正因为管理学是一门科学，所以我们能通过学习掌握其基本原理并据以指导实践；而正因为它是不精确的科学，所以在实际运用时要具体问题具体分析，不能生搬硬套。

### （二）管理学是一门综合性的学科

管理学的主要目的是指导管理实践活动。而当代的管理活动异常复杂，作为实现目标的一种有效手段，管理不仅在各种组织中普遍存在，而且涉及人、财、物、信息、技术、环境的动态平衡。管理过程的复杂性、动态性和管理对象的多样化决定了管理所要借助的知识、方法和手段的多样化。作为管理者仅掌握一方面的知识是远远不够的，只有具备广博的知识面才能对各种管理问题应付自如。以企业为例，厂长要处理有关生产、销售、计划和组织等问题，就要熟悉工艺、预测方法、计划方法和授权的影响因素等。这里包括了工艺学、统计学、数学、政治学、经济学等内容。而最主要的是，厂长要处理企业中与人有关的各种问题，像劳动力的配置、工资、奖励、调动人的积极性和协调各部门中人员之间的关系，这些问题的解决又有赖于心理学、人类学、社会学、生理学、伦理学等学科的一些知识和方法。机关、医院、学校的管理活动也存在类似的情况。管理活动的复杂性、多样性决定了管理学内容的综合性。管理学就是这样一门综合性学科，它不分门类，针对管理实践中所存在的各种活动，在人类已有的知识宝库中广泛收集对自己有用的东西，并加以拓展，以便更好地指导人们的管理实践，这是管理学的一大特点。

管理科学的综合性，决定了我们可以从各种角度出发研究管理问题；管理的复杂性和对象的多样化，则要求管理者具有广博的知识，这样才能对各种各样的管理问题应付自如。

### （三）管理学是一门实践性很强的学科

理论的作用在于指导实践。管理学的理论与方法是人们通过各种管理实践活动的深入分析、概括、总结、升华而得到的，反过来它又指导人们的管理实践活动。由于管理过程的复杂性和管理环境的多变性，管理知识在运用时具有较大的技巧性、创造性和灵活性，很难用陈规、原理、定义固定下来，因此，管理具有很强的实践性，它是以人类某一领域的社会实践作为研究对象，运用某些基础学科的知识，研究其实践的规律性，进而改造客观世界。

管理学科的实践性，决定了学校是培养不出"成品"管理者的。要成为一名合格的管理者，除了掌握管理学基本理论知识以外，更重要的是，要在管理实践中不断地磨炼，积累管理经验，通过大量的管理实践活动去体会，理论联系实际,真正领悟管理的真谛。

### (四) 管理学是一门发展中的学科

管理学的建立和发展,有其深刻的历史渊源。管理学发展到今天已经历了许多不同的历史发展阶段,在每一个历史发展阶段,由于历史背景不同,产生了各种管理理论。这些理论,有的已经过时,有的仍在发挥作用,但总地来说,管理作为一门科学来研究还不到百年,因此,它还是一门非常年轻的学科,还处于不断更新、完善的大发展之中。同时,作为一门与社会经济发展紧密相连的学科,也必将随着经济的发展和科技的进步而进一步发展。

综上所述,管理学既是一门科学又是一项艺术。管理学研究管理过程中的客观规律,由一整套的原则、主张和基本概念组成,使得我们能够对具体的管理问题进行具体的分析,并进而获得科学的结论,从这个意义上说,它是一门科学,可以学习和传授。例如,通过对本教材的学习,将懂得应如何决策、如何进行计划、如何设计组织结构,掌握激励下属的方法和各种控制技术,它将介绍许多作为管理者要用到的管理知识和具体分析管理问题的思维方法。但管理又具有很强的实践性,由于管理工作的对象包括组织中的人,同时管理问题和管理环境千变万化,管理学所能提供的专业手段和方法极其有限,因而其实践和管理知识的运用需要有丰富的根据实际情况行事的技艺。懂得管理学基本知识并不意味着在实践中能正确地运用它,如果只凭书本知识来诊断,仅仅借助原则来设计,靠背诵原理来管理,是注定要失败的。从这个角度而言,管理又是一门艺术。

根据管理学科的特点,认真学习管理理论知识,学习分析管理问题的思维和方法,有助于在实践中认清管理问题,并提出正确的解决方案;随时将学到的知识应用于实际管理问题的分析和解决,则可进一步加深对管理知识的理解和掌握,这是能够真正领悟管理的必由之路;而广泛地学习各种学科知识,则有助于更好地从各种角度加深对管理学的理解,提高解决实际管理问题的能力。

## 复习思考题

1. 什么是管理?有哪些具有代表性的定义?
2. 管理的主要目的是什么?是否可以不要管理?为什么要学习管理?
3. 管理的对象是什么?管理学以什么为研究对象?
4. 如何衡量管理的有效性?为什么说效益比效率更重要?
5. 如何才能进行有效的管理?
6. 管理的基本职能有哪些?它们之间有什么关系?
7. 为什么说管理既是科学又是艺术?
8. 管理学的研究内容有哪些?为什么说管理学是一门综合性学科?为什么说管理学是一门不精确的学科?

9. 管理者的主要角色是什么？管理者应具备哪些基本技能？不同层次的管理者所需要技能的侧重点有何不同？

## 案例分析

### 案例1　生存训练中发生的故事

某单位组织生存训练，小张、老王、大李三个人一组，他们除了配备1辆吉普车、1桶备用汽油、1张地图、1个指南针、3瓶饮用水之外，不准携带任何食品、通信工具和机械工具。从早晨出发，要求他们开车穿越指定的无人居住的荒凉山区，在指定时间（下午7点）到达目的地。下午5点，小组驱车进入行人稀少、狭窄危险的盘山道，突然有一块千斤巨石横在路中央，一边是非常陡峭、满山荆棘的山坡，一边是悬崖，汽车既无法绕行也无法后退，根据指南针和地图推测，到达目的地至少还有30千米，如步行需要5~6小时，当时天色将晚，而且这里经常有毒蛇野兽出没，环境险恶，小组陷入了困境。

大李年轻气盛，仗着身高马大，试图搬动横在路上的石头，不但失败了，还差一点闪了腰；小张虽然是个女孩子，但曾经是某大学长跑冠军，她提出自己跑步前往目的地求援，但被其余两人否定了；老王有些经验，在附近寻找可以利用的树枝当撬棍，可惜没有成功。为了争取在规定时间到达目的地，大家不约而同地围着石头四周，企图将石头抬走。估计3人的举力不会超过250千克，再加上使劲不一致，不但没有抬起横在路上的石头，还把小张的手擦破了。小张、大李提出让老王统一指挥，老王让大李站在中间，自己和小张分别站在两侧，同时背靠山坡，面朝悬崖，一声吆喝，石头掀起来了一些，但是没有翻滚起来，老王正色道，如果大家不把吃奶的力气使出来，"我们可就死定了"，于是，老王又大喊了一声，他们终于将石头掀动了，在3个人的共同努力下，终于将石头推向悬崖，小组继续驱车，按时到达了目的地。

问题：管理是如何产生的？管理能发挥什么作用？什么是管理？

### 案例2　忙碌的王厂长

王厂长是光明食品公司江南分厂的厂长。早晨7点，王厂长驱车上班时，他的心情特别好，因为最近的生产率报告表明，由于他的精心经营，他管辖的江南分厂超过了公司其他两个分厂，成为公司人均劳动生产率最高的分厂。昨天，王厂长在与其上司的通话中得知，他的半年绩效奖金比去年整整翻了两倍！

王厂长决定今天把手头的许多工作清理一下，像往常一样，他总是尽量做到当日事当日毕。除了下午3点30分有一个会议外，今天的其他时间都是空着的，因此，他可以解决许多重要的问题。他打算仔细审阅最近的审计报告并签署他的意见，并仔细检查工厂TQM计划的进展情况。他还打算计划下一年度的资本设备预算，离申报截止日期只有10天时间了，他一直抽不出时间来做这件事。王厂长还有许多重要的事项记在他的"待办"日程表上：他要与副厂长讨论几个员工的投诉；写一份10分钟的演讲稿，准备在后天应邀的商务会议上致辞；审查他的助手草拟的贯彻食品行业安全健康的情况报告。

王厂长到达工厂的时间是7点15分，还在走廊上，就被会计小赵给拦住了。王厂长的第一个反应是：她这么早在这里干什么？小赵告诉他负责工资表制作的小张昨天没有将工资表交上来，昨天晚上她等到9点，也没有拿到工资表，今天实在没办法按时向总部上报这个月的工资表了。王厂长做了记录，打算与工厂的总会计师交换一下意见，并将情况报告他的上司——公司副总裁。王厂长总是随时向上司报告任何问题，他从不想让自己的上司对发生的事情感到突然。

最后，王厂长来到办公室里，打开电脑，查看了有关信息，他发现只有一项需要立即处理。他的助手已经草拟了下一年度工厂全部管理者和专业人员的假期时间表，它必须经王厂长审阅和批准。处理这件事只需10分钟，但实际上占用了他20分钟的时间。

接下来要办的事是资本设备预算。王厂长在他的电脑工作表程序上开始计算工厂需要什么设备以及每项的成本是多少。这项工作刚进行了1/3，王厂长便接到工厂副厂长打来的电话。电话中说在夜班期间，三台主要的输送机有一台坏了，维修工要修好它得花费5万元，这些钱没有列入支出预算，而要更换这个系统大约花费12万元，王厂长知道，他已经用完了本年度的资本预算。于是他在10点安排了一个会议，与工厂副厂长和总会计师研究这个问题。

王厂长又回到他的工作表程序上，这时工厂运输主任突然闯入他的办公室，他在铁路货车调度计划方面遇到了困难，经过20分钟的讨论，两个人找到了解决办法。王厂长把这件事记下来，要找公司的运输部长谈一次，好好向他反映一下工厂的铁路货运问题、什么时候公司的铁路合同到期及重新招标。

看来打断王厂长今天日程的事情还没有完，他又接到公司总部负责法律事务的职员打来的电话，他们需要数据来为公司的一桩诉讼辩护，因为原江南分厂的一位员工由于债务问题向法院起诉公司。王厂长把电话转接给人力资源部。这时，王厂长的秘书又送来一大沓信件要他签署。突然，王厂长发现10点到了，总会计师和副厂长已经在他办公室外面等候。3个人一起审查了输送机的问题并草拟了几个选择方案，准备将它们提交到下午举行的例行会议上讨论。现在是11点5分，王厂长刚回到他的资本预算编制程序上，就又接到公司人力资源部部长打来的电话，对方花了半小时向他说明公司对即将与工商所举行的谈判策略，并征求他特别是与江南分厂有关问题的意见。挂上电话后，王厂长下楼到了人力资源部部长办公室，他们就这次谈判的策略交换了意见。

王厂长的秘书提醒他与地区另一家公司的领导约定共进午餐的时间已经过了，王厂长赶紧开车前往约定地点，好在不过迟到了10分钟。

下午1点45分，王厂长返回他的办公室，工厂工长已经在那里等着他了。两个人仔细检查了工厂布置的调整方案以及周边环境的绿化等工作要求。会议的时间持续得较长，因为中间被三个电话打断。到3点35分时，王厂长和工厂副厂长穿过大厅来到会议厅。例行会议通常只需要1个小时，不过讨论工人工资和利益分配以及输送系统问题的时间拖得很长。这次会议持续了3个多小时，当王厂长回到他的办公室时，他已经精疲力竭了。12个小时以前，他还焦急地盼望着一个富有成效的工作日，现在一天过去了，王厂长不明白："我完成了哪件事？"当然，他知道他干完了一些事，但是本来有更多的事他想要完成的。是不是今天有点特殊？王厂长承认不是的，每天开始时他都有着良好的打算，而回家时却不免感到有些沮丧。他整日就像置身于琐事的洪流中，中间经常被打断。他是不是没有做好每天的计划？他说不准。他有意使每天的日程不要排得过紧，以使他能够与人们交流，使得人们需要他时他能抽得出时间来。但是，他不明白是不是所有管理者的工作都经常被打断和忙于救火，他能有时间用于计划和防止意外事件发生吗？

问题：

1. 王厂长应该履行的主要职责是什么？

2. 根据明茨伯格的管理者角色理论，王厂长计划下一年度的资本设备预算时所扮演的管理者角色是什么？

3. 对于案例中王厂长总是随时向上司报告任何问题，你认为合理吗？

# 第二章 管理理论的形成与发展

【学习要求】

通过本章学习，懂得学习管理历史的价值；了解管理理论演进的历史背景，把握各历史阶段主要管理思想的特点及观点；熟练掌握泰罗的科学管理理论、法约尔的一般管理理论、韦伯的行政组织理论、梅奥的人际关系理论等一系列管理理论；了解当代管理理论的发展及其具有代表性的管理理论；熟悉现代管理理论丛林中各学派的主要代表人物及观点；初步判断中国管理发展现状；了解21世纪管理面临的挑战，清楚管理大致的发展趋势。

管理活动源远流长，自从有人类社会以来就有管理活动。人们在长期的管理实践中逐渐形成了一些管理思想，这些管理思想对管理实践起着指导和促进的作用，使管理活动更加有效率。20世纪初，人们在总结前人管理思想与管理经验的基础上，对管理问题进行了系统研究，从而形成了一系列管理理论。

## 第一节 管理理论形成前的管理思想

管理理论形成前的管理思想是指19世纪末管理理论产生之前，人类在漫长的社会实践中形成的对管理实践产生影响的一系列思想，它散见于政治、军事、社会、文学等各种著作中。这些思想为后来管理理论的形成奠定了坚实基础，成为人类灿烂文化的重要组成部分。按照时间先后，我们把它分为两大阶段，即早期管理思想与近代管理思想。

### 一、早期管理思想

在人类早期的发展中，形成了灿烂的古代文化，孕育出了诸多的管理思想，哺育了众多的管理思想家，他们从不同方面提出了自己的管理主张。我们可以从中外两个角度对这些思想进行概述。

#### （一）我国古代管理思想

我国是世界著名的文明古国，灿烂的中国古代文化包含了丰富的管理思想，也产生了许多对管理有贡献的古代政治家、军事家和思想家，近年来受到世界管理学界的注意，尤其是日本的管理学者和企业家，更是竞相研究与运用我国古代的一些管理思想。反映我国古代管理思想的主要著作有《尧典》《孙子兵法》《周礼》《管子》《货殖列传》《梦溪笔谈》《天工开物》等。在这些文献中，包含了国家管理、市场管理、经营理论、用人之道、领导艺术等各种管理思想。

春秋战国时期孙武所著的《孙子兵法》，蕴涵了丰富深邃的战略管理思想。《孙子兵法》开篇就曰："夫未战而庙算胜者，得算多也；未战而庙算不胜者，得算少也；多算胜，少算不胜，而况于无算乎！吾以此观之，胜负见矣"。又曰"经五事、较七计、索其情与庙算"，这里的经五事即"一曰道，二曰天，三曰地，四曰将，五曰法"，是对决定战争性质和结果的政治、气候与寒暑变化、战区地貌特征、将领的个人能力以及军队的纪律等情况进行分析。所谓较七计则包括"主孰有道，将孰有能，天地孰得，法令孰行，兵众孰强，士卒孰练，赏罚孰明"等方面，是对敌对双方的各方面进行对比分析。在这种分析的基础上，"未战而庙算胜"成为可能。这些思想堪比今天管理中的 SWOT 分析。尽人皆知的《孙子兵法》中"知彼知己，百战不殆"的战略思想、"因敌变化而取胜"的应变策略以及三十六计的具体谋略，已成为当今企业在激烈的市场竞争中取胜的法宝。所以，有人说过，讲管理谋略的周详、具体和可操作性莫过于《孙子兵法》。

中国的儒家思想是中国传统文化的主流，其特点是着重于对人类精神文明的研究。孔子作为儒家文化的主要代表人物，《论语》一书记载了他对人性的看法及建立在此基础上的管理观点。孔子主张用"道之以德，齐之以礼"的方法来进行管理，运用人的仁爱心、自尊心、自信心、自觉心来发挥其内在的动力，以求达到社会的平衡与协调，这最终成为贯穿于儒家管理思想的一条主线，也成为儒家管理思想的主要特征。有人说，讲人与人之间关系的维护，讲管理者和被管理者的自我修养，古今中外莫过于《论语》一书了。

与儒家思想在人性问题上截然相反的主张是法家理论。法家是战国时期主张以"法"治国的一个重要学派。这个学派的思想可以追溯到春秋时期的管仲、子产，其主要代表人是荀子、韩非子。法治思想是建立在人性恶的基础之上的，认为人的本性是"好利恶害"的，人与人的关系纯粹是利害关系，人是好利自私的动物。韩非子说："凡治天下，必因人情。人情有好恶，故赏罚可用，赏罚可用则禁令可立，而治道具矣"。为此，韩非子提出了要循人好利的本性来进行治理，从而达到社会的治理或管理的有序。

在我国还有一位在经营和财政管理方面有着突出贡献的人物，他就是春秋末期的政治家兼巨商范蠡。范蠡提出了很多经营原则，这些原则到今天仍然具有非常大的启示作用。如"务完物，无息币。以物相贸易，腐败而食之物勿留，无敢居贵。论其有余不足，则知贵贱。贵上极则反贱，贱下极则反贵。贵出如粪土，贱取如珠玉。财币欲其行如流水"，这强调了物价贵贱的变化是因为供求关系的有余和不足，建议谷贱时由官府收购，谷贵时平价售出。再如，范蠡还强调了"财政乃国家经济之本"。这些主张为封建集权统一的财政管理制度奠定了基础。

总之，我国古代管理思想虽未形成独立的理论体系，但其价值极高，丰富多彩、博大精深，成为全人类文化宝库的重要组成部分。

### （二）外国古代管理思想

西方文化起源于希腊、罗马、埃及、巴比伦等文明古国，它们在公元前6世纪左右建立了高度发达的奴隶制国家，在文化、艺术、哲学、数学、物理学、天文学、建筑学等方面对人类做出了辉煌贡献。

巴比伦人对管理思想的最重大贡献可以说是汉谟拉比法典，其形成于公元前2000年至公元前1700年间，其中谈到责任、奖金制、最低工资制、交易控制等。

四百多年前意大利人马基雅维里著的《君主论》一书，对领导能力作了透彻的论述，其目的是协助年轻的国王求得领导能力。但书中所有关于领导与权力的原理几乎适用于任何组织的管理者。

希伯来人对管理思想的贡献也很大，如《旧约圣经·出埃及记》第十八章就记载了摩西领导着希伯来人在人事选择、训练及组织等方面的管理成就，提出了授权原则以及意外事件处理原则等观念。有的外国学者甚至认为，《圣经》这一文献"对任何人都是一项了解基本管理原则的教材"。

古希腊人则在发展民主政治及处理一切繁杂事务时所必需的管理技能方面有所专长。古希腊人提出为市政府成立"波立斯"制即自由交换意见、公开研讨的政策，还提出用音乐控制的、有节奏的、大批量生产的管理观念。古希腊著名学者柏拉图在其《共和国》一书中提出专业化和分工原理。另一著名学者苏格拉底深刻而生动地提出了管理的普遍性和管理者的互换性原理。

可以看出，这些古国在国家、部队、组织、领导、法律管理等方面有着光辉成就。公元3世纪以后，随着奴隶制的衰落、基督教的兴起，这些古代文化逐渐被基督教文化所取代。基督教文化中所包含的伦理观念、管理思想，对以后西方封建社会的管理实践起着指导性作用。

## 二、近代管理思想

18世纪中期到19世纪末20世纪初的100多年里，是西方资本主义工厂制度的兴起到资本主义自由竞争发展的时期，此时，人们已朦胧地意识到管理的重要性，并力图摆脱传统管理的桎梏，以寻求适合资本主义企业生存发展的管理之道，出现了一些有代表性的人物及管理思想。

### （一）亚当·斯密

亚当·斯密（Adam Smith，1723~1790）是英国杰出的资本主义古典政治经济学的创始人，1776年发表了他的代表作《国民财富的性质和原因的研究》。该著作在论述资本主义"自由经济"的同时，也提出了对管理发展有重大影响的管理见解，包括：一是提出了"分工协作原理"和"生产合理化"的概念，认为对经济效益的追求主要依靠提高效率来完成,而效率的提高靠分工,有了分工,同样数量的劳动者就能完成比过去多得多的工作。所以,只有分工协作才能提高劳动生产率。斯密还举了制针厂的例子,一个熟练工单独干一天做不出20枚针,而10个工人分工合作,每天可制针4 800枚,分工的效率至少是单干的240倍。二是提出了"经济人"的观点,即经济活动产生于个人利益基础上的共同利益,认为个人在追求个人利益最大化的同时,必须兼顾他人利益,所以,产生了共同利益,形成总的社会利益。个人追求利益的动机和行为有利于发展生产、调动积极性,会自然而然地达到社会的共同利益。斯密经济人的观点后来成为资本主义管理理论的重要依据之一。

### (二)查理·巴贝奇

查理·巴贝奇(Charles Babage,1792~1871)是英国剑桥大学教授,他的代表作是1832年出版的《论机器和制造业的经济》。他在开创与发展把科学方法应用到管理研究方面有过突出贡献。作为一名技术发明家,他接触了制造业的管理问题,并以极大的兴趣进行研究,提出了自己的观点:一是深化了劳动分工协作原理,认为分工除提高效率外还可节省工资支出,因为若不分工,工厂主要按全部工序中技术要求最高、体力要求最高的标准支付工资,分工后,则可依不同工序的不同复杂程度、强度雇佣不同的工人,支付不同的工资;二是提出了"边际熟练"原则,即对技术劳动强度作界定,作为付酬的依据,同时应对比工人的效益与企业的成功按比例付给工人奖金;三是提出了"管理的机械原则",即以科学方法分析工人工作量、原材料及利用情况,以提高工作效率,把数学计算引入管理。这些都是巴贝奇对管理思想所做出的重大贡献,也为以后古典管理理论的形成提供了一定的思想依据。

### (三)罗伯特·欧文

罗伯特·欧文(Robert Owen,1771~1858)是英国空想社会主义代表人物,也是一名企业管理改革家,被人们誉为现代人力资源管理的先驱。欧文提出了著名的管理思想"人是环境的产物",认为有什么样的环境就会产生什么样的人,他把这种思想应用到企业中,并对此进行了管理实验。实验的结果如欧文所愿,即当企业为工人提供了一个好的生活和工作环境时,工人始终处在一个当好工人的激励当中。为此,他认为,只要对工人加以训练与指挥,就可以取得50%~100%的报酬。欧文在人事管理方面的理论与实践,对后来的行为科学理论产生了很大影响。

## 第二节 古典管理理论的形成

虽然古代有许多杰出的管理观念,但管理成为一门科学,却是由资本主义生产力和生产关系的发展而导致的社会化大生产发展所决定的。

## 一、古典管理理论形成的背景

资本主义生产方式的发展推动了管理实践在微观方面——企业生产组织方面的发展。18世纪下半期，从英国开始，欧美各国接踵而来的工业革命确立了工厂制度，发展了专业化协作。基本生产组织的变革，使工厂成为主要的生产方式，同时也促使生产量有了巨大增长，这种变化迫切需要管理跟上来。但是，在工业革命后的相当一段时间内，绝大多数企业的管理仍是停滞在工场手工业时代的经验式传统管理上，它是以作坊所有者为中心、凭个人经验和单纯依靠计件工资刺激工人的生产积极性而进行的，这种管理状况已不能适应工业革命后工厂制度所代表的大工业生产力发展的要求，因此，进行科学管理的思想和理论开始萌芽。

由于管理落后，生产率不高，企业中还存在着大量人、财、物浪费的现象。以美国企业为例，生产率能达到60%的很少，当时的美国总统西奥多·罗斯福要求工业界提出新方法以提高生产率，有人主张使用优良机器以节省劳动等，而另一些人认为，真正的解决办法是改进管理，改进生产的程序、方法和体制。

当时有一事例可说明这一问题。1841年10月5日，在美国马萨诸塞至纽约的西部铁路上，两列火车相撞，造成近20人伤亡，美国社会舆论哗然，公众对这一事件议论纷纷，对铁路公司老板低劣的管理进行了严厉抨击。为了平息这种群情激愤的局面，在马萨诸塞州议会的推动下，这个铁路公司不得不进行管理改革，资本家交出了管理权，只拿红利，另聘具有管理才能的人担任企业领导。这也就是美国历史上第一家由领薪金的经理人员通过正式机构管理企业。

事件虽属偶然，但两权分离是生产发展的客观要求。两权分离后，越来越需要管理职能专业化，要求有专职的管理人员，建立专门的管理机构，用科学的管理制度和方法进行管理。同时，也要求对过去积累的管理经验进行总结、提高，使之系统化、科学化并上升为理论。基于这一切，一些管理人员与工程技术人员开始致力于总结经验，进行各种试验研究，并把当时的科技成果应用于企业管理，出现了一系列管理理论与方法，著名的有科学管理理论、一般管理理论、行政组织理论等。

## 二、古典管理理论的主要流派

一般认为，古典管理理论主要由三个理论派别构成，即科学管理理论、一般管理理论和行政组织理论。

### （一）科学管理理论

科学管理理论形成于19世纪末20世纪初，一般认为以美国泰罗1911年出版的《科学管理原理》为其正式形成的标志,泰罗被誉为"科学管理之父"。

弗雷德里克·温斯洛·泰罗（Fraderick, Winslow Taylor, 1856~1915）出生在美国一个富裕的律师家庭,他年幼时就爱好科学研究、调查与实验,在考入哈佛大学法律学院不久因得了眼疾而被迫辍学,从而放弃了子从父业的理想。1875~1878年泰罗在费城一家小钢铁机械制造厂当学徒工,1878年谋职于米德维尔钢铁公司,不久升任车间管理员,而后又升至技师、工长、总工程师等职。他这样由下而上的经历,决定了他较注重基层生产技术等方面的现场管理和主要处理定额标准、时间动作分析等具体管理业务等问题,形成了以劳动管理为主的科学管理理论。

科学管理的主题思想,就是抛弃根据经验和习惯或主观想象与假设来管理的做法,用"科学"的观点去分析所干的工作,制定出各种标准操作方法和制度,并用此方法对工人进行指导训练来提高劳动生产率。科学管理制度又被称为泰勒规则,是泰勒极力倡导企业建立的一套以科学管理理念为核心的经营管理制度,其目标是提高劳动生产率,把"经济大饼"做大,使追求利益的劳资双方所占份额同时增加,避免一方多得而另一方少得。为此,泰罗特别强调劳资双方要来一场"心理革命",把目光从争夺盈余转向提高盈余,通过共同协作来提高生产率,泰罗认为这场"心理革命"构成科学管理的实质。科学管理的主要内容有：

1. 工作定额原理。认为必须通过工时和动作研究制定出有科学依据的工人的"合理的日工作量",方法是,选择合适而技术熟练的工人,把他们的每一项动作、每一道工序所使用的时间记录下来,加上必要的休息时间和其他延误时间,就得出完成该项工作所需要的总时间,以此来确定工人的工作定额,实行定额管理。

2. 标准化原理。为使工人完成较高的工作定额,就要使工人掌握标准化的操作方法,使用标准化的工具、机器和材料,并使作业环境标准化,消除各种不合理因素,把各种最好的因素结合起来,形成一种标准化的作业条件。

3. 科学地挑选工人并使之成为"第一流工人"。这里所谓"第一流工人"是指适合于所干工作而又有进取心的工人,而不是什么"超人"。泰罗认为,管理人员的责任在于,按照生产的需要,对工人进行选择、分工、培训,使之最后达到最适合于他能力的、最高的、最有趣的和最有利的工作。

4. 实行差别计件工资制。以有科学依据的定额为标准,采用差别计件制,以刺激工人的工作积极性,因而又称为刺激性付酬制度。这一制度是根据工人是否完成定额而采取不同工资率的付酬制度。如果工人没有完成定额,就按"低工资率"付酬,即为正常工资率的80%；如果超过定额,全部按"高工资率"付给,即为正常工资率的125%。

5. 管理工作专业化原理。提出把计划职能同执行（实施操作）职能分开,管理人员也要专业化分工。泰罗设想了"职能工长制",建议对每个工人的监督至少要有八个职能工长,或者说一个班组的工长要有八种管理职能,而这些职能又可分为两部分,并由两个管理部门分别承担。如工作流程管理、指示卡管理、工时成本管理、车间纪律管理属于计划部门的职能,而工作分派、速度管理、检查、维修保养归执行部门的职能。

6. 管理控制的例外管理原理。泰罗认为,规模较大的企业不能只依据职能原则来组织管理,还必须应用例外原则,即企业的高级管理人员把例行的一般日常事务授权给下级管理人员去处理,自己只保留对例外事项(或重要事项)的决定权。

泰罗的思想在大西洋两岸引起了轰动,受到许多人的追捧,形成了一大批追随者。例如,亨利·甘特的"人的因素最重要"的思想;吉尔布雷思的动作与疲劳研究(被后人誉为"动作研究之父");吉尔布雷思夫人的《管理心理学》对劳动者心理的研究;福特的福利刺激计划;福莱特的利益结合论;埃默森的效率原则;等等。他们对科学管理理论的形成与完善做出了卓越的贡献。

### (二)一般管理理论

古典管理理论的另一流派是法约尔的一般管理理论,也有人称为经营组织理论。其特点是,从企业管理的整体出发,着重研究管理的职能作用、企业内部的协调等问题,探求管理组织结构合理化、管理人员职责分工合理化等。

亨利·法约尔(Henri Fayol,1841~1925)出生于法国,他长期担任一家煤矿大企业的总经理,这使他得以从最高层次探索企业及其他组织的管理问题,所以,人们称他对管理理论的研究是从"办公桌的总经理"开始的,这也是他与泰罗研究管理视角不同的主要原因。法约尔具备了从一个较完整的角度来考虑管理问题的条件,自上而下考察管理实践的事实也体现于其一般管理理论中。为此,法约尔的理论被称为"一般管理理论",他被尊称为"经营管理之父"。法约尔的思想主要体现在其1916年出版的代表作《一般管理与工业管理》一书中,其主要思想如下。

1. 经营与管理的区别。法约尔认为经营与管理是不同的概念。经营是指导或引导一个组织趋向某一既定目标,它的内涵比管理更为广泛,管理仅仅是其中的一项活动。企业的经营活动可以概括为六大类:

技术活动——生产、制造、加工;
商业活动——购买、销售、交换;
财务活动——资金的筹集和运用;
安全活动——设备和人员的安全;
会计活动——存货盘点、资产负债表制作、成本核算、统计;
管理活动——计划、组织、指挥、协调、控制。

在不同的企业工作中,六大活动所占比例不同。高层人员工作中管理活动所占的比重较大,而在直接的生产工作和事务性活动中管理活动所占的比重较小。

这六种活动需要六种不同的能力,在企业的各个阶层都应具备,只是侧重点不同。而管理能力的重要性是随着阶层的提高而增强的。

2. 管理的五要素。法约尔第一次提出了管理的组成要素，即计划、组织、指挥、协调、控制五大职能，并对这五大职能进行了详细的分析和讨论。他认为，计划就是探索未来和制定行动方案；组织就是建立企业的物质和社会双重结构；指挥就是使其人员发挥作用；协调就是连接、联合、调和所有的活动与力量；控制就是注意一切是否按照已制定的规章和下达的命令进行。

3. 管理的十四条原则。为了进行有效的管理，法约尔提出了应遵循的十四条原则：

（1）劳动分工。劳动专业化是每个机构和组织前进与发展的必要手段。法约尔认为，劳动分工的目的是用同样的努力生产出更多更好的产品。因为工人总是做同一部件，领导人经常处理同一事务，就可以达到熟练程度，有自信心，从而提高效率。

同泰罗的观点一样，法约尔认为，劳动分工不仅适用于技术工作，也适用于管理工作以及权限的划分。

（2）权力与责任。法约尔认为，如果要一个人对某项工作的结果负责，就应当赋予确保工作成功的应有的权力，因为权责是互相对应的。

（3）纪律。纪律应以尊重而不是恐惧为基础，纪律的实质就是遵守公司各方达成的协议。领导不善会导致纪律松弛，而严明的纪律来自良好的领导、明确的雇佣协议和审慎的赏罚制度。严明的纪律又是企业顺利经营的保障。

（4）统一命令。统一命令是指，无论对哪一项工作来说，一个下属只能听命于一个领导者。违背这个原则，就会使权力和纪律受到严重的破坏。这与泰罗职能工长制的思想恰好相反。

（5）统一领导。为达到同一目的而进行的各种活动，应由一位首脑根据一项计划开展，这是统一行动、协调配合、集中力量的重要条件。

（6）个人利益服从整体利益。法约尔认为，整体利益大于个人利益的总和。一个组织谋求实现总目标比实现个人目标更为重要。协调这两方面利益的关键是领导阶层要有坚定性和做出良好榜样。协调要尽可能公正，并经常进行监督。

（7）人员的报酬要公正。法约尔以"经济人"假设为前提指出，人员的报酬是其服务的价格，所以应该制定公平合理的报酬制度，尽量使雇主与雇员都满意。

（8）集中与分散。合理的集中与分散可以使组织各部分运动起来，尽可能发挥所有才能，集中分散的程度应当视企业的规模、环境、人员素质等情况而定。

（9）等级链。法约尔认为，对于保证统一指挥，那种从最高权威者到最低管理者式的等级系列是必要的，但在紧急情况下平级之间跨越权力而进行的横向沟通也是非常必要的。为此，法约尔设计了一种把等级制度与横向信息沟通结合起来的"跳板"，即"法约尔跳板"，也称"法约尔桥"（见图2-1）。

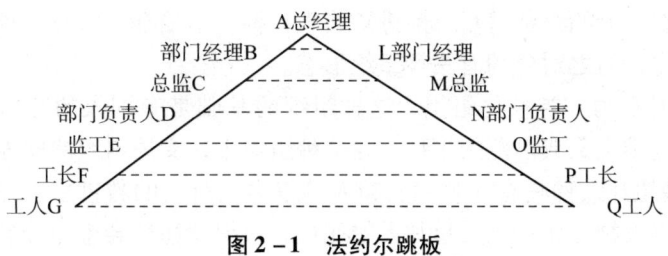

图 2-1　法约尔跳板

（10）秩序。秩序即人和物必须各尽所能。理想秩序是指有地方安置每件东西而每件东西都放在了该放的地方、有职位安排每个人而每个人都安排在了应该安排的职位上这样一种理想状态。只有这样才能做到物尽其用、人尽其才。

（11）公平。即以亲切、友好、公正的态度严格执行规章制度。即"做事公平，有理智，有经验，有善良的性格"。雇员们受到公平的对待后，会以忠诚和献身的精神去完成他们的任务。

（12）人员稳定。法约尔认为，成功的企业需要有一个稳定的职工队伍，因此，高层管理者应采取措施，鼓励员工尤其是管理人员长期为公司服务。

（13）首创精神。首创精神是创立和推行一项计划的能力。一个企业的成功，不仅其领导要富有首创精神，其全体人员都需要具有首创精神。

（14）集体精神。职工的融洽、团结可以使企业产生巨大的力量。实现集体精神最有效的手段是统一命令。在安排工作、实行奖励时不要引起嫉妒，以避免破坏融洽的关系。此外，还应该直接地交流意见等。

法约尔的管理组织理论是西方管理思想和管理理论发展史上的一个里程碑，它为以后管理理论的发展勾勒出了基本的理论框架，它跳出了泰罗以实践研究管理原理的局限，在理论上努力将管理的要素和原则系统地加以概括，使管理具有了一般科学性，为以后推广管理学教育创造了条件和奠定了基础。同时，这些原则也曾给实际管理人员巨大的帮助，到现今仍然为许多人所推崇。其不足之处是管理原则缺乏弹性，以至于有时实际管理工作者无法完全遵守。

（三）行政组织理论

行政组织理论是古典管理理论的又一个流派，它的主要代表人物是马克斯·韦伯（Max Weber，1864~1920）。韦伯出生于德国，对社会学、宗教学、经济学和政治学有广泛的兴趣，并发表过著作。他在管理思想方面的贡献是在《社会组织与经济组织理论》一书中提出了理想的行政组织理论，由此被人们称为"行政组织理论之父"。

韦伯的"理想的行政集权制"又被译为"官僚集权模式"，它是通过职位或职务来实现管理职能的一套管理体系。在这套体系中，韦伯主要从三方面进行阐述，即理想的组织形态、理想组织形态的管理制度、理想组织形态的组织结构。

1. 理想的组织形态。韦伯认为任何组织都必须有某种形式的权力作基础，只有这样组织才会始终朝着目标前进并实现目标。韦伯在其管理理论中指出,世上有三种权力,与之对应的有三种组织形态。

(1) 超凡权力—神秘化组织。这种组织的基础是个别人的特殊性和对超凡的、神圣的英雄主义或模范的崇拜。在这种组织中,支撑组织的即为那些"超凡人物",这些超凡人物具有超自然、超人的权力,所谓的救世主、先知、政治领袖就属于这类人物。而一旦其超凡人物死亡,组织就往往会走向分裂,组织形态也就演化成另外两种形态或者组织本身逐渐死亡。可见,这种"神秘化组织"的基础是不稳固的。

(2) 传统权力—传统组织。这种组织的基础是对古老传统的、神圣不可侵犯的、按传统拥有权力的人的正统性的信念。可以说先例与惯例是这种组织行事的准则。在这种组织中,领导人不是按能力来挑选的,而是按照传统或继承沿袭确定的。其管理也就相对比较单纯,即仅仅是依照过去的传统行事。这里需要有一个前提条件,即假设其过去一直采用的工作方式就是合理的。可以看出,这种组织形态建立的基础也是非理性的或局部非理性的,其运行效率在三种组织形态中是最差的。

(3) 法定权力—法律化的组织。这种组织的基础是对标准规则的"合法性"的信念,或对那些按照标准规则被提升为领导者的权力的信念。这种组织是一个按规则或程序来行使正式职能的持续性组织;领导者是按技术资格或其他既定的标准挑选出来的;组织中的决定、规则都以制度形式规定与记载;合法权利能以多种方式行使。这种组织好比一架旨在执行某些功能而精心设计的合理化的机器,机器上的每一个部件都在为机器发挥着最大功能而起着各自的作用。这种组织的优点是能有效地实现组织目标,其组织形态是建立在法理、理性基础上的最有效率的形态,是韦伯所极力推崇的理想的组织形态。

2. 理想组织形态的管理制度。韦伯对理想组织形态的管理制度进行了一系列的构想,提出了如下十条准则:

(1) 组织中的官员在人身上是自由的,只是在官方职责方面从属于上级的权力;

(2) 官员们按职务等级系列组织起来;

(3) 每一职务均有明确的职权范围;

(4) 职务通过自由契约关系来承担;

(5) 官员以技术资格从候选人中挑选出来;

(6) 官员们有固定的薪金报酬,并享有养老金;

(7) 这一职务是任职者唯一的或者是主要的工作;

(8) 职务已形成一种职业,有较完善的法理化升迁制度;

(9) 官员没有组织财产的所有权,并且不能滥用职权;

(10) 官员在司职时,受严格而系统的纪律约束与监督。

3. 理想组织形态的组织结构。在理想的行政集权制理论中,韦伯把理想的组织形态即法律化组织的组织结构分为三个层次,见图 2-2。

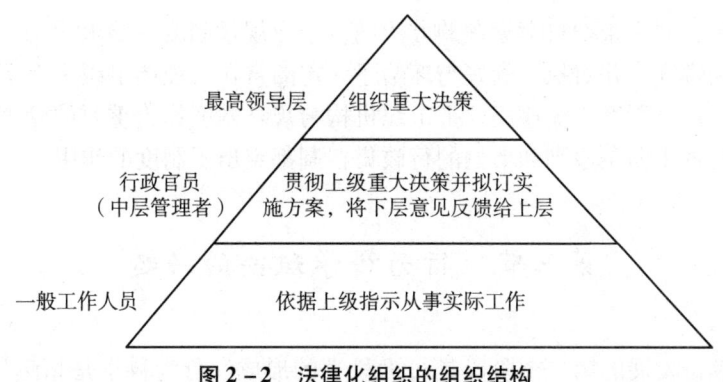

图 2-2 法律化组织的组织结构

韦伯的理想行政集权制理论总结了在大型组织中的实践经验,为资本主义的发展提供了一种稳定、严密、高效、合乎理性的管理体系理论,同时也为管理界管理理论的创新做出了贡献。但也存在一些缺陷,如有人对理论中的升迁制度提出了疑问,还有人认为韦伯只把目光瞄向了正式组织而忽视了现实中非正式组织的存在及其对管理所起到的重大影响。

### 三、古典管理理论的主要特点

综合古典管理阶段管理理论与实践,可看出其主要具有以下四个特点。

1. 以提高生产率为主要目标。因为这一时期制约企业管理最主要的问题就是效率的低下,所以,管理理论主要解决的就是效率问题。泰罗等人从事的一系列科学研究,都是以提高生产效率为目标的。泰罗在《科学管理原理》一书中指出:"人的劳动、生产率的巨大提高这一事实,标志着我国在一两百年内的巨大进步……科学管理的根本就在于此。因为科学管理如同节省劳动的机器一样,其目的正在于提高每一单位劳动力的产量。"

2. 以科学求实的态度进行调查研究。无论是泰罗、法约尔还是其他管理学者,都是在大量实践基础上以科学的态度进行调查研究,最后形成自己的理论体系。如泰罗的科学管理这一名称本身就表明了泰罗等人对管理问题的科学求实精神。为了提高劳动生产率,泰罗等人的科学方法对生产方法的改进作了长时间的、大量的调查研究,例如,泰罗进行了著名的"搬运铁块试验""金属切削试验"等,从而在劳动强度没有增加的条件下提高了劳动效率。

3. 强调以个人为研究对象,重视个人积极性的发挥。泰罗认为,生产效率的提高主要取决于工人个人积极性和潜力的发挥,所以,泰罗对提高劳动生产率的试验和研究都是以个人为对象的。由于当时资本家对工人克扣工资和延长劳动时间引起了工人组成团体,为防止工人集体怠工,他对提高劳动生产率的研究和采取的措施都是以个人为对象,这必然存在一定的局限性。

4. 强调规章制度的作用。泰罗等人在企业管理实践中通过大量调查研究总结出了一套科学管理的方法。如劳动定额、操作规程、作业标准化、奖励工资、职能分工等,并主张把科学管理的方法纳入企业规章制度,要求职工在生产经营活动中必须遵守,并对执行的好与坏给予一定的赏罚。强调组织中上下级的关系不能破坏,规章制度不能违反,把组织机构与规章制度作为重要的管理工具。而法约尔的管理十四条原则和韦伯的行政集权制都突出了制度的作用。

## 第三节 行为科学理论的兴起

管理理论发展的第二个阶段是行为科学的形成。行为科学是指运用人类学、社会学、心理学等学科的研究成果对工作环境中个人和群体的行为进行分析、解释等综合研究的学科。

### 一、行为科学产生的必然

泰罗等人倡导的古典管理理论完成了使管理由经验上升为科学的转变,在提高劳动生产率方面取得了显著成绩,促进了资本主义生产力的发展。但是,由于资本主义生产资料私有制决定了劳资间存在着不可调和的根本矛盾,因此,泰罗以"劳资合作互利"为基础的科学管理必然受到极大的限制,资本家运用科学管理加重了对工人的残酷剥削,激起了工人特别是工会的反抗,使怠工、罢工现象大量涌现。另外,资本主义生产力有了进一步的发展,随着自动化流水线生产方式的普遍推广,使古典理论的重要支柱——时间动作研究的效益下降,无潜力可挖。由于操作大为简化,使劳动单调乏味,工人成了机器的附属品,以致工人的工作兴趣下降,这说明人和物两大因素必须相应发展。因此,许多资本主义企业家和管理学者感到,单纯用"科学管理"那一套仅靠金钱刺激的管理手段已不能有效地控制工人。

另外,人们通过实践古典管理理论所倡导的管理职能专业化,也逐渐意识到管理是必须"通过别人来做工作",因此,如何了解人群中人与人之间的关系,如何调动人的积极性等问题,日益成为管理实践所迫切要求解决的理论问题。社会学、心理学、人类学等理论的发展,为管理的行为科学理论的形成准备了理论基础和方法基础。

### 二、梅奥的"霍桑试验"与人际关系的形成

乔治·埃尔顿·梅奥(George Elton Mayo,1880~1949),原籍澳大利亚,后移民美国。曾获逻辑和哲学硕士学位。后又学习医学,进行精神病理学研究。1926年任哈佛大学工商管理研究院工业研究室副教授,1929年后任教授。作为一名心理学家和管理学家,梅奥参与并领导了著名的霍桑试验。

20世纪20年代中后期至30年代初期,在美国芝加哥西方电气公司所属的霍

桑工厂，为测定有关因素对生产效率的影响程度而进行了长达九年（1924～1932年）的一系列实验，这就是著名的"霍桑试验"，这些试验包括：

1. 1924～1927年的照明试验。该试验从变换车间的照明开始，研究工作条件与生产效率之间的关系。试验分两个组进行：一组为试验组，先后改变工场的照明强度；另一组为控制组，照明始终不变。研究人员希望由此推测出照明条件变化对产量的影响。但试验的结果是两组产量都在增加，而且增加的数量几乎是相等的。研究的结论是：工场照明只是影响产量的因素之一，而且是不太重要的因素。生产效率还受其他因素影响，由于牵涉的因素太多，难以控制，无法测出照明对产量的影响。表面看这个试验失败了，但梅奥与他的同事们却发现两组士气之所以都得到提高，是因为被试验人员对试验本身也发生了莫大的兴趣。为了进一步验证，试验继续进行。

2. 1927～1932年的继电器装配室试验。为了更有效地控制影响效果的因素，研究人员决定从工人中选择一小部分职工来研究他们的行为。于是选定了6位女工在一专门的继电器装配测度室中，以研究新环境的影响。在试验中分期改善工作条件，引入了各种变化，如改变工间休息时间、缩短工作日、缩短工作周、增加休息时的茶点供应、实行集体计件工资制，女工们在工作时间可以自由交谈，监督者的态度也很和蔼。结果，如事先所料，产量上升了。但一年半后，取消了这些变化，恢复了周工作六天的做法，产量仍然保持在高水平上。经过研究，发现其他因素对产量无太大影响，而督导方式与指导方式的改善促使工人改变了工作态度，进而使生产率提高。为了掌握更多的信息，管理部门决定通过一个访谈计划来调查职工态度和可能影响工人工作态度的其他因素。

3. 1928～1931年的访问职工试验。在上述试验的基础上，梅奥等人又进行了为期两年的大规模访谈调查，涉及的对象约2万人次。最初他们采用直接提问式的调查，也就是列表调查员工对待公司、监督、保险计划以及工资等的态度，结果发现员工对此不感兴趣，答非所问。后来，他们改变了提问方式，允许职工自由选择他们自己的话题，结果却得到大量有关职工态度的第一手资料。研究人员认识到，人们的工作绩效、职位和组织中的地位不仅取决于工人自身，还取决于群体成员，任何一个人的工作效率都受到他的同事们的影响。这一看法又导致了进一步系统研究职工在工作中的群体行为试验。

4. 1931～1932年的布线观察室试验。研究人员选择了接线板小组作试验，以研究职工在工作中的群体行为，即了解非正式组织的存在对工作绩效的影响。试验在选定的14名员工中进行，研究人员发现，尽管实行刺激性的计件工资，但工人并不追求最高产量，而是有意识地限制自己的产量，保持在中等水平上，以保证其他同伴不会因产量低而失业，工人中有一种默契、一种无形的压力，有自己的行为规范和非正式领袖，这些左右着工人的行为。

根据这次试验，梅奥于1933年出版了《工业文明中人的问题》等著作，书中对人的看法以及对待人群关系方面提出了与古典管理理论不同的新观点，主要有以下四方面：

第一,工人是"社会人",而非单纯追求金钱收入的"经济人",作为复杂的社会系统的成员,金钱并非刺激积极性的唯一动力,社会和心理因素等方面所构成的动力,对劳动生产率有极大的影响。

第二,认为生产率的升降主要取决于工人的态度,即所谓"士气",而这又是由个人家庭和社会生活以及企业中人与人的关系所决定的。而古典管理理论则认为"士气"只是受工作方法和工作条件所影响的。

第三,认为企业中存在"非正式组织",这种无形组织有它特殊的感情、规范和倾向,左右着成员的行为。在感情与理智之间,人们的思想会更多地受感情的支配。企业正式组织与非正式组织的关系是否协调,对生产率提高有很大的影响,而古典管理理论仅注意正式组织的作用是不够的。

第四,提出新型的领导能力就是要在正式组织的经济需求和工人的非正式组织的社会需求之间保持平衡,通过对职工满足度的提高来激励职工的士气,从而达到提高生产率的目的。

在霍桑试验的基础上产生了人际关系理论。尽管该试验因方法上的一些缺陷而受到不少批评,但是却大大推动了对工作场所中人的因素问题的研究,开辟了管理学发展的新路子,给管理学带来了若干根本性的变化,即:以事或物为中心的管理转变到以人为中心的管理;以完全靠纪律强制和金钱物质刺激转变到重视"情绪—行为"的诱导,着眼于激发人的内在积极性。总之,梅奥等人的人际关系理论奠定了以后行为科学发展的基础。

## 三、行为科学理论的建立与发展

继霍桑试验后,西方从事这方面研究的人大量涌现,20 世纪 40 年代起,美国芝加哥大学、密执安大学等都设立了人际关系研究中心,并积极开展关于人际关系的宣传教育。1947 年美国成立了全国性的"工业关系研究会"。1949 年在美国芝加哥大学一次跨学科的科学讨论会正式提出"行为科学"的名称后,受到社会的广泛重视,福特、洛克菲勒、卡耐基等基金会以及美国联邦政府相继拨款,支持行为科学的研究。1953 年美国福特基金会召开了各个大学的自然科学家和社会科学家参加的会议,在这次会议上正式定名"行为科学"。行为科学以后的发展主要集中在四个领域。

### (一)关于动机激励的理论

这是行为科学最基本的理论核心,认为:人的行为都是由一定的动机驱使的,动机又是由需要决定的。因此,动机激励理论实质上是研究如何根据各种人所具有的各种不同需要去激励人们的动机,从而产生符合组织需要的行为,其理论有如下五种。

1. 马斯洛的"需要层次论"与奥尔德弗"ERG 需要论"的修正。马斯洛提出人的需要可按其重要性与发展次序分为五个等级:生理需要、安全需要、社交需要、尊重需要和自我实现需要。他认为按层次追求需要的满足构成了行为的动机。奥尔德弗则认为应分为生存、关系、成长三种需要。这些需要并非天生，需要的发展既有满足——上升，也有挫折——倒退。

2. 赫茨伯格的"双因素论"。认为人类有两类需要，满足这两类需要的因素可分为"保健因素和激励因素"。前者只能平息不满；后者才能激发积极性，提高效率。

3. 麦克利兰的"成就需要论"。认为人的基本需要得到满足后，主要有三种需要：成就需要、权力需要和归属需要。他指出，一个企业的成败、一个国家的兴衰与其具有高成就需要的人数有关，而成就需要是可以通过教育来培养和提高的。

4. 斯金纳的强化理论，也可称为"行为改造论"。认为人的行为可以通过正、负两种强化的办法进行改造，正强化因素用来刺激行为的重复出现，负强化因素用来制止行为的再现，这是企业常用的奖与罚的理论根据。

5. 弗鲁姆的期望理论。认为人的行为是对目标的追求，行为的激发力取决于目标价值（效价）的高低和期望概率的大小。即：

$$激发力 = 目标价值（效价）\times 期望值$$

### （二）关于企业管理中的"人性"理论

这是行为科学的理论基础，把人看作经济人、社会人还是复杂人，实质上取决于对人性的不同解释，各种人具有各种不同的需要，其根源也可以从对人性的假设上找到。

1. 麦格雷戈的"X 理论与 Y 理论"。麦格雷戈提出了两种截然不同的人性观。X 理论是传统的管理观点，即认为"人的本性是不诚实、懒惰、愚蠢、不负责任的"，以致要强制管束才能提高劳动效率。Y 理论则认为，人的行为受动机支配，人都愿意取得成就，只要善于诱导就能激发职工的主动性与积极性。麦格雷戈主张企业在管理指导思想上变 X 理论为 Y 理论。后来有人提出超 Y 理论，强调要针对不同的实际情况选择或综合运用 X 理论与 Y 理论。

2. 阿吉里斯的"不成熟——成熟"理论。该理论认为，人的个性发展和婴儿成长为成人一样，也有一个从不成熟到成熟的连续发展过程。而正式组织的基本性质使个人保持在"不成熟"阶段，这种矛盾对生产效率有较大影响。因此，要通过各种途径来调和，如工作扩大化、丰富化，参与管理，目标管理等。

### （三）关于领导方式的理论

领导方式是行为科学理论的一个重要方面，它以动机激励和人性理论为基础，强调对人的激励和对人性的看法最终是要通过一定的领导方式来体现的。领导方式理论包括众多的观点，主要有以下五个具有代表性的理论。

1. 坦南鲍姆和施米特的"领导方式连续统一理论"。该理论在一个连续统一体的示意图上描绘出从专权式的领导到极端民主的领导的各种模式，指出要根据领导者、被领导者和环境等具体情况选择适当的领导方式。

2. 列克特的"支持关系理论"。该理论指出,在对人的领导工作中,必须善于使每个人建立与维持对自己个人价值和重要性的感觉,并把自己的知识和经验看成是这种感觉的一种支持。因此,领导要采取参与或民主管理的方式。

3. 斯托格第和沙特尔等人的"双因素模式"。认识组织中的领导行为包含两个因素——主动结构和体谅结构,两者结合起来才能实现高效率的领导。

4. 布莱克和穆顿的"管理方格法"。该理论提出,为了避免企业领导工作趋于极端方式,应采取各种不同的综合的领导方式。他们以对人的关心为纵轴,以对生产的关心为横轴,每根轴线分为九小格,共分为八十一个小格,分别代表各种不同组合的领导方式。他们认为,把对生产的高度关心同对职工的高度关心结合起来的领导方式,效率是最高的。

5. 大内的 Z 理论。该理论是研究人与企业、人与工作之间关系的理论。日裔美籍管理学者威廉·大内在他所著的《Z 理论》一书中比较了美国型的企业组织和日本型的企业组织,提出了 Z 型组织,其特点是:(1) 实行长期雇佣制;(2) 实行长期考核和逐步提升制度;(3) 培养多专多能人才;(4) 既要运用鲜明的控制手段,又要进行细致的启发诱导;(5) 采取集体研究与个人负责相结合的决策方式;(6) 树立整体观念,员工之间平等相待,以自我指挥代替等级指挥。

### (四) 关于组织与冲突理论

前面三个方面是以个体行为作为研究重点,但是,管理者面对的是组织、群体,个体行为与群体行为之间存在密切的联系。个体行为是群体行为的基础,群体行为又对个体行为产生重大的影响。管理者不仅要重视对个体行为的研究,也要重视对群体行为的研究。因此,群体行为构成了行为科学研究的又一个重要方面。

1. 卢因的"团体力学理论"。该理论主要论述作为非正式组织的团体的要素、目标、内聚力、规范、结构、领导方式、参与者、行为分类、规模、对变动的反应等,认为团体是处于均衡状态下的各种力的一种"力场"。

2. 莱维特和利克特等人的"意见沟通理论"。莱维特提出,沟通性质主要有单向和双向两大类,并形成许多种方式。采用不同性质和方式的沟通网,对解决问题的速度、正确性和士气都有影响。利克特提出一个保证信息顺利到达基层而又能反馈的双层信息系统,要求每个组织层次都要设有连接上下信息通路的"联络栓"。

3. 布雷福德的"敏感性训练"。该理论提出,通过受训者在共同学习环境中的相互影响,提高受训者对自己感情和情绪、自己在组织中所扮演的角色、自己同别人的相互影响关系的敏感性,进而改变个人和团体的行为,达到提高工作效率和满足个人需求的目标。

4. 勃朗的"群体冲突理论"。该理论主张区分冲突性质,利用建设性冲突,限制破坏性冲突。

## 第四节 现代管理理论的丛林

现代管理理论阶段是指"二战"后随着社会生产力的进一步发展和系统科学、电子计算机技术在管理领域中的广泛应用而形成的管理发展的又一个新时期。这一阶段形成了许多新的管理理论,管理发展进入丛林阶段。

### 一、现代管理理论概述

"二战"结束后,欧美许多心理学家、社会学家、人类学家、经济学家、政治学家、数学家、物理学家、生物学家、工商管理学家以至实际管理人员都一拥而上,对管理问题进行了研究,提出各种各样的管理观点,形成了许多学派。

1961 年美国著名管理学家哈罗德·孔茨发表了《管理理论的丛林》,成为西方现代管理理论形成的标志。孔茨使用"丛林"一词来形容管理理论发展的主要特征,说明这些理论与学派在历史渊源和理论内容上互相影响、联系,形成"一片各种管理理论和流派盘根错节的丛林"。1980 年他又发表了《再认管理理论的丛林》,指出 20 年来管理理论的学派增加了 1 倍,已由原来的 6 个增加到 11 个,形成了行为科学学派、管理过程学派、社会系统学派、决策理论学派、系统管理学派、管理过程学派、经理角色学派等多个学派。这些理论从不同的角度对管理问题进行了研究,为管理实践的发展提供了更加坚实的理论基础。

### 二、现代管理理论的各学派

#### (一) 管理过程学派

管理过程学派又叫管理职能学派或经营管理学派,它的主要代表人物有亨利·法约尔、拉尔夫·戴维斯、哈罗德·孔茨和西里尔·奥唐奈等。一般认为,这一学派的基本理论起源于古典科学管理时期的亨利·法约尔,他早在 1916 年提出了管理的五种要素,即五项职能,这五项职能构成了一个完整的管理过程。当代的主要代表是哈罗德·孔茨。

管理过程学派的特点是:以管理的职能及其发挥作用的过程为研究对象,认为管理就是通过别人或同别人一起完成工作的过程。管理过程与管理职能是分不开的,管理的过程就是管理的诸职能发挥作用的过程。以这一认识为出发点,管理过程学派试图通过对管理过程或管理职能的研究,把管理的概念、原则、理论和方法加以理性概括,从而形成一种一般性的管理理论。

从管理过程学派的发展与演变来分,依照丹尼尔·雷恩的说法,到目前为止可分为五个阶段或五代。概括地讲,各阶段的学者基本上是从法约尔的观点出发，通过吸收其他学派的观点与方法，结合当时的管理理论与管理实践，对管理过程和管理职能提出了不同的看法，修正和发展了法约尔的理论。总括起来，我们可将这些代表人物对管理职能的不同划分列表，如表2-1所示。

表2-1　　　　　　　　管理职能划分

| 年份 | 管理学者 | 计划① | 组织 | 指挥② | 协调 | 控制③ | 激励④ | 人事 | 集调资源 | 沟通⑤ | 决策 | 创新 |
|---|---|---|---|---|---|---|---|---|---|---|---|---|
| 1916 | 法约尔 | △ | △ | △ | △ | △ | | | | | | |
| 1934 | 戴维斯 | △ | △ | | | △ | | | | | | |
| 1937 | 古利克 | △ | △ | △ | △ | | | △ | | | △ | |
| 1947 | 布朗 | △ | | | | | | | | | △ | |
| 1947 | 布雷克 | △ | △ | | | △ | | | | | | |
| 1949 | 厄威克 | △ | △ | | | △ | | | | | | |
| 1951 | 纽曼 | △ | △ | △ | | | | △ | | | | |
| 1955 | 孔茨、奥唐奈 | △ | △ | | | △ | | △ | | | | |
| 1964 | 艾伦 | △ | | △ | | | | | | △ | | |
| 1964 | 梅西 | △ | △ | | | △ | | | | | △ | |
| 1964 | 米 | △ | △ | | | △ | | | | △ | △ | |
| 1966 | 希克斯 | △ | △ | | | △ | | | | △ | | |
| 1970 | 海曼、克思特 | △ | △ | | | △ | △ | | | | | |
| 1972 | 特里 | △ | | | △ | △ | | | | | | |

注：①计划包括预测；②指挥包括命令、指导；③控制包括预算；④激励包括鼓励、促进；⑤沟通包括报告。

### （二）社会系统学派

社会系统学派是当代西方较早出现的一个管理理论学派，其创始人及最重要的代表人物是美国的切斯特·巴纳德（Chester Barnard，1886~1961），他把社会系统分成人们在意见、力量、愿望和思想等方面的合作关系，指出管理者是在合作的社会系统中工作并维护着这些系统。他在代表作《经理人员的职能》中阐述了他的观点，大体包括：

1. 协作系统的性质。巴纳德认为，个人在体力和生理方面的局限性，导致他们在进行协作和在集体内工作，这种协作行为导致协作系统的建立。而组织本身也是一个协作系统，是两个或两个以上的人的有意识协调的活动或效力的系统。所以，就这种意义而言，组织也可用作协作系统的同义语。

2. 协作系统的基本要素。巴纳德认为任何协作系统都包含着三种普遍的要素。

（1）协作的意愿。这是所有各种组织不可缺少的、第一项普遍要素。其意义为自我克制、交付对个人行为的控制权（别人控制自己）、个人行为的非个人化（服从组织）、个人必须有为系统的目标做出贡献的愿望。巴纳德认为，就一个组织的成员来说，协作意愿就是他参加协作后的牺牲（贡献），同所得的诱因（报酬）两者比较后，诱因大于牺牲的净效果。这种效果越大，则协作意愿也越大；反之就小，有时甚至会导致成员退出这一组织。所以，就一个组织来说，为了加强成员的协作意愿，应采取两方面的措施：一方面，向其成员提供金钱、威望、权力等各种宏观的刺激；另一方面，通过说服来影响其成员的主观态度，培养成员的协作精神。

（2）共同目标。这是协作系统的第二个普遍要素，也是协作意愿的必要前提。它的意思是，任何一个组织都必须有一个目标，这个目标也必须是组织成员的共同目标。否则，组织无目标，个人不知道他为组织提供什么样的努力或得到什么样的满足，协作意愿也就很难引导出来。这里需要注意的是，组织目标与个人目标是有区别的。对于组织成员来说，组织的共同目标是外在的、非个人的；而个人目标是内在的、个人的、主观的。个人之所以对组织的共同目标做出贡献，是因为他觉得实现共同目标有助于实现个人目标。这两者之间有可能发生矛盾，组织中管理人员的重要任务就是要克服组织目标同个人目标的背离，协调两者之间的关系。

（3）信息联系。巴纳德认为，信息联系是组织成为动态过程的必要手段和基础，是沟通上述两个基本要素的基础。有了信息联系，才能使组织成员对共同目标有所了解，并不断深化这种理解，也才能使组织成员体现协作意愿并合理行动。所以，一切活动都是以信息联系为媒介的。

3. 效力与效率。巴纳德认为，人们的协作是为了做那些他们单独去做办不到的事情，协作使团体力量能扩大到个人所能做的范围之外而达到某一目的或目标。如果协作途径是成功的，达到了组织的目标，这个协作系统就是有效力的。效率则不同，它是指系统内成员个人目标的满足程度。衡量一个协作系统的效率的唯一尺度就是它生存的能力，也即它继续为其成员提供使他们的个人目标得以满足的诱因，以便使团体目标得以实现的能力。如果一个系统是无效率的，它就不可能是有效力的，因而不能继续存在。这是组织理论的一条普遍原则，至今仍为许多人所信奉。

4. 正式组织与非正式组织之间的关系及相互作用。巴纳德对协作系统的分析一直是以正式组织为对象展开的，但他并未忽视非正式组织的存在，非正式组织常常为正式组织创造条件，并会形成一些有利和不利影响。

5. 经理人员的职能。巴纳德最不寻常的思想之一是他的权威理论，给权威一种不同于传统的新解释。同时，提出了经理人员的职能：（1）建立和维持一个信息联系的系统；（2）从组织成员那里获得必要的服务；（3）规定组织目标的三项职能，提出了道德领导是持续协作的基础的观点，阐明了关于决策工作与领导工作的一些非凡见解，对以后管理理论的发展产生了巨大影响。

### （三）决策理论学派

该学派的主要代表人物是美国的赫伯特·A.西蒙和詹姆士·马奇。由于二战后经济和科技的大发展，企业间在时空方面竞争空前激烈，生产管理越来越需要把注意力集中于经营环境的前景预测上，并据此做出正确的经营决策，特别是高层的战略决策。为此，以西蒙为代表的管理决策学派就应运而生。西蒙由于对经济组织内的决策程序进行了开创性的研究，获得了1978年诺贝尔经济学奖。

决策理论学派主要着眼于合理的决策，即研究如何从各种可能的决策方案中选择一种"令人满意"的行动方案。这一学派最初是从社会系统学派中发展出来的，"二战"后吸收了系统理论、行为科学、运筹学和计算机科学等学科的研究成果，在20世纪70年代形成一个独立的管理学派。它的主要观点包括以下方面。

1. "管理就是决策"。西蒙认为，如果从广义上理解"决策"，把它理解为由一系列活动组成的过程，而不是最后抉择的片刻，那么"决策"与"管理"就几乎同义了。任何管理人员的活动都是在制定或执行决策，决策贯穿于管理活动的全过程。

2. 决策的准则和标准。决策的准则应是合理和优化，但西蒙认为，完全的合理性是难以做到的，管理中不可能按照最优准则进行，所以在大多数情况下我们只能取得"满意的"或"足够好的"决策结果，没有必要也不可能按照"最优化准则"来决策。为此，西蒙用"令人满意的准则"代替传统决策理论的"最优化原则"。

3. 决策的程序。西蒙认为，决策包括四个主要阶段：（1）找出制定决策的理由，即搜集情报；（2）拟订各种可供选择的方案；（3）从各个备选方案中进行抉择；（4）对已进行的抉择进行评价。这四个阶段是交织的。在循环中大圈套小圈，小圈之中还有圈。

4. 决策的技术。西蒙第一次提出了程序化决策和非程序化决策的概念，并对两类决策的传统技术和现代技术作了总结与比较，尤其是在以人类思维过程为依据解决非程序化问题方面，西蒙提出了"目标—手段分析法"以及"强"方法、"弱"方法和尝试法、探索法、爬山法等决策技术。

### （四）系统管理学派

系统管理理论的代表人物是美国的约翰逊、卡斯特、罗森茨韦克等。他们三人在1963年合著的《系统理论与管理》以及卡斯特和罗森茨韦克两人合写的《组织与管理——一种系统学说》是系统管理理论的代表作。其主要观点是：

1. 企业是一个人造的开放系统，它同外部环境之间存在着动态的相互作用，并具有内部和外部的信息反馈网络，能够不断地自行调节，以适应环境和企业本身的需要。

2. 企业内部包括各种子系统（要素），它们是目标子系统、技术子系统、工作子系统、结构子系统、人际社会子系统以及外界因素子系统。

3. 从系统的观点考察企业管理的具体职能，认识企业系统在更大的系统中的地位和作用，以使管理的各个职能围绕企业系统的总目标而发挥作用（如图 2-3 所示）。

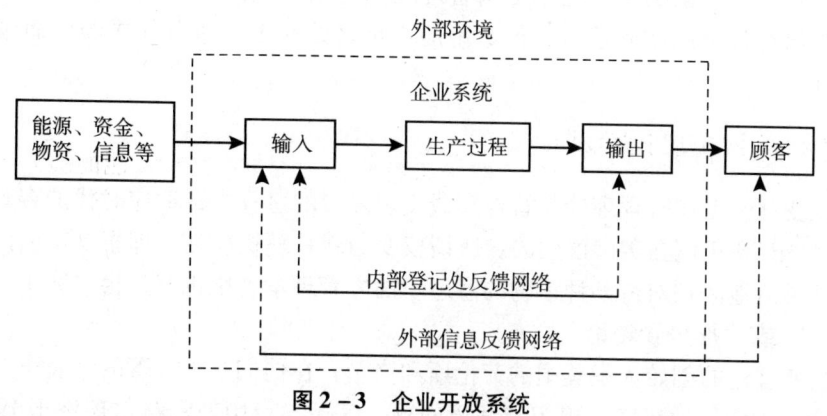

图 2-3　企业开放系统

总之，系统管理学派的观点是以系统的观点来考察和管理企业，认为系统方法是形成、表述和理解管理思想最有效的手段，这给管理人员提供了一种新的系统的思维方法和程序。系统理论的基本思想已被各学派广泛吸收，而且成为现代管理理论发展中的基本观点。

（五）社会技术系统学派

创立这一学派的是美国特里司特以及其在美国维斯托克研究所中的同事。该理论是从研究美国煤矿由手工采煤到机械采煤的技术变化所引起的问题着手，在社会系统学派的基础上发展起来的。它从系统观点出发，认为要解决社会问题不能只看社会系统而把与社会系统相适应的技术系统排除在外。只有既满足社会系统的需要又满足技术系统的需要的组织才是最好的组织。因为技术系统（机器设备和采掘方法）对社会系统有很大的影响，所以，应把社会系统与技术系统结合起来考虑。而管理者的一项主要任务就是要确保这两个系统的相互协调。社会技术系统学派填补了管理的一个空白，对管理实践有着重要贡献。

（六）经验主义学派

经验主义学派简称经验学派，是以向大企业的经理提供管理企业的成功经验和科学方法为目标，是通过研究一个组织或管理人员的实践经验来分析管理的。它的特点是：从企业管理的实际出发，通过分析一大批组织或管理人员成功和失败的实例，以便在一定的情况下把这些成功、失败实例的经验教训加以概括和总结，建立起自己的一套完整的管理理论，然后把这些经验和理论传授给企业实际管理人员，用来指导企业管理人员的思想和行动。该学派认为不存在管理原则的普遍性，而只侧重于管理者亲身实践经验的总结。

在西方，可以划归经验主义学派的人很多，包括管理学家、经济学家、社会学家、心理学家、大企业的董事长和总经理以及管理咨询人员等，其中较为有名的代表人物有彼得·德鲁克、艾尔弗雷德·斯隆、亨利·福特等。

经验主义学派的长处在于提出管理理论要来自实践并为实践服务，因而往往能提出有价值的实际建议，但其中的不足之处在于，过分偏重经验而难免有局限性。

（七）权变理论学派

权变理论是在管理理论与管理实践交织发展的过程中，适应时代的客观需要于20世纪70年代在美国产生的。所谓权变，就是随机应变，即根据不同的情况和条件灵活地区别对待某种事物的意思。西方管理学者中也有人将它称作"管理情景论"或"形势管理论"。

权变理论的创始人是美国的劳伦斯和洛希，在他们二人合著的代表作《组织和环境》中深入地研究了组织与环境问题。其后，卢山斯和赫尔瑞格于1973年先后出版了《管理导论——权变学派》和《管理学——权变学派》等著作。这些著作的出版标志着权变理论学派的正式产生。

权变理论的内容主要集中在企业组织结构和领导方式两个方面。

1. 关于组织结构的观点。权变理论认为，企业是一个开放性系统，它的组织结构应按照环境特点来设计，并分成不同的结构模式。设计过程采取什么形式主要取决于外部环境和内部环境。从外部环境来看，组织是开放系统，它必须与其外部环境保持动态平衡并能对付外部环境的各种威胁；从内部环境来看，技术（性质、种类和复杂性）、权力（员工对权力承认的程度、权力结构的层次等）及组织成员的文化程度、价值观、经验、偏爱、目标和行为方式都会影响组织结构的形式。

2. 关于领导方式的观点。权变理论认为，不存在一种普遍适用的"最好的"或普遍不适用的"不好的"领导方式，一切视企业的任务、个人和小组的行为特点、领导者的职位权力及领导者与下属的关系而定。

除了上述两方面外，权变理论还提出了关于人的激励和管理的权变观点，即所谓的"超Y理论"。它的主要思想是：认为人的个性在不同时期有所不同，人类人性的差别决定了人的需求在共性的基础上有所不同。人的激励过程大致相同，但激励的因素与满足程度会因人的个性和需求的差异而不同。因此，必须针对具体的环境、人和任务采取权变的激励与管理方法。

权变理论学派出现后，受到西方一些管理学者的高度重视，并给予较高的评价。一些管理学者认为，它比其他管理理论有更光明的前景，有广泛的适用性，是解决企业环境变化不定情况下的一种有效的方法，能使管理理论走出"丛林"之路。

## （八）经理角色学派

经理角色学派又称"管理者工作学派"，主要代表人物是加拿大籍的美国管理学教授亨利·明茨伯格，他的代表作是 1973 年出版的《经理工作的性质》。经理角色学派得以此名，是因为它以经理所担任的角色为中心来分析和研究经理工作的性质，提出了有关经理工作的特点、经理人员担任的角色和提高经理工作的效率等理论。明茨伯格认为，经理人员扮演着十种角色，这十种角色可归纳为三大类：人际角色、信息角色和决策角色。

人际角色是管理者所拥有的正式权力所致，它包括代表者角色、领导者角色和联络者角色。

在信息角色中，经理负责确保和其一起工作的人能够得到足够的信息。由于经理人员职责的性质决定了经理既是其所在单位的信息传递中心也是别的单位的信息传递渠道。由此，经理扮演着监督人、传播人和发言人的角色。

决策角色是指经理人员负责做出决策并分配资源以确保决策方案的实施。这其中包括扮演着企业家、冲突管理者、资源分配者和谈判者的角色。

经理角色学派对经理实际活动的观察和分析受到管理学者与经理们的重视。但是，经理工作并不等于全部管理工作，管理中许多重大问题，如组织机构的建立和改进以及战略的确定、各部门的具体管理等，该学派都没有论及。

## （九）管理科学学派

管理科学学派又称"数学学派"，它基本上由运筹学家组成。早在"二战"期间，管理科学就开始萌芽。"二战"后受到企业管理者和管理学者的重视，发展较为迅速。其原因在于，"二战"后企业的领导与管理问题变得越来越复杂了，如何运筹规划企业资源和协调组织活动等问题也愈加突出。同时，面对变幻莫测的外部环境，如何进行正确决策成为关键性问题。这样，作为管理决策工具的管理科学便应运而生。

管理科学学派的创始人是英国物理学家布莱克特，主要代表人物有美国的伯法、莫尔斯和金希尔等。他们认为，管理就是用数学模式与程序来表示计划、组织、控制、决策等合乎逻辑的程序，求出最优解答，达到企业的目标。管理科学就是制定管理决策的数学模式与程序的系统，并通过电子计算机使它们应用于企业管理。所以，该学派的主要特点就是形成以运筹学和电脑应用为主体的管理定量分析方法。管理分析定量化是管理科学的突出标志，并正在成为管理科学的核心手段。

管理分析定量化主要依靠运筹学提供分析模式，以电子计算技术为计算手段，否则不能形成管理科学。计算机手段的进一步发展使运筹学的实用性有了可能。因此，20 世纪 70 年代管理科学的发展重点开始转向实际应用。管理科学学派的理论对管理的科学化有重要意义，但是也有其局限性。

## 第五节 当代管理理论的发展

20 世纪 60～70 年代以后,世界经济环境发生了很大变化,特别是随着世界市场的形成,竞争日趋激烈,既有的管理理论已经不能够完全指导现实的管理活动,新的管理理论应运而生。

### 一、当代管理理论的新发展

20 世纪 70 年代后期 80 年代初以来,整个世界处于重大变化的过程中,国际政治动荡起伏,世界经济变幻莫测,科学技术日新月异,各种文化相互渗透、交融,市场竞争日益白热化,管理学者对这种新的环境下企业的生存与发展进行了深入的思考,形成了一些新的管理思想与理论。

#### (一) 战略管理理论

战略管理理论起源于美国,它萌芽于 20 世纪 20 年代,形成于 60 年代,在 70 年代得到大发展,主要原因是石油危机对国际环境产生了重要的影响,导致西方长时期的经济衰退。世界市场上的竞争日趋激烈,使战略决策问题成为人们关注的主要问题。在这种新的竞争环境下,企业深切地感到,以前那种低价必胜的原则已经不适应新情况的发展了。要想获得持续的生存和发展,必须从战略的高度思考问题。由此,战略管理成为人们关注的主要问题。

战略管理注重研究企业组织与外部环境之间的关系,研究企业如何适应充满危机和动荡的环境的不断变化。迈克尔·波特(M. E. Porter)所著的《竞争战略》把战略管理的理论推向了高峰,他强调通过对产业演进的说明和各种基本产业环境的分析,得出不同的战略决策。

#### (二) 业务流程再造

业务流程再造(business process reengineering,BPR),是 20 世纪 90 年代初在美国发展起来的一种企业组织转型的新理论和新方法。20 世纪 80 年代,由于许多企业经过一个世纪的发展,已具有相当大的规模,企业的业务流程越来越复杂。复杂的业务流程越来越不能适应不断变化的消费者的需要,企业必须从为顾客创造价值流程的视角来重新设计组织的结构,以实现企业对外界市场环境的快速反应,提高企业竞争力。企业再造理论应运而生,该理论的创始人是原美国麻省理工学院教授迈克尔·哈默(M. Hammer)与詹姆斯·钱皮(J. Champy),他们认为,企业应以工作流程为中心,重新设计企业的经营、管理及运作方式,进行所谓的"再造工程"。美国企业从 20 世纪 80 年代起开始了大规模的企业重组革命,日本企业也于 90 年代开始进行所谓第二次管理革命。这十几年间,企业管理经历着前所未有的、类似脱胎换骨的变革。

业务流程再造理论对管理学最突出的贡献是彻底改变了200年来遵循亚当·斯密的劳动分工思想能够提高效率的观念，认为企业管理的核心是"流程"，即一套完整的贯彻始终的、共同为顾客创造价值的活动，而不是一个个专门化的"任务"。

（三）学习型组织

20世纪90年代以来，信息化和全球化浪潮迅速席卷全球，随着顾客的个性化、消费的多元化，人类社会处在从工业经济进入知识经济时代的转型期，与农业经济、工业经济相比，知识经济的繁荣不是直接依赖于资本、资源、硬件的数量、规模和增量，而是直接依赖于知识的创新、传播和运用，知识成为第一生产要素，管理的核心就是对知识的管理。正是在这样的时代背景下，学习型组织理论应运而生。

彼得·圣吉是学习型组织理论的奠基人，他于1990年完成了其代表作《第五项修炼——学习型组织的艺术与实务》，强调未来最成功的组织将是学习型组织。企业唯一持久的竞争优势源于比竞争对手学得更快更好的能力，企业必须适应不断变化的消费者的需要，在全球市场上争得顾客的信任，才有生存和发展的可能。学习型组织正是人们从工作中获得生命意义、实现共同愿景和获取竞争优势的组织蓝图，它是在知识经济正在到来、知识管理成为管理核心的时代背景下应运而生的。随后《第五项修炼——实践篇》《变革之舞》的问世，标志着学习型组织理论框架的基本形成，彼得·圣吉也被誉为20世纪90年代的管理大师。

## 二、管理理论发展展望

展望未来管理理论的发展，我们会感到，由于未来组织所面临的环境日趋动摇不定、组织活动的不断扩展、社会人口的"爆炸"、科技的快速发展等，带给管理一些变化，为适应这些变化，管理理论的发展会出现以下三方面的趋势。

（一）人本管理

人本管理是指一切管理活动以人为根本出发点，调动人的积极性，做好人的工作，反对见物不见人、见钱不见人、重技术不重视人、靠权力不靠人，强调人的需求是多种多样的，尽量发挥人的自我实现精神，充分发挥人的主观能动性。在传统管理中，大生产是以机器为中心，工人只是机器系统的配件，人被当作物，管理的中心是物。但是，随着信息时代的到来，组织中最缺乏的不是资金和机器，而是高素质的人才。人在组织中越来越显示出重要作用。这就促使管理部门日益重视人的因素，管理工作的中心也从物转向人。传统管理和现代管理的一个重要区别就是管理中心从物本管理到人本管理的转变。

在任何管理中，人是决定因素。管理的这一特征要求管理理论研究也要坚持以人为中心，把对人的研究作为管理理论研究的重要内容。事实上，在管理理论的研究中，差不多所有的管理理论都建立在人性的假设基础上。许多管理理论的不同主要是出于对人的本性认识不同。20世纪初泰罗的科学管理是基于"经济人"这一假设的，30年代梅奥等人的行为管理是基于"社会人"这一假设的，至50年代又有了基于"自我实现人"假设的马斯洛的人性管理，80年代以来出现的文化管理同样强调了实现自我的人性观。管理研究发展史表明，管理理论的发展越来越明显地强调着以人为本的管理思想。可以看出，未来的管理趋势是，必定在科学管理基础上突出科学管理理论与人本管理的有机结合，达到"既见人又见物"的管理。

## （二）跨文化管理

20世纪90年代以来，经济全球化已达到前所未有的水平，跨国公司作为全球化的主体发挥着日益突出的作用。目前，世界跨国投资的增长速度比世界生产速度快3倍，比贸易的增长速度快2倍。在这种趋势下，世界各个国家和地区之间在经济生活的各方面形成日益密切的相互依存关系，它们都作为世界经济这一有机整体不可分割的一部分而存在。世界经济全球化、统一市场的形成，意味着全球范围内各个国家和地区的商品生产与消费都要受价值规律的支配，资金、技术、劳动力等生产要素的配置以及产业结构与进出口商品结构的调整都必须面向全球市场。

随着经济全球化向纵深发展，管理也不再局限于国家的边界。作为对这种现实和趋势的回应，20世纪70年代后期在美国逐渐形成和发展起来的跨文化管理（cross-culture management）必将得到进一步发展，它对企业在跨文化条件下如何克服异质文化的冲突，如何在不同形态的文化氛围中设计出切实可行的组织机构和管理机制，最合理地配置企业资源，特别是最大限度地挖掘和使用企业人力资源的潜力与价值，从而最大化地提高企业的综合效益方面，将起到切实的指导作用。

## （三）参与管理

所谓参与管理，就是包括职工在内的集体决策、集体责任、集体思考，重视创造力的开发，重视人及其所构成的集体的才智。

目前，在西方企业中，这种参与管理正发展成为一种管理思潮。职工不仅参加企业管理，甚至分享股份和红利，与资方共同经营企业，共担风险。出现这种参与管理思潮的原因是多方面的。首先，这是劳资双方共同的需要。面对激烈的竞争，企业必须进行改革，例如，提高企业素质，生产出优质低成本的产品。而基层员工处于企业第一线，他们往往最先嗅到征兆，如能求取其合作，则必能激励其士气。其次，知识工人已成为当今许多企业的主力军，在这种以知识工作者为基础的组织里，以前那种视经理为"上司"、其他人为"部属"的传统观念已远远不适应了，强调平等、尊重员工、强化沟通、听取意见、参与管理已经成为管理的重要方式。而且，这种方式正在带来实际效益。据美国公司统计，实施参与管理可以大大提高经济效益，一般可以提高50%以上，有的甚至可以提高一倍至几倍。增加的效益一般有1/3作为奖励返还给职工，2/3成为企业增加的效益资产。

### （四）智能管理

21世纪以来，由于自动化技术、计算机技术、数字通信技术、信息网络技术、人工智能技术的迅速发展和在企业中的广泛应用，程控机床、柔性生产、无人工厂大量涌现，使企业实现了无时空交流、实时互动、资金流信息流合一，准确计算、自动控制、动态监测、条码统计成为现实。物流供应链和全球协作体系的发展，让定时配送、专业化协作、先进平台共享、精英智慧汇聚局面逐渐形成。大数据、云计算、物联网的发展，让企业管理已经发展到一个新的阶段，这就是智能化管理阶段。

所谓智能化管理，就是协同发挥人类智能与人工智能、个人智能与组织智能、企业智能与社会智能以应对可持续发展挑战的管理方式。智能化管理要解决的是各种重复性的逻辑推理、分析判断等决策性问题，这些问题是决定企业生死、效率和效益的重大问题，是企业管理者、决策者的智力劳动和脑力劳动。它的工作质量和效率是由它的逻辑模型与计算方法的科学性、先进性决定的。与IBM公司研制的"深蓝"机器人一样，只要吸纳了专家团队组合的智慧，并借助于计算机强大的、不知疲倦的计算功能进行分析判断，那么，智能化的工作质量和工作水平也将和"深蓝"机器人一样，高于任何单个管理专家。

智能化管理的特点有：(1) 机器取代人类完成越来越多的管理工作。从简单重复的作业，到程序化的决策，再到半程序化的决策；物联网的管控功能，物流信息流合一，实时监控；资金流与信息流的合一。(2) 人机协同能力成为最重要的管理能力。线上线下协同，直觉与科学分析结合，完成非程序化管理；大数据的应用开发。(3) 广泛应用组织智能与社会智能系统。Web2.0-3.0、云技术大规模应用，行业专家系统得到广泛应用。

智能化管理将给企业管理带来革命性变化。在大数据时代，企业要想取得长足的进步与发展，就一定要把握管理理论的发展趋势，用于指导企业的实践活动。

## 复习思考题

1. 何谓管理思想？它对管理的有效性有何影响？如何评价中国古代的管理思想？
2. 何谓经济人？如何认识亚当·斯密的"劳动分工"和"经济人"观点？
3. 西方管理思想是如何随着社会发展而发展的？
4. 管理思想的发展可分成哪几个阶段？为什么这样划分？

5. 列举科学管理理论、一般管理理论、行政组织理论之间的异同点。
6. 科学管理产生的历史背景是什么？科学管理理论的主要思想是什么？科学管理的主要内容有哪些？科学管理的贡献是什么？
7. 如何理解法约尔的管理原则？法约尔一般管理主要包括哪些内容？其主要贡献与不足是什么？
8. 梅奥的人际关系理论产生的条件是什么？人际关系理论的主要观点是什么？为什么梅奥认为生产效率主要取决于职工态度以及他和周围人的关系？
9. 何谓霍桑试验？霍桑试验得到了什么结果？何谓社会人？
10. 西方管理有哪些主要学派？其主要观点各是什么？
11. 21世纪的管理出现了哪些新趋势？

## 案例分析

### 油漆厂工人为什么闹事①

钱兵是某名牌大学企业管理专业毕业的大学生，分配到Y市某集团公司人力资源部。前不久，因总公司下属的某油漆厂出现工人集体闹事问题，钱兵被总公司委派下去调查了解情况，并协助油漆厂高厂长理顺管理工作。

到油漆厂上班的第一周，钱兵就深入"民间"，体察"民情"；了解"民怨"。一周后，他不仅清楚地了解到油漆厂的生产流程，同时也发现油漆厂的生产效率极其低下，工人们怨声载道，他们认为，工作场所又脏又吵，条件极其恶劣，冬天的车间内气温只有零下8度，比外面还冷，而夏天最高气温可达40多度。且他们的报酬也少得可怜。工人们曾不止一次地向厂领导提过，要改善工作条件、提高工资待遇，但厂里一直未引起重视。

钱兵还了解了工人的年龄、学历等情况，油漆厂以男性职工为主，约占92%。年龄在25～35岁的占50%，25岁以下的占36%，35岁以上的占14%。工人们的文化程度普遍较低，初高中毕业的占32%，中专及其以上的仅占2%，其余的全是小学毕业。钱兵在调查中还发现，工人的流动率非常高，50%的工人仅在厂里工作1年或更短的时间，能工作5年以上的不到20%，这对生产效率的提高和产品的质量非常不利。

于是，钱兵决定就连日来的调查结果与高厂长进行沟通，他提出了自己的一些看法："高厂长，经过调查，我发现工人的某些起码的需要没有得到满足，我们厂要想把生产效率搞上去，要想提高产品的质量，首先得想办法解决工人们提出的一些最基本的要求。"可是高厂长却不这么认为，他恨铁不成钢地说："他们有什么需要？他们关心的就是能拿多少工资，得多少奖金，除此之外，他们什么也不关心，更别说想办法去提高自我。你也看到了，他们很懒，逃避责任，不好

---

① 根据余敬主编的《管理学案例》（中国地质大学出版社2000年版，第53～55、68～70页）中案例14改编。

好合作，工作是好是坏他们一点也不在乎。"

但钱兵不认同高厂长对工人的这种评价，他认为工人们不像高厂长所说的那样。为了进一步弄清情况，钱兵采取发放调查问卷的方式，确定工人们到底有什么样的需要，并找到哪些需要还未得到满足。他也希望通过调查结果来说服厂长，重新找到提高士气的因素。于是他设计了包括15个因素在内的问卷，当然每个因素都与工人的工作有关，包括：报酬、员工之间的关系、上下级之间的关系、工作环境条件、工作的安全性、工厂制度、监督体系、工作的挑战性、工作的成就感、个人发展的空间、工作得到认可情况、升职机会等。

调查结果表明，工人并不认为他们懒惰，也不在乎多做额外的工作，他们希望工作能丰富多样化一点，能让他们多动动脑筋，能有较合理的报酬。他们还希望工作多一点挑战性，能有机会发挥自身的潜能。此外，他们还表达了希望多一点与其他人交流感情的机会，他们希望能在友好的氛围中工作，也希望领导经常告诉他们怎样才能把工作做得更好。

基于此，钱兵认为，导致油漆厂生产效率低下和工人有不满情绪的主要原因是报酬太低、工作环境不到位、人与人之间关系的冷淡。

问题：

1. 高厂长对工人的看法属于X理论吗？钱兵的问卷调查结果又说明了对人的何种假设？

2. 根据钱兵的问卷调查结果，请你为该油漆厂出些主意来满足工人们的一些需求。

# 第三章 管理组织的形成与演变

【学习要求】

通过本章学习，掌握企业的概念、分类及特征；初步认识企业组织的形成与演变过程；理解现代企业制度的内涵、特征及内容；掌握非营利组织的概念、分类、具体形式和特点；了解非营利组织分类、特征以及面临的主要问题；掌握非营利组织管理的策略和技术。

## 第一节 企业的概念及特征

企业是一个历史范畴，是人类社会发展到一定阶段随着商品的出现而产生的，是商品经济的产物。概括地说，企业是为满足社会需要并获取盈利，由一定数量的生产要素所组成的，从事生产经营或服务性活动的，具有法人资格的经济组织。企业是国民经济的基本单位，是现代社会的重要细胞和组成部分。为全面地理解企业的概念，应注意把握以下几个基本特征。

### 一、企业是经济组织

企业不同于事业单位、公益组织和政府部门，是一个经济组织。企业作为经济组织，所从事的是生产和经营产品或提供商业性服务等经济活动，通过这些活动来满足人们生产和生活的需要以及社会发展的需要，并以此实现自己的价值——获取盈利。企业要盈利，就必须使自己的产品或服务能够满足社会的需要，即能够被社会认可。在市场经济条件下，一般来说，企业提供的产品或服务对需求者和社会的贡献越大，则取得的利润就越多，反之，利润小的企业则可以看作对社会的贡献小，亏损的企业不仅没有为社会创造财富反而消耗社会资源与财富。企业没有利润，就不能扩大再生产，职工的生活就难以提高，国家的税收就没有保证，国家的发展就会停滞。从这点来说，企业确保获取合理的利润，不仅应是企业的目标，而且也是企业对社会承担的重大责任。

### 二、企业必须承担一定的社会责任

企业在生产经营过程中，不仅要满足顾客和用户的需要，还要满足股东、银行、员工、供应商、交易对象、竞争者、政府、社区等一切与之相关的社会团体的需要。企业只有经过努力满足了他们的需要，才能正常运行，获取利润，得以生存和发展，这就决定了企业不能只为自身谋利益，而且要肩负兼顾各方面利益的社会责任。企业的社会责任还表现在防止环境污染、节约资源、为社会提供就业机会和为社区建设做出贡献。

### 三、企业必须拥有一定数量的生产要素

企业要为社会提供合格的产品和满意的服务，就必须拥有一定数量的生产要素，形成由各种生产要素有机结合的整体，这些生产要素主要包括人、财、物、时间、空间、信息等。企业的管理者就是通过科学的运作，使这些要素得到合理的组织和利用，最大限度地发挥其效益，形成创造财富的现实社会生产力。

### 四、企业必须是独立的法人组织

企业要获取利润，就要保证自己的产品或服务在品种、质量、成本、时间上能随时适应社会和消费者的需要，为此，企业必须能够自主地对市场和社会环境的变化及时主动地做出反应。在市场经济条件下，企业是自主经营、自负盈亏、自我发展、自我约束的市场主体，而不是国家行政机构的附属物。具体来说，企业必须成为具有法人资格，拥有法人财产权，并以其法人财产独立地从事经营活动、独立地承担民事责任与义务的法律实体。

## 第二节 企业组织的形成与演变

企业组织的产生和发展经历了一个演变过程，大体如下。

### 一、手工业作坊的产生

人类社会进入封建社会，生产的基本形式是个体家庭手工业。封建社会后期，随着生产力的发展、社会分工的深化，在原有的个体家庭手工业的基础上，逐渐产生了一种新的生产组织形式——手工业作坊。在手工业作坊里，业主与员工的关系多为父子、师徒等，形成了初步的分工与协作，其生产的目的不再是用于个人消费，而是拿到市场上去卖，获取盈利。这个阶段可以说是企业的萌芽。

### 二、手工业工场的出现

16世纪到18世纪末，随着资本的集中和劳动的商品化，伴随着大量小手工

业者的分化和破产，手工业工场这种新的生产组织形式出现了。许多手工业工人受雇于一个资本家，在一个工场里从事商品生产。他们或是由不同种的手工业工人共同完成一个产品的制造，或是由同一种或同一类手工业工人进行劳动分工，各人进行不同的操作，并使这些不同的操作在空间上并列在一起，以致形成各种专门的职能。手工业工场在生产过程中进一步发展了分工，同时把过去的手工业结合在一起，它的出现标志着生产组织形式的飞跃。这就是最初的业主企业。

### 三、合伙企业的形成

对于大多数业主企业来说，扩大生产规模受到个人财产的限制，为了筹集更多的资本，有必要联合一些人合办企业，即组织合伙企业。早期的合伙企业主要沿着两个方向发展：一是形成家族企业，进一步发展扩大成比较长期性的组织；二是由两个以上成员出资共同组成企业，并通过发行可转让股份形式募集资本，形成股份公司。股份公司的形成，合伙企业从短期投资转向长期投资，股票、股票转让交易所的出现，对于合伙企业的发展起到了重要推动作用。然而，这个阶段企业承担无限连带的法律责任，这使企业投资者承受着很大的风险，愿意加入合伙者队伍的人始终很有限，严重地制约着合伙企业的继续发展。

### 四、公司制度的建立

随着股份公司的数量不断增加，其社会地位和作用不断加强，人们对股份公司不具备法人地位和无限责任制缺陷的认识越来越深刻，探寻形成新的企业制度——有限责任制公司的要求越来越强烈，从而推动了法律制度的变革。18世纪末至19世纪中期，经过长期斗争和激烈的争论，终于在1855年英国议会通过了一项有限责任制的议案，确认注册公司对债务只负有限赔偿责任，并于1856年颁布了第一部现代的公司法，即有限责任形式的公司法。有限责任制的最终确立标志着企业进入了现代发展阶段，为企业的进一步发展创造了前提条件。

### 五、现代企业制度的确立

随着企业规模不断扩大，股东越来越多，业务日益复杂化，大股东感到亲自担任高层经理来驾驭企业越来越困难，于是便开始聘请有经营管理能力的人才来代替他们打理企业的生产经营活动，逐渐形成了由代表所有者的董事会聘请高层经理人员的制度。于是公司制企业就从旧时的"企业主"企业演化为现代的"经理人员"企业，实现了资本所有权与经营管理权的分离。而且，企业规模的扩张及与之伴随的技术和管理过程的复杂化导致专职经理人员的作用日益增强，这就引起了家族资本主义的衰落和现代企业制度的发展，因为决定其在高层管理中地位的不再是他们所掌握的股份多少，而是管理能力的高低。至此，企业完成了由其产生之前的生产组织形式——个体家庭手工业到现代企业制度的演变。

## 第三节 企业的分类

不同类型的企业有不同的管理要求,为了便于研究企业的生产经营活动和管理的方法与规律,对企业进行分类是十分必要的。根据研究的目的不同,可以选择不同的分类方法。常用的分类方法有:按企业的所有制分类,把企业分成全民所有制企业、集体所有制企业、个人所有制企业、独资企业和合资企业等;按企业的生产类型分类,把企业分成大量生产企业、成批生产企业和单件生产企业;按企业规模分类,把企业分成大型企业、中型企业和小型企业等。但最常用的是按企业制度进行分类。

按企业制度进行分类,必须以反映企业制度本质特征的要素为标志。在企业制度所包含的三项基本内容中,产权制度是最关键的,在一定程度上决定着企业的组织制度和管理制度。因此,按企业制度分类,主要是从企业资产所有者形式角度来考察。从企业资产所有者形式来考察,企业可以分为个人业主制、合伙制和公司制三种基本类型。

### 一、按企业的规模分类

按企业规模可以分为大型企业、中型企业及小型企业。企业规模不同,其生产经营特点及管理要求也有所不同。大型企业资金雄厚、设备齐全、人才荟萃,有条件生产经营大型、复杂、尖端技术产品,或大规模生产标准产品,或对劳动对象进行深度综合利用加工。因此,钢铁、汽车、造船、航空、大型电子计算机、重型机械、石油化工等一般均系大型企业。这些企业投资多、工艺复杂、人员较多、管理难度较大。

小型企业的特点是人员少,技术相对专门化,因此,经营比较灵活,适合生产多品种、小批量或较大批量的单一标准产品,因其投资不多,建立较容易。但由于其经济实力不够雄厚,资信较差,人才吸引力不强,难以抵御较大的风险。

### 二、按企业资源要素构成分类

按企业结构中的要素构成分类,可分为以下三种类型。

1. 劳动密集型企业。占用劳动力较多,以手工劳动为主的企业,如服装、鞋帽、五金、家电装配、工艺美术等行业的企业。这类企业的特点是,固定资产投资较少,劳务费用对成本的影响较大,工人技艺及熟练程度对生产效率有明显的影响。

2. 资金密集型企业。占用资金较多,以机械化、自动化作业为主的企业,如钢铁、化工、电力等行业的企业。这类企业的生产经营特点是经济批量大、投资多、建设周期长、品种调整较困难、职工队伍中设备维修人员所占比例较高。

3. 知识密集型企业。以科技开发为主、脑力劳动者为主要成员的企业，如计算机、生物工程、光纤材料、精密仪器等行业的企业。其特点是，对职工文化技能素质要求较高，科技开发成果不确定性较大，风险及收益都高于一般企业。

## 三、按企业资产的所有者分类

（一）个人业主制企业

个人业主制企业是指个人出资兴办、完全归个人所有和控制的企业，在法律上称为自然人企业，也称个人企业或独资企业。个人业主制企业是最早产生也是一种最简单的企业，流行于小规模生产时期。在现代经济社会中，这种企业在数量上占多数。

个人业主制企业具有如下优点：

（1）开设、转让与关闭等行为，仅需向政府登记即可，手续简单。

（2）利润归个人所得，不需要与别人分摊。虽然它也要缴纳所得税，但是不需要双重课税，这一点与公司制企业不同。

（3）企业在经营上的制约因素较少，经营方式灵活多样，所以处理问题机动敏捷。

（4）技术、工艺和财务易于保密。在竞争性的市场经济中，保守企业有关销售数量、利润、生产工艺、财务状况等一切商业秘密是企业获得竞争优势的基础。对个人业主制企业而言，除了所得税表格中需要填列的项目以外，其他均可以保密。

（5）企业主可以获得个人满足。这种企业成败皆由企业主承担，如果获得成功，企业主会感受到成功的满足。因此，不少企业主认为，他们在经营企业中所获得的主要是个人的满足，而不是利润。

个人业主制企业具有如下缺点：

（1）无限的责任。企业主必须对企业的全部债务负无限责任。所谓无限责任，即当企业的资产不足以清偿企业的债务时，法律强制企业主以个人财产来清偿企业的债务。从这个意义上讲，企业主所有财产都是有风险的，一旦失败则可能倾家荡产。因此，对于风险性大的行业不易采用这种形式。

（2）有限的规模。这种企业在发展规模上受到两方面的限制：一是个人资金有限，信用有限，资本的扩大完全依靠利润的再投资，因此，不易筹集较多的资金以求扩大发展；二是个人管理能力的限制决定了企业的规模有限，如果超出了这个限度，企业的经营则变得难以控制。

（3）企业寿命有限。企业是与业主共存亡的，业主的死亡、破产、犯罪和转业都可能使企业不复存在。因此，企业的雇员和债权人不得不承担较大的风险。这就是为什么债权人往往要求企业主进行人寿保险的原因，一旦企业主死亡则可用保险公司付给的保险金偿还债务。当然，这并不能有助于延长企业的寿命，其原因是，企业主的继承人不一定有足够的经营能力维持企业的生产。

（二）合伙制企业

合伙制企业是由两个以上的企业主共同出资，为了利润共同经营，并归若干企业主共同所有的企业。合伙人出资可以是资金或其他财物，也可以以权利、信用和劳务等替代。总地来说，合伙制企业不如独资企业和公司制企业数量多。在美国全部企业形式中，合伙企业约占7%。但这种企业形式在广告事务所、商标事务所、会计师事务所、零售商店和股票经纪行等行业中仍是主要的形式。

成立合伙制企业首先必须经合伙人协商同意，然后采用书面协议的形式把每一合伙人的权利、义务和利润分配等都确定于合约之中，这个书面合约即合伙经营合同。在合同中至少要包括以下主要内容：

（1）企业所得利润和所负亏损的分配方法。

（2）各合伙人的责任是什么，包括出资额是多少、承担哪些无限责任或有限责任以及主要业务分担等。

（3）老合伙人退出和新合伙人加入的方法。

（4）企业关闭后，资产的分配办法。

（5）合同上未规定的事宜出现争端时解决的办法。

合伙制企业中的合伙人是拥有这个企业并在企业经营合同上签字的人。合伙人根据其是否参加企业的经营及负担的责任（有限责任还是无限责任），可以划分为以下三种类型：一是普通合伙人。普通合伙人是指在合伙企业中实际从事企业的经营管理并对企业债务负无限责任的合伙人。普通合伙人有权代表企业对外签约，并对企业债务承担最后责任。如果企业中的所有业主都是普通合伙人，这个企业就叫普通合伙企业。二是有限合伙人。有限合伙人是指合伙企业中对企业债务仅负有限责任的合伙人。有限合伙人对企业经营不起重要作用，仅以所投入资本的数额承担有限责任。三是其他合伙人。包括不参加具体管理的合伙人（没有经营权利，在企业决策上不起多大作用）、秘密合伙人（在企业经营管理中地位重要但不为人所知的合伙人）、匿名合伙人（只出资而不出名、只参与利润分成而不参加管理的合伙人）和名义合伙人（名义上参与合伙，既不出资也不参与管理的挂名合伙人）等。

合伙制企业的优点：

（1）扩大了资金来源和信用能力。

（2）集合伙人之才智与经验，提高了合伙制企业的竞争能力。

（3）增加了企业扩大和发展的可能性。

合伙制企业的缺点：

（1）产权转让困难。产权转让须经所有合伙人同意。

(2) 承担无限连带责任。
(3) 企业寿命仍不容易延续很久。
(4) 合伙人皆能代表企业，因此，对内对外均易产生意见分歧从而影响决策。
(5) 企业规模仍受局限。

### (三) 公司制企业

公司制企业又称为公司，公司制是现代企业制度的核心，是现代企业中最重要、较普通的一种企业类型。它是随着生产力的发展而产生的，最早的是在美国出现的铁路公司，这是现代企业制度的典型形式。相比较而言，个人业主制企业和合伙制企业具有较浓的家族色彩，被称为传统的企业制度，其缺点主要集中在三个方面，即资金问题、风险问题和管理问题。而公司制企业在这三方面有了较大的突破。首先，公司制企业一般可发行股票募集资本，从而扩大生产经营规模；其次，公司制企业的股东一般以其出资为限对公司承担责任，公司以其全部资本为限对公司债务承担责任，从而降低了经营风险；最后，公司制企业的所有权与经营权分离，实行专家管理，基本上冲破了家族的局限，使企业的经营能力不受出资者素质的影响，提高了效率，企业寿命得以延长。由此可见，公司制企业的出现是企业组织形式的重大进步，也是企业发展史上的一次重大飞跃。

在现代社会，公司的种类繁多，国际上划分公司的标准有两个：一是公司股东所负的债务责任；二是公司是否将资本平均分为股份。按照这两个标准，公司制企业又可分为无限责任公司、有限责任公司、股份有限公司等形式。这里，我们重点介绍的是按照资本的组织形态来划分的企业类型，通常可以分为有限责任公司（包括国有独资公司）、股份有限公司等。

1. 有限责任公司。有限责任公司又称有限公司，是指公司由法定数额的股东共同出资，股东以其出资额为限对公司承担有限责任，公司以其全部资产对其债务承担责任的企业法人。有限责任公司是我国《公司法》所确认的公司的一种重要组织形式，也是存在数量较多的一种公司类型，它具有如下一些特征：

(1) 募股集资的封闭性。有限责任公司不得向社会公开募集资本，它是通过投资者按确定的投资比例和出资方式形成股本总额的，所以有的国家也称之为封闭公司或不上市公司。

(2) 公司资本的不等额性。有限责任公司的全部资产不作等额划分，股东按所确定比例的数额来履行出资义务，因此，其股权表现形式不是股票，而是由公司向股东签发股权证明书或出资证明书。

(3) 股东数额的限制性，股东必须符合法定人数。各个国家对股东人数一般都有最高限额。我国《公司法》规定，我国有限责任公司由2个以上50个以下的股东共同出资设立。

(4) 股份的转让受到严格限制。有限责任公司的股份可以转让，但转让时要遵守法律条件，以维护其他股东和公司的利益。股东向股东以外的人转让出资时，要得到全体股东半数以上的同意，而且现有的股东有优先购买权。

(5) 所有权与经营权结合得比较紧密。在有限责任公司中，董事和高层经理人员往往具有股东身份，大股东亲自经营企业，使所有权与控制权的分离程度不如股份有限公司那样高。在涉及国家安全、尖端技术、经济命脉及国防军需等特定行业，成立国有独资有限公司有利于在宏观调控、优化产品结构和经济发展中起骨干作用。国有独资有限公司是指国家授权投资的机构或者国家授权的部门单独出资设立的有限责任公司。它是有限责任公司的特殊形式，之所以特殊就在于这类公司只有一个投资者，即国家。国有独资公司以其公司的全部资产为限对公司债务承担责任，这与我国现在的有些国有企业事实上负无限责任有很大区别。这是国家为适应建立现代企业制度的需要，结合我国实际情况，对国有企业进行改革的有益探索。

2. 股份有限公司。股份有限公司又称股份公司，是指由一定数额以上的股东所组成，其全部资本由等额股份构成，股东以其认购的股份为限对公司的债务承担责任，公司以其全部资产对公司债务承担责任的企业法人。股份有限公司是典型的股份制企业，其基础是资本合作，具有以下一些特征。

（1）募股集资的公开性。即资本的来源靠向社会公开募股集资，这是股份有限公司与其他企业组织形式的重要区别。通过发起设立或募集设立两种方式由发起人向社会上的投资者募足必要的资本。所谓发起设立是指由发起人认购公司应发行的全部股份，待公司设立后，经过一段时间再把公司股票通过证券交易所出售给社会公众。所谓募集设立是指发起人只认购公司应发行股份的一部分法定数额（我国规定不少于35%），其余股份向社会一次或分批发行。

（2）股份的等额性。股份有限公司的全部资本划分为若干个等额的股份，这也是与一般企业和其他类型公司的一个根本区别。这主要是因为股份有限公司以出售和认购股票的方式向社会筹资，也由于坚持一股一权、数股数权、股权平等、同股同利、利益共享、风险共担的原则。

（3）股东的广泛性。这与募股集资的公开性相联系，股份有限公司的股东数额比较大，无上限规定，对一般股东的资格少有限制，但对公司发起人这一特殊股东的资格和数额有一些要求。

（4）股份的可转让性。股份有限公司的股份表现形式是股票，股份的转让实质上是股票的转让，在法定范围内是自由的。

## 第四节　现代企业制度

### 一、现代企业制度的内涵

现代企业制度，是指适应社会化大生产和社会主义市场经济要求的，以完善的法人制度为基础，以公司制为主要形式，以有限责任制度为保证，以产权清晰、权责明确、政企分开、管理科学为标志的一种新型的企业制度。它是适应现代经济特点及发展需要的、处理企业基本经济关系的、以公司制为基本形式的制度体系。现代企业制度不是企业的某一种制度，而是企业以及涉及企业的一系列制度和制度环境的统称，它既包括企业的产权制度、组织制度、领导制度（治理结构）、管理制度、财务会计制度、劳动人事制度、法律制度，也包括企业的各种制度环境，如社会保障体系、政府职能的转换、政府与企业的关系等。现代企业制度还包含着在现代市场经济条件下处理企业以及与企业相关的一系列制度和在这种制度下企业与各方面关系（包括企业与政府、企业与出资者、企业与社会、企业与企业、企业与员工的关系）的行为规范、行为准则、行为方式。

现代企业制度的实质是处理现代企业基本经济关系的规则。现代企业所涉及的基本经济关系就是国家、出资者、经营者、员工、企业整体、企业债权人以及与企业有关的其他民事主体（包括其他自然人、法人）这些利益主体的相互责任、权力、利益关系。如果这些关系得不到妥善处理，不仅无法保证企业内外的合作，无法保证企业活力，效益低下，而且将使整个经济系统处于无序的低效率状态，因此，必须制定一整套规范，引导和约束各利益主体的行为。

## 二、现代企业制度的基本特征

适应市场经济体制是现代企业制度的一个最为根本的特征，企业名称本身并不是区分是否是现代企业制度的标志。现代企业制度的基本特征概括起来就是产权明晰、权责明确、政企分开、管理科学。

### （一）产权明晰

所谓产权是指资产所有权在法律上的反映。产权有广义与狭义之分。广义的产权包括法律所有权、占有权、使用权、依法处置权，以及与这些权力相联系的收益权。狭义的产权则是广义产权的细分，是指广义产权的某一方面或某几方面的产权，以及与某一方面或某几方面产权相联系的收益权。在股份制企业里，股东只保留资产的最终所有权，以及与此相联系的收益权。这种产权关系可称为股东资产所有权，即法律上的资产所有权。而股份制企业则以法人的资格获得了资产的占有权、使用权、依法处置权，以及与这些权力相联系的收益权。这些权力可称为法人资产所有权。

我国原有体制下国有企业是政府部门的附属机构，所有者与企业的基本财产关系并不明确，理论上企业的国有资产投资者是国家，但具体到企业而言没有人格化的投资主体，每一个政府部门似乎都有权对企业行使国有股东的权利，政府作为国有企业的唯一的股东，其本应统一的股东权却被纵向和横向的各政府部门所分割，变得支离破碎，大量的政府部门好像都是国有企业的股东，都能代表国家来行使企业国有资产的股东权，而不同政府部门和不同级的政府部门都有自己的利益要关心。

国有企业建立现代企业制度，应该明确企业与其所有者之间的基本财产关系，理顺企业的产权关系。企业中的国有资产属全民所有，即国家所有，代表国有资产所有者的政府所授权的有关机构作为投资主体，对经营性国有资产进行配置和运用，作为企业中国有资产的出资人，依法享有出资者权益，并以出资额为限对企业承担有限责任。

产权明晰是指要以法律的形式明确企业的出资者与企业的基本财产关系，尤其要明确企业国有资产的直接投资主体，彻底改变原来的那种企业国有资产理论上出资者明确，实践上出资者含糊、没有人格化的投资主体、无人负责、哪个政府部门都可以代表国有资产出资者来行使一部分国有资产产权的权能而又谁都可以不必为国有资产负责的状况；明确国家作为企业国有资产出资者的有限责任，彻底改变国家对企业的债务实际上承担无限责任的状况，以确保国有资产的合法权益。

企业的设立必须要有明确的出资者，必须有法定的资本金。出资者享有企业的产权，企业拥有企业法人财产权。当企业解散时，没有一块是属于企业的财产可以分给职工的，清算后的剩余财产都是出资者的。在传统的国有制产权制度下，国家所有权与企业法人财产权的边界是模糊的。产权关系不清楚，产权责任就不明确，产权约束就不落实，产权的转让也就糊涂。国有资产流失严重，关键在于产权模糊。所以必须明确产权和法人财产权，弄清楚到底哪些是国有资产、谁是产权主体。我国《国有企业财产监督管理条例》规定："由国家投资及投资收益形成的财产和依据国家的法律、国务院的行政法规界定的国家的财产，都属于国有资产。"产权制度的建立，使多年未能彻底进行的企业改革向前推进了一大步。国有资产的终极所有权与企业法人财产权的明晰化是中国走向市场经济过程中的一大突破，是现代企业制度的一个重要特征。

(二) 权责明确

权责明确是指要在产权明晰、理顺产权关系、建立公司制度、完善企业法人制度的基础上，通过法律法规确立出资人和企业法人对企业财产分别拥有的权利、承担的责任和各自履行的义务。公司制度、法人制度与有限责任制度是现代企业制度在组织方面的三个典型特征，也是权责明确的基础。

在传统的企业制度下，各项职能被分解到不同的行政主管部门手中，这些部门的责、权、利都是不对称的，往往权利大、责任小。企业不具有法人财产权，只是上级行政机关的附属物，没有自主经营、自负盈亏的条件，从而形成无人真正对国有资产负责的格局。现代企业制度要求国家所有的财产一旦投资于企业，就成为企业法人财产，企业拥有法人财产权，以全部法人财产独立享有民事权利、承担民事责任，依法自主经营，自负盈亏，照章纳税，以其全部资产对企业债务承担责任；通过建立企业法人制度和公司制度形成企业的自负盈亏机制和对企业经营者的监督机制。同时，企业法人行使法人财产权，这种法人财产权形成和确立的组织基础也是公司制度和企业法人制度。企业法人财产权的行使要受出资人所有权的约束和限制，必须对出资人履行义务，依法维护出资人权益。对所有者承担资产保值增值的责任，而不是以损害出资人的合法权益为前提。

在各国普遍流行的公司企业中，所有者与企业的关系，不仅是公司章程明文规定的，而且形成了一套合理的内部治理结构，即：股东大会是公司的最高权力机构，由股东大会选举产生董事会或监事会，代表全体股东的利益，董事会负责选择或聘用总经理，同时，总经理承担相应的责任与风险，公司如果经营不善、效益下降，随时有被解聘的危险，如果总经理选择失误，董事会也要承担责任。从而形成一种既有明确权责分工又能互相制约的制度。

这一特征是专门说明资产所有者的权益和责任的。企业的资产是企业经营的基础。出资者的投资不能抽回，只能转让。出资者以其投资比例参与企业利益的分配，并按投资比例承受损失。为了保证自己的利益，出资者会对企业的经营管理做出干预。比如，对企业的重大行动拥有决策权；对企业的高层管理者拥有选择任命权等。在经营过程中，由于外部市场环境的多变和竞争等原因，企业并不一定能保证资产永远保值或增值，企业经营始终存在着风险。与权益相同，风险的分摊也只能以出资份额的多少来划分。当企业亏损到资不抵债而不得不破产时，出资者最多以其全部投入的资产额来承担责任，即只负有限责任。有限责任制度，既体现了财产所有者的所有权并使之相应得到了应得的权益，同时也按其投资比例承担着风险，体现了权利和风险对应的原则。

（三）政企分开

政企分开是指在理顺企业国有资产产权关系、明晰产权的基础之上，实行企业与政府的职能分离，建立新型的政府与企业的关系。

实行政企分开，建立企业与政府之间适应社会主义市场经济体制的新型的政企关系，要求在明晰企业产权的基础上实行政府对企业的调控、管理、监督。

首先，要把政府的社会经济管理和国有资产所有权职能分开，积极探索国有资产经营的合理形式和途径，通过构筑国有资产出资人与企业法人间规范的财产关系，强化国有资产的产权约束。

其次，要把政府的行政管理职能和企业的经营管理职能分开。政府主要通过法律法规和经济政策等宏观措施，调控市场，引导企业；政府对企业的监督管理有些可通过诸如会计师事务所、律师事务所等中介组织来实现，通过中介组织沟通政府与企业间的联系，当然需要确立中介组织的中立地位；要取消企业与政府之间的行政隶属关系和企业的行政级别，对企业管理人员不应像对国家公务员那样进行管理；要规范国家与企业的分配关系，政府依法收税，企业依法纳税；要把企业承担的政府和社会职能分离出去，分别由政府和社会组织承担。

在现代企业制度下，政府依法管理企业，企业依法经营，不受政府部门直接干预。政府对企业的管理和调控，只能通过金融、税收、财政等经济手段，以及利用一些中介组织的作用等。对企业的干预，主要是在反垄断、必不可少的进出口限额和极少数价格的控制，以及某些强制性的社会保险和资源、环境的保护等。但这些干预都必须是严格依法进行的。凡法律没有禁止的，都是企业拥有的合法权利，政府不得干预，要想干预必须先立法。执法的原则一般都是采取事后监督的方式，而不是事先审批制度。

### （四）管理科学

管理科学是指要把改革与企业管理有机地结合起来，在产权明晰、政企分开、权责明确的基础上，加强企业内部管理，形成企业内部的一系列科学管理制度，尤其要形成企业内部以及生产关系方面的科学的管理制度。科学的组织管理体制由两部分构成。

1. 科学的组织制度。现代企业制度有一套科学、完整的组织机构，它通过规范的组织制度，使企业的权力机构、监督机构、决策和执行机构之间职责明确，并形成制约关系。在我国，公司制是现代企业组织中的一种重要形式。

2. 现代企业管理制度，包括企业的机构设置、用工制度、工资制度和财务会计制度等。现代企业要适应市场，靠产品，而开发新产品靠科技、靠人才。现代企业很重视人的作用，在这方面要注意以下六点：（1）重视选好企业经营者；（2）重视职工培训；（3）提高职工之间的协作精神；（4）重视领导和职工的关系；（5）重视奖惩；（6）重视科技和科技人员的作用，不断开发新产品。通过这些措施调节所有者、经营者和职工之间的关系，形成激励和约束相结合的经营机制。

现代企业的管理方法、机构和制度，既要科学又要随着形势的发展不断改进和完善，不是一成不变的。现代企业内部管理制度的建立，要与外部的环境相适应，要引入市场机制，围绕以市场需要为中心，以发挥人和科技的作用为重点，在内部各单位之间打破条块界限，各自相对独立、单独核算、自负盈亏，以确保企业的行政管理与技术开发之间能够更好地协调，不断提高其在市场上的竞争能力。

## 三、现代企业制度的内容

现代企业制度的基本形式是公司制，更具体些，就是有限责任公司和股份公司。公司制本身就是一个制度体系，它包括以下八项制度，即公司设立及投资主体多元化制度、企业法人制度、公司产权制度、企业破产制度、有限责任制度、公司领导制度、公司财务会计制度、市场型的劳动人事制度等。

### （一）公司成立制度

公司是比较规范的企业组织形式，各国对其设立都有明确的严格规定，例如设立公司的法定股东人数、出资额、公司章程、名称、场所、经营范围、设立程序等。如果不加以规定，就难以防止商业诈骗，使债权人和其他民事主体的利益受到侵害。

公司的基本特征是资本联合，它一般是由两人（自然人或法人）以上以一定形式出资联合而成的企业。资本来源的多渠道、投资主体的多元化、经营盈亏的分享性以及所有权与经营权的分离性，是现代公司制度的明显特征。我国《公司法》规定，有限责任公司股东为 2~50 人，股份有限责任公司发起人不少于 5 人，上市公司对股东人数要求更多。投资主体多元化是建立企业法人制度的最初依据，是扩大资金来源的制度保证。

### （二）企业法人制度

在传统的计划经济体制下，国有企业作为国家行政机构的附属物，没有独立的法人地位。国家是唯一的投资主体，无法形成竞争。在实行有计划的商品经济的过程中，国家虽然通过立法形式建立了企业法人制度，但这是一种不完整的法人制度。国有企业名义上虽有法人地位，却没有法人所必须具备的独立财产权，难以建立起财产约束机制，只能负盈不负亏，国家对企业仍负无限责任，企业还不是真正独立的法人。同时，公司投资主体多元化带来一个问题，就是如何处理公司与其他民事主体之间的经济关系，尤其是债务关系。独资或合伙企业一般是由出资者直接与其他民事主体发生关系，因为这里权责归属十分清楚。但对于一个出资者较多的企业，依靠出资者分别与其他民事主体打交道，不仅是不经济的，而且也是不合理的。为此，国家从法律上承认公司是一个统一的整体，可以独立承担民事责任，行使民事权利，公司在法律上获得独立人格，因而称之为法人。企业法人制度的确立使出资者、企业及其他民事主体之间发生经济纠纷时，不必让每个股东出面去争取权利或承担责任，而可以由公司法人机构去处理。从道理上讲，要独立承担民事责任和行使民事权利，必须有一定的物质基础，即可供自主支配的财产，因此，企业法人制度规定，公司享有由股东投资形成的全部法人财产权，依法享有民事权利、承担民事责任。没有可供企业自主支配的财产，在商业上就没有行为能力，既无法独立行使民事权利，也无法独立承担民事责任，要么使经济纠纷处于非常复杂的局面，要么只能由国家统统包下来。

企业法人制度的实质，对国有企业而言，是确认国家拥有财产的所有权，企业拥有独立的法人财产权，并据此享有民事权利，承担民事责任。确立法人财产权，需要理顺产权关系，实行出资者所有权与法人财产权的分离。出资者所有权和法人财产权经过法律确认，均受法律的保护，不可侵犯。确立法人财产权，对国有企业来说，不会改变国家的所有者地位，改变的只是国家对国有资产管理的方式，即由资产实物形态的管理转变为资产价值形态的管理，国有资产总量并未减少和流失。更重要的是，企业国有资产增值和收益均属国家所有，而对于企业经营风险，国家只以其出资额为限承担有限责任。

企业拥有法人财产权，通过建立资本金制度和资产经营责任制，使自负盈亏的责任落实到企业，促使企业必须根据市场供求关系和价值规律支配、使用、处理、运作自己的资产，盘活资产存量，实现有效增值，并由此割断政企职责不分的脐带，为企业摆脱政府行政机构附属物的地位奠定基础。理顺产权关系，完善企业法人制度，为公有制与市场经济的有效结合创造了条件。

## （三）公司产权制度

出资者的目的是财产的增值，财产的增值只有通过商品生产与交换活动才有可能实现，在出资者较多的情况下，如果由出资者直接运作企业资产将会有很大困难：一是出资者不一定懂经营；二是众多的出资者一起参与运作，无法保证效率。为了解决这个矛盾，有关公司的法律一般都规定：一方面，保证出资者享有资产受益、重大决策和选择经营者的权利，以调动其投资积极性；另一方面，出资者一旦将资本注入企业，就不能随便抽回，而这部分资产的占有、使用、处置的权利让渡给经营者，出资者不能随便干预企业日常经营活动，从而保障了公司法人地位。企业资产的占有、使用和依法处置的权利就是所谓的法人财产权。公司产权制度体现了所有权和经营权适度分离的原则，有力地促进了社会生产力的发展。

## （四）企业破产制度

在商品经济中，企业与其他民事主体之间存在普遍的债务债权关系，例如借贷款、商品赊销等。由于企业经营存在风险，加上经营管理不善，可能出现企业到期还不起债的情况，这时若不能及时而合理地处理这类债务关系，可能产生以下后果：（1）使债权人处于困境，并导致一系列债务难以清偿的连锁反应；（2）使债务人有能力继续从事低效率甚至无益于社会的活动，浪费社会资财；（3）迫使人们进行现金交易，导致信用危机。因此，各国立法规定，当企业不能清偿到期债务时就可申请破产，通过拍卖企业财产抵偿债务。这样，首先，保护了债权人的合法权益，维护社会信用关系；其次，企业因必须承担决策失误的风险，可以推动企业改善经营管理；最后，债务人在破产程序结束后，可以摆脱债务约束，获得另图宏业、东山再起的机会。企业破产制度是现代企业制度的重要内容，我国《公司法》对企业破产清算作了具体规定。

## （五）有限责任制度

企业出现经营亏损甚至资不抵债时，由谁承担经济责任？这是企业制度必须加以规定的。对于独资企业及合伙企业，出资者无疑要承担无限责任，不仅要以投入经营的资产偿债，在资不抵债时要以全部个人财产去偿债，以致出现倾家荡产的局面，这样做虽然对债权人有利，但由于风险责任太大而不利于吸引各方面投资。因此，各国在制定破产法律制度以保护债权人利益的同时，规定法人企业实行有限责任制度，即公司（有限责任公司、股份有限责任公司）以其全部资产即全部法人财产承担债务责任，而出资者即股东以出资额为限对公司承担责任。这样既能分散投资风险以提高出资者的积极性又符合权责相称原则。既然出资者只享受与其出资额相称的权利，自然也只应承担与其出资额相对应的责任。至于企业法人，除了能支配出资者让渡的法人财产，并不能支配出资者的其他财产，因而也只能承担有限责任。

### (六) 公司领导制度

为了落实投资者及企业法人各自的权利，也为了促成出资者、经营者及员工的稳定合作，必须科学地设立公司的治理结构，规定企业领导机构的组成以及决策、行政管理、监督等各项重要权力的分配，这就是公司领导制度的基本内容。一般来说，公司的组织结构由股东会、董事会、监事会、总经理、专门委员会、职能部门等构成。股东会是公司的最高权力机构，有权选择或罢免董事会和监事会成员，制定和修改公司章程，审议和批准公司的财务预决算、投资以及收益分配等重大事项。董事会是公司的经营决策机构，其职责是执行股东会的决议，决定公司的生产经营决策和任免公司总经理等，其成员由股东代表和其他方面的代表组成。董事长由董事会选举产生，一般为公司法定代表人。公司的总经理负责公司的日常经营管理活动，对公司的生产经营进行全面领导，依照公司章程和董事会的授权行使职权，对董事会负责。对总经理实行董事会聘任制，监事会是公司的监督机构，由股东和职工代表按一定比例组成，对股东大会负责。监事会依法、依照公司章程对董事会和经理行使职权大活动进行监督，防止滥用职权。监事会有权审核公司的财务状况，保障公司利益及公司业务活动的合法性。为了保证监督的独立性，监事不得兼任公司的经营管理职务。

我国《公司法》规定，股东会是企业的权力机构，决定董事和监事人选，并决定公司最重要的事项；董事会是经营决策机构，监事会是监督机构；经理由董事会任免，负责企业日常的经营管理；工会代表员工参与某些涉及员工切身利益的决策。公司领导制度为形成企业内部激励机制和约束机制奠定了法律基础，是现代企业制度正常运行的基本保证，因此，它是现代企业制度的核心内容之一。

### (七) 公司财会制度

企业的基本经济关系最根本的是利益分配关系。为了兼顾出资者、企业法人、员工、国家、债权人及其他民事主体的利益，特别是为了维护出资者的利益，必须从制度上保证企业分配的公平、合理甚至公开，以便进行监督，这样公司财务会计制度就构成公司制的重要内容。我国《公司法》对公司股票、债券的发行及转让，财务会计报告的内容、时间，经营收益的分配，公司合并或分立时财务处理，资本增减、企业解散及破产清算等，均作了具体规定，例如，税后利润的分配，首先要提取利润的10%列入公司法定公积金（公司法定公积金累计额已达公司注册资本50%以上的可不再提取），同时提取5%~10%列入公司法定公益金。公司法定公积金不足以弥补上一年度亏损的，在提取法定公积金及公益金之前先用当年利润弥补。公司从税后利润中提取法定公积金后，经股东会决议，可以提取任意公积金。所剩利润再按股权比例分配。公司公积金只能用于弥补公司亏损、扩大公司生产经营或转为公司资本。法定公益金用于公司职工的集体福利。

没有明确而严密的财务会计制度，企业的基本经济关系就无法理顺，就会挫伤某一方面利益主体的积极性而影响企业发展，还会使社会经济秩序趋于混乱，影响稳定。

### （八）劳动人事制度

劳动人事制度虽然不包含在公司制内容之列，但员工与企业关系无疑是企业的基本关系之一。企业要依靠广大员工才能办好，因而必须妥善处理企业与员工的关系。相对于计划经济体制下的劳动人事制度，市场型的劳动人事制度的基本特征是，企业从效率出发，劳动者从满足个人需求出发，在招聘就业问题上实行双向选择、平等协商、竞争结合、合同制约、动态使用，并按贡献分配。它比计划型的劳动人事制度形成的"三铁一大"（铁饭碗、铁交椅、铁工资、大锅饭）能更合理地处理企业与员工的关系，"三铁一大"造成的低效率主要损害投资者的利益，同时劳动者的择业自由权得不到保证，很难充分发挥其才干并获得相应的利益。因此，市场型劳动人事制度应当是现代企业制度的内容。

## 第五节　企业管理的基础工作

企业管理的基础工作是指为实现企业的经营目标和有效地执行各项管理职能提供资料依据、共同准则、基本手段和前提条件的工作。一般包括标准化工作、定额工作、计量工作、信息工作、企业规章制度工作、员工培训工作等。

企业管理的基础工作与研究开发管理、生产管理、销售管理、财务管理、人事管理及计划、组织、激励、协调、控制等各项职能管理相比，有以下四个特点。

第一，在工作程序上具有先行性。企业管理基础工作的大部分内容必须在其他管理进行前完成。例如，决策与计划必须信息先行；生产和销售必须先搞培训；控制行动之前必须先建立标准；等等。没有一定的基础工作，许多专业管理和职能管理就无法正常开展。

第二，在工作性质上更多地体现科学性。制定和贯彻标准、定额以及组织培训是区别于经验管理的重要方面；重视信息系统的作用体现了从客观实际出发决策和行动的科学态度；按制定的各种规范管理强调行动的统一，与经营管理中讲究艺术性形成相互补充的关系。

第三，在工作主体方面具有群众性。管理规范的贯彻、信息的收集和传递以及岗位培训与企业每个成员有关。

第四，在时间特性方面具有相对稳定性。管理规范一经制定，总要贯彻一段时期，信息系统建立起来以后也要保持相对稳定，岗位培训一般是定期进行的。

## 一、标准化工作

企业内标准大体上包括三类。

1. 技术标准。技术标准包括基础标准、产品标准、工艺方法标准、安全与环保标准等。基础标准是指名词术语、符号代号、精度与互换性、技术通则等,是对制定其他标准有普遍指导意义的标准;产品标准是对产品结构、规格、质量和检验方法所作的技术规定;工艺方法标准是对产品生产全过程各环节操作所作的技术规定,又称工艺规程,如原辅材料理化检验规程、工序检验规程、零部件标准等;安全与环保标准是为保障人身、设备等财产安全和保护环境所作的规定,如安全操作规程、车间卫生标准(指对照明、通风、噪声、尘毒浓度等方面的规定)、"三废"治理标准等。

2. 经济标准。经济标准是关于资源投入和价值产出的标准。资源投入包括人力、物力、财力占用和消耗的各种定额;价值产出包括劳动生产率、设备生产率、物资生产率、利润率、单价等标准。

3. 管理标准。管理标准是指上述标准以外而管理需要建立的标准,包括管理业务标准、管理工作标准、管理方法标准。管理业务标准主要指管理业务流程规定。管理工作标准是对管理业务的每一个环节应达到的量、质、时的规定,如对仓库管理员的物资保管工作做到材质清、规格清、数量清、库容整齐、摆放整齐、账卡表物四一致;物资发放做到发料准备早、缺件反映早、申请检验早,无派工单不发、物资未检验不发、型号规格不对号不发等。管理方法标准是对经常而普遍使用的管理方法所作的统一规定,如滚动计划法应用的规则、控制图应用的规则等。

## 二、定额工作

定额是指在一定的生产技术条件下,对人力、物力、财力等生产经营要素的消耗、占用和利用程度所应实现的数量界限。企业的定额种类很多,比如人员定额、劳动定额、设备定额、物资定额、资金定额、费用定额等。常见的有以下三类。

1. 人力资源方面的定额。人力资源方面的定额有定员和劳动定额。定员是对部门占用人力数量的规定;劳动定额是对某项任务消耗活劳动数量的规定,如加工某个零件限定的工时定额或单位劳动时间应完成的产量定额。

2. 物力资源方面的定额。物力资源方面的定额简称物资定额,是企业资源方面涉及土地、厂房、设备、工具、原辅材料、动力等物质的占用、消耗和利用指标。如农林牧渔企业的亩产定额;仓储业的单位面积年收入;工业企业的设备利用率、工具消耗定额、原辅材料消耗定额、动力消耗定额等。

3. 财力资源方面的定额。财力资源方面的定额主要是指资金占用和成本费用定额。资金占用主要表现为流动资金占用定额,包括储备资金定额、生产资金或在制品资金定额和产成品资金定额。成本费用定额包括工资总额、工厂成本定额、销售费用定额、行政管理费用定额等。

定额在企业管理中的应用很广泛,它是制定计划的依据,也是实施生产控制、库存控制、成本控制的手段,是开展经济核算、组织劳动竞赛、实行按劳分配的依据,因此,定额的制定一定要认真,并科学地确定其水平。

定额是一种限额,有的是规定数量上限,不许超过,如各种资源的占用和消耗,低于限额的行为得到鼓励;有的是规定数量下限,至少要达到这个水平,一般是各种资源的利用定额,如工时利用率、劳动定额、设备利用率等,高于限额的行为得到鼓励。

定额水平的确定,一是要先进合理;二是要公平。所谓先进合理,就是在正常工作条件下经过努力多数人(85%左右)能够达到、少数人可以接近这个水平,只有这样才能鼓励大家努力工作,使各项资源得到充分利用。定额水平过于宽松,人们轻易就可超过;定额水平过于严紧,人们可望而不可即,这两种情况都不利于调动人们的积极性。所谓公平,就是企业内同类定额如劳动定额、资金定额在不同部门、不同岗位之间宽严水平要接近,不能造成有的很容易实现,而有的尽了很大努力也很难实现,即所谓严重的"苦乐不均"。

为使定额水平先进合理和公平,应当采用科学方法制定定额,在有条件的情况下尽量采用技术测定法和统计分析法。由于企业生产技术和组织条件处于变动之中,因而定额必须定期审定修订,为保证定额得到顺利贯彻,定额的制定或修订都应吸收基层员工的代表参加。

## 三、计量工作

计量是用标准计量工具去测量各计量对象的过程。计量工作包括计量器具的管理、测试工作以及计量数据统计、分析和储存工作。

1. 计量器具的管理工作。对计量器具的管理要做到计量、检测、分析手段的齐全、标准和先进,要定期校测,以保证计量检测的真实性和准确性。同时,计量、检测、分析手段要适应技术进步和产品更新换代的要求,要加快更新计量检测设备和仪器。

2. 计量与测试工作。计量与测试工作应由专门人员进行,要坚持制度化和经常化。

3. 计量数据统计、分析和储存工作。计量数据是企业进行质量控制、成本核算的基础数据,要妥善保管,进行归类分析、整理和储存,以备今后鉴定、比较和使用。

## 四、信息工作

信息是现代企业生产经营的一个重要因素。信息可泛指具有新内容、新知识的消息。企业管理信息就是对企业管理有用的情报、指令、意见、消息和数据。信息工作是对企业内外部信息进行收集、加工、传递、储存活动的总称。

1. 信息的收集。主要是注意信息收集的内容和范围，明确信息收集的重点，合理地选择信息的来源，确定适当的信息收集方式，设计出适用的调查表格，同时注意所收集信息的真实性、时效性和价值大小等。

2. 信息的加工。信息的加工就是按照一定的程序、目的和方式对信息进行去伪存真、去粗取精的整理过程。企业信息加工的任务包括鉴别筛选、分类归纳、计算分析、汇总及信息形式转换等。

3. 信息的传递。信息的传递主要是指在一定条件下要求传递信息的量尽可能地多、尽可能地全面，传递的速度要尽可能地快，传递的质量要尽可能地好，传递的费用要尽可能地省。信息传输有两种方式：一种是信息源主动向用户传送信息；另一种是用户向信息源索要所需信息。前者一般用于定期的或紧急的信息，如定期的报表、刊物、紧急报告；后者一般用于不定期的、非紧急的信息，如查阅某人的档案、检索某一产品的市场行情等。常规的传递途径包括书面文件传送、会议、口头报告和会谈。现代化传输途径包括电子网络、无线通信等。

4. 信息的储存。由于企业管理信息大部分都需反复使用，有的还有长期保存价值，如企业的标准、定额、制度、科技文献、图纸等都需反复使用，企业重要的统计资料和事项记载等还有长期保存价值，因此，信息储存是企业管理信息系统中一个不可或缺的环节。

利用计算机建立企业管理信息系统，做好信息管理工作，是企业实现管理现代化的一个重要方面。企业要建立正规的信息库，包括图书资料库、文件档案库、数据库等，要配备相应的设备和人力，形成储存信息的物质基础；同时，应当建立一整套信息管理制度，确保信息及时集中，防止泄密和数据文件的丢失；另外，要搞好信息的编码分类、定位存放，采用现代化的信息管理方法与手段，便于用户检索。

信息的收集、加工、传送、储存和利用都要支付费用，因此，信息管理要贯彻经济实用原则，精心设计信息系统，避免人力、物力和财力的浪费，努力减轻决策者和操作者的"信息负担"。

## 五、规章制度工作

规章制度是一个组织指导其成员活动和处理相互关系的规则，通常以文字的形式作正规的表述和公布。

企业规章制度的内容具体如下。

1. 企业的基本制度。企业的基本制度是指规定企业的性质、处理企业内基本经济关系、规定企业全体成员行为准则、指导企业全局的规范性文件。如公司章程、企业领导制度、职工守则等。有的学者认为企业内部经济责任制也属于此列。

2. 企业的工作制度。企业的工作制度是指指导企业某项专业性活动的制度。企业的基本业务包括人、财、物、信息资源的筹集、研究开发、生产、销售、投资发展、行政管理,为保证每一项业务有条不紊而高效地进行,要制定一系列制度。如人力资源管理必须制定招聘录用制度、培训制度、劳动力调配制度、干部选拔任用制度、人事考核制度、工资制度、奖惩制度、退休制度、职工福利制度等。销售管理要制定合同管理制度、价格管理制度、售后服务制度、货款回收制度、广告宣传管理制度等。另外,各项基本业务之间的衔接也需要制度保证,如综合计划工作流程、调度工作制度、信息管理制度等。因此,这一类制度的内容最丰富,种类最多。

3. 企业的责任制度。企业的责任制度是指对部门及岗位任务、责任及权限的规定。部门责任制度如车间、科室、班组的责任制,它与专业管理制度是条条框框的关系,是将各项专业管理责任落实到各部门的制度。如车间责任制包括设备管理、安全、职工教育、经济核算及成本控制等责任内容;岗位责任制度包括总经理责任制、部门经理责任制、质量检验员责任制、操作工责任制等。岗位责任制又是落实专业管理与部门管理责任的保证。它通常包括基本职责、报告及协作关系、权限,有的还包括工作标准和考核办法。

规章制度建设是企业管理基础工作中的关键,它是建立企业正常秩序、协调各方面经济关系、保证人们按技术经济规律办事的基本手段,也是落实其他管理基础工作的保证,因此,应当由最高领导层亲自负责。

## 六、员工培训工作

员工培训是企业实施科学管理的基础和保证。缺乏必要的培训,员工就难以形成按管理规范工作的自觉性。管理规范是客观规律在管理工作中的反映,因而必须严格遵守。但只有当员工理解了这些规范,并使其成为自身意识的一部分时,才能形成执行规范的自觉行动,这时就要依靠培训。一般而言,员工培训的内容包括文化基础教育、业务知识教育、操作技能训练、职业道德教育、企业管理规范教育,它们形成相互衔接和支持的培训体系。

1. 文化基础教育。没有一定的文化基础,学习业务知识和操作技能等就有困难,因此,对那些文化基础较差的员工要组织他们进行文化补课。一般来说,熟练工人至少要达到初中文化水平,技术工人至少要达到高中文化水平,专业技术及管理人员至少要达到中专文化水平,高中层管理人员应有大专以上文化水平。文化基础教育一般委托学校进行。

2. 业务知识教育。员工完成工作任务,必须懂得有关专业的知识。例如,机械加工工人必须能看懂图纸,识别各种原料,了解其加工性能,会选择刀具和切削用量等,这都需要专门知识;销售人员必须能向顾客介绍产品,了解顾客心理和市场行情,能签销售合同等,这也需要知识;管理人员必须了解人的行为规律,懂得有关法律,知道计划、组织、控制的一般程序和方法,这更需要知识。

员工的业务知识，有的可以在就业前从正规的学校中学到，有的则需要由企业组织传授。例如，从工人中提拔基层管理人员，从专业技术人员中提拔经理，让技术人员去搞销售工作等，一般要由企业组织培训。

3. 操作技能训练。企业员工不论在哪个岗位都要完成一定的操作，如机械加工工人要会开机床、磨刀具，使用工、卡、量具和保养设备；会计会按不同科目记账，会使用算盘和电脑算账，会进行会计分析；管理人员善于找人谈话，能起草文件，会在复杂的情况下决策；如此等等。这些技能即便在学校中受过训练也难以适应实际工作的需要，因而在企业中要组织必要的培训。

4. 职业道德教育。为了做好工作，企业员工在办事处世方面必须遵循某些准则，职业道德教育就是办事处世准则的教育。如员工要恪尽职守、服从指挥、尊重他人、爱护企业资财、保守商业秘密等，这些是对所有员工提出的职业道德要求。还有一些准则是对某些岗位提出的，如管理人员要廉洁公正，要爱护员工；采购销售人员要对企业忠诚，不能收受个人回扣；审计监督人员要敢于坚持原则等。职业道德教育是岗位培训的重要内容，一般都由企业组织进行。

5. 企业管理规范教育。企业管理规范是企业管理依据的标准、定额和制度，虽然有强制执行的要求，但通过教育培训让员工了解其内容和意义，掌握贯彻的方法，就可以使贯彻管理规范更加顺利，甚至成为自觉行动，从而充分发挥管理规范的作用。

企业管理规范教育的内容很多，如关于劳动纪律的教育、关于安全操作规程的教育、关于执行ISO9000质量标准体系的培训、贯彻新的财务会计制度的培训等。有的可以结合业务知识教育进行，有的可以结合职业道德教育进行，也可以单独进行。

## 第六节 非营利组织概述

任何组织都需要有效的管理。与营利性组织一样，非营利组织当然也是重要的管理对象。尽管非营利组织与营利性组织在管理上有很多相同的地方，许多管理的技术和方法同时适用于两类组织，但是，主要运营目的的差别造成了非营利组织在管理上的一些特殊问题，需要对其作专门的研究。

### 一、非营利组织的分类

非营利组织的具体形式多种多样，各类组织的内外结构差异很大，运行过程也不尽相同，因此，管理的复杂性和难度更大。这也许是至今尚未形成统一的非营利组织管理理论的重要原因。为了能够从理论上对非营利组织的管理问题加以研究，有必要对具有多种表现形式的非营利组织进行分类。由于非营利组织的服务对象、存在的原因等与组织的管理特点密切相关，所以我们可以对非营利组织作如下分类。

1. 按照服务对象划分。非营利组织的服务对象要么是整个社会，要么是某一社会集团。从这个角度，我们可以将非营利组织分为社会性组织和集团性组织两类。

社会性组织如卫生事业、教育事业、科研机构、宗教团体、文化组织、慈善事业等社会服务组织；集团性组织如各种政治党派、基金会、工会、商会、学会、企业联合会等。

这一分类方法有利于从非营利组织与其服务对象的相互依存关系及其组织内部的管理特点、外部管理效应等方面对其进行研究。

2. 按照组织存在的原因划分。仔细考察我们身边的非营利组织不难看出，非营利组织的存在至少有以下四个方面的理由：（1）政府倡导的政治性团体，例如我国的"海峡两岸统一促进会"等。（2）政府扶持的民间公益性机构，例如医疗卫生、教育科研组织等。（3）维护特定集团利益的社团组织，例如国际上著名的"绿色和平组织"、我国的"消费者保护协会"等。（4）以宗教信仰或道德信念为动机的社会服务和慈善机构，例如教会、红十字会等。

这一分类方法对于我们深入研究非营利组织非价格收入的资金来源和获取方式、非营利组织间的生存竞争以及其得以存在和维持的原因都有着重要的意义。

3. 按照成员加入动机划分。除了上述两种分类方法之外，我们可以从非营利组织个体成员加入动机方面对其做出分类：（1）生存或就业的需要。加入此类组织的成员大多是为了满足经济收益方面的需要，即物质收益型组织。（2）自我实现的需要。加入此类组织的成员大多是为了满足精神及名誉方面的需要，即精神收益型组织。

搞清楚这一点很重要。非营利组织的运营目标与其成员希望从组织中获取的利益难免会发生冲突，这是非营利组织无法从管理控制上完全解决的一个重要问题。

## 二、非营利组织的表现形式及特征

尽管各个国家的社会制度有所不同，但是，非营利组织的具体表现形式则大同小异（见表3–1）。

表3–1　　　　　　　　　非营利组织的表现形式

| 分类 | 表现形式 |
| --- | --- |
| 事业单位 | 医疗卫生（福利医院、急救中心、防疫站、检疫站等） |
| | 教育（高等院校、中等职业技术学校、中小学校等） |
| | 科研（科研院所、勘探测绘等） |
| | 文化（新闻出版、艺术演出、文物考古等） |
| | 体育（运动场馆、球队、俱乐部等） |

续表

| 分类 | 表现形式 |
|---|---|
| 公共服务单位 | 公共交通（市内交通、长途运输等） |
| | 电力（生活用电供应等） |
| | 铁路（客运、货运等） |
| | 邮电（邮政、电信、数据通信等） |
| | 市政（道路、环卫、煤气、自来水等） |
| 社会团体 | 政治性团体（执政党、在野党等） |
| | 学术团体（学会、协会等） |
| | 联合会（妇联、学联、侨联等） |
| | 利益维护团体（工会、学生会、消费者协会、绿色和平组织等） |
| | 宗教、慈善组织（教会、红十字会等） |

非营利组织与营利性组织相比，具有以下一些特点。

1. 大多数非营利组织是社会服务性组织，一般不提供私人商品或服务，主要提供公共商品或服务；组织目标强调社会或集团效益，不以营利为目的，不追求利润最大化。在非营利组织中，公平和效率的矛盾显得更加突出。既要求组织的运行有效率，又要求公平地对待各个方面；既要注重团体和社会效益，又不能忽视经济效益。正是由于非营利组织的类型和运行目标的多样性，经营业务的广泛性，因此，在发展策略上有更多的约束，在管理上复杂性和难度更大。

2. 非营利组织资金的来源不同于营利性组织，成本与收入的相关性较弱，常常可获得减免税收并享受某些特殊政策优惠。非营利组织的资金虽然有一部分来自服务性收入，但是主要收入通常来自政府拨款、各种捐赠和资助等款项，因此，对客户的依赖性较小。在完成某一业务时，更重视任务完成情况，不太计较成本，使得产出价值同运营成本相分离，导致成本过高。然而，这种成本的增加不仅不会减少其收入，反而会增加其非价格来源的收入，比如通过增加预算要求政府拨款，这也影响了组织的运行效率。为了克服非营利组织普遍存在的低效率问题，各国普遍出现了民营化、企业化或企业化管理的趋势。

3. 各类非营利组织的组织结构差别较大，大部分专业性较强，运行过程千差万别。这就要求非营利组织中专业技术人员占主导地位，领导有一定的业务专长。各类非营利组织中个人业绩考核标准多样化，难以客观、准确、统一地度量。

### 三、非营利组织面临的主要问题

与营利性组织一样，非营利组织也存在着生存和发展问题，主要表现在以下四个方面。

1. 对环境的适应能力，比如满足法规、政府政策或特定利益集团旨意的能力。
2. 获取经济资助的能力，比如目标相同、业务范围相近的非营利组织为获取有限的财政、经济资助而展开竞争的能力。
3. 与营利性组织的竞争能力。营利性组织常常会涉足非营利组织的运营领域，与非营利组织展开竞争。公共服务机构的民营化倾向，突出地表现了营利性组织向传统的非营利行业（如城市交通、电信、邮电、体育和文化等）的渗透，使得原先的非营利行业逐步向营利化转变。
4. 满足组织员工利益的能力。如果一个非营利组织不能满足员工的物质和精神方面的利益，其长久的生存就会出现问题。因为，从严格意义上讲，真正无利的行业并不存在，只不过有利大利小之分。就非营利组织所涉足的大多数业务而言，基本上属于不盈利或微利业务。例如，从理论上讲，工会应该属于不盈利的组织，但是，如果没有工会或者现有的工会不能尽其职能而满足不了其成员的需要，则营利性组织便可能代表工会成员同资方谈判，并因此向成员收取相应的费用，从而进入工会的业务领域。各类协会、学术团体等也都存在类似的情况。

## 四、非营利组织的管理策略和技术

1. 寻租策略。在经济学中，寻租是组织为了获得政府特许而垄断性地使用某种市场紧缺物资，或者获得任何其他方面的政府庇护。寻租行为所追求的是改变政府现有的干预政策，以保证寻租者能按自己的意愿进行生产，或者防止他人对这类自利活动的侵犯。政府现有干预政策的改变通常可以给寻租者带来高于甚至远远高于改变之前所能得到的利润额。非营利组织所寻求的"租金"则是为了得到政府或特定利益集团的支持和获取组织赖以生存的财政资助。经济学中所讲的寻租者将大量资金和时间用于对政府工作人员的游说甚至贿赂上，并且要为政府的干预付出代价，所以寻租活动是对社会资源的极大浪费。而非营利组织由于其非营利性且所寻求的"租金"又有所不同，所以它的寻租行为一般不会给社会带来很大的危害。

2. 权威与"公共选择"策略。大部分非营利组织的生存与发展、员工受益的多少，都与组织中的权威对外活动的能力和影响力有关，如学术团体、协会、工会、宗教和慈善组织等。即使像卫生、教育等这类自身运作能力较强（指有能力通过进行类似商业性的经营获取生存资金）的非营利组织，也需要组织中的权威在社会上为组织争取更多的资金援助或发展机会，从而使组织中的成员增加收益。因此，权威在非营利组织中常起着举足轻重的作用。

非营利组织中权威的这一身份特点与公共选择理论中政府官员的身份特点类似。因此，我们将公共选择理论的一些观点应用于非营利组织的内部管理。与公共选择理论中所指出的一样：如果约束力量发挥正常，政府官员的行为就更可能体现民众的意志，并且他们对自身利益的追求也会尽可能服从国家的利益。假如这种约束力量遭到破坏，政府官员就有可能把自身利益置于国家利益之上，倾向于限制新闻媒介、不允许其他政治利益集团存在、把其他形式的约束力量作为自己的附庸。在非营利组织中，由于权威的独特作用以及组织内部又通常缺乏对权威的有效约束手段，所以权威对个人利益的极力追求难以得到有效的控制。

非营利组织一般成员在组织决策中的地位类似于公共选择理论中作为投票者的经济人。他们的选择目标有两个：一个是个体的目标，仍然追求自身利益的最大化；另一个是实现其所在组织的利益最大化。当这两个目标不一致时，组织成员会优先满足个人的利益。

非营利组织一般成员从组织中获取利益的大小有赖于权威的外部影响。但是，一般成员总是希望尽可能多地共享权威从外部获取的利益，而权威要尽可能多地占有自己从外部获取的利益，同时又不得不考虑到组织其他成员的获利水平和来自组织内部的约束，这就形成了一种矛盾。因此，在非营利组织内部的决策选择上，尽管集体选择理论中的一致同意和多数票制都可采用，但是，给权威加权的多数制似乎更容易被接受和采纳。

3. 管理职能的灵活应用。基于管理的共性，一般管理方法均可适用于非营利组织。而基于非营利组织的个性，人们又提出了一些与之相对应的独特的管理技术。比如，计划方面，由于非营利组织的计划通常涉及政策制定、社会目标的确定等决策活动，因此，计量经济模型、德尔菲法等经常得到比较广泛的应用；组织方面，由于非营利组织成员的专业技术水平高、自主性强，因此，扁平化、管理幅度大的组织结构比较有利于调动他们的工作积极性和提高服务质量；领导方面，由于非营利组织中专业人员处于主导地位，因此，它迫切需要一个正式的领导人，即需要一个有人格力量的、懂专业的人来进行管理，现代领导理论的研究表明，具有民主风格的Y理论和高人际关系的领导模式都是比较适合非营利组织的；激励方面，尽管非营利组织中的人员缺乏像奖金、股票选择权之类的激励手段，但是，双因素理论却告诉我们，对专业人员更重要的激励在于工作本身、责任承担、成长和专业成就等；控制方面，组织控制包括人、财、物、信息等诸多方面的控制，现有的一些控制技术方法（如质量控制）等普遍地适用于非营利组织，非营利组织最需要的是强化控制，它可以有效地改变当前非营利组织管理松散的局面。

4. 目标管理技术。目标管理就是根据组织的目的和任务的要求，明确划分每一个岗位和职责的目标以及评价目标实现效果的标准，从而激励全体员工积极参加工作目标的制定，并在工作中实行自我控制，以保证组织目标实现的过程。由于非营利组织管理不严、缺乏责任等问题，目标管理对于非营利组织具有更重要的意义。详见计划一章。

5. 项目计划预算系统。项目计划预算系统是20世纪50年代由美国著名的兰德公司首先提出的，60年代初引入美国国防部后开始流行。项目计划预算系统是一种运用成本概念评价实现同一目标的项目或活动的各个备选方案的有效方法。它的优点在于，将预算与部门的目标和责任联系起来，要求以成本指导管理决策，把成本和效益结合起来，是一种追求管理效率的方法。其程序如下：

(1) 列出并分析项目或活动的目标;(2) 分析基于目标的各个项目或活动的效果;(3) 估算项目或活动初始和未来的费用;(4) 分析项目或活动的各种备选方案;(5) 将前述分析结果综合进预算系统。

6. 零基预算。传统的预算方法一般是以上年度的预算作为基点,本年度的预算额只是在基点上根据活动的增减和通货膨胀率等有依据地增减一定的数额即可。这是一种不精确的、资金运用效率低的预算方法。为了改变其不足,零基预算的概念应运而生。零基预算要求每一个财政年度都要重新作一次严格的预算。首先,各个部门提出自己的项目或活动,并证明其合理性。其次,对各个项目或活动进行效益—成本分析,并据此排序。最后,在资金约束下安排高优先次序的项目或活动进入预算系统,放弃低优先次序的项目或活动。当然,零基预算也有不足,主要是过程费时费力。

## 五、政府管理

政府通常也被划归非营利组织一类。但是,一方面,由于政府及其各基层机构在管理上主要是以层级化的行政命令方式进行运作的,这与一般非营利组织的管理方式明显不同;另一方面,政府作为影响国民经济的"看得见的手",其目标、政策等无不与整个国家或社会的总体经济水平密切相关,即政府亦有其营利性的一面,而且,各个国家政府都掌握数量不同的国有资产。正是由于这些特点,人们一般都将政府作为一个独特的管理对象来进行研究。

1. 政府管理的作用与意义。政府和市场是配置资源的两种替代性制度安排。政府是一个集中决策、人为设计、分层管理的行政组织体系;而市场则是分散决策、自发形成、自由竞争的交换体系。这两者如何结合、政府如何在市场经济中促进经济社会的健康发展,一直是经济和管理领域研究的重大课题。

政府作为治理国家的公共机构,其管理和决策不仅影响着国家的经济体制特征和经济社会活动环境,而且在世界各国发展的激烈竞争中起着举足轻重的作用。在计划经济体制下,政府作为整个社会资源的配置者,其主导地位和作用是不言而喻的;但是,在市场经济体制下,政府到底应该在经济活动中扮演什么样的角色,却是人们一直争论和探讨的问题。

按照西方古典经济理论,政府存在的必要性主要在于市场失灵,即弥补市场的不完善、矫正市场失灵,用"看得见的手"协助"看不见的手"来对整个经济进行调控。然而,政府的调解也需要成本。只有政府干预的成本小于市场交易的成本,并且也小于干预所带来的社会经济收益时,政府的干预才是值得的,或者说是有效的。从这个意义上讲,政府干预并不是绝对有益,也不是绝对无益,需要针对具体情况做出具体分析。西方经济学家认为,政府在维护主权和领土完整、制定和实施法律、维护社会基本秩序、界定和保护产权、监督合同的执行、维护本国货币的价值等方面起着非常重要的作用。

而新古典经济学家认为,实现市场化,用市场交易替代政府交易,可以消除计划价格对市场均衡价格的背离，也就可以减少甚至消除生产者剩余和消费者剩余的损失，带来财富的增长。契约理论则认为，同意的一致性是评价效率的，因为从社会角度来看，有一方不同意的交易比双方都同意的交易所产生的总效用要低，而政府对资源的配置活动大多采取上级对下级的命令与执行方式，因而本身就损失了效率。因此，当政府过度运用自己的权力时，配置的交易从命令—服从方式转变为平等协商方式本身就带来了效率的提高、财富的增长。科斯指出，在交易费用为零的情况下，无论法律对产权的裁定（即政府对资源的配置）如何，平等的社会经济行为主体之间的自交易会纠正资源配置的错误，使之达到最优状态。由于市场交易费用低于政府交易费用，因此，市场化可以带来财富的增长。但是，由于现实经济社会活动的复杂性，市场往往会失灵。在市场失灵的领域，政府可以提供公共物品，实行宏观调控，保持社会分配的相对公平，弥补市场的不完全性和信息的不对称性，实施行业管制，保持经济稳定发展。同时，政府还可以推动市场体系的建立和完善，促进社会保障体系的形成，有效地管理国有资产，采取积极的措施治理自然环境和社会环境。

2. 政府管理的途径。政府在履行其管理职能时一般会利用以下途径。

（1）制定法规。为了维护国家的稳定和发展，保证政策得以顺利实行，各国政府都会通过立法程序制定各类法规。例如，为了决定国家的基本社会政治和经济制度而制定宪法；为了维护国家主权和领土完整而制定国防与其他军事法规；为了维持社会秩序而制定刑法、治安条例；为了维护企业权益和公平竞争而制定企业法、公司法、反不正当竞争法；为了维护消费者权益而制定广告法、消费者权益保护法；为了保护自然资源和生态环境而制定环境保护法、资源法；为了维持政府的运转、保证财政收入而制定税法等。当然，如何使法规制定得尽可能科学和完善而能够真正维护公共利益依然是一个难题。

（2）制定政策。除了法规之外，政府职能的另一重要实现工具就是制定相应的方针政策。政策的覆盖面十分宽广，包括经济政策（如产业政策、价格政策、金融政策、财政政策等）、科技教育政策、资源利用政策、文化发展政策等诸多方面。怎样使一项政策以及多项政策的有机结合能够反映公共利益，怎样正确预计政策实施中的问题和评价政策实施后的效果等，就成为需要政策分析来解决的难题。

（3）行政实施。有了法规和政策，如何保证其有效实施就成为政府需要解决的具体问题。对违法的制裁、对国家领土的保护、对政策实施效果的评价和调整等是政府重要的日常事务。这些事务性的工作是通过庞大的政府机构体系或是网络来分解和实行的。作为一种行政体系，政府机构中上下级之间具有相当严格的命令—服从关系。这种规范的行政命令系统在很大程度上保证了政策、法规的顺利执行。

（4）宣传教育和引导。法规和政策的制定与实施，常常具有强制性的特点。任何政府都希望得到公民的广泛支持，同时也希望公民具有政府所希望的价值观和行为偏好。尽管无法强迫每个人改变自己的想法，但是，每个国家都有自己的一套影响人们价值观和偏好的系统或做法。有的利用宗教、有的利用新闻媒体等进行宣传教育，其基本目的是，使公众的价值观和偏好与政府相接近，使社会稳定而易于控制。

（5）直接投资与市场操作。除了上述手段外，政府经常会通过投资、转移支付、政府购买等直接干预经济活动。这一切不仅可以满足公民对公共物品的需求，而且还能维护宏观经济的稳定程度和社会的繁荣进步。

要使政府这只"看得见的手"能够运行，就需消耗一定的社会经济资源。政府所获得的这些资源就是公共财政。衡量一个国家公共财政的规模主要是看政府开支占国内生产总值（GDP）的比重，政府开支所占的比重越大，表明更大部分的经济资源从民间转移到政府的口袋里，由"看得见的手"来支配。据世界银行统计，世界各国政府的开支占国内生产总值的比重在近几十年中都有增长的趋势。一般来讲，发达国家公共开支的规模无论绝对数还是相对数都比发展中国家高。

3. 政府管理的手段。政府获取公共财政的手段主要有四个。

（1）征税。政府税收的最大特点是其强制性。征税实际上是一种财富的二次分配，对经济有着重要的调节作用。随着税收政策的倾向性不同，社会财富的分配方案就会不一样，既可以达到"劫富济贫"的效果，也能够实现"劫贫济富"的目的。

（2）国有资产的经营收益。各国政府都控制着数量不等的国有资产，拥有其经营和收益权。因此，政府从这些国有资产的经营活动中也可以得到相当的收益。但是，如何使国有资产在经营运作过程中不断保值增值，却是摆在许多国家政府面前的一大难题。

（3）举债。当税收不足以应付政府的财政支出时，政府可以向国内公众乃至国外借债（如发行国债、取得贷款等）。一个国家的政府只可能更迭但不会没有，所以具有特殊的信誉和能力，能够采取多种办法举债获得所需的资金。

（4）通货膨胀。除了上述手段之外，政府还有一种任何个人、私营机构所无法采用的筹资渠道，即创造货币。当其他社会经济条件不变时，大量创造货币将导致通货膨胀。通货膨胀最直接的后果实际上是财富的转移，如债权人的财富向债务人转移、居民的财富向政府转移。

现代货币基本上都是法定货币，由政府负责印制、发行。政府可以直接开动印钞机，通过发行钞票来弥补财政赤字。当市场上的货币供应过量时，就会产生货币贬值，即通货膨胀。于是，老百姓手中的钱间接地流到了政府的手中。当然，政府也可以通过控制银行扩大信贷间接地造成通货膨胀。

## 复习思考题

1. 什么是企业？企业有哪些特征？企业组织的产生和发展经历了哪几个阶段？每一个阶段有什么特点？

2. 企业是如何分类的？不同的分类有什么意义？

3. 什么是现代企业制度？现代企业制度有哪些特征？每一种特征有什么含义？现代企业制度有哪些内容？

4. 什么是企业管理的基础工作？企业管理的基础工作包括哪些内容？

5. 什么是非营利组织？非营利组织有哪些特征？非营利组织如何分类？非营利组织面临着哪些问题？如何解决这些问题？

6. 政府管理有哪些作用与意义？政府管理有哪些途径和手段？

## 案例分析

### 联想公司的发展与沿革

联想控股有限公司（Legend Holdings Ltd.，简称联想控股）的前身是成立于1984年的中国科学院计算所新技术发展公司，由中科院计算所11名科研人员凭借20万元资金创立。2008年，联想控股综合营业额1 152亿元，总资产644亿元，历年累计上缴国家各种税收126亿元，公司员工总数近3万人。该企业在中国企业联合会、中国企业家协会联合发布的2006年度中国企业500强排名中名列第24位，2007年度中国企业500强排名中名列第22位。2010年，联想控股综合营业额1 466亿元，总资产1 121亿元，员工总数近4万人，全国民企500强排名第3位。

经过二十年的努力，联想控股走出了一条有中国特色的高科技产业化道路；成功实施了国有股份制改造，建立起现代企业制度；立足中国本土市场，在与国外企业竞争中初战告捷，促进了民族IT产业的发展；学习西方成功企业的管理经验，结合中国实际，提炼出具有联想特色的企业管理理念，并成为核心竞争力。

#### 一、变革之路

联想之所以获得这么大的成功，除了赶上快速发展的电子市场，更离不开自身的努力，尤其是作为科技公司，联想一直进行着各方面的变革，以便顺应潮流，在日益激烈的市场竞争中保持强劲的竞争力。

综观联想走过的历程，结合相关资料，下面从组织结构、市场战略、品牌管理等方面对联想2004年至今这段时间发生的改革与变化进行分析。

（一）战略变革

1. 微利起家，技术取胜。20世纪80年代，IT行业迅猛发展，国内也涌现出大量的计算机代理商，以柳传志领头的中科院计算所新技术发展公司（联想前身）在此时成立，如何能在众多的电子公司中抢占到市场份额是联想最大的战略思考问题，联想赚到的第一桶金便是凭借着微利争取到一笔500台PC机的订单，并以此逐渐积累了资本。

但使联想真正跻身国内电子公司老大的依然是其在技术层次的天然优势，联想是依附于中科院计算所成立的公司，其雄厚的技术实力是其他公司所不可比拟的，联想意识到仅仅凭着分销拿订单的方式无法真正地生存下去，只有开发、研制、销售自己的产品才能有好的发展前景，而显然在20世纪80年代正是计算机行业蓬勃发展的黄金时代，如微软也是在这一段时间崛起的。80年代，计算机大量进入中国，但中国的用户却面临一个难题：当时的运行系统全部是英文界面，而显然那时中国普遍的英文水准不高，这给计算机的发展带来了很大的障碍，而联想则紧紧抓住了这一市场，放弃了很多的经营项目，集中到联想汉卡的研制，这为联想带了巨大的成功，公司名也正式更改为联想。80年代末，联想资产已达到了千万元级别。

2. 优势互补，进驻海外。1988年，香港联想电脑有限公司成立，这是一家由中国（香港）技术转让公司、香港导远公司、联想集团三家持股的公司。其中，中国（香港）技术转让公司拥有雄厚的资本来源，导远公司在欧美地区已经有了多年的投资经验，而联想则拥有雄厚的技术人才实力，并在国内有着广大的用户基础，三家公司优势明显，相互合作，很快开始登上世界计算机市场的舞台。

20世纪90年代，欧美广泛使用的依然是286式微机，中国台湾和韩国则占据着大量的市场，联想向海外扩张之时已经显示出其雄厚的技术实力，拿出充裕的资金，研究出世界一流的电子器件，保证了产品的质量，从细微器件入手，与中国台湾地区和韩国争夺市场，很快占据了优势，从此，欧美有了中国品牌的产品。

在国外市场打开缺口之后，联想依然沿用了成立之时的微利战略，在保证产品的质量技术领先的情况下，联想不断压低价格，依靠着自身贸易量的庞大，在价格战中占据了主导地位，而相对好的性价比已经为联想创造了良好的声誉，市场份额越来越大，集团的销售收入已经有近1/2是来自海外市场。

3. 抢占家用PC电脑市场。随着计算机行业的发展，普通人对于电脑的需求也开始愈发明显，敏锐的市场嗅觉促使联想推出自主品牌的商用电脑，相继推出家庭电脑及相关外设，这为以后PC市场的竞争掌握了先机，良好的信誉、质量及售后服务使得联想主导国内的PC市场至今，尤其在2005年完成对IBM全球PC事务部的并购，使得联想一跃成为世界第三大PC生产商，真正成为世界级的集团公司。

4. 困境中的战略变革。2004年是联想集团最困难的一年，上一个三年计划的失败，公司销售的停滞不前，传统业务停滞不前，新的业务拓展不开，PC行业的激烈竞争，外界投资者的质疑声，联想急需对其战略进行调整。

调整之一：专注"第一类业务"

联想重新确立了自己的"第一类业务"即核心业务——PC（个人电脑）以及相关产品，其中包括笔记本电脑、服务器、外部设备等这些业务。同时，以手机为代表的移动通信设备则为二类业务。首先将更关注于核心业务和重点发展业务，保证资源投入与业务重点能够相匹配。而前两年所提出的包括"IT服务"、"互联网产品"之类的新战略已经暂时性地退却到了"第三类业务"中。

调整之二：引入直销，渐进式变革

联想决定不再固守分销模式，引入直销与戴尔抗衡。联想集团新的营销模式采取渐进式变革调整为"直销+分销"的复合营销模式：对大客户拓展实行电话营销和客户营销（直销）模式，对于零售客户和中小企业客户则加强渠道营销模式（分销）。对于多年合作的分销商们，一再强调，"未来我们的渠道分销模式依然将是我们IT产品销售的主力军，甚至可以说是80%以上的销售都依然会依赖于我们的渠道分销模式。"

除了渠道方面的调整和创新，联想此次调整还将使公司组织管理架构向市场与销售倾斜，使销售战线向纵深拓展。毕竟PC业务是联想的根基和到目前为止现金流的主要提供者，随着行业进入门槛不断降低，在PC市场内有方正、TCL紧随其后，外有Dell、IBM虎视眈眈的情况下，联想也认识到在这一主业上从组织架构到营销模式都不能再以不变应万变了。

（二）组织变革

联想集团各时期组织结构变革如下。

1. 计算所时代（1984~1988年）。1984年由中科院计算所11名科研人员凭借20万资金创立。1986年倪光南带着"联想汉卡"加盟，成为当时联想第一个自主开发产品。

2. Legend时代（1988~1994年）。香港联想开业，"Legend"品牌开始诞生，PC成为主打产品销售方式：以直销为主，销售部门分为一部、二部、三部、四部。大区：华东、中南、北方、西南、西北。批发代理部从事部分分销业务。

3. 1994~2001年。成立了专门负责PC的联想大微机事业部，由29岁的杨元庆主掌。销售体系是完全代理制。成立了诸如PMC（物流控制）、产品部等支持部门。2000年以后，联想开始分拆，神州数码和联想集团两个分支浮出水面。

4. 2001~2004年。2001年4月，杨元庆宣布了联想新世纪第一个三年规划，以互联网为核心，以全面客户导向为原则，以满足消费类和商用类客户的需求为目标。六大业务平台包括消费IT、手持设备、信息服务、企业IT、IT服务、部件合同制造。

二、Lenovo时代

2004年2月28日，杨元庆宣布对联想集团进行重组。（1）对大客户选择的是电话营销（直销）模式；对零售客户和中小企业客户选择的是渠道营销模式。（2）并购IBM的PC业务。联想原有业务和并购IBM个人电脑业务将在全球范围内整合在一起，形成统一的组织架构。

（高级副总裁兼首席运营官）弗兰·奥沙立文称，全球的产品和产品营销业务整合为一个新的全球产品集团。（高级副总裁兼首席运营官）刘军将供应链的各环节合并成一个新的全球供应链系统，包括采购、物流、销售支持、供应链战略规划及生产制造等。2009年3月，联想宣布了新的组织架构，以市场成熟度代替地域来划分，成立两个新的业务集团。一个是成熟市场客户，即加拿大、以色列、日本、美国、西欧等地以及全球大客户。另一个是新兴市场客户，即中国内地、中国香港、中国澳门、中国台湾、韩国、东盟、印度、非洲、俄罗斯及中亚等国家和地区。联想对产品组织进行调整，将 Think 产品集团主要专注于关系型业务以及高端的交易型中小企业市场；而使 Idea 产品集团专注于新兴市场和成熟市场的主流消费者，以及交易型中小企业商用客户。

（一）联想发展的五个阶段

一个组织的成长大致可以分为创业、聚合、规范化、成熟、再发展或衰退五个阶段。

1. 创业阶段。这是组织的幼年期，规模小，人心齐，关系简单，一切由创业者决策指挥，组织的生存与成长完全取决于创业者的素质与创造力。联想初期创造了市场，掌握整个组织的活动与发展，属于技术业务型，不太重视管理。随着发展，管理问题日趋复杂，组织内部管理问题层出不穷，从而产生"领导危机"。

2. 聚合阶段。这是组织的青年时期。企业在市场上取得成功，人员迅速增多，组织不断扩大，职工情绪饱满，对组织有较强的归属感。创业者经过锤炼，自己成为管理者。这时，联想的杨元庆掌管了大事业部，重新确立发展目标，以铁腕作风与集权的管理方式来指挥各级管理者，这就是"靠命令而成长"。在这种管理方式下，中下层管理者由于事事都必须请示、听命于上级而逐渐感到不满，要求获得较大的自主决定权。但是，高层主管已经习惯于集权管理，一时难以改变，从而产生"自主性危机"。

3. 规范化阶段。这是组织的中年时期。这时企业已有相当规模，增加了许多生产经营单位，甚至形成了跨地区经营和多元化发展。如果组织要继续成长，就要采取授权的管理方式，采用分权式组织结构，容许各级管理者有较大的决策权力，即"靠授权而成长"。这个阶段，联想通过一些如"三年规划"之类的计划和业务调整，平分了六大业务平台，开始了分权成长。但是，日久又使高层主管感到，由于采取过分分权与自由管理，企业业务发展分散，各阶层、各部门各自为政，本位主义盛行，使整个组织产生了"控制性危机"。

4. 成熟阶段。为了防止"控制性危机"，组织又有采取集权管理的必要，将许多原来属于中、基层管理的决策权重新收归总公司或高层管理者。这就必须在加强高层主管监督的同时，加强各部门之间的协调、配合，加强整体规划，建立管理信息系统，成立委员会组织。一方面使各部门有所作为；另一方面使高层主管能够掌握、控制整个公司的活动与发展。此时的联想收购了 IBM，需要融合两者的组织结构特性，于是便从企业高层开始通过集中分权、重新设定销售目标等来稳定企业的发展。

5. 成熟后阶段。此阶段组织的发展前景，既可以通过组织变革与创新重新获得再发展，也可以更趋向于成熟、稳定，也可能由于不适应环境的变化而走向衰退。此时必须培养管理者和各部门之间的合作精神，通过团队合作与自我控制以达到协调配合的目的。另外，要逐步增加组织的弹性，采取新的变革措施，如精简机构、开拓新的经营项目、更换高级管理人员等。联想现如今就把目标放在了新的经营项目——乐 Phone。所以现在的联想应该处在这个阶段上。成败在此一举,再上一个巅峰还是衰落,就看这个新项目的研发与销售状况了。

(二)品牌转变

联想公司从中科院经手创办起家,一直走在中国计算机生产创新的前沿,其公司后来由柳传志接手,从国有企业转为民营企业,一直很重视其联想品牌价值的开发与管理。联想品牌在这些年里也经历了一些变革,开始的英文名为"Legend",后来改为"Lenovo",其中"Le"保留,"novo"意为"新的",体现了其创新为第一生产力的理念。

而对于其产品,联想从开始的单一品牌,到 2005 年收购 IBM 的全球 PC 业务之后,坚持以稳固 IBM 原有业务为主线在全球市场谨慎布局,而 Idea 品牌推出后,联想的全系列 PC 产品全部进军境外市场,开始与戴尔、惠普以及宏碁等进行全面竞争。而 2008 年开始,联想发生了品牌的转变,商用产品使用 Think,消费产品使用 Idea,完成了单一品牌向双品牌转换的工作。Lenovo 从此仅作为公司母品牌,而产品品牌只保留面向行业、大企业客户、中小企业等商用市场的 Think 系列及面向消费用户市场的 Idea 系列。有一个对比,就是海尔公司的品牌战略,是典型的国内发展转向国外建立品牌的战略,而联想公司则是采取了并购海外知名品牌的战略,也是回应了当时人们的质疑,即与其他品牌电脑商如戴尔、惠普、宏碁等对比时,联想面临着"产品定位混乱不明确"的问题。

而并购之后的几年,其实联想开始发展得并不好,也是面临着各方面新的挑战,也在金融危机的时候一度达到了历史的季度最大亏损额,而联想总裁柳传志认为这些亏损是因为内部的结构问题所致,表明联想以后会坚持既定的品牌战略:一是继续面向发达国家的大企业客户,主打以 ThinkPad 为主要产品的高端品牌路线;二是着眼消费市场,推出面向新兴市场的低端产品的品牌策略。总结来说,一方面,联想还是要保持高端市场的开发稳定,虽然受到金融危机的影响,但是高端市场的需求还在,联想要保持其一贯的品位以及技术创新性,以应对金融危机之后的高端市场需求;另一方面,则是要对消费类市场的低档产品要加强,扩大国外的新兴市场以及国内市场,以获得更大的盈利。

任何公司能获得像联想如此之大的成功都是不容易的,而成功之后如何在新的发展历程中一直保持竞争力,则是所有公司都要学习和注意的。联想就没有一成不变,而是选择了不断创新,对自身的组织、战略以及品牌进行改革,完善体制,因此,才一直屹立不倒。

问题:联想公司的发展给我们的启示是什么?

# 第四章 管理与环境

【学习要求】

通过本章学习,掌握管理环境的含义及其分类;能区分某一因素是否是环境因素、是何种环境因素;能对某一特定组织的任务环境进行分析;明确组织文化的重要性;掌握组织文化的含义、特征、功能和内容;熟悉组织文化的结构和类型;掌握组织文化的形成机理;熟悉组织文化建设的途径;了解组织文化建设的原则;了解和谐的组织文化对企业发展的重要性;了解管理者管理环境的基本方法;了解企业社会责任的含义;掌握企业社会责任的具体体现。

任何管理活动都离不开组织,而组织都是在一定环境中从事活动。任何组织都不能独立存在,它们与环境相互发生作用,并受环境的影响。环境是组织生存发展的土壤,它既为组织活动提供必要的条件,同时也对组织活动起着制约作用。环境的特点及其变化必然会影响组织活动的方向、内容和方式的选择。管理人员应充分了解组织的环境对组织的决策和运作的影响,这样才能掌握机会、计划将来,以期达到组织的目标。

## 第一节 管理与环境的关系

组织环境,是指存在于一个组织内部和外部的所有能够直接或间接对组织的存在与发展产生影响的因素的总和。组织只有不断地与环境进行能量和信息交换,把投入转变为产出,才能生存发展,从而实现组织的目标。组织是一个开放的系统,是范围更广的环境的分系统,环境的特点及其变化必然制约组织活动的方向和内容的选择。环境研究就是通过分析影响组织活动的内外因素为组织活动的方向和内容的选择与调整提供依据。

### 一、环境的分类与特点

(一)环境的分类

组织所面对的环境是由纷繁复杂的因素交织而成的,而且难以理解和预测。

因此,如果把环境区分成不同的部分,将十分有利于组织识别和环境预测。管理学界有许多环境的分类,常见的分类方法是把环境分成三大类:一般或宏观环境;微观或具体环境;组织内部环境。

1. 外部环境。外部环境是指存在于组织周边、影响组织经营行动及其发展的各种客观因素与力量的组合。组织的外部环境错综复杂、变幻莫测,外部环境分析就是通过收集和处理这些相关信息,分析组织面临的机遇和挑战。外部环境分析通常从一般环境分析、具体环境分析等方面入手。

(1) 一般环境(general environment),也称宏观环境,指影响组织的一切的社会各种外部因素。具体包括政治环境、社会文化环境、经济环境、技术环境和自然环境。

(2) 具体环境,也称特殊环境,是与实现组织目标直接相关的那部分环境,它具体地与某一组织发生作用,直接而迅速地影响着组织的活动方式等。不同组织的具体环境各不相同。对企业来说,主要包括供应商、顾客、竞争者(现实的竞争者、潜在竞争者、替代品制造商)、政府机构及社会组织。

2. 内部环境。内部环境是指组织内部的各种影响因素的总和,包括组织资源、组织文化等因素,是组织内部的一种共享价值体系。内部环境是组织内部与战略有重要关联的因素,是制定战略的出发点、依据和条件,是竞争取胜的根本。它是随组织产生而产生的,在一定条件下内部环境是可以控制和调节的。

(二) 环境的特点

管理环境是由纷繁复杂的因素交织而成的,许多情况下,这些环境因素动态多变且相互影响、难以预测,为此,管理环境就具有了以下特点。

1. 客观性。管理环境是一种客观存在,有着自己的运行规律和发展趋势。对管理环境变化的主观臆断必然会导致管理决策的盲目与失误。组织管理者的任务就是密切关注环境的变化,使组织活动与客观存在的环境相适应。

2. 复杂性。管理环境的复杂性不仅表现在环境因素的数量上,而且还表现在环境因素的多样化方面,即影响组织的环境因素不是同属于某一类或几类,而是多种多样、千差万别。既包括人的因素,也包括物的因素;既有竞争对手和供应商等微观层面的因素,也有政治、经济、技术、文化和自然条件等宏观方面的因素。这些因素以不同的方式综合地影响着管理工作,影响或制约着组织行为。

3. 关联性。构成管理环境的各种因素和力量是相互联系、相互依赖的。如经济因素不能脱离政治因素而单独存在;同样,政治因素也要通过经济因素来体现。因此,管理者必须把所有环境因素作为一个整体来考虑其综合影响力。

4. 不确定性。这主要指外部环境的变化引起的外部环境不确定性和不可预测性,表现为:第一,管理环境变化速度的不确定性。社会的发展使各种环境因素总是处于不断发展变化之中,变化成为不变的真理。第二,管理环境的信息和情报的不确定性。信息情报本身不准确或信息传递中的失真,都会使信息接收者无法准确了解外部环境的变化。

5. 层次性。即从空间上看，管理环境因素是个多层次的集合。第一层次是组织内部各种要素的影响；第二层次是组织所在的地区环境，例如当地的市场条件和地理位置。第三层次是整个国家的政策法规、社会经济因素，包括国情特点、社会政治经济状况等。这几个层次的环境因素与组织发生联系的紧密程度是不相同的。

著名组织理论学家汤姆森（J. D. Thompson）提出用环境的变化程度和复杂程度来衡量组织环境的不同。根据环境的变化程度，可将组织环境分为动态环境和稳定环境两类。形成环境的各种因素变化大，为动态环境；变化小则为稳定环境。根据环境的复杂程度，组织环境可分为复杂环境和简单环境。一个组织需要接触的顾客、供应商、竞争对手、政府机构越少，其环境越简单。

由环境的变化程度和复杂程度可形成四种典型的组织环境（如图4-1所示）。

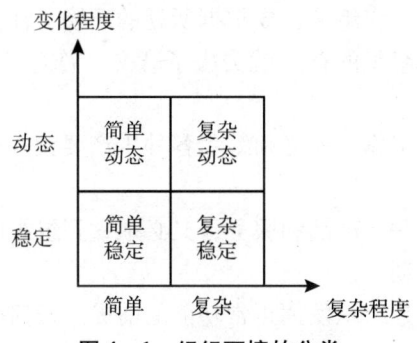

图4-1 组织环境的分类

（1）简单稳定环境。这种环境中的组织处于相对稳定的状态。在这种环境中，管理者可以采用强有力的组织结构形式，通过计划、纪律、规章制度、标准化等来管理。例如，日用品企业大多处于这种环境。

（2）复杂稳定环境。这种环境的不确定性程度随着组织所面临环境复杂程度的增加而升高，处于这种环境中的组织为了适应复杂的环境都采用分权的形式，强调根据不同的资源条件来组织各自的活动。它们都必须面对众多的竞争对手、资源供应者、政府部门、特殊利益代表组织，并做出管理上的相应改变。例如，汽车制造企业基本处于这种环境中。

（3）简单动态环境。这种环境中的组织一般处于相对缓和的不稳定状态之中，组织一般采用调整内部管理的方式来适应变化中的环境。纪律和规章制度仍然占据主要地位，为了应对动荡的市场，需要企业采取相应的措施。例如，音像制品公司、服装加工企业基本处于这种环境中。

（4）复杂动态环境。这种环境不确定性最高，对组织管理者的挑战最大。面对这样的环境，管理者就必须更强调组织内部各方面及时有效地相互联络，并采取权力分散下放、保持相对独立决策的经营方式。例如，家电企业、高新技术企业基本都处于这种环境中。

## 二、组织、管理活动与环境的互动关系

### (一) 环境对组织和管理活动的影响

在处理组织和环境的互动关系上,组织首先要主动了解、认识环境并在此基础上主动适应环境的变化,寻求、把握组织生存和发展的机会。概括起来,环境因素对任何组织和管理都存在以下三方面的影响。

1. 环境是组织赖以生存和发展的基础。任何一个组织都是在一定的环境中存在的,企业、机关、医院等都是如此。它们要面对政府、社会,要在一定的自然环境中生存,要与周围的机构和人打交道,依赖自身条件开展各项活动。没有这样的外部环境和内部条件,那么这个组织也就无法存在和发展。

首先,一个组织是否应组建,要根据所处的环境、社会需要和可能的条件来决定。离开社会需要,组织的存在就失去了意义;符合社会需要而条件不具备,组织便无法组建。

其次,组织要开展工作,就必须筹集各种生产要素——人、财、物,但这需要从外部环境中获得。

最后,组织的产出——产品和服务,又必须拿到组织的外部去进行交换,维持和扩大其生产经营活动。

可见,稳定的环境是组织发挥正常功能的前提。任何一个组织的存在和发展都需要有一个稳定的外部环境。没有稳定的环境,组织就无法正常发挥自己的功能。在混乱的环境中,组织机构被破坏,管理的等级链被打破,组织系统也就无法正常运行。

2. 环境影响到组织内部的各种管理工作。人们的一切管理活动都是在一定的环境中进行的。从宏观来看,人们对环境只能够服从或加以改造,不能超越现实而独立存在。从微观条件来看,环境对人们能做什么、做到什么程度也会起一定的影响作用。正是因为环境对组织中的各种管理活动都会产生不同程度的影响,管理者必须适时因地制宜地开展管理活动,并根据环境决定管理活动的内容和方向。例如,《企业法》的颁布,要求企业采取新的领导体制和领导方法;外部市场竞争的加剧,要求企业重新调整内部各部门的分工协作关系以提高竞争能力;文化教育的普及和劳动力素质的提高,要求企业领导者采取新的激励制度和措施,以满足员工的高层次的需求。因此,管理者必须了解可能影响企业管理工作的各种因素,并对其加以评价、做出反应。

3. 管理环境制约组织的管理过程和管理效率。对于一个组织来说,其管理工作质量的好坏和效益的大小,首先取决于良好的外部环境。如果国家政策稳定、总体教育水平高、市场发育健全、法律政策齐备,则会提高组织管理工作的质量和效益;否则,会给管理工作造成困难甚至混乱。比如环境中的资源要素,资源丰富、品质优良,花费相同的劳动就能取得较好的经济效果;资源贫瘠、品

质低下，花费相同的劳动获得的经济效果会相去甚远。其次取决于管理者是否重视环境、适应环境，是否能根据环境变化做出正确的决策。作为管理者，要分析并把握外部环境变化的规律，认清外部环境中的机会和挑战，及时调整自己的管理活动，促进管理工作质量的改善和效益的提高。

（二）组织和管理活动会影响、改变环境

不论从理论还是从实践方面，组织都不是单纯被动地适应环境，而是积极主动地适应环境，甚至影响和改变环境，使之朝着有利于自己的方向发展。从环境发生变化到组织识别出这种变化并采取相应的措施，存在着时间差，即组织采取的措施往往滞后于环境变化。例如，很多企业发现市场上某种商品畅销，便立即组织力量生产，产品生产出来之后却发现市场已趋于饱和，结果造成产能过剩。

组织可以反作用于环境，这并非单纯理论上的推导，现实中许多企业正是这样做的。为提高产品质量，企业不是坐等或毫不挑剔地接受供应商提供的原材料和零部件，而是主动到众多的供应商中去挑选，甚至主动向供应厂家提供技术管理人才，提供资金援助，进而获得高质量的原材料及零部件。目前，许多企业不惜耗费巨资做广告，目的是激起消费者对本企业产品的需求，从而改变市场环境。

## 第二节 组织的一般环境

任何组织都是整个社会大系统中的一个子系统，它不可能脱离整个社会而独立存在，总是与社会方方面面有着千丝万缕的联系。组织的一般环境是组织的大环境，是指可能对所有组织的活动产生影响但其影响的相关性却不清楚的各种因素，而这些因素一般又不是只涉及某一个具体的组织。就不同组织而言，环境中对其直接产生重要影响的因素是不同的，但一般来说，大致可归纳为政治、经济、社会、技术、自然等五个方面。

### 一、政治环境

政治环境包括国家社会制度、政治形势、国际关系、执政党的性质以及政府的方针政策、国家法律和法令等。不同的国家有着不同的社会制度，不同的社会制度对企业活动有着不同的限制和要求。同一个国家在不同时期由于执政党的不同，其政府的政策倾向也是不断变化的。政治环境因素对组织来说一般是不可控的，同时，它对组织的影响又往往是根本性的。组织必须对政治环境的变化给予充分的关注，要及时了解国家鼓励组织做什么、允许组织做什么、禁止组织做什么，只有这样，才能使组织的管理活动符合国家和社会的利益，把握有利的时机，赢得政府的支持和保护。

与政治环境紧密相关的还有法律环境,因为政治环境中的许多因素都是以法律形式出现的。法律环境是指与组织相关的社会法制系统及其运行状态,包括国家法律规范、国家司法执法机关等要素。法律环境对组织的影响方式是由法的强制性决定的,它对组织的影响具有刚性约束的特征。随着我国社会主义法律体系的日臻完善,与组织有关的法律会越来越多,组织要加强法制观念,及时了解、熟悉有关法律,保证在法律范围内以法律许可的方式从事管理活动。管理者必须全面了解与本企业生产经营活动有关的各种法律政策,依法管理企业,并运用法律保护企业的合法利益,减少不必要的损失。另外,优秀的管理者不仅要对法律变化迅速做出反应,而且要有一定的预见力,能够预见到可能获得通过的法律,从而及时调整自身的管理政策和管理方法。

## 二、经济环境

经济环境主要包括宏观和微观两个方面。宏观经济环境主要指一个国家的社会经济结构、经济发展水平、经济体制、宏观经济政策(政府财政和税收政策、银行利率、物价波动、通货膨胀、市场状况等)和经济形势等。经济的繁荣显然能为企业的发展提供机会,而宏观经济的衰退则可能给所有企业带来生存的困难。微观经济环境主要指企业所在地区或所需服务地区消费者的收入水平、消费偏好、储蓄情况、就业程度等因素。这些因素直接决定着企业目前及未来的市场规模与结构。

现代经济环境正在发生着巨大的变化,每一个企业都应充分地掌握这一变化。例如,在物价上涨时,企业必须为原材料支付更高的价格,同时也可能要适当提高产品价格以弥补成本的上涨。经济环境因素对于非营利性组织来说也是至关重要的。例如,国家经济情况的好坏直接影响政府的购买力和政府对许多非营利性组织的财政支持。所以,管理者必须时刻关注各种经济指标的变动,及时捕捉经济信息和政策,根据经济环境的变化适时地调整自己的战略。

当今组织活动的全球化趋势使得经济环境异常复杂,增加了组织活动的不确定性,管理者的工作不仅难度加大,而且要求更高。成功的管理者必须密切关注经济环境变化,以便未雨绸缪,及时做出反应。

## 三、社会环境

社会环境包括一个国家或地区的人口数、人口密度、人口年龄、地理分布及其增长趋势以及居民的教育程度、文化传统与水平、宗教信仰、风俗习惯、道德伦理、审美观念、价值观念与取向等。比如,文化水平会影响居民的需求层次;宗教信仰和风俗习惯会禁止或抵制某些活动的进行;价值取向会影响居民对企业目标、企业活动的态度;审美观念则会影响人们对企业活动内容、活动方式以及活动成果的态度。社会环境中最为重要的是文化传统和居民的受教育程度。通常不同的国家（或地区）和民族，其社会文化传统和教育水平也不同，这会影响甚至改变人们的生活习惯和价值观念，而且会对企业的产品和服务提出不同的要求。风俗习惯、文化传统、道德价值观念等对人们的约束力往往比法律的约束力要大得多。管理的实质是对人的管理，所以社会环境对管理的影响是显而易见的。

一般来说，一个国家或地区的人口多，劳动力资源就相对丰富，市场总体规模大，但无论是商品市场还是劳动力市场都存在着全球化趋势，个人无论作为消费者还是劳动者，个性化和分散化倾向越来越成为主流。妇女就业人数的增加，工业化国家面临的人口老龄化问题，又对组织的生存和发展产生了新的影响。

人口素质及其文化观念会影响劳动力的技能、心理需求以及作为消费者的基本行为特点；宗教信仰和风俗习惯会禁止或抵制某些活动的进行；审美功能会左右人们对组织活动方式及成果的态度与偏好；价值观念则影响着组织成员对组织存在理由和目标的认识。

### 四、技术环境

科学技术是第一生产力。技术包括生产技术、管理技术、生活技术和服务技术等。技术对组织及其管理工作一直具有重要的影响。任何企业为了达到其预定目标，都必须进行生产经营活动，而任何生产经营活动都与一定的技术密切相关。例如，由于高精尖技术的产生和发展，很多企业采用计算机进行产品设计和生产控制。技术也会直接或间接地影响管理工作。例如，由于戴明等美国质量管理专家把先进的质量管理理论和方法介绍给日本人，日本企业在质量管理方面有了重大的转变，并形成了风格独特的全公司质量管理理论和方法，进而大大地提高了产品的质量和在国际市场上的竞争力。

只要我们注意观察就会发现，组织结构和规模以及组织中的计划、决策和控制等管理工作与管理方法，在一定程度上都因技术的不同而有所区别，比如，企业的生产设备和经营设施的先进程度，受到社会技术环境的影响和制约。科技的进步会促进组织活动过程中物质条件的改善和技术水平的提高，从而提高组织活动的效率。技术进步常常会导致产品更新换代，设施和工艺方法的更新，人员的操作技能和知识结构的改变。现代技术手段的发展使管理手段、方法乃至管理思想和管理模式发生了巨大变化。信息技术使管理系统实现了集成化和一体化，改善了组织内外整体管理的水平。

### 五、自然环境

自然环境主要包括地理位置、气候条件和资源状况等自然因素。相对于其他一般环境因素而言，自然环境是相对稳定的。自然环境因素与企业的厂址选择、原材料供应、产品输出、设备和生产技术的应用等众多方面都有着紧密的关系。

组织活动的地理位置决定了与原料产地或产品销售市场的距离,也就决定了资源获取的难易程度和运输成本。比如,我国沿海地区的开放政策吸引了大批外资,促进了投资环境的改善,给这些地区的各类企业提供了充分的发展机会。气候趋暖或者趋寒会影响空调生产厂家的生产或者服装行业的销售,而四季如春、气候温和则会鼓励人们远足郊外,从而为与旅行或郊游有关的产品制造提供机会。资源的分布通常影响着工业的布局,从而可能决定不同地区、不同产业企业的命运,资源蕴藏量不仅是国家或地区发展的基础,同时也为所在地区企业的发展提供了机会。

随着经济和技术的发展,自然环境不论是从法律的角度还是从企业的社会责任角度来说,都将成为企业必须关注的问题。对于任何组织来说,不仅要有效地利用、开发自然资源(如矿藏、水资源、林木资源、水生资源等),更要很好地保护环境。

气候条件及其变化对人们的行为方式有着重要影响。比如,气温会影响空调和服装行业的销售,气候状况也决定了旅游及相关行业的经营条件。资源分布影响着一个国家或地区产业的布局和结构,资源特别是稀缺资源的蕴藏状况,不仅影响着一个国家或地区经济发展的基础,而且为所在国家或地区经济组织开展活动提供了机会。

组织不可能脱离外部环境而独立存在,组织依赖环境作为投入的来源和产出的接受者而不断同环境发生相互作用。环境的影响大多是动态的,对管理产生了相当大的不确定性,管理者必须认真分析环境变化给组织带来的机会和造成的威胁,通过制定战略来明确管理的目的性,加强管理的针对性,最终提高组织管理的效率。

## 第三节 组织的特殊环境

组织不仅在一般环境中生存,而且也在特殊领域内活动。一般环境对不同类型的组织均产生某种程度的影响,而与具体领域有关的特殊环境直接、具体地影响着组织的活动。

特殊环境也叫具体环境,是指某个具体社会组织在完成特定任务过程中所面临的环境因素。一般是指来自供应商、分销商、消费者、竞争者、政府主管部门以及企业所在社区等能影响企业经营的一切因素,它们会给管理者的日常工作带来压力,产生影响。特殊环境对每一个组织而言都是不同的,并随着条件的改变而变化。企业是在一定特殊环境里从事经营活动的。特殊环境的特点直接影响着企业的竞争能力。例如,一家企业可能与一所学校面临相同的宏观环境,但它所面临的任务环境不但与学校的任务环境不同,而且与其他企业的任务环境也可能不同,一般环境对处在该环境中的所有组织都产生影响,甚至影响程度也相同,而特殊环境则是对某一具体组织具有直接的、特殊的和经常性的影响。美国学者波特认为，影响行业内竞争的结构及其强度的主要有现有厂商、潜在的参加竞争者、替代品制造商、原材料供应者以及产品用户等五种环境因素。我们认为特殊环境主要包括以下几方面的内容。

## 一、竞争者

竞争者是指与本组织存在资源和市场争夺关系的其他同类型组织。企业的竞争者包括现有生产和销售与本企业相同产品或服务的企业、潜在进入替代品制造商等。换句话说，竞争者是与本企业争夺消费者的企业。本企业与其竞争的最大资源就是顾客为购买产品或服务而支付的货币。企业的竞争不局限于生产同类产品或提供同类服务的不同企业之间，有时两个不相关的企业也会因获得一笔贷款而竞争。非营利组织之间也存在竞争关系，不同地区的政府部门在吸引外商投资时也会相互竞争，不同单位在人才招募上也存在竞争等。

竞争者之间的对立可能是最具威胁性的，高度对立往往体现在价格的激烈竞争上，而价格的下降则会导致企业获取资源能力的下降以及利润的降低。

### （一）现有竞争者

企业面对的市场通常是一个竞争市场。同种产品的制造和销售通常不止一家企业。多家企业生产相同的产品，必然会采取各种措施竞争、争夺用户，从而形成市场竞争。现有竞争对手的研究主要包括以下内容。

1. 基本情况的研究。包括竞争者的数量、区域分布、企业规模与市场份额、资源状况、技术力量等。基本情况研究的目的是找到主要竞争对手。为了在众多的同种产品生产厂家中找出主要竞争对手，必须对它的竞争实力及其变化情况进行分析和判断。

反映企业竞争实力的指标主要有三类：

（1）销售增长率。这是指企业当年销售额与上年相比的增长幅度。销售增长率为正且大，说明企业的用户在增加，反映了相关企业的竞争能力在提高；反之，则表明企业竞争能力的衰退。这个指标往往只有与行业发展速度和国民经济的发展速度进行对比分析才有意义。如果企业当年销售额比上年增加，但增加的幅度小于行业或国民经济的幅度是有利的，市场总容量在不断扩大，但扩大的部分被该企业占领的比重则相对减少，大部分新市场被其他企业占领了，因此，该企业的竞争能力相对地下降了。

（2）市场占有率。这是指市场总容量中企业所占有的份额，或指在已被满足的市场需求中有多大比例是由企业占领的。市场占有率的高低可以反映不同企业竞争能力的强弱。这是一个横向比较的指标。某个企业占领的市场份额大，说明购买该企业产品的消费者数量多；消费者之所以购买该企业而非其他企业的产品，说明该企业产品在价格、质量、售后服务等方面的综合竞争能力比较强。同样，市场占有率的变化可以反映企业竞争能力的变动。

如果一家企业的市场占有率本身虽然不高,但与上年相比有了进步,则表明该企业的竞争实力有所增强。

(3) 产品获利能力。这是反映企业竞争能力能否持续的支持性指标,用销售利润率表示。市场占有率只反映了企业目前与竞争对手相比的竞争实力,并告知这种实力能否维持下去;只表明企业在市场上销售产品的数量相对较多还是较少,并未反映销售这些数量的产品是否给企业带来了足够的利润。如果市场占有率高,销售利润率也高,那么表明销售大量产品可给企业带来高额利润,从而可以使企业有足够的财力去维持和改进生产条件,因此,较高的竞争能力是有条件坚持下去的;相反,如果市场占有率很高,而销售利润率很低,那么则表明,企业卖出去的产品数量很多,得到的收入却很少,补偿了生产的消耗后剩余很少甚至没有,较高的市场占有率是以较少的利润为代价换取的,长此以往,企业的市场竞争能力是无法维持的。

2. 主要竞争对手的研究。比较不同企业的竞争实力,找出了主要竞争对手后,还要研究主要竞争对手对本企业构成威胁的主要原因,是技术力量雄厚?资金多?规模大?或是其他原因?找出主要竞争对手实力的决定因素,据此帮助企业制定相应的竞争战略和竞争策略。

3. 竞争对手的发展方向。要收集有关资料,密切注视竞争对手的发展方向,包括市场发展或转移动向与产品发展动向,帮助本企业争取时间优势,在竞争中获得主动地位。

根据波特的观点,在判断竞争对手的发展动向时,要分析退出某一产品生产的难易程度。下列因素可能妨碍企业退出某种产品的生产:

(1) 资产的专用性。如果厂房、机器设备等资产具有较强的专用性,则其清算价值很低,企业既难以用现有资产转向其他产品生产,也难以通过资产转让收回投资。

(2) 退出成本的高低。某种产品停止生产,意味着原来生产线工人的重新安置。这种重新安置需要付出一定的费用(例如新技能的培训)。此外,企业即使停止了某种产品的生产,但对在此之前已经销售的产品在相当长的时间内仍有负责维修的义务。职工安置、售后维修服务的维持等费用如果较高也会影响企业的产品转移决策。

(3) 心理因素。特定产品可能是由企业的某位现任领导人组织开发成功的,曾在历史上对该领导的升迁起过重要影响,因此,该领导可能对其有深厚的感情,即使无市场前景,也难以割舍。考虑到这种因素,具体部门在对该产品的对策上也可能顾虑重重。那些曾经作为企业成功标志的产品生产的中止,对全体员工可能带来更大的心理影响,因而人们在决定其"退役"时必然会犹豫不决。

(4) 政府和社会的限制。某种产品的生产中止,某种经营业务不再进行,可能还会引起失业,影响所在地区的社会安定和经济发展,因而有可能遭到来自政府或群众团体的反对和限制。

## （二）潜在竞争者

一种产品的开发成功，会引来许多企业的加入。这些新进入者可以给行业注入新的活力，促进市场竞争，也会给原有厂家造成压力，威胁它们的市场地位。新厂家进入行业的可能性大小，既取决于由行业特点决定的进入难易程度，也取决于现有厂商可能做出的反应。现有厂商可能采取的反击措施，迫使那些对某种产品的生产垂涎欲滴、跃跃欲试的企业不能不认真思考和慎重决策。

进入某个行业的难易程度通常受到下列因素的影响。

1. 规模经济。这个概念实际上描述了两种相互联系的经济现象。第一，它表明企业经营只有达到一定规模才能收回经营过程中的各种耗费。低于此规模，企业经营不仅不能盈利，反而会出现亏损。与之相对应的经营规模称为"保本产量"或"盈亏平衡产量"。这是由企业生产经营中必须投入较高的固定费用所决定的。比如，在特定时期，不论某种产品的生产数量是多少，这种产品的生产都要占有一定的生产设施和厂房。实际上，不仅产品的生产，而且物资的采购、资金的筹措、产品的销售、营销渠道的利用等，均存在同样的最低规模。产品的性质不同，技术的先进程度不同，生产和经营的规模也会不一样。第二，它还表明，企业生产和经营达到盈亏均衡点以后，在未超过某个上限之前（产量的增加尚未引起生产设施的调整）从而追加投资之前，单位产品的生产成本随产量的增加而下降。在这种情况下，生产规模越大，企业就越具有成本优势。显然，最低经济规模、达到此规模以后扩大产量的必要性都给企业进入该行业后的投资量带来较高的要求。并非所有希望进入的企业都能满足这种资本要求。

2. 产品差别。不同企业提供的产品并不是完全同质的，必然存在着某种程度的差异。这种差异可能是客观存在的，可能是由产品的材料性质、功能特点或外观形状决定的，也可能是由主观因素形成的。又比如，由于广告宣传等因素使得某种产品对消费者具有一种特殊的魅力。如果原已生产这种产品的厂家其市场地位已经确定，其品牌已经获得了用户的广泛认同，甚至产生了一定的感情，那么新进入者要想把他们吸引过去，则需要付出很大的代价。

3. 在位优势。这是指老厂家相对于新进入者而言所具有的综合优势。这种优势表现在多个方面。比如，原有企业已经拥有某种专利，从而可以限制他人生产相关产品；原有企业已经拥有一批熟练的工人和管理人员，从而具有劳动成本优势；原有企业已经建立了自己的进货渠道，从而不仅可以保证自己扩大生产的需要，甚至可以控制整个行业的原材料供应，从而可以限制新厂家进入；原有企业已经建立的分销网络对新竞争者进入销售渠道也可能形成某种障碍。

## 二、替代品生产者

替代品是指那些具有相同或相似功能的产品。用户购买商品的目的在于获得其使用价值，或者说是实现其功能，那些能满足用户同一需求的产品都具有替代性，因此，替代品生产者也是企业的竞争者。

企业生产的产品，从表面上看，它们是具有一定外观形状的物品，但抽象地分析，它们是能够满足某种需要的使用价值或功能。企业向市场提供的不是一种具体的物品，而是一种抽象的使用价值或功能。不同的产品，其外观形状、物理特性可能不同，但完全可能具备相同的功能。比如，自行车、摩托车、汽车、轮船、火车、飞机，它们是一些外观形状、内部结构以及物理性能等都有很大差异的产品，但它们的使用价值或功能相同，能够满足消费者的相同需要，在使用过程中就可以相互替代，生产这些产品的企业之间就可能形成竞争。因此，行业环境分析还包括对生产替代品企业的分析。

替代品生产厂家的分析主要包括两个方面：第一，确定哪些产品可以替代本企业提供的产品。这实际上是确认具有同类功能产品的过程。相比较而言，这项工作是易于进行的。第二，判断哪些类型的替代品能对本企业（行业）经营造成威胁。这项工作较为复杂。为此，需要比较这些产品功能的实现能够给使用者带来的满足程度与获取这种满足所需付出的费用。如果两种相互可以替代的产品其功能的实现可以带来大致相当的满足程度，但价格却相差悬殊，则低价格产品可能对高价格产品的生产和销售造成很大威胁；相反，如果这两类产品的性价比大致相当，则相互不会造成实际威胁。

## 三、供应商

供应商是为企业提供产品或服务的投入资源（人、财、物、信息、技术等）的个人或组织。企业通常处于产业链的某一个或几个环节，无论是大型企业还是小型企业，都需要向上游供应商采购材料、能源和设备。企业供应商的本质、数量或类型的变化都会给企业带来机会和造成威胁。为了企业的生存和发展，管理者必须对此做出适当的反应。

企业所需的许多生产要素是从外部获取的。提供这些生产要素的供应商在两个方面制约着企业的经营：第一，这些供应商能否根据企业的要求按时、按量、按质地提供所需的生产要素，这影响着企业生产规模的维持和扩大；第二，这些供应商提供货物时所要求的价格决定着企业的生产成本，影响着企业的利润水平。与供应商有关的主要威胁是供应商强有力的讨价还价能力和限制企业获得重要资源的控制能力。当供应商只有一家或者供应商所提供的资源对企业来说至关重要时，供应商就有可能控制价格、垄断资源；反之，如果一家企业拥有很多家供应商可供选择，它就拥有较强的讨价还价能力，通常就能获得质量较高、价格较低的资源。综合来看，需要分析以下因素：

（1）是否存在其他货源。企业如果长期仅从单一渠道进货，则其生产和发展必然在很大程度上受制于供应商。因此，应分析与其他供应商建立关系的可能性，以分散进货，或在必要时启用后备进货渠道，这样便可在一定程度上遏制供应商提高价格的倾向。

（2）供应商所处行业的集中程度。如果该行业集中程度较高，由一家或少数几家集中控制，而与此相对应，购买此种货物的客户数量众多，力量分散，则该行业供应商将拥有较强的价格谈判（甚至是决定）能力。

（3）寻找替代品的可能性。如果行业集中程度较高，分散进货的可能性也较小，则应寻找替代品。如果替代品不易找到，那么供应商的价格谈判能力无疑是很强的。

（4）企业后向一体化的可能性。如果供应商垄断控制了供货渠道，替代品又不存在，而企业对这种货物的需求量又很大，则应考虑自己掌握或自己加工制作的可能性。这种可能性如果不存在，或者企业对这种货物的需求量不大，那么企业只能对价格谈判能力较强的供应商俯首称臣。

### 四、消费者（用户）

消费者是指企业产品或服务的购买者，主要包括所有出于直接使用目的以及再加工或再销售目的而购买本企业产品或服务的个人或组织。消费者数量、类型的变化以及消费者口味、需求的变化，都会给企业带来机会或威胁。企业的成功是建立在对消费者需求及其变化的正确反应之上的。管理者确定企业的主要消费者并提供其所需要的产品或服务的能力，是影响企业成功与否的关键因素。

消费者对企业的影响主要表现在两个方面：第一，消费者对产品的总需求决定着行业的市场潜力，从而影响行业内所有企业的发展边界；第二，不同消费者的讨价还价能力会诱发企业之间的价格竞争，从而影响企业获利能力。

（1）消费者的需求。一是总需求研究，包括市场容量、有支付能力的需求、暂时没有支付能力的潜在需求等；二是需求结构研究，包括需求的类别和构成、用户类型、地区分布等；三是消费者购买力研究，包括用户的购买力水平、购买力的变化及其影响因素等。

（2）消费者的价格谈判能力。消费者的价格谈判能力是众多因素综合作用的结果，这些因素主要有购买量的大小、企业产品的性质、转变费用、用户前向或后向一体化的可能性、企业产品在用户中的重要性以及用户掌握的信息等。比如，如果用户的购买量与企业销量比较相对较大，则作为企业的主要顾客，该用户会意识到其购买对企业销售的重要性，因而拥有较强的价格谈判能力。同时，如果用户对这种产品的购买量在自己的总采购量以及总采购成本中占有较大比重，必然会积极利用这种谈判能力，努力以较优惠的价格采购货物。如果企业提供的是一种无差异产品或标准产品，则用户坚信可以很方便地找到其他供货渠道，因而也会在购买中要求尽可能优惠的价格。后向一体化是指企业将其经营范围扩展到原材料、半成品或零部件的生产。如果用户是生产性企业，又具备自制的能力，购买企业产品的目的在于再加工或与其他零部件组合，则会经常以此为手段迫使供应者压价。如果企业产品是用户自己加工制造的产品的主要构成部分，或对用户产品的质量或功能形成有重大影响，则可能对价格不甚敏感，这时用户关注的首先是企业产品的质量及其可靠性;相反,如果企业产品在用户产品形成中没有重要影响,用户在采购时则会努力寻求价格优惠。

### 五、分销商

分销商是指帮助企业销售其产品或服务给消费者的企业。管理者如何销售产品或服务的决策,关系到企业对成本和市场的控制,对企业业绩具有重要的影响。

分销商与分销渠道的不断变化,同样能够给管理者带来机会或威胁。如果分销商相当强大,能够控制消费者获得企业产品或服务渠道,它就能够要求企业降低价格,从而给企业造成威胁。例如,沃尔玛控制着众多企业与大量消费者之间的销售渠道,很少有企业能够跟它进行价格上的平等谈判。相反,如果企业拥有众多的分销商可供选择,分销商的力量就会被削弱。

### 六、公众

公众是指对企业实现其目标构成实际或潜在影响的任何团体,包括:
(1) 金融公众,即投资公司等;
(2) 媒体公众,大众媒体,即报纸、杂志、广播、电视等,具有广泛影响;
(3) 政府公众,即负责管理企业业务经营活动的有关政府机构;
(4) 地方公众,即企业附近的居民、地方官员等;
(5) 企业内部公众,如董事会、经理、股东、职工等。

## 第四节 组织的内部环境

内部环境由组织内部的物质环境和文化环境构成。

### 一、内部物质环境

任何组织的活动都需要借助一定的资源来进行。这些资源的拥有状况和利用情况会影响甚至决定组织活动的效率与规模。组织活动的内容和特点不同,需要利用的资源也有所区别。但一般来说,任何组织的活动都离不开人力资源、物力资源和财力资源的支持。

#### (一) 人力资源

根据不同的标准可以将人力资源划分成不同类型。比如,企业人力资源根据所从事工作性质的不同,可分为生产工人、技术工人和管理人员三类。人力资源研究就是要分析这些不同类型的人员的数量、素质和使用状况。比如,对企业生产工人的研究,就是要了解他们的数量,分析其技术、文化水平是否符合企业生产现状和发展的要求,近期内有无增减的可能,能否对他们组织技术培训,企业是否根据生产工人的特点分配了适当的工作、进行了合理的利用等;对技术人员的研究,就是要弄清企业有多少技术骨干,他们的技术水平、知识结构如何,是否做到了人尽其才而使他们充分发挥了作用;对管理人员的研究,就是要分析企业管理干部的配备情况,这支队伍的素质如何,能力结构、知识结构、年龄结构、专业结构是否合理,是否具有足够的管理现代企业生产的经验和能力,能否通过培训提高他们的管理素质等。

### (二) 物力资源

物力资源研究是指分析在组织活动过程中需要运用的物质条件的拥有数量和利用程度。例如,要分析企业拥有多少设备和厂房,目前的技术水平是否与现有的生产设备相吻合,企业是否需要进行新的技术改造,机器设备和厂房的利用状况如何,企业是否需要进一步提高生产率。

### (三) 财力资源

财力资源是一种改善组织其他资源的资源,因此,可以认为是反映组织活动的一项综合指标。财力资源研究要分析组织的资金拥有情况(各类资金的数量)、构成情况(自有资金与债务资金的比重)、筹措渠道(金融市场或商业银行)、利用情况(是否把有限的资金用在最需要的地方),分析组织是否有足够的财力资源去挖掘新业务、改造原有活动的条件和手段以及在资金利用上是否还有其他潜力可挖等。

## 二、内部文化环境

内部文化环境研究就是要识别特定的组织(或企业)文化的特点,分析组织所倡导的某种价值观和行为准则是否能被组织成员广泛接受,比较组织所宣传的价值观和行为标准与组织在日常活动中对成员的实际奖惩是否吻合,判断这种价值观是否对组织成员的行为起到了优化、激励和约束作用。

组织文化是随着组织的存在和发展而逐渐形成的,带有所处社会和行业的特征,更具有组织运营和管理的特色,它指引着组织的发展路径和方式,直接作用于组织成员,对外则代表着组织的形象。在一定的物质条件下,文化因素的优劣对组织的发展起着至关重要的作用,这也是近些年来管理普遍对组织文化给予高度重视的原因。

### (一) 组织文化的产生

众所周知,日本是一个资源贫乏的国家,"二战"后千疮百孔,但为什么"二战"后发展如此之快,从而引起美国企业界人士、管理学界的学者纷纷涌向日本,学习、考察和探索日本经济腾飞的奥秘。

20世纪70年代末80年代初,美国学者通过比较管理研究首先提出了组织文化理论。70年代日本经济发展超过美国,引起了一批美国学者的注意,他们通过日、美两国经济、技术和管理的比较研究,发现日本的成功在于其出色地将现代技术和管理方法与本国文化传统结合起来,有效地调动了人的积极性,发挥了集体的力量,从而认识到美国过分注重"理性"的管理缺陷。同时,通过对美国企业的考察比较,学者们发现,凡是经营出色的企业,同样有优良的文化特点,从而得出结论:企业不能只重视战略计划、组织结构、规章制度等管理"硬件",还要重视人员的价值观、作风、技能等管理"软件"的运用,即要搞好组织文化建设。这一理论很快引起了世界各国管理界的注意,因为它提供了发展经济的新思路。20世纪80年代中期,组织文化理论传入我国,许多企业把组织文化建设纳入自己的管理体系,并成功地与思想政治工作结合在一起,形成了组织文化建设的新格局。

(二) 组织文化的含义

文化有广义和狭义之分。广义的文化是指人类在社会历史发展过程中所创造的物质文明和精神文明的总和,即包括了物质文化和精神文化两个方面。狭义的文化可以是一种群体意识形态的文化,即精神文化,指群体的意识、思维活动和心理状态。文化不仅作用于人类改造自然和社会的实践活动,推动社会历史的发展,同时,人类文化也随着社会历史的发展形成了各种门类、各种形式以及各具特色的文化模式。组织文化是企业员工在较长时期的生产经营实践中逐步形成的共有价值观、信念、行为准则及具有相应特色的行为方式、物质表现的总称。组织文化的核心是组织的价值观体系,包括价值观、组织精神、伦理道德、组织风格、行为规范和群体意识等。

组织文化是由三个不同层次的部分组成的。核心层是呈观念形态的价值观、信念及行为准则,通常称为企业精神,它体现在企业经营哲学、宗旨、方针、目标、计划和体制等方面;中间层是呈行为形态的员工的工作方式、社会方式、应付事变的方式等,通常称为企业作风;外围层是呈物质形态的产品设计、质量、厂容厂貌、员工服饰等,通常称为企业形象。

组织文化是一种客观存在,它是群体的一个属性。大量考察表明,一个具有相对较长历史的群体内,由于人们面临共同的环境,通过在共同的社会活动中相互影响、交互渗透和趋同,会逐步形成某些相似的思想观念和行为模式,表现出独特的信仰、作风、规矩、习俗。这种群体属性在历史相对较长的民族、社区、企业、家庭中几乎都不同程度地存在,不过有时人们并未意识到。组织文化既可能是积极向上、符合人们心愿的,也可能是消极落后、不尽如人意的,或者是积极方面与消极方面兼而有之。

组织文化是企业员工内在的思想观念与外在的行为方式和物质表现的统一。思想观念决定行为方式及物质形态,行为方式及物质形态反映思想观念。思想观念变了，行为模式及物质形态也随之改变。这里的观念主要是指价值观、信念及行为准则。

所谓价值观念，是人们对事物意义的评价标准，即什么是最可宝贵的，什么是比较重要的，什么是可有可无的，什么是应当抛弃的。例如，"国家兴亡，匹夫有责"与"人不为己，天诛地灭"就反映了两种不同的价值观。

所谓信念，是人们对事物发展规律的看法。价值观决定人们看重什么，信念决定人们如何去争取有价值的东西。例如，企业要成功、要发展，这是大家所向往的，但是，有的人认为只有依靠几个技术尖子、几个管理奇才，有的人认为要依靠企业全体职工，这就是不同的信念。怎样才能使职工努力工作，有的人认为重奖重罚就可以达到目的，有的人认为首先要尊重职工，这也是信念不同的反映。

行为准则是与价值观、信念紧密联系在一起的。价值观和信念是比较抽象的观念，而行为准则却直接与行为方式相联系，它规定应该怎样工作、怎样处理人际关系等。

### （三）组织文化的特征

任何组织文化都具有以下一些共同特征。

1. 客观性。组织文化是组织在其所处的一定的经济、社会、文化合力作用下，在长期的发展过程中逐步生成和发展起来的。只要是一个企业，在其生存和发展的过程中就必然会形成组织文化，不管人们是否意识到，组织文化总是存在并发挥着或正或负、或大或小的作用。成功的企业有优秀的组织文化，失败的企业有不良的组织文化。在组织文化的形成过程中，组织创始人起到了关键性的作用。一个组织的文化反映了组织创始人的使命和价值观。创始人对组织的规划或设想导致早期组织文化的形成。尽管如此，从总体上说，组织文化的产生和存在是不以人的意志为转移的。只要是组织就必然存在组织文化。

2. 社会性。企业作为从事经济活动的社会细胞，需要直接或间接地依赖其他企业和单位的协作配合，组织文化也正是通过社会经济协作才得以继承和发展。

3. 差异性。每个组织由于其使命不同，所拥有的资源和所处的环境不同，相应的组织文化也不同，即任何组织的组织文化都有其鲜明的个性。不仅如此，组织文化还有强弱之分。所有的组织都有特定的组织文化，但其文化对管理的影响程度是不同的。根据组织文化对管理的影响程度大小，可分为强的组织文化和弱的组织文化。强的组织文化是指主要价值观念为企业内员工所广泛了解和接受的组织文化；弱的组织文化则相反。组织文化的强弱与企业规模、企业发展历史、职工的流动性及企业的发展速度等有关。员工接受的共同价值观念越多，对这些观念越认同，该企业的文化越强。在有些企业中，什么是重要的、一个好的员工应该怎么做等是非常明确的，这是一个强的组织文化，在这样的企业中，管理者的决策行为受到组织文化的很大制约；反之，就是一个弱的组织文化，在这样的企业中，文化对管理者的约束较小。

4. 民族性。民族是指人们在历史上形成的有共同语言、共同区域、共同经济生活及表现在共同文化上的共同心理素质的稳定的共同体。每一个民族都有其独特的民族文化,任何组织都是存在于某一区域内的,它们必然要受到所在地的民族文化的影响,相应地,其组织文化也必然带有地域性、民族性和时代性。例如,在中、日、美三国的组织文化中,各自体现出了崇尚"集体主义""家族主义""个人主义"的鲜明特征。

5. 继承性。每个组织都需要注意本组织优良文化的积累,通过文化的继承性,把自己的过去、现在和将来联结起来,把组织精神灌输给一代又一代,并且在继承过程中要加以选择。

6. 融合性。每一个组织都是在特定的文化背景之下形成的,因而必然会接受、继承这个国家和民族的文化传统与价值体系。组织文化的融合性除了表现为每个组织过去优良文化与现代新文化的融合,还表现为本国与国外新文化的发展融合。

7. 稳定性。组织文化需要经过较长的时间才能形成,一旦形成后,就具有稳定性,就同人的个性较难随时间变化一样,组织文化的改变也是比较困难的。

(四) 组织文化的功能

组织文化可以在组织管理方面发挥重要功能。

1. 导向功能。组织文化可为组织生产经营决策提供正确的指导思想和健康的精神气氛。组织生产经营决策是在一定的观念指导和文化气氛下进行的,它不仅取决于组织领导者及领导层的观念和作风,而且还取决于整个组织的精神面貌及文化气氛。因为所谓正确的生产经营决策是使组织能在既定的环境中保持正确方向,获得健康发展的目标和策略抉择。当组织环境处于复杂、多变的状况时,如果组织领导者及其他企业成员不能确立和保持正确的价值观与信念,就很难做出正确的决策。组织文化通过组织的共同价值观不断地向个人价值观渗透和内化,使组织自动生成一套自我调控机制,以一种适应性文化引导着组织的行为和活动。

2. 激励功能。积极向上的思想观念及行为准则,可以形成强烈的使命感和持久的驱动力。心理学研究表明,人们越能认识到行为的社会意义,行为的社会意义就越明显,越能产生行为的推动力。

积极向上的组织精神及文化传统本身就是一把职工自我激励的标尺,职工通过它对照自己的行为,找出差距,可以产生改进工作的驱动力。同时,组织或团体内共同的价值观、信念及行为准则又是一种强大的精神支柱,它能使人产生认同感、归属感及安全感,起到相互激励的作用。组织文化的激励功能是综合发挥目标激励、领导行为激励、竞争激励、奖惩激励等多种激励手段的作用,从而激发出组织内各部门和所有劳动者的积极性,这种积极性同时也成为组织发展的无穷力量。

3. 整合功能。组织文化通过培育组织成员的认同感和归属感,建立起成员与组织之间相互信任和依存的关系,使个人的行为、思想、感情、信念、习惯以及沟通方式与整个组织有机地整合在一起，形成相对稳固的文化氛围，凝聚成一种无形的合力，以此激发组织成员的主观能动性，使其为组织的共同目标而努力。

4. 适应功能。组织文化能从根本上改变员工的旧有价值观念，建立起新的价值观念，使之适应组织外部环境的变化要求。一旦组织文化所提倡的价值观念和行为规范被成员接受与认同，成员就会自觉不自觉地做出符合组织要求的行为选择，倘若违反，则会感到内疚、不安或自责，从而自动修正自己的行为。因此，组织文化具有某种程度的强制性和改造性，其效用是帮助组织指导员工的日常活动，使其能快速适应外部环境因素的变化。

5. 规范功能。组织文化的一个重要特征就是根据组织整体利益的需要提供一整套行为准则，通过一系列的形式来规范组织全体成员的行为，使之心往一处想、劲往一处使，自觉地维护共同的整体利益。这是组织利益共同体存在的可靠保证。每个组织为了保证其经济目标的实现和生产、经营活动的一致性，需要一定的行为准则来统一成员的信念、价值观和行为，并以此作为价值取舍的标准，它起着调节职工活动关系的作用。组织的生存离不开这种行为规范的约束。

6. 稳定、持续功能。组织文化的形成是一个复杂的过程，往往会受到政治、社会、人文和自然环境等诸多因素的影响，因此，它的形成需要经过长期的倡导和培育。组织文化一旦模式化后就具有很强的稳定作用，可以成为深居心理结构的基本部分，在较长时间内对成员的思想感情和行为发生作用，这种稳定性往往能部分地替代或强化经济、行政手段的控制功能，综合发挥各种控制手段的作用。正如任何文化都有历史继承性一样，组织文化一经形成，便会具有持续性，并不会因为组织战略或领导层的人事变动而立即消失。

（五）组织文化的结构与内容

1. 组织文化的结构。根据文化就是"反映人类创造的物质财富和精神财富的总和"这样一个基本定义，组织文化应包括从物质文化层到行为文化层、制度文化层最后再到精神文化层的完整体系。

（1）物质文化层。物质文化是组织文化的表层文化，是指组织（如企业）的物质基础、物质条件和物质手段等方面的总和，是呈物质形态的产品设计、质量、厂容厂貌、员工服饰等。物质文化的特点就是看得见、摸得着、很直观。那么，为什么要把这些属于物质实体的东西作为文化来看待呢？这是因为，不仅仪器设备、技术装备、工艺流程、操作手段等这些与组织生产直接相关的物质现象要体现组织的文化素质，而且工厂布局、建筑形态、工作环境等也要体现组织的文化素质。这就是我们之所以讲物质现象的本质是反映和体现文化内涵的原因。

（2）行为文化层。从层次上看，行为文化是组织文化的浅层部分，这是相对于表层的物质文化而言的。从内容上看，行为文化既包括组织的生产行为、分配行为、交换行为、消费行为所反映的文化内涵与意义，同时也包括组织形象、组织风尚和组织礼仪等行为文化因素，还包括员工的工作方式、社会方式、应付事变的方式等。对企业来说，生产行为文化的建设是组织文化建设中最重要、最基础的部分，生产行为的合理化、有效性直接影响分配行为、交换行为和消费行为的有效性。比如，可口可乐公司的"永远的coco-cola"、丰田公司的"生产大众喜爱的汽车"、惠普公司的"以世界第一流的高品质而自豪"、中国一汽的"永远第一"等，都体现了行为文化的重要内容与形式。

（3）制度文化层。制度文化是组织文化建设的中层结构部分，它是相对于表层的物质文化层和浅层的行为文化层建设而言的。制度文化层的主要内容有组织与领导制度、工艺与工作管理制度、职工管理制度、分配管理制度等。应该说，有不同的文化意识，就会有不同的制度建设思想。

（4）精神文化层。精神文化层是组织文化结构中的核心层次，作为深层文化，它是相对于中层的制度文化、浅层的行为文化和表层的物质文化而言的。可以看出，这四个层面构成了组织文化建设的一个完整系统，比较好地把物质文明建设和精神文明建设有机地统一起来，形成了一个由内向外发散、再从外向内深入的开放网络，从而促进组织的不断创新与发展。精神文化是组织文化的核心和主体，是广大员工共同而潜在的意识形态，如价值观、信念、行为准则等，它体现在组织的经营哲学、管理哲学、敬业精神以及人本主义的价值观念和道德观念等。

企业有什么样的经营思想，必然影响到它的价值观念。比如，若认为"质量第一"是生产经营之本，那就必然会有"用户至上"的价值观念。所以，价值观念就是组织对经营管理目的的基本看法和判断。而组织精神则是在组织价值观念的基础上所形成的一种群体意识和精神状态。

综上所述，精神文化是组织文化建设的核心层次，它直接决定和影响制度文化层的建设；制度文化层又影响和决定行为文化层的建设；而行为文化层最终影响和决定物质文化层的建设。当然，从本质上看是物质决定精神、经济基础决定上层建筑；但从发展过程来看，精神的反作用不可低估，组织的精神文化建设同样不可低估。

2. 组织文化的内容。从最能体现组织文化特征的内容来看，组织文化包括价值观念、组织精神、制度规范、习俗仪式、英雄人物以及物化环境等。

（1）价值观念。价值观念是组织及全体员工一致赞同的关于客观事物对于组织是否具有价值以及价值大小的共同认识或看法。它体现了一个组织的基本理念和信仰，反映了组织内部衡量事物重要程度及是非优劣的根本标准，因而是组织文化的核心和基石，价值观念体现了组织的最高目标和宗旨。对组织具有价值的客观对象往往不是一个，而是多个，如人才、顾客、利润、社会责任等，将多种价值按照其重要程度加以排序组合，就构成组织价值观念体系，具有稳定的、为全体员工共享的价值观念体系是组织文化发育成熟的重要标志。

（2）组织精神。组织精神是指组织及全体员工共同具有的精神状态和思想境界。它与组织价值观念既有区别又有联系。价值观念是组织主体对客观对象的价值判断，体现了人对客观事物的观念反映。组织精神则是描述一个组织全体职工的主观精神状态，塑造组织精神，主要是对思想境界提出要求，强调人的主观能动性。同时，二者又有密切联系。组织之所以要塑造某种精神，是因为它对组织的发展具有极高的价值;而且在对职工的精神状态进行评价、对其思想境界提出要求时,也必然以价值观念作为依据。组织文化之所以要在确立价值观念体系的基础上塑造组织精神,是由于后者的作用更侧重于激发职工的主观能动性,鼓舞士气,在组织中形成一种高昂的、充满进取精神与活力的精神氛围,增强组织的凝聚力。

(3)制度规范。制度是组织内部按照组织程序正式制定的、成文的规章和规定,如人事制度、奖惩制度等。制度规范是组织价值观念、道德和行为准则的具体化和条例化,是组织文化的组织保障系统。它把组织职工的价值共识以及在分工协作、协调相互关系、保持行为一致性方面的共同要求以条文的形式确定下来,从而对职工行为形成有形或无形的约束。

(4)习俗仪式。习俗仪式包括组织内带有普遍性和程式化的各种风俗、习惯、传统、典礼、仪式、集体活动、娱乐方式等。习俗仪式作为组织文化的构成要素之一,是组织在成长和发展过程中长期积累、反复重复而逐渐形成的,实质上是组织的价值观念、精神境界与存在方式的积淀和体现。

(5)英雄人物。英雄人物是指组织中具有超出一般职工的思想境界和行为表现,能够成为榜样和表率的先进个人。他们可以是组织的缔造者、领导者,也可以是职工中的模范代表。

(6)物化环境。物化环境是指组织内部的物质条件和组织向社会提供的物质成果,包括厂房设施、技术设备、环境布置、文化设施、产品、服务、环境保护、社会赞助等。物化环境是组织职工赖以生存和发展的场所与条件,是组织文化的物质表现和凝结。

(六)组织文化的形成与建设

弄清组织文化的形成机制,是理解组织文化出现共性与个性的根源,是寻找建设组织文化有效途径的前提。

1. 组织文化的形成。组织文化的特点,有的已相对定型,有的尚未定型,有的比较系统,有的未形成系统。一个比较定型的、系统的组织文化,通常是在一定生产经营环境下,为适应组织生存和发展需要,首先由少数人倡导和实践,经过较长时间的传播和规范管理而逐步形成的,其过程如图4-2所示。

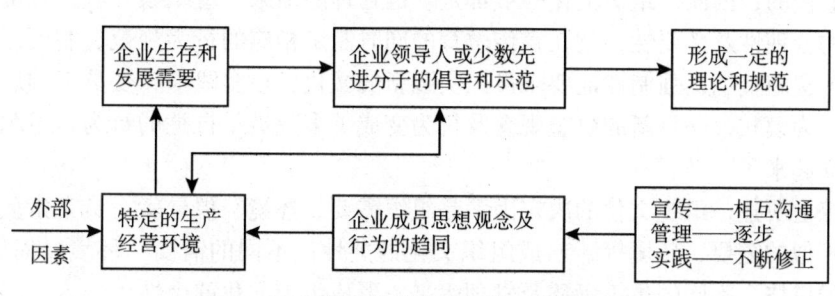

图4-2 组织文化的形成过程(微观机制)

（1）组织文化是组织生存和发展需要的反映。存在决定意识，作为组织文化核心的思想观念首先是组织生存和发展环境即外部物质力量的反映，因为观念的东西不外乎是移入人的头脑并在人的头脑中改造过的物质的东西而已。例如用户第一、顾客至上的经营观念，是商品经济出现买方市场、造成组织间激烈竞争的环境反映，组织作为社会有机体要生存、要发展，但是，客观条件又存在某些制约和困难，为了适应或改变客观环境，产生了某些相应的思想和行为模式。可见，组织文化是适应组织自身生存和发展需要，针对特定环境、条件和矛盾而产生的。同时，也只有反映组织生存发展需要的文化才能被多数员工所接受，才有强大的生命力。

（2）组织文化发端于少数人的倡导与示范。文化是人们意识的能动产物，不是客观环境的消极反映。在客观上出现对某种文化需要的情况下，由于人们的认识水平存在较大差异，加上这种文化需要往往交织在各种相互矛盾的利益之中，羁绊于根深蒂固的传统习俗之内，因而一开始总是只有少数人首先觉悟，他们提出反映客观需要的文化主张，倡导改变旧的观念及行为方式，成为组织文化的先驱者。在组织文化的形成过程中，少数领袖人物和先进分子起着十分重要的作用。第一，他们以十分敏锐的洞察力提出新的思想和主张；第二，他们以非凡的勇气率先进行新的实践。正是他们提出了顺应时代的方向、目标和行为方式，并以成功的示范证明其正确，从而启发和感召了组织的其他人，使组织新的文化模式得以形成。

（3）组织文化是坚持宣传、不断实践和规范管理的结果。组织文化的建设是在一个已经存在某种思想观念及行为习惯的群体中进行的，实际上它是一个以新的思想观念及行为方式战胜旧的思想观念及行为方式的过程，这必然是一个充满矛盾、冲突甚至痛苦的较长过程。

传统观念及行为习惯的改变是困难的，新的思想观念必须经过广泛宣传、反复灌输才能逐步为群众所接受。组织文化一般都要经历一个逐步完善、定型和深化的过程。一种新的观念需要理论的支持和实践的检验，而理论的建立和实践的展开都需要时间。新文化的倡导者，最初提出的观念可能是零碎的、粗糙的，带有个人经验色彩的，不够明确、系统、合理，在宣传特别是在实践中，通过吸收集体的智慧，不断补充、修正，逐步趋向明确、系统与合理。文化的自然演进是相当缓慢的，因此，组织文化一般都是规范管理的结果，组织领导者一旦确认新文化的合理性及必要性，就在宣传教育的同时制定相应的行为规范、制度，不断考察，实施奖惩，强制性地要求员工实践新的文化，在实践中转变员工的思想观念及行为模式，一旦新的思想观念及行为变成了多数员工自觉的行为，组织文化就建立起来了。

综上所述，组织文化的决定因素是组织需要、环境、倡导者、员工素质及管理。相似的需要、环境等，形成组织文化的共性；不同的需要、环境、倡导者、不同的风格、不同的员工素质及管理水平，形成组织文化的个性。

2. 组织文化的培育。根据本社会、本民族、本行业、本组织的特点培育独具特色而卓有成效的组织文化,是现代组织走向成功的必由之路。具体途径包括以下方面。

(1) 培育具有优良取向的价值观念。塑造杰出的组织精神、价值观念是组织文化的核心,也是培育组织文化的首要任务。首先,应当对与本组织有密切关系的客观对象进行价值评价和排序,从中确定最具优良取向的价值观念。其次,要采用具体生动的表达方式,对价值观念及组织精神加以概括和总结,使之简练明确,易记好懂,富于个性,形象生动。再次,要坚持不懈地进行灌输、宣传和引导,使倡导的价值观念和组织精神得到全体员工的接受与认同。最后,领导者要以身作则,持之以恒地贯彻执行,使共享价值观念和组织精神转化为全体员工的自觉行动,并进一步习俗化。

(2) 坚持以人为中心,全面提高员工素质。人是组织的主体,是生产力中最积极、最活跃的因素。要坚持以人为中心开展各项工作,为员工创造良好的文化氛围,使员工的交往、归属、尊重、自我实现等高层次的精神需要得到充分满足。要调动各种教育手段和文化手段,通过多种渠道和形式,对员工进行文化培训和技术培训,全面提高员工的文化水准和业务技术水平。教育员工按照组织文化的模式和要求不断加强个人修养,提高自身素质,成为有理想、讲道德、懂知识、有技能的新型劳动者,进而实现组织文化促进人的全面发展的终极目标。

(3) 提倡先进的管理制度和行为规范。管理制度和管理方式是组织文化的重要内容,也是组织文化得以维护和延续的基本保证。在组织文化建设中,应当以共有的价值观念体系和组织精神为宗旨,围绕实现组织目标建立健全各项规章制度,形成严密的规范网络,使员工的各种行为活动、相互关系的确立和调整以及行为效果的评价等均有法可依,有章可循。同时,要注意发挥各种未经明文规定的非正式规范的软约束作用。通过倡导、示范、舆论、人际关系、群体归属等形式,使员工感受到无形规范的强大影响力,并在积极遵从的基础上对自身行为进行自我约束。

(4) 加强礼仪建设,促进组织文化的习俗化。礼仪文化的建设应当以弘扬组织价值观和精神、提高员工素养为宗旨。为强化习俗礼仪在倡导组织精神、规范员工行为、增强凝聚力等方面的效果,应当尽量采用多样化、趣味化、娱乐化的表现形式,使之成为广大员工喜闻乐见、乐于参与的群众性活动。礼仪建设的实质是,使组织的价值观念、精神追求、道德准则和行为规范进一步习俗化,成为每个员工的自然要求和自觉行动。

(5) 改善物化环境,塑造组织的良好形象。组织形象是一个组织实际存在的文明的总体状态,是组织文化系统中所有要素的综合表现。应把培育组织文化、塑造良好的组织形象作为一项重要的战略性措施。塑造组织形象与培育组织文化的其他措施有着内在的密切联系,确立卓越的价值观和组织精神,提高员工素质,完善制度规范,加强礼仪建设等,都是塑造良好组织形象的重要内容。在从事"软"文化建设的同时,必须加强"硬"文化建设,要不断提高产品质量和服务,改进物质技术装备水平,改善工作环境,提供良好的福利设施和待遇,提高组织的经济效益,从而为组织文化建设奠定坚实的物质基础。

另外,根据组织文化的形成机制及国内外实践经验,培育组织文化还要注意以下几个问题。一是正确确定组织文化的内容。从文化的形成机制来看,文化始终是民族、组织等群体的向往目标、现实条件、传统心理相互作用的产物,不同的组织还应根据具体情况确定适合自身特点的组织文化内容。组织文化应当反映组织生产经营中的主要矛盾,应当发扬本组织的优良传统,应当使多数人深受鼓舞,便于理解和执行。组织文化提出的宗旨、目标和准则,应当便于组织多数人理解和执行,应当能使组织内多数干部和职工受到鼓舞。二是要坚持不懈地宣传和执行组织文化。组织文化建设贵在坚持,要广泛宣传、反复灌输,要严格要求、贯彻始终。首先,应当从组织目标、组织设计、干部选拔、员工奖惩等各方面贯彻组织文化的要求,不能使组织文化成为空洞的口号,要动脑动手,身体力行。其次,培植组织文化,必须要由组织最高领导层抓起。最后,要形式生动,潜移默化。组织文化需要一定的强制灌输,使不自觉的行为规范化,但更要讲究宣传、教育的形式,使之生动活泼,符合情趣,达到使员工乐于接受和潜移默化的目的。

## 第五节 组织环境的管理

在管理学理论及社会中占支配地位的观念有两派:一些观察家认为,管理者对组织的成败负有直接责任,被称为管理万能论;相反,另一些观察家认为,管理者对组织成果的影响十分有限,组织的成败在很大程度上归因于管理者无法控制的外部力量,这种观点则被称为管理象征论。

好的管理者能变草成金,差者则相反。这反映了管理学理论中一个占主导性的假设:一个组织的管理者的素质,决定了这一组织本身的素质。也就是说,组织的效果和效率的差别,在于组织中管理者的决策和行动。好的管理者应预测变化,发掘机会,改善不良绩效,并领导组织去实现预定的目标。当利润增加时,管理当局就会获得荣誉和红利以及股票、期权等形式的报酬;而当利润下降时,董事会就会撤换最高管理层,因为董事会确信,只有新的最高管理班子才能带来绩效的改善。管理万能论将最高管理者视为组织的中流砥柱,他们能够克服任何障碍去实现组织的目标。

当然,管理万能论并不仅仅局限于企业组织,它还可以用来解释体育教练的流动率如此之高的原因,以及世界足坛的教练更换如此频繁的原因。因为一旦成绩不好,教练就不得不为球队的失败负责任,且足球俱乐部的管理者和球迷也都相信只有通过换教练才能有效地改变这一不利情况。

暂且不考虑情有可原的情况,一旦组织运行不良时,的确必须有人来承担责任。目前,承担责任的角色一般是由管理者扮演的。当然,当一切运行良好时,管理者就会得到荣誉,即使取得积极的成果也不需要管理者花费太多的精力。

按照象征论的观点,一个组织的成果受到大量管理当局无法控制的因素影响。这些因素包括经济、政府政策、竞争对手的行为、特定产业的状况、对专有技术的控制以及组织前任管理者的决策等。

进一步,按照象征论的观点,管理当局对实际的组织成果的影响是极其有限的。管理当局真正能够影响的大部分是象征性的成果。管理当局的作用被看做是对随机性、混淆性及模糊性中的内在含义做出判断,管理当局也很容易给股东、顾客、雇员及公众造成他们在控制着事态的错觉。当事情进行得顺利时,人们需要有人受到赞扬,这一角色应由管理当局来扮演。类似地,当事情进行得糟糕时,人们便需要一个替罪羊,这一角色同样应由管理当局来承担。

按照象征论的观点,在组织成功与失败中,管理当局所起的实际作用是很小的。如果一个管理者被解雇,不是其能力不行,而只是其在不适当的时候处在了一个不适当的位置上,这就是其被解雇的原因。管理象征论假定一个管理者影响结果的能力是受到很大约束的,因此,期望管理者对一个组织的绩效有重大影响是不合情理的。

在现实中,管理者既不是软弱无能的,也不是全能的。每一个组织中都存在着限制管理者决策选择的内部约束力量,这些内部约束源于组织的文化。此外,外部约束也冲击着组织,并限制着管理的自由,这些外部约束主要来自组织环境。

组织文化与环境对管理者构成了巨大的压力,并制约着管理者的选择。然而,尽管存在着各种约束,但管理者也并非无能为力。在一个相当大的范围内,管理者能够对组织的绩效施加重大影响。一个能够使优秀的管理者有别于拙劣的管理者的区别在于,在各种文化与环境约束下取得最佳的结果和绩效,而不应当把这些约束力量看做是在任何情况下的固定因素。对某些组织来说,在某些情况下是有可能改变并影响其文化与环境的,这种可能性同时也就扩展了管理当局可自由斟酌决定的范围。

环境对组织的影响在于它给组织带来不确定性,这也正是管理人员所面对的挑战。管理者在对环境因素作了一定的分析之后,要对各种环境因素的影响做出相应的反应。充分利用环境对组织有利的方面,并努力使其继续朝着这个方向发展;对于环境中不利于组织发展的因素,一方面可通过内部的改革使组织与环境相适应,另一方面可努力通过组织的行为去影响环境,使其朝着有利于组织的方向转化。组织面对环境的对策主要包括三个方面:一是适应环境;二是影响环境;三是改造环境。

## 一、适应环境

一般环境不是管理者可以影响的,更不是管理者所能改变的,对于一般环境因素,主要是如何主动适应它。如果组织所面临的是一个快速多变的外部环境,无论是竞争者、顾客还是供应商都会变动很快,那么组织可以采取各种应对策略。适应环境主要是在分析环境因素后,适应环境的各种情况,做出相应的组织改变或管理策略改变。组织使用的方式常有跨界联系、预测与计划、弹性组织结构以及合并或合资经营等。

1. 跨界联系。在组织内,设立有关的部门和职位,既可担当跨界联系的角色,为组织调查及研究相关外部环境变化的资料;也可作为组织的代表,申明组织的目标及利益所在。如企业的推广部门会向顾客及原料供应商介绍企业的产品,并且从事市场研究工作,这便担当着与环境架设桥梁的角色。

2. 预测与计划。越能准确预测环境所带来的影响,越能降低不确定性对组织可能造成的冲击。一般情况下,组织可聘用顾问公司进行行业或投资发展策略的评估。较大的公司或组织,本身可能已设有研究部门,并设立资料中心,不断监察及分析组织面对的潜在危机。

3. 弹性组织结构。最理想的组织结构,就是能够对外界环境变动做出有效反应的结构。层次组织清楚,划分各职位、职权及等级,组织因此僵硬而稳定,如政府机构。弹性组织则是一种有高度适应能力的结构形式,组织松散但具有弹性;组织没有硬性的层级安排,其成员以团队方式进行工作,发挥最高的自由度,有较大程度的决策权。这种组织没有标准化的工作,条文或规定较少,其松散的结构允许在必要时迅速做出改变。

4. 合并或合资经营。两个或两个以上的组织联合在一起就是合并,其方式包括协调瓜分市场占有率、地域及连锁经营、维持价格等。合资经营是两个或两个以上的组织共同投资,这种情况通常出现于庞大而且复杂的投资计划中。这类计划如果由一个组织单独投资便会过于冒险,由两个或两个以上的组织合资经营,既可分担风险,也可共用技术与人力资源。

## 二、影响环境

对于任务环境,管理者是可以而且应该通过努力加以管理的。管理者除了被动地适应一般外在环境外,还可以创造时势,主动把有碍于行业或组织发展的因素改变或剔除,甚至变成有助于公司发展的因素。其中,较多组织使用的方式包括普及公共关系、组织商会及政治参与。

1. 广告及公共关系。不可否认,广告是一种最有效的推销产品的方法。吸引的包装和针对消费者心理的广告,足以影响大众消费模式和抉择,所以很多以广告宣传商品来确立形象的组织,在广告方面的投资较多。公共关系则与广告的性质相近,成功的公共关系有利于树立组织良好的公众形象。

2. 组织商会(或行业协会)。不同组织在同一行业内虽然相互竞争,但在面对其他方面的环境因素时,它们依然拥有共同利益,并可通过团结一致来影响政府政策及社会状况,务求改善投资环境和增加组织发展的自由度。

3. 政治参与。国家的政治构架让工商界人士有机会参与立法及政策制定工作。

## 三、改造环境

适应环境和影响环境是针对外部环境而言的，对组织的内部环境可采取各种改造措施，其中主要是组织文化的影响，除此之外还有其他物质条件的改进。

## 复习思考题

1. 管理环境由哪几部分组成？组织与环境有什么关系？组织环境与管理环境有何区别？
2. 管理者能够对组织业绩的取得起到多大作用？
3. 对一个企业而言，一般环境和具体任务环境哪一个更重要？为什么？
4. 组织环境主要包括哪些要素？它们对组织有什么影响？常见的组织外部环境因素有哪些？
5. 一个组织怎样才能对自身环境做出正确的评估？

## 案例分析

### 李欣的调离报告

北京某无线电厂是一家国有大型电子企业，以生产精密无线电元件为主，其电容系列产品和超精密特种电阻产品获电子工业部优质产品称号。从用途上看，各类产品广泛应用于军工、仪器仪表、家电、通信等领域。以产品为标准，全厂分成三个事业部。第一事业部主要生产超精密特种电阻。李欣任第一事业部部长，全面主管事业部工作。

李欣系西安交通大学电子技术专业毕业，2004年分配来厂。最初从事技术工作，他理论知识扎实、勤奋好学，工作兢兢业业。两年以后，他成为事业部的技术骨干，开始独当一面。2006年底，经厂里业绩考核，被提升为事业部副部长。2009年，事业部部长年届60退休，李欣任部长。

李欣任部长以后，凭着技术功底和几年作副职的经验，抓了三项重点工作：（1）新产品开发；（2）控制产品质量；（3）强化内部管理，将考核指标分解到人，实行工效挂钩。采取这三项措施以后，事业部的经营发生了显著变化，销售收入明显增加，职工积极性大大提高。第一事业部也连续3年保持全厂销量第一，其销售额占总销售额的40%。

李欣在厂里干部考核中连续两次被评为优秀，多次获得先进生产者、优秀党员称号。鉴于此，厂长和党委书记一致决定派他到经营困难、职工思想混乱的第三事业部任党总支书记，协助事业部部长搞好经营工作。

李欣虽然有近10年党龄，但对如何做思想政治工作考虑不多。任党总支书记后，面对职工思想混乱、积极性不高的局面不知如何下手，同时又在事业部如何经营方面与部长存在严重分歧。调任以来,工作一直打不开局面,在企业民主评议中被职工评为不称职干部。

厂长和党委书记意识到李欣无法继续在第三事业部工作,但是厂各行政部门都有负责人,调整谁都感觉欠妥,于是决定成立机关党委,调他任机关党委书记。党委书记找李欣谈话,李欣不同意,表示愿意做业务干部。书记反复做他工作也没有结果。

最后,由于第三事业部待不下去,其他部门又无法安排,厂长只能安排李欣到厂里下属的合资公司做一般技术人员。合资公司经理分配他负责产品出厂检验。

半年以后,李欣提交了调离报告。

问题:

1. 李欣离职的原因是什么?其离职会对他本人及企业造成什么影响?

2. 如果李欣的调离报告交到你手里,你会怎么办?请说明批准的理由,或不批准后将采取的对策。

3. 试结合本案例讨论,作为企业领导者应该如何避免优秀人才的流失?

4. 目前社会上流行一种看法,认为国有企业领导中经常抱怨的"该走的没走,不该走的却走了"这句话应该理解为,这些领导者实际上只是在职工离职时才意识到他是个人才,竭力要把他留住;同时,现实中也不乏那些工于心计的人,为获领导重视,假传自己要调走,对社会上流行的这种说法,你是怎么看的?对某些人的离职幌子,又该如何识别和对待?

# 第五章 管理道德

【学习要求】

通过本章学习,了解管理道德的概念,了解企业社会责任的含义,了解企业管理道德失衡的成因及表现,掌握管理道德的特征和影响因素,掌握培育管理道德的途径,掌握企业社会责任的具体体现。

## 第一节 管理道德概述

### 一、管理道德的概念

道德,就是依靠社会舆论、传统习惯、教育和人的信念的力量去调整人与人、个人与社会之间关系的一种特殊的行为规范,是规定行为是非的惯例和原则。一般来说,道德是社会基本价值观一个约定俗成的表现,人们一般都会根据自己对社会现象的理解、社会认同的形态形成与社会大多数人认同的道德观,大多数人能够知道该做什么不该做什么以及哪些是道德的哪些是不道德的。

道德一般可分为社会公德、家庭美德、职业道德三类。其中,职业道德是同人们的职业活动紧密联系的符合职业特点所要求的道德准则、道德情操与道德品质的总和,是从事一定职业的人在职业劳动和工作过程中应遵守的与其职业活动相适应的行为规范。职业道德是从业人员在职业活动中应遵守或履行的行为标准和要求,以及应承担的道德责任和义务。

管理道德作为一种特殊的职业道德,是从事管理工作的管理者的行为准则与规范的总和,是特殊的职业道德规范,是对管理者提出的道德要求,对管理者自身而言,可以说是管理者的立身之本、行为之基、发展之源;对企业而言,是对企业进行管理价值导向,是企业健康持续发展所需的一种重要资源,是企业提高经济效益、提升综合竞争力的源泉,可以说,管理道德是管理者与企业的精神财富。

### 二、企业管理道德失衡的表现

激烈的市场竞争使得一些单纯以经济利益为导向的企业唯利是图,在经营管理活动中，经常出现应该遵守的道德规范与实际上不讲道德经营的严重分裂，由此产生了企业管理的道德失衡。

1. 企业与顾客的关系方面。例如，欺骗性的广告宣传，在营销和推广上夸大其词，生产不安全或有损健康的产品。有些经营者明知产品含有危害人体健康的成分，但故意向消费者隐瞒真相，而大力宣传其对消费者有利的方面，或信口开河、擅自夸大产品的功效。

2. 企业与竞争者的关系方面。假冒其他企业的商标，生产假冒伪劣产品，侵犯他人商业秘密，损害竞争对手的商业声誉，不遵守市场游戏规则，"挖墙脚"等。特别是企业间不讲信誉，彼此拖欠和赖账，不履行合同。

3. 企业与员工的关系方面。有些企业盲目追求利润，不顾员工的生存和工作环境，侵犯员工的健康权利；有些企业在招聘、提升和报酬上采取性别、种族歧视，侵犯隐私；有些企业对员工的工作评价不公正，克扣薪水等。

4. 企业与政府的关系方面。例如财务欺诈、偷税漏费、官商勾结、权利腐败、商业贿赂、地方保护主义、国有企业改革中的"内部人"控制现象等。

5. 企业与自然环境的关系方面。企业为追求高利润，对治理污染采取消极态度。对排放"三废"等造成的污染不实施治理而是继续偷偷地排出。特别是一些化工、印染、造纸等工厂，规模小，对废水缺乏必要的处理，严重污染环境。

### 三、管理道德失衡的成因

1. 市场经济体制不够完善。由于市场经济体制是一个逐步完善的过程，有时会造成竞争无序，使企业管理道德缺乏约束，甚至出现经营活动缺乏公平竞争，经营"游戏"规则混乱的局面。在此局面中，由于政策无法实现全面控制，造成地区、行业、单位的竞争起点不同，从源头上造成了竞争无序；在全国大市场中，有的地方保护主义泛滥，一些官员从当地经济发展和自己政绩、利益的需要出发，非但不取缔无序竞争，反而搞地区封锁和部门分割，鼓励、纵容、包庇无序竞争，违法经营。

2. 信息不对称。信息传递的滞后和扭曲，使企业管理失衡成为可能。经营活动中出现一些欺骗、失信现象的最直接原因就是信息不对称。在完全的市场条件下，市场信息风云变幻，使得信息难以控制。拥有信息多的一方就可能欺骗另一方，加上媒体广告片面宣传的推波助澜，为不法企业欺诈行为开了方便之门。只要有利可图，或者欺诈带来的收益大于为进行欺诈所付出的成本投入，欺骗、失信就会不知疲倦地持续下去。这样会造成企业管理道德的失衡。

3. 企业价值取向的偏颇。社会主义市场经济的目的是满足人民群众日益增长的物质文化需要，以全心全意为人民服务为核心。然而，在某些特殊条件下，部分企业价值取向出现了偏颇，过分强调企业利润最大化，功利主义趋向严重，忽视甚至侵害他人的利益。这些企业为了私利，不择手段，违法经营，使企业丧失道德，逃避责任，进一步造成企业管理道德的失衡。

4. 消费者自我保护意识不足。相对于经营者而言，消费者处于弱势地位。为此，国家颁布了一整套法律制度，目的是为了保护消费者的人身财产安全，维护公平交易和消费者的切身利益。然而，由于消费者法制观念和自我保护意识不足，很多法律规定成为一纸空文，难以起到维护消费者权益的作用，这样，消费者的行为有意无意地就姑息迁就了企业不道德的经营行为。

## 第二节 管理道德的特征和影响因素

### 一、管理道德的特征

（一）管理道德具有普遍性

管理道德是人们在参与管理的活动中以一定社会的道德原则和基本规范为指导而提升、概括出来的管理行为的规范。它适用于各个领域的管理。无论是行政管理、经济管理、企业管理、文化管理，还是单位、部门、家庭和邻里的人际关系管理，都应当遵守管理道德的原则和要求。

（二）管理道德具有特殊的非强制性

人类最初的管理，属于公权的、人人都可以平等参加的管理，没有强制性。与之相适应，调整管理行为的规范即管理道德也没有强制性。正如恩格斯所指出的："酋长在氏族内部的权力，是父亲般的、纯粹道德性质的，他手里没有强制的手段。"人类社会进入阶级社会以后，管理被打上阶级的烙印，具有阶级的性质和内容。它依靠国家或组织的权力实行管理活动，具有强制的性质。但是，与此相适应的管理道德并没有改变其非强制的性质。不过，管理道德在内容上侧重于调整和约束组织管理者的管理行为，在社会作用上则侧重于依靠被管理者的舆论影响管理者的行为，从而调整管理者与被管理者之间的关系，使其具有特殊性。

（三）管理道德具有变动性

人类的管理活动是随着人类社会实践的发展而不断变化的，作为调整管理行为和管理关系的管理道德规范，也必然随着管理的变化和发展而不断改变自己的内容和形式。原始社会的公共事务管理性质单纯、形式单一、内容简单，发展极其缓慢，与之相适应，管理道德的内容也简单、规范也少、发展也缓慢。到了近代，随着管理内容的复杂化、管理方式的制度化和管理目标的多样化，管理道德的内容也随之增加和丰富，形式也多样化。特别是当代科学管理的迅速发展，进一步推动了管理道德的变化和发展。因此，如何在这种变动性中适时调整道德的结构和层次，概括出反映新的时代特点和当代科学管理水平的新的管理道德规范，以满足具有中国特色的社会主义管理发展的需要，是摆在我们面前的一项新的任务。

（四）管理道德具有社会教化性

道德教化是一个古老的概念，重视教化是中国传统文化的一个优良传统。中国古代的思想家大都重视德治，所以都强调道德教化的作用。孔子主张用"仁爱"的道德原则教化人，并认为，人只要做到"仁"，就能自爱，就能"爱人"，对人宽容、忠恕。孟子发展了孔子的仁爱思想，提出"亲亲而仁民，仁民而爱物"的思想，认为"仁"就是"爱之理，心之德"。此外，儒家还把公正、廉洁、重行、修养、举贤仁能等都看做"仁爱"教化的结果，要求管理者都应具备这些道德品质。当代中国的社会主义管理道德应当吸收中国传统文化中合理的道德教化思想，高度重视管理道德的教化作用。尤其应当强调组织管理者的道德示范和引导作用，使管理道德的意识、信念、意志、情感更加深入人心，并转化为人们的自觉行为，这对于有效促进我国社会主义管理目标的实现具有非常重要的作用。

## 二、影响管理道德的因素

综合中西方管理学理论，管理道德一般受以下五种因素的影响最大。

（一）管理道德的发展阶段

1. 前惯例阶段。在这一阶段，管理道德观受个人利益支配。按怎样对自己有利制定决策，并按照什么行为方式会导致奖赏或惩罚来确定自己的利益。在这一阶段，行为者认为，凡是对自己有利的行为就是道德的，对自己不利的行为就是不道德的。

2. 惯例阶段。道德观受他人期望的影响，包括遵守法律，对重要人物的期望做出反应，并保持对人们的期望的一般感觉。这种道德观，有良性的，也有恶性的。一些真正为企业整体利益着想的道德观就是良性的；相反，以个别人期望为是非标准的道德观就是恶性的。

3. 原则阶段。原则是指个人的道德原则，它们可以与社会的准则和法律一致，也可以不一致。这种管理道德观强调个性和个人英雄主义，并认为，人如果压抑自己，不充分施展和发展自我，违背自己内心的是非观，是不道德的。

（二）个性特征

每个人在进入组织时都有一套相对稳定的价值准则。这些准则是个人早年从父母、老师、朋友和其他人那里发展起来的，是关于什么是对、什么是错的基本信念。从而组织的管理者通常有着非常不同的个人准则。需要注意的是，尽管价值准则和道德发展阶段看起来相似，但它们其实不一样。前者牵涉面广，包括很多问题；而后者是专门用来度量独立于外部影响的程度。

人们还发现有两个个性变量影响着个人行为，即自我强度和控制中心。

自我强度用来度量一个人的信念强度。一个人的自我强度越高，克制冲动并遵守内心信念的可能性越大。也就是说，自我强度高的人更加可能做他们认为正确的事。

控制中心用来度量人们在多大程度上是自己命运的主宰。具有内在控制中心的人认为，他们控制着自己的命运；而具有外在控制中心的人则认为，他们生命中发生什么事是由运气或机会决定的。具有外在控制中心的人不大可能对其行为后果负责，更可能依赖外部力量；相反，具有内在控制中心的人则更可能对后果负责并依赖自己内在的是非标准来指导其行为。

（三）结构变量

组织的结构设计有助于管理者道德行为的产生。一些结构提供了有力的指导，而另一些令管理者模糊不清。模糊程度最低并时刻提醒管理者什么是"道德"的结构设计有可能促进道德行为的产生。正式的规章制度可以降低模糊程度。职务说明书和明文规定就是正式指导的例子。有研究不断表明，管理者的行为符合道德或不符合道德对员工有着重要的影响。人们密切关注管理者在做什么并以此作为可接受行为和期望他们做什么的标准。一些绩效评估系统仅评估结果，另一些则既评估结果也评估手段。在仅根据结果来评价的地方，人们会不择手段地追求结果。与评估系统密切相关的是报酬的分配方式。奖赏或惩罚越依赖于特定的结果，管理者所感到的取得结果和降低道德标准的压力越大。在不同的结构中，管理者在时间、竞争和成本等方面的压力也不同。压力越大，越可能降低道德标准。

（四）组织文化

组织文化的内容和强度也会影响道德行为。

最有可能产生高道德标准的组织文化是那种有较强的控制能力以及风险和冲突承受能力的组织文化。处在这种文化中的管理者具有进取心和创新精神，意识到不符合道德的行为会被发现，以及对他们认为不现实或个人所不合意的需要或期望进行自由、公开地挑战。

与弱组织文化相比，强组织文化对管理者的影响更大。如果组织文化是强的并支持高道德标准，它就会对管理者的道德行为产生重要的和积极的影响。而在弱组织文化中，管理者更有可能对组织中的道德行为产生重要影响。

（五）问题强度

问题强度是指该问题如果采取不道德的处理行为可能产生后果的严重程度。道德问题强度会直接影响管理者的决策。如果采取不道德的处理行为可能产生后果的严重程度越高，那么管理者很可能采取道德的行为。危害的严重性、对不道德的舆论、危害的可能性、后果的直接性、与受害者的接近程度以及影响的集中性等因素决定了道德问题对个人的重要程度。根据这些原则，受到伤害的人越多，认为该行为是不可取的舆论越强，该行为将造成危害的可能性越大，人们越是能够直接地感到行为后果，观察者感觉与受害者越接近，该行为对受害者的影响越集中，问题强度就越大。当一个道德问题很重要时，也就是说，问题的强度比较大时，我们就更有理由期望管理者采取道德的行为。

## 第三节 培育管理者道德的途径

管理者应该是一个具有高尚道德的人，至少是一个以高尚道德标准要求自己的人，而不只是一架会赚钱的机器，管理者是员工的表率，他们直接影响着员工的行为，因此，培育高道德的管理者就非常重要。培育管理者道德应该做好以下工作。

### 一、挑选高道德素质的管理者

人在道德发展阶段、个人价值取向和个性上存在着明显的差异，因此，企业在选拔管理者的过程中，要通过严格的筛选（例如，申请材料审查，组织笔试和面试，试用）将高道德素质的人员招聘进来，从而避免录用低道德素质的人。实际上，真正做到这一点并非易事，事实证明，仅仅通过员工招聘环节是很难把道德标准有问题的求职者挡在门槛之外的，更重要的是对试用者的观察和了解，有时生活或者工作中的某一细节就可以判断出对方的内心世界和道德标准。

### 二、抓好员工管理道德教育工作

1. 提高管理道德认识，包括管理者对其管理的地位、性质、作用、服务对象、服务手段等方面的认识。对管理道德价值的认识是培育管理者管理道德的前提，就是要认识管理道德的实质、内涵，充分认识到管理道德对个人、企业乃至社会的重要性。只有提高对管理道德的认识，才能在思想上重视、在行动上实施、在发展中提升。

2. 培养管理道德情感，就是管理者在处理自己和职业的关系及评价管理行为过程中形成的荣辱好恶等情绪和态度。主要包括对所从事管理工作荣誉感、责任感，对服务对象的亲切感，热爱本职工作，敬业乐业等。管理道德情感一经形成，就会成为一种稳定而强大的力量，积极影响人们管理道德行为的形成和发展。

3. 锻炼管理道德意志，就是人们在履行管理义务的过程中所表现出来的自觉地克服一切困难和障碍，做出抉择的力量和精神。是否具有坚毅果敢的管理道德意志，是衡量每个管理者管理道德素质高低的重要标志。

4. 坚定管理道德信念，就是管理者对所从事管理工作应具备的道德观念、道德准则和道德理想发自内心的真诚信仰。管理者一旦牢固地确定了管理道德信念，就能自觉地、坚定不移地履行自己的义务，并能据此鉴别自己或他人的行为。培养和确立终生不渝的管理道德信念，是每个管理者管理道德修养的中心环节。

### 三、提炼、规范管理道德准则

管理道德建设的过程，就是管理者管理道德素质形成和不断完善的过程，这需要管理者把管理道德认识、管理道德情感、管理道德意志和管理道德信念等与所从事的管理工作、企业的实际情况等结合起来，注重吸收西方道德观中合理的成分，广泛继承中华民族传统道德观的精华，提炼出体现管理特色的管理道德准则，使管理者了解、明确管理道德规范，认清管理道德的标准和行为准则，以有利于管理者形成良好的管理道德。

通过提炼管理道德标准，实行管理道德的规范化管理，使管理者自觉地对照管理道德准则时刻检查自己、规范自己的行为，将管理道德准则内化成管理道德认识，从而培养良好的管理道德行为习惯，既有利于管理者自身建设与发展，也有利于企业管理水平的提高与发展。

### 四、树立典型，加强引导

在管理道德建设过程中，树立典型、发挥榜样的示范作用是非常重要的。典型引导是激励人们自觉规范道德行为的有效途径。

1. 注重发挥企业领导者管理道德的表率作用。企业领导者是企业的精英，是高层管理者，其模范、表率行为对其他管理者管理道德的形成具有更直接的效果。对企业领导者来说，管理价值、道德价值高于物质利益，企业领导人应把国家、员工赋予的职位当做为国家、企业贡献和为员工服务的机会，"先天下之忧而忧，后天下之乐而乐"，勇于负责，不计得失，自强不息，以身作则，讲真话、办实事，"言必信、行必果"，树立领导者良好的管理道德，这对推动整个层面管理道德的形成起着举足轻重的作用。

2. 树立典型人物，做好舆论导向，发挥引导作用。像牛玉儒等现实生活中涌现出来的典型人物，他们的感人事迹、表现出来的道德品质是人们所景仰的，在这些典型人物身上也充分体现出了优秀的管理道德。因此，大力宣传典型，把道德规范人格化，有利于使管理者以典型人物为榜样，学习典型人物的人格，激发自身去追求典型人物所拥有的优秀的理想人格，并且以这种理想人格为标准而塑造自己，促进管理者管理道德水平的形成和提高。

### 五、管理道德行为列入岗位考核内容

管理者是否具有管理道德，不是看其是否会背诵管理道德的多少规范条款，

而要看他是否能理解管理道德,把管理道德的要求与自己的工作相结合,落实到实际行动中、具体工作中,形成稳定的职业行为。管理道德规范化、制度化,就会成为管理者的习惯行为,就会在管理工作中发挥巨大的作用,也必将在企业内形成良好的道德风尚,使企业步入良性的发展轨道。因此,企业应将管理道德建设纳入管理者岗位考核内容,加强检查、考核、奖惩,使每一个管理者不断地自我对照准则检查,不断地修正自己的行为方向,最终养成良好的管理道德。

### 六、进行独立的社会审计

有不道德行为的人都有害怕被抓住的心理,被抓住的可能性越大,产生不道德行为的可能性就越小。有正常思维的员工都不愿意去冒道德风险。根据组织的道德守则来对决策和管理行为进行评价的独立审计,是发现不道德行为的有效手段。

审计可以是例行的,如财务审计,也可以是随机的,并不事先通知。有效的道德计划应该同时包括这两种形式的审计。审计员应该对公司的董事会负责,并把审计结果直接交给董事会,这样有利于保证审计结果的客观性和公正性。

### 七、提供正式的保护机制

正式的保护机制可以使那些面临道德困境的员工在不用担心斥责或报复的情况下自主行事。例如,员工可以向上一级政府部门或纪律检查委员会进行信访或上访。而接受信访或上访部门应明确提出处理意见,而不是简单地转交原单位处理。这对保护检举人不受报复是十分必要的。

管理者是管理道德的主体,管理道德是对管理者行为的规范和制约,一个合格的管理者也必然是一个有道德的管理者,做有道德的管理者,应该是每一个管理者的职业准则。在当今时代,管理者和企业应注重开展、加强管理道德培育,提高管理者的管理道德,使管理者有所为、有所不为,养成良好的管理道德行为,这样才能有效地提升企业管理水平,获取更大的效益,实现长效发展。

## 第四节 企业的社会责任

### 一、企业社会责任的含义

企业的社会责任并非是一个创新概念。这一概念是在 20 世纪 20 年代随着资本的不断扩张而引起一系列社会矛盾诸如贫富分化、社会穷困特别是劳工问题和劳资冲突等矛盾的激化而提出的。在西方,从 20 世纪 60 年代对企业社会责任的纷争到 90 年代众多企业对企业社会责任的认同和支持,其间经历了 30 多年的时间，到 90 年代末期，"企业社会责任"才逐步走上制度化的发展轨道。

目前，企业社会责任的概念已经被广泛接受，但就国际社会而言，还没有一个统一的定义。许多重要的国际组织对企业社会责任给出的定义虽然表述不一，但是其基本内涵和外延是一致的。企业社会责任是指企业在创造利润、对股东利益负责的同时还要承担对员工、消费者、社区和环境的责任，包括遵守商业道德、保障生产安全、维护职业健康、保护劳动者的合法权益、保护环境、支持慈善事业、捐助社会公益、保护弱势群体等内容。从企业社会责任的对象来看，企业社会责任除了传统的对企业股东负责外，还要对企业的利益相关者负责任。利益相关者是指企业产品的消费者、员工、供应商、社区、民间社团和政府等。企业在经营过程中仅仅从经济因素上对股东负责是远远不够的，还必须同时考虑到环境和社会因素，并同时承担起相应的环境责任和社会责任。

## 二、两种不同的社会责任感

在企业如何对待社会责任的问题上，理论界存在两种不同的观点：古典观与社会经济观。

### （一）古典观

这种观点认为，企业只应该对股东负责，企业只要使股东的利益得到满足，就是具有社会责任的表现，至于其他人的利益，则不是企业所要管的和所能管的，为此，也称"纯经济观"。

古典观是典型的反社会责任的观点，这种观点把企业自身的经济利益和社会利益对立起来。这一观点的核心思想是，企业管理者唯一的社会责任就是实现利润的最大化，就是为股东谋求最大的投资回报。古典观的代表人物是诺贝尔经济学奖获得者弗里德曼。他认为，如果企业的管理者将经营资源投向社会利益方面，他们的行为和做法就会使市场机制的作用大打折扣。如果企业承担了一定的社会责任而导致企业利润下降，那么股东利益就会受到损害；企业履行社会责任而导致员工工资福利减少，那么员工利益就会受到损失；企业履行社会责任而导致销售价格上扬，顾客利益就会受到侵害。

### （二）社会经济观

社会经济观与古典观是相对立的，它认为，企业除了要赚取合理利润以外，还应为相关利益群体（如债权人、供应商、消费者、员工、所在社区乃至政府等）承担其应该负担的社会责任。为此，企业必须承担社会义务以及由此产生的社会成本。企业必须以不污染、不歧视、不从事欺骗性的广告宣传等方式来保护社会福利，企业必须融入自己所在的社区及资助慈善组织，从而在社会进步的过程中扮演积极的角色。因为企业存在于社会之中，企业的发展受社会的影响。社会为企业的生存和发展提供了基本条件，企业是依托社会而存在的，企业只有履行了自己的社会责任，才能获得社会的认可，树立良好的企业形象。

两种不同社会责任观的比较如表5-1所示。

表5-1　　　　　　　　　　　两种社会责任观的比较

| | 古典观 | 社会经济观 |
|---|---|---|
| 利润 | 一些社会活动白白消耗企业的资源；目标的多元化会冲淡企业的基本目标——提高生产率因而减少利润 | 企业参与社会活动会使：（1）企业自身形象得到提升；（2）与社区、政府的关系更加融洽而增加利润，特别是增加长期利润 |
| 股东利益 | 企业参与社会活动实际上是管理者拿股东的钱为自己捞取名声等方面的好处，因而不符合股东利益 | 承担社会责任的企业通常被认为其风险低且透明度高，其股票因符合股东利益而受到广大投资者的欢迎 |
| 权力 | 企业承担社会责任会使其本已十分强大的权力更加强大 | 企业在社会中的地位与所拥有的权力均是有限的，企业必须遵守法律、接受社会舆论的监督 |
| 责任 | 从事社会活动是政治家的责任，企业家不能越俎代庖 | 企业在社会上有一定的权力，根据权、责对等的原则，它应该承担相应的社会责任 |
| 社会基础 | 公众在企业社会责任问题上意见不统一，企业承担社会责任缺乏一定的社会基础 | 企业承担社会责任并不缺乏社会基础，近年来舆论对企业追求社会目标的呼声很高 |
| 资源 | 企业不具备/拥有承担社会责任所需的资源，如企业领导人的视角和能力基本上是经济方面的，不适合处理社会问题 | 企业拥有承担社会责任所需的资源，如企业拥有的财力资源、技术专家和管理人才，可以为那些需要援助的公共工程和慈善事业提供支持 |

## 三、社会责任与经营业绩

企业承担社会责任固然需要付出成本，但这样的成本是不是就不会带来收益呢？答案是否定的。正如英国学者约翰·凯教授所言，"一个公司成功的核心因素是超越以赚钱为目的的。正是这个因素激发了员工的忠诚度，使企业有创造和革新的激情，最终使企业能够获得成功。"

理解生财有"道"的含义，是使经济保持可持续发展的先决条件。也许公司使命感确实会让一些企业走了许多弯路，但当我们因为企业社会责任成本太高而寻找其他的替代品时，我们会发现，企业社会责任没有替代品。

因此，企业在增强社会责任感方面要走的路还很长。首先，企业要充分发挥人力资源的作用，建立企业员工与管理层的沟通渠道，尊重员工的话语权，为员工创造自由的工作环境。其次，企业应参加力所能及的公益活动、慈善活动，帮助社会上的困难群体。此外，企业在生产中也要充分考虑到社会责任。例如，建立"绿色"发展道路；积极寻找清洁的能源；替代传统的高成本、高耗能、高污染的能源等。一方面可以降低企业的生产成本；另一方面可以节约社会资源，保护生存环境，在全社会共同分享企业贡献的同时，也让投资者关注到企业的长期投资价值，有利于经济社会的可持续发展。好的企业必将通过承担社会责任，树立良好的公众形象，建立高度的社会公众信任感，吸引更多的消费群体，从而使企业拥有更好的发展环境，获取一种新的竞争力。

## 四、社会责任的具体体现

### （一）企业对雇员的责任

企业在提高核心竞争力的同时，应坚持"以人为本"，维护员工的合法权益，建立规范、和谐、稳定的劳动关系；坚持依法诚信经营，遵守商业道德；坚持奉献社会、回报社会，热心公益事业，做合格的企业公民，促进企业可持续发展；解决就业问题，让员工有工可做、有钱可挣，生活得到保障；为国家多创效益，让政府能为人民办更多的实事。

### （二）企业对消费者的责任

企业对消费者的责任主要体现在提供安全的产品、提供正确的产品信息、提供售后服务、提供必要的指导以及赋予顾客自主选择的权利。

### （三）企业对竞争对手的责任

在激烈竞争的市场中，一个企业要消灭行业中所有的竞争对手几乎是不可能的。竞争与合作是市场经济条件下的永恒主题。就像有些企业家已经认识到的那样，竞争的终极不在于获得一整块蛋糕，而在于如何做出更大的蛋糕共同分享。

### （四）企业对环境的责任

20世纪60年代以来，面对人类生存环境不断恶化，环境保护运动开始在全球范围内兴起，保护人类共同的家园成为地球人的共识。国际领域内环境保护浪潮的兴起、国内政府对环境保护的积极干预和公众环境意识的逐步提高，促使环境保护成为社会个体维护自身生存与发展的自觉行动。企业也开始将环境保护、环境管理纳入企业的经营决策之中，寻求自身发展与社会经济可持续发展的目标相一致。

事物的发展总是具有两面性：企业遵守严格的环境标准、从事环境公益事业，短期内无疑会增加经营成本而降低其竞争力。传统的公司法理论认为，企业是以赢利为宗旨、最大限度地追求股东利益的社会组织。于是，现代社会中的企业，基于企业内部收益的计算，把最大限度地获取收益作为自己的活动目标。经营者从未考虑过企业活动波及企业外的影响即社会费用的问题。因而对不产生收益的公害防治措施的投资及开发公害防治技术毫无热心就是很自然的了。现实生活中存在大量漠视环境利益、任意排放污染物和掠夺性开发资源的现象，多数都是由企业所实施的。我国大陆地区的大量环境违法案件中，由于企业向陆域、海域和大气空间排放有毒害物质酿成的恶性环境事故屡见不鲜,它们成为造成环境危害的主要来源。

企业对环境的责任,主要包括维护环境质量、使用清洁能源、共同应对气候变化和保护生物多样性。为体现企业的人文关怀,关注经济与环境的协调发展,推进可持续发展,应采取的措施包括:调整结构,优化工艺,生产环保产品;努力节能降耗,提高资源和能源的利用效率;重视全过程的污染防治,全面推行清洁生产。

### (五) 企业对社会发展的责任

企业对社会发展的广义贡献包括:救助灾害,救济贫困,扶助残疾人等困难的社会群体;从事环保、社会公共设施建设;赞助教育、科学、文化、卫生发展和社会进步的公共福利事业;等等。

## 复习思考题

1. 什么是管理道德?
2. 企业管理道德失衡的表现有哪些?如何克服?
3. 管理道德有哪些特征?
4. 影响管理道德的因素有哪些?
5. 如何培育管理者的管理道德?
6. 什么是企业社会责任?企业为什么要承担社会责任?怎样正确地理解企业社会责任?
7. 结合我国履行企业社会责任的现状,论述企业应该承担哪些社会责任。

## 案例分析

### 开县井喷事故案警醒中国企业社会责任[①]

"12·23"井喷特大事故是中国石油天然气行业类似事故伤亡人数最多的一次,重庆市第二中级人民法院做出一审判决,六名"12·23"井喷事故案被告人分别被判刑3~6年不等。此次判决也给中国企业中漠视社会责任者敲响了警钟。

发生在2003年岁末的这场灾难造成了巨大伤亡,243人因硫化氢中毒死亡、2 142人住院治疗、65 000人被紧急疏散。一起石油天然气开采过程中常见的井喷,因为一些员工的疏忽和违章操作,酿成了迄今令人潸然泪下的人间悲剧。中国石油天然气集团公司总经理马富才因此次事故辞去了总经理的职务。

中石油对中国经济发展的贡献有目共睹,但企业的制度性缺失、员工的疏忽与失职等因素造成的这次特大事故,大大损害了这家企业的荣誉和形象。

---

① http://www.chinanews.com.cn/news/2004/2004-09-04/26/480444.shtml

据介绍，天然气开采这种高危行业的工作，应该进行事先的安全和环保评估，像发生事故的罗家十六号井这样的天然气井，在 1 千米之内不应有常住居民。但事实是，井喷"重灾区"高桥镇的晓阳、高旺两个村的 2 400 多名村民大都居住在距矿井 1 千米范围内。

灾难发生后的调查发现，忙于生产的钻井队从来没有给气井附近居住的农民讲解过井喷的危险和基本的安全防护知识。而这恰恰是从事高危产品生产的企业应尽的义务。

在法庭庭审中，被告人、原四川石油管理局川东钻探公司钻井十二队副司钻向一明表示，自己的"井控操作证"早过期了，按照规定无法承担副司钻这个岗位。被告人肖先素则表示，她任录井工以来，从来没有被培训过，关于录井工的业务知识和技能都是自学的。

法院的判决书中也认为，目前高含硫高产天然气水平井的钻井工艺不成熟，罗家十六号井在管理、技术、科学等层面存在欠缺，石油天然气开采行业缺少系统的安全生产规范、规程等，同样是造成井喷事故的客观因素。

中国经济近年来的高速发展让世界瞩目，但一些忽视自己社会责任的企业带来的环境和社会危害令人担忧。中国的决策层已经意识到这个问题，他们提出了确保经济与社会、人与自然和谐发展的科学发展观。

一位参加了旁听的民众表示，希望这次判决不仅仅是一种对事故直接责任人法律上的惩罚，它应当促使中国企业更多地关注和思考自己的社会职责。

问题：
1. 造成此次井喷事故的原因有哪些？其中的根本原因是什么？
2. 企业忽视社会责任将造成什么样的危害？
3. 结合案例谈谈，企业应该怎样去重视并承担社会责任？

# 第六章 预 测

**【学习要求】**

通过本章学习,掌握预测的概念及依据;明确预测的作用和内容;了解预测的准确性;掌握预测的方法;掌握科学决策理论的基本观点;明确决策在管理工作中的地位与作用;了解各种决策的类型;清楚理性决策的基本过程;理解决策的基本理论及其观点;了解各种决策方法及其适用范围;掌握提高决策正确率的基本技巧。

"凡事预则立,不预则废"充分说明了预测分析的重要性。自古以来,人们一直向往未来,关心未来的发展,因而人类的预测活动史源远流长。古代人们曾用龟甲或兽骨来占卜,推断祸福。在希腊的奴隶社会甚至还有专门从事"预测"的机构,古希腊特尔菲城内的阿波罗神庙就是其中之一。

预测自古有之,但是,有科学根据的预测大都出现在科学领域内,如哥白尼的日心说、门捷列夫的化学元素周期律等。天文学史上特别值得一提的科学预测的例子就是哈雷彗星的发现。预测的发展与科学技术的发展有着密切的联系,随着科学技术的产生与发展,各种事物的运动规律不断被揭示出来。根据客观规律进行预测是人类历史上的一个重大飞跃,这种预测逐渐取代了迷信预测和经验预测。

预测是一门新兴科学。预测所采用的方法与手段称为预测技术。预测技术是提高现代化管理水平的重要工具。

## 第一节 预测概述

### 一、预测的概念与依据

#### (一) 预测的概念

预测是在掌握客观事物发展变化规律的基础上对事物未来的发展变化进行估计、预料和推测的活动,以确定事物未来的发展状态、发展态势,以及对组织正在和将要进行的活动产生的影响。简单地说，预测是指根据过去和现在对事物发展的未来趋势与结果做出的估计。预测是管理工作的前提，又是管理工作的重要组成部分。

人类的每一次自觉行动都与其可把握的预期密切相关，缺乏预期的盲目行为，其结果是无法预料的。要保证行动的正确性，取得预期目标，就必须对未来进行预测，以尽可能地减少环境的不确定性，形成有把握的预期。对于一个组织来说，无论是制定经济计划，还是进行经济决策，都必须对未来的状况做出估计，并把这种估计作为计划和决策的依据。如果缺乏必要的预测，将会给组织带来严重的经济后果。比如，一个新的投资项目，从设计施工到投产一般至少要花上好几年的时间，如果在设计时不对产品的市场需求及变化趋势做出预测，等到这个项目建成，很可能生产的产品已经过时了，届时损失就惨重了。因此，预测是科学管理的基础和前提，是管理者必备的技能之一。

科学的预测能够在自觉认识客观规律的基础上，借助大量的信息资料，利用现代化的技术手段，比较准确地揭示出客观事物运行中的本质联系及发展趋势，预见到可能出现的种种情况，勾画出未来事物发展的基本轮廓，提出各种可以互相替代的发展方案。这样，管理者对未来的预见性和行动的把握性就会得到增强，决策和整个管理工作的科学性也将随之提高。

组织中的预测工作可以分为两种：一种是为了做好计划工作而进行的预测；另一种是把已经开发的计划转变为将来的期待的预测，通常用财务数字来表示。第一种情况下，预测是计划工作的前提条件；第二种情况下，预测是计划工作的结果。例如，决定未来业务条件、销售额或政治环境的预测是制定计划的前提条件，而来自一项新的资本投资的成本或收入的预测，是把计划工作方案转变为未来的期望。我们知道，计划要对未来行动进行事先安排，但未来存在很多不确定因素，如何将未来的不确定因素的发生、发展和变化的可能性以概率的方式确定下来，从而使制定计划的工作能够在由实现预测结果和组织方针政策构成的相对肯定的范围与条件下进行，就是预测工作的基本任务之一，也就是确定计划工作的前提条件。实际上，计划进入实施状态后，由于预测结果可能存在误差，以及事物发展变化的不可控性，难免会出现与以前的预测结果不一致的情况，这些不一致必然会影响计划的运行过程和结果，所以在计划实施的过程中仍然要进行预测工作，以便掌握主动，事先做好协调与控制工作，实现期望的计划结果。

预测和计划工作虽然都与未来有联系，但预测不同于计划。预测是对未来事件的陈述，计划是对未来事件的部署；预测要说明的问题是将来会怎样，即在一定条件下估计将要发生什么变化，采取或不采取哪些措施和行动，而计划要说明的问题是要使将来成为怎样，即应当采取什么措施和行动来改变现存的条件，并对未来做出安排与部署，以达到预期的目的。

在管理实践中，预测所涉及的范围非常广泛，影响组织发展的任何因素都可能成为预测对象。例如，某公司在年底时会对下一年产品的销售量（销售额）进行预测，从而为制定下一年的工作计划提供必要的信息；它也会对下一年产品生产的技术水平进行预测,从而保证本公司产品在市场上不至于比竞争对手落后;等等。

(二) 预测的依据

预测的必要性并不代表预测是可能的。预测理论要回答的一个重要理论问题就是,预测的理论依据是什么,人们能否对未来做出科学的预测?预测科学发展到今天,已成为人们普遍接受的事实,这足以说明未来是可以预知的。事物之所以可以被预测,是因为事物的运动发展遵循着某种客观规律,人们通过长期的实践,对这些规律有了一定的认识,并积累起丰富的经验和知识。因此,人们可以凭借各种先进的预测手段,根据事物发展的历史和现状,对事物的发展趋势做出推测和估计。具体来说,预测的科学依据在于事物的运动发展遵循以下原理。

1. 惯性原理。客观世界是可以认识的,事物的运动发展具有历史继承性,未来总是与现在和过去联系着的,离开了过去和现在,也就不会有事物的未来。任何事物的发展在时间上都具有连续性,表现为特有的过去、现在和未来这样一个过程。没有一种事物的发展与其过去的状态没有联系,过去不仅影响现在,还会影响未来。因此,人们通过认识事物的过去和现在,并以此为依据总结事物运行的规律,从而推测未来的发展。

2. 因果原理。事物的运动发展是相互联系的,而不是孤立的,一个事物的发展变化必然影响到其他有关事物的发展变化,因此,有可能根据一事物来预测另一事物。比如,一个国家在一定时期内采用某种特定的经济政策,势必对市场经济的发展产生某些影响,这时的政策是因,经济变化情况是果;过一段时间,该国家根据经济发展变化的新情况,制定新的经济政策来刺激经济,或是稳定经济,或是调整经济结构等,这时,经济发展状况变为因,经济政策又变为果。当然,一因多果或一果多因的现象也经常出现,有其因就必有其果,这是规律。因此,从已知某一事物的变化规律,推演与之相关的其他事物的发展变化趋势,是合理的,也是可能的。投入产出分析法就是对因果原理的最好运用。

3. 相似原理。事物的发展是有规律的,人们不仅可以认识这些规律,也可以掌握、利用这些规律,从而达到认识自然、掌握自然的目的。宇宙中的万事万物都是有联系的,都是相关的。事物之间彼此联系,相互影响,相互制约,相互作用,同类事物的发展往往遵循同一条规律,其过程有较强的相似性。根据这种相似性,人们可以在已知某一事物发展变化情况的基础上,通过类推的方法推演出相似事物未来可能的发展趋势。例如,彩色电视机的发展与黑白电视机的发展就有某些类似之处,我们可以利用黑白电视机的发展规律类推彩色电视机的发展规律。

4. 概率原理。客观事物的未来发展受多种因素制约,具有多种可能性,所以其未来并非只有一种可能性,对其未来的预测必须根据多种因素的影响估计各种不同的结果。人们在充分认识事物之前,只知道其中有些因素是确定的,有些因素是不确定的,即存在着偶然性因素。市场发展过程中也存在必然性和偶然性,在偶然性中隐藏着必然性。通过对市场发展偶然性的分析,揭示其内部隐藏着的必然性,可以凭此推测市场发展的未来。从偶然性中发现必然性时,可应用概率论和数理统计方法,求出随机事件出现各种状态的概率,然后根据概率去推测预测对象的未来状态。

## 二、预测的作用

预测工作在管理中所起的作用主要表现在以下四个方面。

1. 帮助我们认识和控制未来的不确定性,将对未来的无知降到最低限度。主管人员进行预测和评价工作,将迫使他们面向未来、洞察未来,并为将来做好准备。预测帮助管理者认识未来环境的不确定性因素,使他们对未来环境的茫然减少到最低程度。准确的预测能够预计、推测出事物发展和环境变化的趋势,能够描述、勾画出未来一定期间内它们的发展变化可能达到的状态和程度,从而为决策提供预期环境。

2. 揭示出组织缺乏控制的薄弱环节。例如,某大公司的总经理在提交给总裁的一份悲观的关于预测结果的报告中说,预测利润下降的趋势是令人失望的,事实上每个期限在 1 年以上的预测,都显示出所得的利润少于全体主管人员努力所能得到的利润数。但我们不能因此而灰心,恰恰应当努力去改进它。

3. 使计划的预期目标同可能变化的周围环境与经济条件保持一致。预测可以帮助管理者提高计划与决策的可行性,防止片面性。预测通过提供环境发展变化的趋势,预计环境变化中可能出现的有利与不利的因素,从而提高计划与决策的可行性,避免片面性。

4. 预测可以帮助管理者事先估计到实施计划后可能产生的后果,从而为选择最优方案并达到最终目标提供依据。

总地来说,预测既是计划工作的前提条件又是计划工作的结果;预测是使管理具有预见性的一种手段;预测有助于促使各级主管人员向前看,为将来做准备;预测有助于发现问题,从而集中力量加以解决;预测工作在一定程度上决定了组织活动的成败。

## 三、预测的准确性

预测的准确性也叫预测的精度,是指预测对象的实际值与预测值的误差程度。这个误差越小,表明预测的准确性越高;否则,表明预测的准确性越低。

由于影响事物发展趋势和运动变化结果的因素很多,而人的理性是有限的,只能在分析若干主要因素与预测变量之间相互关系的基础上做出预测,因而难免产生预测误差。另外,客观事物的发展有渐变,也有突变,比如,技术进步是不断前进的,社会也是在不断发展的,这是一个渐变的过程,但是,在这个渐变过程中有时候也会有一些突变,如突发性的自然事件、一个重大技术发明等,往往都是很难预测的。当然，预测误差也有可能是由于人为原因造成的，比如原始数据登录错误、计算错误等。那么，如何才能提高预测的准确性呢？在实际工作中，应从以下四方面改善预测质量、提高预测准确性：

(1) 客观实际情况在不断地迅速变化，而人们的认识总是滞后的。
(2) 客观事物发展有渐变，也有突变，在突变的情况下是难以预测的。
(3) 预测研究还是一项年轻的事业，处于发展阶段，还不成熟。
(4) 限制预测实现的因素很多。

总之，客观事物的发展是瞬息万变的，而人的认识总是不完全的，因此，从根本上讲，完全准确的预测是不现实的。然而，我们可以从以下三方面入手来提高预测的准确性。

首先，从预测的资料来源看。数据、资料、情报一定要可靠，必须经过核实。资料是否完全、正确，是否陈旧、相关，直接影响到预测结果的准确性。在预测工作中，应投入相当大的力量去进行资料的搜集和鉴别工作，并应建立起常用的数据库。

其次，从预测的方式看。要善于利用各方面的预测成果和报告，广泛征求各方面的意见和建议，利用集体的智慧，提高预测的准确性。预测需要集体去做，要发挥集体力量。预测的结果要由集体来评定，要听取不同的意见。

最后，从预测的方法看。应注意研究预测的方法，改进预测技术。由于客观事物所表现出的形态是各种各样的，所以它表现出的统计规律也是不同的。对于不同的问题，抽样规模、抽样单位、抽样程序都是不同的，预测者要掌握各种预测的技术和方法。对于不同预测方法的原理、基本假设、适用范围要有深入的了解，针对不同的问题选用不同的预测方法，这对保证预测准确性是十分重要的。搞技术预测应懂技术，搞经济预测应懂经济，这样才能做到理论明确、方法可靠、准确性高。

## 第二节 预测的内容与步骤

### 一、预测的内容

预测就是要确定计划工作的前提条件，以及影响计划事实结果的因素。这些前提条件和因素有很多，按不同的标准可以分为不同的类型。按范围可以分为外部因素和内部因素，外部因素有经济因素、政治因素、伦理条件、市场竞争、要素市场等，内部因素有生产能力、组织资源、组织政策等。按表现方式可以分为定性因素和定量因素，定性因素有信誉、员工士气、顾客满意度等，定量因素有劳动量、物资定额等。按可控制程度可以分为可控因素、不可控因素、部分可控因素。可控因素如组织政策、制度等，不可控因素如外部环境等，部分可控因素如组织内部的员工流动率等。按不同的预测对象可以分为三类：经济因素、技术因素和社会政治因素。

（一）经济预测

经济预测可分为宏观经济预测和微观经济预测。宏观经济预测是为制定国民经济规划、经济计划和经济政策服务的，主要预测最终产品的社会需求量及发展变化趋势，以及各种非生产性的社会需求，以便制定基本建设投资计划和产业结构政策；预测再生产的社会条件，以便对国民经济计划进行综合平衡；预测财政、信贷、税收、储蓄等因素的变动，以便分析国民经济形势，制定宏观调控政策；预测国民生产总值、国民收入和社会总需求的情况，这是预测年度计划完成情况、制定下一年度计划和制定控制市场物价总水平政策的主要依据；预测劳动力的需求和供给状况，以便制定教育规划和教育政策等。

微观经济预测主要是指从企业经营的角度所作出的各种经济预测，它以宏观经济预测为基础。其中主要是市场预测，包括产品销售市场、资金市场、劳动力市场、原材料市场等。就企业的产品销售市场预测来说，主要是对企业产品的销售量及其变化趋势进行预测。这些因素包括：某种或某类产品市场总需求的大小和变化趋势；影响该产品市场总需求的主要因素的作用力大小及变化趋势；本企业在该产品市场占有率的大小和变化趋势；竞争对手的动向；该产品价格变化的趋势和弹性的大小；本企业的生产经营能力等。由于销售收入决定利润大小和现金流量的大小与平衡状况，所以产品销售市场预测是利润预测和现金流量预测的基础，从而是企业制定新产品研制计划、技术改造计划、生产计划、供应计划、劳动工资计划、员工福利计划和财政收支计划的前提与基础。

（二）技术预测

企业面临的诸多环境因素中，科学技术是一项重要而又有长远影响的因素。科学技术本身具有强大的生产力，其发展速度能够决定新旧产品的替代速度，其发展水平能够决定一个工业部门是否灭亡。由于现代技术环境下技术进步的步伐不断加快，从技术发明到投入大规模商品化应用时间不断缩短，"产品技术寿命周期"不断缩短与加速，以及由于技术进步对一个国家或企业的生存和发展的作用不断加强，从技术进步中获取的经济效益和社会效益越来越显著等，所有这些趋势都使技术预测日益引起人们的重视。企业要取得经营上的成功，就必须预测科学技术发展可能引起的后果和问题，可能带来的机遇和挑战，必须注意本行业产品的技术状况及发展趋势，透彻了解与本企业使用的技术有关的技术历史、当前发展和未来趋势，并进行准确预测。尤其是那些高新技术企业，将技术进步视同企业的生命，不断开发出与某些尖端技术结合的新产品，以便获得竞争的优势。

（三）社会和政治预测

社会环境和政治环境是影响企业生产经营活动与未来发展的重要外部条件。

社会环境主要有通货膨胀、失业状况、人口数量、居民文化教育水平、价值观念、社会福利状况、社会安全程度等因素；政治环境如政治的清明程度、政局的稳定程度、国际风云变幻、战争等因素。它们直接或间接、暂时或长远地对企业发展产生着重要影响。因此，企业的计划工作要对上述环境因素的状况和发展趋势尽可能地进行预测。当然，在这些因素中还存在着难以预测的其他一些因素。

## 二、预测的步骤

既然预测是一项至关重要的管理工作，就必须要有一套严格的操作程序。根据预测工作先后顺序的不同，可以把预测工作分成四个步骤：明确预测目标；收集预测资料；进行预测处理；结果分析与评价。具体如图6-1所示。

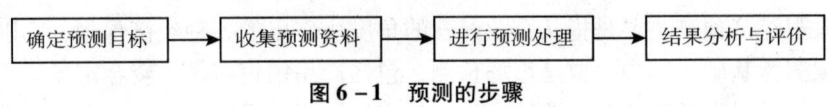

图6-1 预测的步骤

### （一）确定预测目标

预测总是围绕一定的目标和任务进行，只有这样，预测工作才能有的放矢。预测工作首先要回答为什么预测、预测什么、对预测工作有何要求、应达到怎样的目标。比如，企业为了新的投资项目进行可行性论证，就要对相关行业的发展趋势和产品的市场需求进行预测，并且要求在规定的期限内完成预测工作，对预测结果也有精度上的要求。这里，在规定期限内按照一定的精度要求完成相关行业的发展趋势和产品的市场需求预测，就是具体的预测目标。确定了这个目标之后，才能搜集相关资料、选择预测方案、配备技术力量以及预算所需费用。可见，明确预测的具体目标，有助于抓住重点，避免盲目性，提高预测工作的效率。具体来说，明确预测目标主要解决三个问题：

（1）确定预测对象，即预测是为了解决什么问题、需要收集什么资料、精确度有多高等；

（2）确定预测时间，即预测有没有时限要求；

（3）确定预测计划，包括确定人员的组成、经费预算、完成期限等。

### （二）收集预测资料

资料是预测的依据。进行预测，必须充分占有资料。收集有关资料是进行预测的重要的基础工作，如果某些预测方法所需的资料无法收集或收集的成本过高，即便有理想的预测方法也无法应用。有了充分的资料，才能为预测提供可靠的相关信息。这些资料包括反映事物发展的历史数据、统计资料以及在某一特定时间内预测对象的有关信息等。

收集资料一定要注意广泛性、适用性。对于收集到的资料，一定要鉴别和整理加工，辨别资料的真实性和可靠性，去掉那些不真实、与预测关系不密切、不能说明问题的资料。

（三）进行预测处理

进行预测处理，是对收集的资料进行综合分析，并经过判断、推理、概括，使感性认识上升为理性认识，由事物的现象深入到事物的本质，选择预测方法描述预测对象的基本演变规律。进行预测处理，是预测工作的关键。而这一步的关键则在于，能否遵循事物本身的发展规律和相互间的逻辑关系进行合理的推理、分析判断。预测处理一般分为三步。

1. 选定预测方法。预测方法很多，但并不是每种预测方法都适合所有被预测的问题。预测方法的选用是否得当，将直接影响预测的精确性和可靠性。根据预测的目的、费用、时间、设备和人员等条件选择合适的方法，是预测成功的关键。在条件许可时，对同一个预测目标一般应同时采用两种或两种以上的预测方法，以便相互验证，提高预测质量。如果是定量预测模型，应该在满足预测要求的前提下尽量采用简单、方便和实用的方法。

2. 建立预测模型。如果是定量预测，往往要根据事物的性质和收集的资料建立相关的预测模型。

3. 进行推理和计算。运用选定的预测方法，对占有的信息资料进行推理、判断、统计和计算，得到预测的结果。要注意的是，必须对已得到的初步结果进行必要的审核，以便对其进行修正。

（四）结果分析与评价

预测是一种估计和推测，很难与实际情况百分之百吻合。定性预测是预测者根据自己的经验和知识对某事物的发展趋势做出判断，这种判断带有很强的主观性，与真实的状态存在一定的差异。定量预测所建立的数学模型也不可能包罗影响预测对象的所有因素，出现误差是不可避免的。产生误差就要分析原因，大致有两种原因：一种可能是收集的资料有遗漏和篡改或预测方法有缺陷；另一种可能是工作中的处理方法不当、工作人员的偏好影响等。因此，每次预测实施后，要把实际值与预测值相比较，找出预测误差，估计其可信度。为了对预测结果和预测方法做出实事求是的评价，主管人员必要时可组织专家评议，对专家的评议意见要进行反馈和应用，发现问题要设法及时解决。

## 第三节 预测的方法

### 一、定性预测方法

所谓定性预测，是指预测者根据各方面的意见、信息与情报，综合分析当前的预期环境以及环境中各因素的内在联系,凭以判断事物发展的前景,并把这种判断转化为可以计量的预测。例如,新产品销售情况的预测、新技术发展趋势的预测等。定性预测适合预测那些模糊的、无法计量的社会经济现象。在实际工作中,由于影响事物发展的因素错综复杂,预测结果有时很难数量化,甚至根本不可能用数量指标表示。比如,一定时间内经济形势的发展变化情况,国家某项政策出台对消费倾向、市场前景的影响,全球化对我国企业的利弊影响等。这种情况下的预测,一般只能采用定性预测方法。

定性预测要求预测者具有从事预测活动的经验,同时要善于收集信息、积累数据资料,尊重客观实际,避免主观臆断,这样才能取得良好的预测效果。集体预测作为定性预测的重要形式,能集中多数人的智慧,克服个人的主观片面性。

定性预测方法简便,易于掌握,而且时间快、费用省,因而得到广泛采用,特别是进行多因素综合分析时,采用定性预测方法效果更加显著。但是,定性预测方法缺乏数量分析,主观因素的作用较大,预测的准确度难免受到影响。因此,在采用预测方法时,应尽可能运用定量分析方法,使预测过程更科学,预测结果更准确。

一般而言,定性预测方法主要有个人判断法、集体意见法、专家会议法、德尔菲法、主观概率法、领先指标法、相关因素法以及类比法等。

1. 个人判断法。个人判断法主要依靠预测者个人的经验和判断能力,经过简单的计算,对所研究问题的发展趋势、发展程度做出预测的一种方法。在使用个人判断法时,必须要具备两个前提条件:一是资料掌握要全面;二是数字资料和非数字资料并重,使定性分析数量化,尽量减少主观武断,提高预测结果的说服力。

2. 集体意见法。集体意见法是预测的组织者根据预测要求向预测者提出要求与限制条件,各预测者根据自己的专业知识和经验制定出各自的预测方案,参与者共同来决定各种方案成功实现的概率,最后根据概率来计算出最终的期望值,这种方法又称作集体期望值法,实际上是一种让员工参与管理的方法,就是企业内部经营管理人员和其他有关人员凭他们的经验及掌握的知识进行判断的一种方法。

集体意见法的主要步骤有:

第一步,预测组织者就某些问题向参与预测的人员和部门提出预测费用与预测期限要求,并提供预测所必需的资料、信息。

第二步,参与预测人员和部门根据要求及掌握的资料信息,利用自身的经验和分析判断能力提出各自的预测方案。以市场预测为例,预测参与者需要定性分析市场目前的状况、消费者的心理、新产品投入市场的可能性、劳动组织状况、经营管理措施及可能的效果等。在定性分析的基础上,将自己的判断结果尽可能做出定量化描述,形成自己的预测方案。

第三步,计算各预测方案的期望值,各方案的期望值等于各种可能状态估计值与其概率值乘积之和,计算公式为:

$$E = \sum_{i=1}^{n} X_i P_i$$

其中，n 表示可能出现的自然状态的总和数；E 表示期望值；$X_i$ 表示 i 种状态下的预测数；$P_i$ 表示 i 种状态下的概率估计值。

第四步，对各预测方案进行加权平均，比如将参与预测的有关人员分类，如高层管理类、职能部室类，然后计算综合预测值，计算公式为：

$$\hat{y} = \sum_{i=1}^{n} E_i W_i$$

其中，$W_i$ 表示第 i 个方案的权数；n 表示方案个数；$E_i$ 表示某类人员中第 i 个方案的期望值。

第五步，确定最终预测值。以综合预测值为基础并根据环境、产业的变化情况确定最终预测值。

集体意见法可以有多种组织形式。例如，集体经营管理人员的意见法；集体企业内部人员和外部人员意见法；集体企业内部某一部分人员的意见法等。由于集体意见法的参与人员来自业务部门或工作一线的较多，因此，这种方法存在忽视宏观因素的缺陷，并且只能由企业内部人员参与，带有一定的局限性。

3. 专家会议法。专家会议法就是邀请有关方面的专家，通过开会的形式，让每一位专家对预测对象做出判断，并在这些分析判断的基础上综合专家们的意见，对预测对象未来状况做出最后的预测结论。

专家会议法的主要步骤有：

第一步，邀请出席会议的专家，召开会议。邀请的专家人数不宜太多或太少，一般以 6~10 人为宜，每个专家都能独立思考，不受权威左右，会议气氛要体现民主、活跃，使人无拘无束、畅所欲言。

第二步，会议主持人提出题目，要求大家充分发表意见，提出各种各样的方案。主持人不要谈自己的设想、看法或方案，以免影响专家的思路。对专家所提出的各种各样的方案和意见，不应持否定的态度，应表示热情欢迎。

第三步，强调会议上不要批评别人的方案，大家畅谈自己的方案，敞开思路，方案多多益善。

第四步，会议结束后，主持人再对各种方案进行比较、评价、归类，最后确定预测方案和结论。

为了使专家预测法更有成效，组织者可以事先做一些调研工作，收集一定的资料提供给与会专家。同时，会议的组织准备工作对会议成败也非常重要。组织准备工作中有两个必须重视的问题：一是如何选择专家及专家人数；二是如何让专家充分发表意见。专家选的是否合适，将决定预测结果的可靠性和全面性，所以选择专家要注意以下四个方面：首先，专家应积累丰富的专业知识和经验；其次，专家能在不确定的条件下对问题进行估计和预测，提出自己的建议和看法；再次，专家的专长与预测问题的性质相关；最后，专家要善于表达自己的意见。专家的意见充分表达出来才能使预测结果更准确，因此，应该制造让大家畅所欲言、各抒己见的气氛，主持人不能发表影响性和倾向性的意见。

专家会议法作为一种预测方法仍有很多缺陷，如参加会议的专家人数有限，影响结果的代表性；开会时易受个别权威的影响，难以避免对权威的崇拜，会出现随大流现象；在讨论的时候，难免会出现劝说性的语言，这容易误导其他人的正常思维；由于与会者个性和心理的影响，不愿发表与众不同的意见；或出于自尊心或碍于颜面，不愿修改已发表的意见，不愿当场修改原来的方案；等等。

4. 德尔菲法。德尔菲法是在20世纪60年代由美国兰德公司首创和使用的一种特殊的预测方法。德尔菲法是指借助各种沟通手段（邮件、电话或网络等），反复咨询专家们的建议，然后由策划人做出统计，进行修正，就新问题再次征询专家意见，直至得出比较统一的预测结果。其实质是利用专家的知识、经验、智慧等无法量化的带有很大模糊性的信息，通过"背靠背"的方式进行信息的交换，逐步取得较为一致的意见，达到预测的目的。

德尔菲法的做法是，邀请精通业务、经验丰富的专家成立一个专家小组，采用不记名通信的方法回答主持机构（或组织者）所提出的预测问题，以免综合各人的答案时受权威人士的影响。先由预测组织者向小组成员征询（可用征询表的形式）；各成员对问题进行分析判断后写成不具名的书面意见和答案寄给组织者；组织者收到各成员的来信后，将答案进行综合整理，计算出平均值与离差，并将综合整理的材料反馈给小组成员；各成员收到反馈材料后，可以修正也可以坚持本人以前所作的预测；再写书面意见寄给组织者。组织者收到后，再综合整理，再反馈。如此经过2~4轮的反复，专家小组成员的意见如趋于一致，组织者即可以综合整理出预测的结论。当专家们的意见不能趋于统一时，需要对专家们的意见进行综合处理。

德尔菲法的特点是，专家们互不见面，无权威压力，因此，可以自由充分地发表自己的意见，从而得出比较客观的预测结论。由于这种方法避免了专家们直接会面，所以又称其为"背靠背的专家意见法"。其原理如图6-2所示。

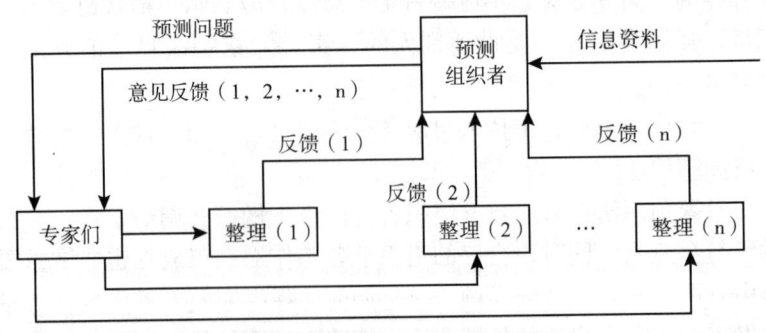

图6-2 德尔菲法预测示意图

德尔菲法的主要步骤有：

（1）准备阶段。成立预测小组，确定专家名单，准备与预测有关的背景材料，提出预测内容和要求等。

（2）征询阶段。征询阶段一般有三四轮或更多次反复。

第一轮，将征询调查表分寄给各专家成员，请他们做出预测，然后邮寄给预测主持者。收到寄回的表格之后，主持者要统计各位专家的预测值。

第二轮，将第一轮的预测值反馈给各专家，请他们给出预测的理由并再次做出预测。收到反馈表后，主持者编制出预测理由汇总表。

第三轮，将第二轮的预测结论（各专家值统计结果）及预测理由汇总表发给各专家，请他们做出新的预测及进一步的评论。

第四轮，同第三轮……

（3）最终达成一致意见。

运用这种方法预测，专家的选择是最重要的环节。专家选择是否得当，对预测结果的精确性影响很大，应当慎重进行。专家小组的人数根据预测问题的规模确定，对于一般问题可以选择 10~15 人；对于重大问题，人数需要相应地增加，一般以不超过 50 人为好。

5. 主观概率法。在社会和自然界中，某一类事件在相同的条件下可能发生也可能不发生，这类事件称为随机事件。不同的随机事件发生的可能性大小是不同的，在这种情况下就产生了概率。概率就是用来表示随机事件发生可能性大小的一个量。例如，市场上某种新商品的销售状态就是不确定的随机事件，有畅销、平销或滞销三种可能性，而出现畅销、平销或滞销的可能性用系数或百分数表示，就是一种概率。概率分为主观概率和客观概率两种。

客观概率是根据事物发展的客观性统计出来的一种概率，主观概率则不同于客观概率。主观概率是指根据市场趋势分析者的主观判断而确定的事件的可能性的大小，反映个人对某件事的信念程度。所以主观概率是对经验结果所作主观判断的度量，即可能性大小的确定，也是个人信念的度量。

在应用主观概率法时，先由预测专家对预测事件发生的概率做出主观估计，然后计算它们的平均值，并以此作为对事件预测的结论。

用主观概率法进行预测的公式为：

$$P = \sum_{i=1}^{n} \frac{P_i}{n}$$

其中，$P$ 为某一事件的主观概率预测值；$P_i$ 为第 $i$ 个专家对该事件的预测概率值；$n$ 为被征询意见的专家人数。

例如，ABC 公司对明年主要原材料的市场价格上涨幅度超过 20% 的可能性进行预测，共征询了 10 位专家的意见，预测值分别是 0.32，0.35，0.65，0.48，0.25，0.60，0.40，0.40，0.42，0.38，则明年原材料涨价的主观概率预测值为：

$$P = \frac{0.32 + 0.35 + 0.65 + 0.48 + 0.25 + 0.60 + 0.40 + 0.40 + 0.42 + 0.38}{10}$$

$$= 0.425$$

也就是说，明年 ABC 公司主要原材料价格上涨幅度超过 20% 的可能性估计是 42.5%。主观概率法的特点有：一是主观概率是一种心理评价，判断中具有明显的主观性。对同一事件,不同人对其发生的概率判断是不同的。主观概率的测定因人而异,受人的心理影响较大,谁的判断更接近实际,主要取决于市场趋势分析者的经验、知识水平和对市场趋势分析对象的把握程度。二是在实际中主观概率与客观概率的区别是相对的,因为任何主观概率总带有客观性。市场趋势分析者的经验和其他信息是市场客观情况的具体反映,因此,不能把主观概率看成纯主观的东西。另外,任何客观概率在测定过程中难免带有主观因素,因为实际工作中所取得的数据资料很难达到大数规律的要求,所以,在现实中,既无纯客观概率,也无纯主观概率。

尽管主观概率法是凭主观经验估测的结果,但在趋势分析中它仍有一定的实用价值,它为趋势分析者提出明确的趋势分析目标,提供尽量详细的背景材料,使用简明易懂的概念和方法,以帮助趋势分析者判断和表达概率。同时,假定趋势分析期内环境情况比较正常,不出现重大变化,长期从事管理工作的人员及有关专家的经验和直觉往往还是比较可靠的。这种趋势分析方法简便易行,但必须防止任意、轻率地由一两个人随意估测,要加强严肃性、科学性,提倡集体的思维判断。

6. 领先指标法。领先指标,也叫先行指标,在它出现并经过一段时间后,后续指标才会发生变化。领先指标法就是根据两种指标的先后顺序,在分析判断先行指标发展变化的基础上,预测后续指标发展趋势的一种定性预测的方法。

图6-3中的两个指标值显示出领先与后续的规律,因此,可以通过监视领先指标来预测后续指标。如在图6-3中领先指标在$T_1$时由上升转为下降,而后续指标的这个转折发生在$T_2$时,$T_2$与$T_1$的时间差称为领先时间$T = T_2 - T_1$。由于领先指标在$T_3$时又发生向下的转折,则可根据其预测后续指标到$T_3 + T$时也将发生这样的转折。实践中,指标与指标之间很难表现为亦步亦趋,因而需要参照指标进行综合的分析判断。

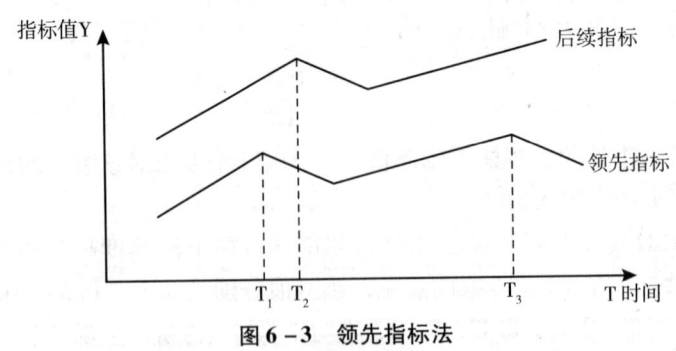

图6-3 领先指标法

领先指标法一般用来预测事物发展的趋势和发展中的转折点,这是该方法的一个重要作用。但是,它不能预测发展变化的幅度。

7. 相关因素法。下面围绕市场销售预测来介绍相关因素法。

任何一种产品的销售量常常是由许多因素所决定的。相关因素法就是分析影响本企业产品销售的各种因素，从中选择一个或几个主要因素，根据它们的变化来预测市场需求的变化情况。

产品的相关关系一般可以分为两大类：一是配套关系。例如，汽车发动机制造与汽车制造，电脑主机与键盘，显像管与电视机，冰箱与压缩机，小型电机制造和车床制造，就是整体与部分的配套关系。二是连带关系。有些产品是可以替代的，例如肥皂、香皂、洗衣粉就有替代作用，在一定时期内，如果市场的总需求量不变，随着人们对含磷洗衣粉污染环境认识的提高，有可能会造成肥皂和香皂的需求量上升。

这些相关的因素变量，有时会有固定的比例关系，有时并不是按固定比例增长，这就需要依据历史统计资料找出它们的对应关系，然后再进行推算。

8. 类比法。类比法是遵循类比原则，把预测目标与同类的、相似的先行事物加以对比分析，根据先行事物的发展变化状况来预测目标未来发展趋势与可能水平的一种预测方法。类比法的形式有很多，如由点推算面、由局部类推整体、由类似产品类推新产品、由相似国外市场类推国内市场等。类比法一般用来预测新市场消费者的潜在购买力、预测新产品长期的销售变化规律等，它主要用于中长期预测。

类比法具有广泛的适用性，但要求预测目标与类比对象必须具有类比性、相似性或近似性。要求类比对象的数据资料的准确性较高。如果选择不恰当的类比标准，将会影响到预测结果。

## 二、定量预测方法

定量预测方法，是指在数据资料充分的基础上，运用数学方法，有时还要结合计算机技术，对事物未来的发展趋势进行数量方面的估计与推测。定量预测方法有两个明显的特点：一是依靠实际观察数据，重视数据的作用和定量分析，可以得到比较准确的量化数据，克服预测过程中存在的主观人为因素的影响，使预测工作更加科学和客观；二是建立数学模型作为定量预测的工具。例如，设某种商品价格稳定，该商品销售额便由销售量决定。这时，销售量是自变量，设为 x，销售额是因变量，设为 y，它们之间可用函数式表示为：$y = f(x)$。这一函数式就描述了这种商品在价格确定条件下销售额与销售量之间的相互关系及其变化规律。

定量预测的优点是可以得到比较准确的量化数据，克服预测过程中存在的主观人为因素的影响，使预测工作更加科学和客观。但是，定量预测方法的运用必须具备两个前提条件：一是要有充分的历史资料；二是影响预测对象发展变化的因素相对稳定，并能以此作为依据建立数学模型。但是，定量预测方法也存在一定的局限性。实际工作中，由于社会经济现象错综复杂，定量预测方法不能适用于解决一切预测问题，大量问题不能量化，不可能对客观现象建立普遍适用的模型，即使建立了模型，也不可能把所有变动因素都纳入数学模型，有些数据难以取得或取得数据的成本过高，也不能代入模型来解决。

## （一）定量预测的要点

在进行定量预测的时候，要按照前面提出的步骤进行。

（1）要确定预测的目标。明确预测目的，需要解决什么问题？预测的对象是什么？预测的期限有多长？范围有多大？预测计划包括的具体预测业务内容、参加预测人员、具体分工任务、每个阶段任务及完工期等。

（2）要收集预测资料。整理和分析情报资料，把预测事物有关的过去和现在的统计资料收集齐全，系统分析、归纳整理，进行取舍，绘制必要的图表，并借助计算机进行数据储存和分类。这一步需要特别注意数据资料的及时性与可靠性。

（3）选择预测方法，建立预测模型。根据预测对象有关因素的数量关系和数据的质量，建立预测的数量经济模型。这一步是预测成功的关键。

（4）估计多数。利用收集整理的资料，采用数学方法，估计模型中各个参数的具体值，还要验证模型的正确性。常用的验证方法主要有数学方法和事后检验法。前者是利用数学原理验证预测的可靠性和精确度，例如数理统计中的 R 值检验、t 检验等；后者是把过去的历史数据代入模型，预测过去已发生的事件，把此预测结果与过去历史实际事件相比较，以确定模型的准确性及预测误差。验证了模型的正确性之后，必须进一步分析和估计可能产生的预测误差，并确定应该如何进行修正预测值。

（5）进行预测，用经过验证的模型，进行实际的预测工作，并写出预测报告。

（6）追踪检验，更新、完善模型。将预测值与实际结果进行对比，找出差值，并分析产生偏差的原因以修正模型，提高今后的预测精度。

除了按照预测的步骤进行之外，在进行定量预测时必须特别注意以下五个问题。

1. 选择预测方法时，讲究适用和实效，必须坚持实事求是。各种预测方法各有其特点，也都有其应用范围及适用条件，必须根据预测的目的和要求（预测时间、范围、精度等），选择适用的预测方法。

2. 历史数据和资料是定量预测的基础。要根据自己掌握的历史数据、资料的质量和多少来选择预测模型。

3. 要注意预测费用。预测方法不同，会使其预测精确度不同，而且预测费用也不同。因此，选择预测方法时，必须事先做好可行性研究，进行预测方案的效益与费用比较，权衡得失，采用那些费用低而又能满足预测要求的方法。

4. 要注意预测人员的素质，不断提高预测人员的水平。任何一种预测方法的使用要达到预期效果，就必须要被使用的预测人员所理解和信任。

5. 对于任何具体的预测问题，不存在一个绝对最好的预测方法，也不存在一个绝对准确的预测方法。预测是科学与艺术的结合，它需要定性与定量分析相结合。如果可能，应尽量多用几种不同的预测方法，综合分析所有预测结果，进行"综合预测",以提高预测精度。

(二) 定量预测的方法

1. 时间序列分析法。时间序列是指各种经济指标的统计数据按时间先后顺序排列而成的数列。时间序列分析法,就是将影响计划制定的统一变数的一组观察值,按时间顺序加以排列,构成时间序列,然后运用一定的数学方法使其向外延伸,预计事物未来的发展变化趋势,确定预测值。

时间序列的变化主要有四种,即长期趋势变化、季节变化、周期变化和随机变化。对于前面三种变化,一些简单的模型便可以预测其变化趋势,例如简单平均法、移动平均法、指数平滑法、趋势延伸法等。而要同时预测季节变化和周期变化,则需要应用一些复杂的预测模型,如季节指数法、回归滑动模型等。随机变化是不可预测的,它是混在时间序列中的干扰因素,必须将它过滤,以免影响预测的精度。

下面简要介绍几种常用的时间序列分析法。

(1) 算术平均法。设有 n 个观察期的观察值 $X_1$,$X_2$,$X_3$,…,$X_n$,则以这些观察值的算术平均数 $X_平$ 作为预测值。预测公式为:

$$X_平 = \frac{1}{n}\sum X_i$$

算术平均法适用于预测对象没有显著的长期趋势和季节变化的情况。它的缺点是,对所有观察值,不论时间距离预测目标时间的长短,都同样对待,这是不符合实际市场情况发展规律的。

(2) 加权平均法。加权平均法对不同的观察值赋予不同的权值,一般离预测时间越近的观察值所赋予的权值越大,这样就克服了算术平均法的缺点。预测公式为:

$$X_平 = \sum W_i X_i$$

其中,$W_i$ 为每个观察值所占权值,总的权值 $\sum W_i = 1$。

(3) 几何平均法。当预测对象的发展过程是持续上升或下降的,并且上升或下降的幅度大致相当时,可以采用几何平均法。预测公式为:

$$X_平 = (X_1 \times X_2 \times \cdots \times X_n)^{\frac{1}{n}}$$

(4) 一次移动平均法。如果事物发展比较平坦,增长趋势不明显,那么可以用一次移动平均法进行预测。设有 n 个时间序列样本值 $X_1$,$X_2$,$X_3$,…,$X_n$,其中 $X_t$ 为第 t 期的数据(t = 1,2,3,…,n)。从 n 个数据中选取连续的 N 个,计算第 t 期的移动平均数如下:

$$X_t = \frac{X_{t-1} + X_{t-2} + \cdots + X_{t-N}}{N}$$

其中,$X_t$ 作为第 t 期的预测值,N 称为移动跨距。

(5) 一次指数平滑法。一次指数平滑法是一种特殊的加权移动平均法,主要

用来预测长期趋势和季节变动情况。预测公式为:
$$Y_{t+1} = Y_t + \alpha(X_t - Y_t)$$
其中,$Y_{t+1}$为对下一期的预测值;$Y_t$为上一期对本期的预测值;$X_t$为本期的观察值;α为平滑系数,其中,$0 < \alpha < 1$。

这种方法的关键是确定α的值,其大小直接影响预测效果。α取值不同,反映了在预测过程中对不同时间段历史数据的重视程度。α越小,表示越重视历史数据;α越大,则表示越重视当前信息。

(6)季节指数法。实践中,周期性经济活动时常发生,如水果、蔬菜、服装、旅游等,往往受季节性影响而发生季节性变动。利用季节指数法进行预测,首先应考虑没有季节影响的预测值应该如何计算,例如前面介绍的几种方法;然后考虑用什么方法计算季节指数。这里简要介绍直接平均季节指数法。

直接平均季节指数法,是指依据季节变动序列数据,用求算术平均值的方法,计算各月或各季的季节指数,据此进行预测。直接平均季节指数表示各月或各季平均的季节性变动幅度的大小。预测步骤如下:

(1)收集历年(至少3年)各月或各季的统计数据资料。
(2)求出各年同月或同季的平均数$A_t$和历年所有月份或季度的平均值B。
(3)计算同月或同季的季节指数,$S_t = A_t/B$。
(4)用未来年度没有考虑季节变动的预测值$X_t$,乘以相应的季节指数,即可得到未来年度内各月或各季包含季节变动的预测值,即:
$$Y_t = X_t \cdot S_t$$

2.因果分析法。客观世界中有许多事物、现象、因素彼此关联而构成一定的过程和系统,因此,就形成了相应的因果关系,因果关系是客观事物间普遍存在的一种联系。例如,降雨量与农产品的产量,房屋竣工面积与钢材、水泥的消耗量,居民平均收入水平与耐用消费品的销售量,学龄人口数量与教师的需求量,都具有较强的因果关系。

因果分析预测方法是根据事物之间的因果关系对变量的未来变化进行预测的一种方法。一般来说,定量的因果分析预测方法比时间序列分析法描述的结果更精确一些。按照时间序列分析法进行统计学处理,固然可以消除许多偶然因素,使时间序列规则化,但是,这种规则化并不说明规则化了的参数之间有什么因果关系,即它们本质上不一定就是相关函数。没有因果关系的预测只是一种形式上的预测,而找出因果关系的预测才是本质上的预测。利用因果分析进行预测的方法有很多,这里主要介绍一元线性回归分析法。

回归分析就是从事物变化的因果关系出发进行预测的一种方法,它不仅剔除了不相关的因素,还综合考虑了相关因素的紧密程度,提高了预测的可靠性。当研究的因果关系只涉及因变量和一个自变量时,而且因变量和自变量的因果关系的函数表达式为线性时,称之为一元线性回归分析。

一元线性回归分析法的步骤如下。
首先,进行定性分析,确定有哪些可能的相关因素;

其次，收集这些有关因素的统计资料；

再次，应用最小二乘法，求出各因素之间的相关系数，并建立起回归关系函数表达式，即回归方程：Y = a + bX。

最后，根据这个回归方程预测未来值。

在 Y = a + bX 式中：

$$a = \overline{Y} - b\overline{X}$$

$$b = \frac{n\sum X_i Y_i - \sum X_i \sum Y_i}{n\sum X_i^2 - (\sum X_i)^2}$$

$$\overline{Y} = \frac{1}{n}\sum Y_i$$

$$\overline{X} = \frac{1}{n}\sum X_i$$

例如，某商场 2012～2018 年彩色电视机的销售量如表 6-1 所示，试预测该商场 2019 年、2020 年彩色电视机的销售量。

表 6-1　　　　　　　某商场彩色电视机的销售量

| 年份（$X_i$） | 2012 | 2013 | 2014 | 2015 | 2016 | 2017 | 2018 |
|---|---|---|---|---|---|---|---|
| 销售量（$Y_i$）/台 | 235 | 260 | 326 | 368 | 412 | 453 | 520 |

从图 6-4 中可以看出，该商场彩色电视机的销售量与时间的关系基本上为线性关系，因此，可以运用以上模型进行预测。

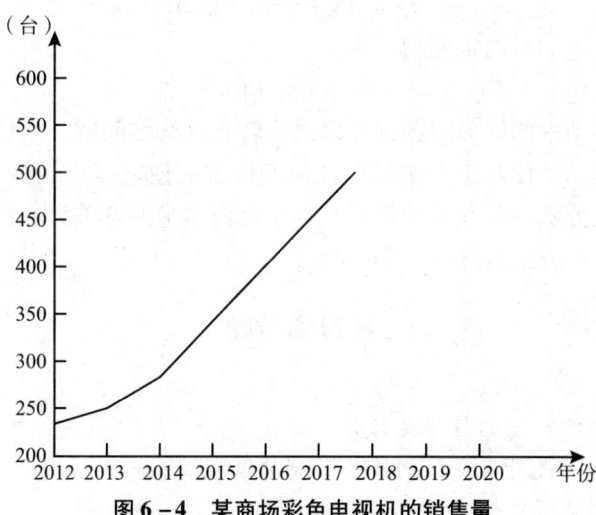

图 6-4　某商场彩色电视机的销售量

通过计算我们可以得到：a = -95 989.46，b = 48.11，由此，我们可以得到该商场的时间序列模型为：

$$Y_i = -95\,989.46 + 48.11X_i$$
$$(-29.38)^{***} \quad (29.49)^{***}$$

模型中括号里的数据表示回归系数的 t 检验值，*** 表示 1% 水平上的显著性。其中，模型的 $R^2$（拟合度）= 0.99，F 检验值 = 869.72，说明模型效果比较好。

这里应该注意的是，模型里的年份 $X_i$ 均以实际值表示，所以 2019 年销售量的预测值为：$-95\,989.46 + 48.11 \times 2\,008 = 562$（台）（结果已经四舍五入）。同样，我们可以得到 2020 年销售量的预测值为 610 台。

3. 回归模型预测法。回归模型是研究一个变量对于另一个（些）变量的具体依赖关系的计算方法和理论。在学习回归模型预测之前，首先要了解一些基本概念，通常来说，我们要进行预测的变量称为被解释变量（explained variable）或因变量（dependent variable），例如 y = a + bx 中 y 就是解释变量或因变量；而 x 就是解释变量（explanatory variable）或自变量（independent variable）。回归模型关心的是根据解释变量的已知或给定值考察被解释变量的总体均值。

回归模型根据自变量的指数是否为 1，可以分为线性回归模型（自变量的指数 = 1）和非线性回归模型（自变量的指数 ≠ 1）。线性回归模型比较简单，与时间序列预测法中介绍的方法类似，这里就不再赘述。对于非线性回归模型，可通过一定的方式转换成线性回归模型。

例如，我们常见的柯布—道格拉斯生产函数（C–D 函数）的表达式为：
$$Q = AK^{\alpha}L^{\beta}$$
其中，Q 表示产出量；K 表示投入的资本；L 表示投入的劳动。对等式两边同时取对数：
$$\ln Q = \ln A + \alpha \ln K + \beta \ln L$$
通过替换，我们可以将模型变为：
$$y = c + \alpha x_1 + \beta x_2$$

实际经济活动中的许多问题都可以最终转化为线性问题，所以，线性回归模型有其普遍意义。即使对于无法采取任何变换方法使之变成线性的非线性模型，可使用参数估计方法——非线性最小二乘法对模型中的有关参数进行估计，其原理仍然以线性估计方法为基础。

## 复习思考题

1. 什么是预测？它的特征是什么？
2. 预测的依据是什么？如何提高预测的准确性？
3. 预测有必要吗？它有什么作用？
4. 预测如何分类？具体有哪些内容？
5. 预测的步骤与程序？简述预测的行为过程及其意义。
6. 常用的预测方法有哪些？

## 案例分析

### 宝洁公司管理的数字化革命[①]

2010年以后宝洁公司发起了一场涉及战略、流程、组织架构、研究开发、营销等方面的系统变革。该公司在80多个国家开展业务,有300多个品牌,每天接触42亿个顾客,2012财年营业收入840亿美元。

宝洁信息决策方案部门(IDS)通过商业分析决策系统运用数据分析和预测模型,从公司内部90多个大的基础业务流程中,包括生产线、销售人员、销售渠道的超市和门店实时收集、整理出来数据,对各个品牌,在不同地区、消费群中的销售情况和未来一周甚至一个月的走势,以图表的形式展示出来,并分析销售形势变化的种种原因。在会议室,有一个巨大的实时显示系统,可以根据需要以图形或表格、以不同颜色呈现一个季度内的经营数据,并深入各个地区(如中国区、某个省)某个月、某一周的数据。

过去业务主管们讨论 What(过去经营怎么样)、Why(为什么会这样)、How(下一步怎么做)、What(达成什么目标),时间分配是70%、20%和10%(最后的两项)。现在变成了10%、30%~40%、50%~60%。据测算,IDS在过去几年中,让公司高管和员工获得实时访问的数据增加了7倍,帮助公司节约成本超过9亿美元。

2010年宝洁大中华区组建全新的电子商务团队,开始探索大数据营销,至今已经贯穿到从产品研发、上市、社会化媒体传播等全生命周期。例如,玉兰油(OLAY)一款男士护肤品上市前,团队先考虑男士最喜欢什么东西、最关心的问题是什么?传统的方法要通过问卷调查调研1个月至数个月。现在通过大数据挖掘,20 000万份问卷一分钟搞定。数据分析发现,控油、收缩毛孔、祛痘是男士洁面最关心的三个需求,成为开发团队的工作依据。整个决策过程大大加快了。

为了营造一种重视数据、充分利用数据、用数据加快沟通、决策和行动的文化,宝洁不断优化、再造公司的组织和流程。例如,选择品牌代言人。以往按照惯例先准备一份一线明星代言的采购名单,然后圈定若干候选人,依据代言价格,组织调查问卷分析,再作小范围的分析,最后确定代言人。现在的流程是,宝洁把一份拟订的20人候选名单交给第三方运营商,说明该产品的目标消费群体,例如锁定1985年以后出生的年轻人。代理商据此先找到符合描述的目标群体在社会化媒体和网络上最关注的明星有何特征,采用分析工具在几亿数量级的样本确定几十个符合该特征的明星。然后考量这些明星在社会化媒体上的影响力、传播力,再考察喜欢这些明星的人群所在地域、所处年龄、兴趣点分布,考量这些人群是否符合宝洁的期望。结果发现,这些"85后"喜欢的明星不是那

---

[①] 根据赵建凯文《重塑宝洁》(《IT经理世界》2013年第372期)摘编。

些一线大牌明星，而是一些热播情景中的演员，或卫视综艺节目的主持人，甚至人们认为是港台地区二三线的明星。根据筛选出来的名单增加了10个左右的候选人。该流程是由消费者来决定谁当代言人，颠覆了原来由公司认定代言人让消费者接受的思路。

问题：宝洁公司成功预测案例有什么启示？

# 第七章 决 策

**【学习要求】**

掌握科学决策理论的基本观点；明确决策在管理工作中的地位与作用；了解各种决策类型；清楚理解决策的基本过程；理解决策的基本理论及其观点；了解各种决策方法及其适用范围；掌握提高决策正确率的基本技巧。

## 第一节 决策概述

在激烈的市场竞争中，许多情况真假难辨，不知后果如何，这时，管理者不能优柔寡断，需要果断地对面临的问题做出决策。而要做出正确的决策，除了需要管理者的魄力、对市场的敏感、冷静的头脑，还需要实事求是的精神与科学的方法，否则，就只会是盲目的冒险。决策是人们的一种社会行为，任何个人、企业、事业单位和政府机构都离不开决策。决策无处不在，当你在几种备选方案中挑选一个执行方案时，你就是在决策。整个管理过程都是围绕着决策和决策方案的实施而展开的，决策贯穿于管理过程的始终。个人决策关系到个人的成败得失，组织决策关系到组织的生死存亡，国家决策关系到国家的兴衰荣辱。然而，随着组织环境的变化，决策的不确定性越来越大，难度越来越高。一个人或一个组织的决策后果完全符合预期情况的很少，总是或多或少地偏离原先期望，甚至截然相反。缩小这种偏离正是决策研究的效果和潜力所在。

### 一、决策的概念

决策，是指为实现一定目标，在掌握充分的信息和对有关情况进行深入分析的基础上，用科学的方法拟订并评估各种方案，从可行方案中选择一个合理方案的分析判断过程。

经营决策，是指在企业生产经营活动过程中，为实现预定的经营目标或解决新遇到的重大问题，在充分考虑企业内部条件和外部环境的基础上，拟订出若干可行方案，然后从中做出具有判断性的选择，确定一个较佳方案的过程。

因此，决策的前提条件就是要有几种备选方案可供选择，如果方案只有一个，那么就不用决策了。换句话说，备选方案越多，方案之间的差别越小，决策的难度就越大。

决策的概念包括以下五个要点。

1. 决策应有明确合理的目标。这是决策的出发点和归宿。决策是理性行动的基础，行动是决策的延续。无目标或目标不合理的行动是盲目的、错误的行动，只会导致企业的损失和浪费。

2. 决策必须有两个以上的备选方案。为实现企业某一特定经营目标，必须从多个可行方案中通过分析、比较和判断进行选优。如果只有一个方案，则别无选择；或虽有多个备选方案，但无限制，可随意选取，也就无需分析、判断，这些都不符合决策的概念。

3. 必须知道每种方案可能出现的结果。选择方案的标准主要是看方案实施后的经济效果如何，所以，必须对方案可能的结果有充分的预见，否则就无从比较。

4. 最后所选取的方案只能是令人满意的。传统的决策理论中是以决策标准最优化为准则的，如力图寻找最大的利润、最大的市场份额、最优的价格、最低的成本、最短的时间等。而现代决策理论认为，最优化决策是不可能实现的，它只是一种理想而已。

5. 决策的实质是谋求企业的动态平衡。从提出问题、收集资料、确定目标、拟订行动方案、评价选择到采取行动、实施反馈等一系列活动，都是为谋求企业外部环境、内部条件和经营目标之间的动态平衡而努力的。

## 二、决策的特点

1. 目标性。任何决策都包含着目标的确定。目标体现的是组织想要获得的结果。目标明确以后，方案的拟订、比较、选择、实施及实施效果的检查就都有了标准与依据。

2. 可行性。方案的实施需要利用一定的资源。缺乏必要的人力、物力、财力，理论上十分完善的方案也只能是空中楼阁。因此，在决策方案的拟订和选择过程中，采取某种行动时要注意实施条件的限制。

3. 选择性。决策的关键是选择，决策目标与决策方案都是经过选择而确定的。没有选择就没有决策。而要能有所选择，就必须提供可以相互替代的多种方案。事实上，为了实现同样的目标，组织总是可以从事多种不同的活动。这些活动在资源要求、可能结果及风险程度等方面存在着或多或少的差异。因此，不仅有选择的可能，而且有选择的必要。

4. 满意性。选择组织活动的方案通常是根据满意化准则，而不是最优化准则。为什么选择活动方案的原则是满意原则而非最优原则？最优决策对决策者的要求是：第一，决策者了解与活动有关的全部信息；第二，决策者能正确辨识全部信息的价值并能据此制定出没有疏漏的行动方案；第三，决策者能够准确计算出各个方案在未来的执行结果和发生的概率；第四，决策者必须要有果断性，同时也要具备一定的冒险精神。显然，这些条件难以全部具备。因此，在决策活动中，在方案数量有限、执行结果不确定的条件下，人们难以做出最优选择，只能根据已知的全部条件，加上人们的主观判断，做出相对满意的选择。

5. 过程性。决策是一个过程而非瞬间行动，这是因为：

（1）组织中的决策并不是单项决策，而是一系列决策的综合，因为组织中的决策牵涉到方方面面。当令人满意的行动方案被选出后，决策者还要就其他一些问题（如资金筹集、结构调整和人员安排等）做出决策，以保证该方案顺利实施。只有当配套决策都做出后，才能认为组织的决策已经完成。

（2）在这一系列决策中，每个决策本身就是一个过程。为了理论分析的方便，我们把决策的过程划分为几个阶段。但在实际工作中，这些阶段往往是相互联系、交错重叠的，难以截然分开。

6. 动态性。决策的动态性与过程性有关。决策不仅是一个过程，而且是一个不断循环的过程。作为过程，决策是动态的，没有真正的起点，也没有真正的终点。我们知道，组织的外部环境处于不断变化中。这要求决策者密切监视并研究外部环境及其变化，从中发现问题或找到机会，及时调整组织的活动，以实现组织与环境的动态平衡。

## 三、决策的作用

1. 正确决策是企业生存和发展的重要保证。在市场经济条件下，企业外部环境因素特别是市场环境因素对企业的影响非常大，作为企业生存的空间，它要求企业的行为具有很强的方向性和适应性。一方面，企业的长期战略目标应符合社会和市场的长期利益，要有远见；另一方面，企业的生产经营活动应能满足社会和市场不断变化的需要，要有灵活的适应性。所以，企业必须要有正确的决策，以使自己的行为有利于社会和市场，得到社会和市场承认，并取得经济效益，不断发展壮大。

2. 科学的决策是企业实现管理现代化的关键。随着市场经济的发展，企业与外界联系、市场竞争、市场需求日益复杂多样，客观上要求企业的管理水平现代化，有效地发挥企业管理的各项职能。而企业管理职能的基础就是决策。没有决策的现代化，各项职能的效用就无从提高，就不可能实现管理的全面现代化。

3. 合理的决策是促进企业整个系统协调统一的重要手段。

（1）决策为企业规定的经营目标，是企业一切经济活动和全体职工共同奋斗的总目标。通过目标体系的建立，能调动人们的积极性和创造性，为实现总目标做出贡献。

（2）决策为企业规定的经营方针，是企业各项管理工作应遵循的行动准则，它能统一全体员工的思想和行动，使大家相互协调、相互配合。

（3）决策为企业规定的经营策略，是企业落实经营方针和实现经营目标的具体对策与途径，可以使企业的各项管理工作按部就班地进行。

## 四、决策的类型

决策的内容十分广泛,因决策的时间、对象、方法不同而有所不同。我们可以按照不同的分类标准或依据将其分为许多类型。

1. 战略决策与战术决策。从调整的对象和涉及的时限来看,组织的决策可以分为战略决策与战术决策。战略决策是指有关企业今后发展方向的长远的、全局性的重大决策,涉及整个战略的总体安排,包括投资方向、生产规模的选择、新产品的开发、企业的技术改造、设备和新工艺方案的选择、生产过程的组织设计、市场开拓、厂址选择和生产布局、人力资源开发等问题的决策,它一般需要一定数量的投资,具有实现时间长和风险较大的特点;战术决策是为实现长期战略目标所采取的短期的策略手段,与每一场具体战斗的进行有关,如日常的营销决策、物资储备决策、生产过程的控制、采购资金的控制等,它具有不需要太多投资和时间短的特点。战略决策解决的是"做什么"的问题;战术决策解决的是"如何做"的问题。战略决策是根本性决策;战术决策是执行性决策。战略决策是战术决策的依据;战术决策是在战略决策的指导下制定的,是战略决策的落实。

2. 程序化决策与非程序化决策。这是根据决策问题的重复程度和有无既定的程序可循进行的分类。

程序化决策是指解决企业管理中经常重复出现的问题,并已有处理经验、程序和方法,能按原来规定的程序、处理方法和标准进行的决策,又称重复性决策或规范化决策,多属于业务决策。例如,企业在做采购原材料决策时,会遵循以往的惯例进行。现在的政府机关需要新进人员时,先制定出进入计划,然后上报给人事主管部门审批,审批后再向全社会公开招考公务员。由于这类问题是重复出现,其过程已标准化,因而可规定出一定的程序,建立决策模式,用计算机进行处理。在企业管理工作中,绝大多数决策属于程序化决策。

非程序化决策是指没有常规可循,对不经常重复发生的业务工作和管理工作所做的,没有处理经验、完全靠决策者个人的判断和信念来进行的决策。非程序化决策往往是有关企业重大战略问题的决策,如新产品开发、产品方向变更、企业规模扩大、市场开拓、重大人事变更、组织机构的重大调整等,主要由上层管理人员承担。非程序化决策主要用来解决例外问题。例如,企业在生产过程中出现重大人员伤亡事故时就必须采用非程序化决策,因为,对于企业来说,重大人员伤亡事故并不是经常出现的,企业自身也缺乏这种处理经验。

由于非程序化决策要考虑企业内外条件和环境的变化,所以,无法用常规的办法来处理,除采用定量分析外,决策者个人的经验、知识、洞察力及直觉、信念等主观因素对决策有很大影响。

3. 确定型决策、不确定型决策和风险型决策。这是根据决策问题所处的条件及后果发生的可能性大小进行分类。

确定型决策是指每个方案所需的条件都是已知的，并能预先准确了解其必然结果，即决策条件清楚，结果也清楚，决策者只需根据目的进行选择的决策。其最基本的特征就是，事件的各种自然状态是完全肯定而明确的。它的任务就是分析各种方案所得到的明确结果，从中选择一个合理的方案。比如，企业现在使用的一部生产机器已经到了濒临报废的地步，需要购买一台新的机器，这个决策就是确定型决策。再比如，从甲地到乙地的距离已知，可通过坐火车、飞机、汽车等三种方式到达，每一种方式的时间和成本费用事先都是确定的，因此，如果问应采取哪一种方案，这种决策就属于确定型决策，决策者可以从中找到最优的方案。

不确定型决策是指决策者只知道每个备选方案都存在着两种以上不可控的状态，也不知道每种自然状态发生的概率，或只能以主观概率判断，即条件、结果均不清楚，决策者根据个人偏好选择方案，方案的最终选择主要取决于决策者的态度、经验及其所持的决策原则。例如，企业想推出一种完全不同于传统产品的新产品，通过市场调查并没有得到实质性的有用资料，新产品上市之后，前景如何，企业不知道，那么究竟要不要推出这种新产品呢？这就要看决策者的选择了。

风险型决策又称随机型决策，是指每一个备选方案的执行都会出现几种不同的情况，决策者不能知道哪种自然状态会发生，但能知道有多少种自然状态以及每种自然状态发生的概率，这时的决策就存在着风险，即条件不十分肯定，但后果及发生的概率大多已知，决策者无论如何选择都将承担风险的决策。例如，某商人准备投资建立一个生产塑料制品的工厂，现在他有两种选择，要么建小厂，要么建大厂。通过认真考察，他发现，塑料制品在未来一段时间畅销的概率为 0.3，销路一般的概率为 0.5，滞销的概率为 0.2，建大厂和小厂的损益状况如表 7-1 所示。

表 7-1　　　　　　　　　　风险型决策示例　　　　　　　　　　单位：万元

| 类型 | 概率 | | | | |
|---|---|---|---|---|---|
| | 畅销 | 一般 | 滞销 | 期望值 | 建厂成本 |
| | 0.3 | 0.5 | 0.2 | E | C |
| 大厂 | 30 | 10 | 5 | 13 | 7 |
| 小厂 | 15 | 5 | 0.5 | 7.1 | 5 |

在这种条件下，建大厂获利的期望值 = $30 \times 0.3 + 10 \times 0.5 - 5 \times 0.2 = 13$（万元）；建小厂获利的期望值为 7.1 万元。考虑成本后，建大厂获纯利 6 万元，建小厂获纯利 2.1 万元，此时，商人很可能选择建大厂。

4. 初始决策与追踪决策。从决策解决问题的性质来看，可以将决策分成初始决策与追踪决策两种。初始决策是指组织对从事某种活动或从事该种活动的方案所进行的初次选择，它是在有关活动尚未进行从而环境未受到影响的情况下进行的。随着初始决策的实施，组织外部环境发生变化，这种情况下所进行的决策就是追踪决策，追踪决策是在初始决策的基础上对组织活动的内容或是方式的更新调整。

5. 高层决策、中层决策和基层决策。按做出决策的领导层次划分，决策可以分为高层决策、中层决策和基层决策。

高层决策即企业一级的决策，主要解决企业全局性的以及同外部环境有密切关系的长远性、战略性的重大问题，大多属于战略决策。

中层决策是由组织中层管理人员所进行的决策，即车间、职能科室一级的决策，它是在战略决策做出后为确保在某一时期内完成任务和解决问题的决策，大多采用战术决策。

基层决策指组织内基层管理人员所进行的决策，即工段、班组一级的决策，它主要解决作业任务中的问题，这类决策问题技术性较强，要求及时解决，不能拖延时间。

6. 个体决策与群体决策。按决策主体的数量划分，决策可以分为个体决策与群体决策。

个体决策的决策者是单个人，如"厂长负责制"企业中的决策就主要是由厂长个人做出方案抉择的。在现代社会中，组织中的许多决策，尤其是一些重大决策，都是由群体制定的。由于群体间的个体差异和冲突，群体决策要比个体决策更为复杂。

群体决策的决策者可以是几个人、一群人甚至整个组织的所有成员。如"董事会制"下的决策就是一种群体决策，由集体做出决策方案的选择。群体中的个人可以以个体决策的方式进行自己的决策，但必须受制于群体的规范，决策结果是各种个体决策结果的群体综合。群体决策的主要特点：群体成员的价值观、目标、判断准则和信息基础存在差异；群体成员对决策问题的认识不尽一致；群体活动的结果取决于群体的构成和群体的作用过程。群体决策的优点：提供完整的信息，避免重大错误，提高决策质量；产生更多的方案，提高方案的接受性，提高决策的合法性。群体决策的缺点：消耗更多的资源（时间和金钱）；少数人统治；群体思维（偏见）；责任不清。

个体决策的速度快，群体决策往往比个体决策消耗更多的时间，但有效性更高，群体决策的创造性强。

### 五、决策的原则

要使决策科学化，必须遵循以下原则。

1. 决策要在全面考虑问题的基础上，抓住要害，保证总体优化，必须协调好组织内部各部门、各单位、各环节之间的关系，进行综合平衡。

2. 决策是一个复杂的过程，必须遵循科学的决策程序，确定有效的决策标准，采用科学的决策方法，建立有效的决策体系和做好决策的组织工作。

3. 决策要有明确的目标和衡量达到目标的具体标准。
4. 决策必须是经济上合理、技术上可行，社会、政治、道德、法律等各方面因素允许。
5. 决策必须从实际出发，实事求是，量力而行，并且要有充分的资源作保证。
6. 决策不仅要切实可行，而且要便于管理，并有相应的行动规划保证决策能付诸实现。
7. 决策必须有应变能力，事先要考虑一些应变措施，使决策具有一定的弹性。
8. 决策要留有发生风险后生存的余地。要清醒地估计到各种方案的风险程度以及可允许的风险度。本着稳健行事的原则，使风险损失不致引起不可挽回的后果。
9. 决策技术和方法必须具有先进性，采用现代管理技术和方法。
10. 决策应规范化、制度化和法律化。

## 第二节　决策基本理论

### 一、古典决策理论

古典决策理论又称规范决策理论，是基于"经济人"假设提出来的，主要盛行于20世纪50年代以前。古典决策理论认为，应该从经济的角度来看待决策问题，即决策的目的在于为组织获取最大的经济利益。

古典决策理论的主要内容包括：
1. 决策者必须全面掌握有关决策环境的信息情报。
2. 决策者要充分了解有关备选方案的情况。
3. 决策者应建立一个合理的自上而下的执行命令的组织体系。
4. 决策者进行决策的目的始终都是在于使本组织获取最大的经济利益。

古典决策理论假设，作为决策者的管理者是完全理性的，决策环境条件的稳定与否是可以被改变的，在决策者充分了解有关信息情报的情况下，是完全可以做出完成组织目标的最佳决策的。古典决策理论忽视了非经济因素在决策中的作用，这种理论不一定能指导实际决策活动，从而逐渐被更为全面的行为决策理论代替。

### 二、行为决策理论

行为决策理论的发展始于20世纪50年代。对古典决策理论的"经济人"假设发难的第一人是西蒙，他在《管理行为》一书中指出，理性的和经济的标准都无法确切地说明管理的决策过程，进而提出"有限理性"标准和"满意度"原则。其他学者对决策者行为作了进一步的研究,他们在研究中也发现,影响决策者进行决策的不仅有经济因素,还有其个人的行为表现,如态度、情感、经验和动机等。

行为决策理论的主要内容包括:

1. 人的理性介于完全理性和非理性之间,即人是有限理性的,这是因为,在高度不确定和极其复杂的现实决策环境中,人的知识、想象力和计算力是有限的。

2. 决策者在识别和发现问题中容易受直觉上的偏差的影响,而在对未来的状况做出判断时,直觉的运用往往多于逻辑分析方法的运用。所谓直觉上的偏差,是指由于认知能力的有限,决策者仅把问题的部分信息当做认知对象。

3. 由于受决策时间和可利用资源的限制,决策者即使充分了解和掌握有关决策环境的信息情报,也只能做到尽量了解各种备选方案的情况,而不可能做到全部了解,决策者选择的理性是相对的。

4. 在风险型决策中,与经济利益的考虑相比,决策者对待风险的态度起着更为重要的作用。决策者往往厌恶风险,倾向于接受风险较小的方案,尽管风险较大的方案可能带来较为可观的收益。

5. 决策者在决策中往往只求满意的结果,而不愿费力寻求最佳方案。导致这一现象的原因有很多种。

(1) 决策者不注意发挥自己和别人继续进行研究的积极性,只满足于在现有的可行方案中进行选择。

(2) 决策者本身缺乏有关能力,在有些情况下决策者出于个人某些因素的考虑而做出自己的选择。

(3) 评估所有方案并选择其中的最佳方案,需要花费大量的时间和金钱,这可能会得不偿失。

行为决策理论抨击了把决策视为定量方法和固定步骤的片面性,主张把决策视为一种文化现象。例如,美籍日本学者威廉·大内在其对美、日两国企业在决策方面的差异所进行的比较研究中发现,东西方文化的差异是导致这种决策差异的一种不容忽视的原因,从而开创了决策的跨文化比较研究。

## 三、当代决策理论

继古典决策理论和行为决策理论之后,决策理论有了进一步的发展,即产生了当代决策理论。当代决策理论的核心内容是:决策贯穿于整个管理过程,决策程序就是整个管理过程。

组织是由作为决策者的个人及其下属、同事组成的系统。整个决策过程从研究组织的内外环境开始,继而确定组织目标、设计可达到该目标的各种可行方案、比较和评估这些方案进而进行方案选择(即做出择优决策),最后实施决策方案,并进行追踪检查和控制,以确保预定目标的实现。这种决策理论对决策的过程、决策的原则、程序化决策和非程序化决策、组织机构的建立同决策过程的联系等作了精辟的论述。

随着科学技术（包括管理科学）的发展以及对于决策理论和实践的不断探索，决策理论和方法已逐步形成一门新兴的学科，并成为管理科学的核心。决策科学是一门综合性、方法性的科学，它研究怎样把科学的方法引入决策过程，怎样利用现代科学技术手段，采用民主的和科学的方法，把决策变成集思广益、有科学依据、有制度保证的过程，从而实现决策的民主化、科学化和制度化。在这个发展过程中，辩证唯物主义理论为现代决策理论和方法提供了坚实的哲学基础；而系统论、信息论、控制论、运筹学、系统分析、网络分析、仿真技术、电子计算机技术以及社会学、心理学等新学科和新技术的发展又为决策科学提供了定性、定量分析的方法和工具。首先是运筹学及以后发展起来的系统工程（或称系统分析）等为决策管理理论的形成与发展奠定了良好的基础。尤其是运筹学与系统工程的主要分支——线性规划与非线性规划、网络分析技术、对策论、统计决策等对决策理论和方法的发展起着直接的作用。控制论、信息论及系统论的基本理论为决策理论提供了新的概念、新的思维。电子计算机技术的发展，以及专家系统与人工智能的迅速发展，为决策理论提供了有效的实现手段。特别是仿真技术、模拟理论的出现及其与电子计算机技术的配合，为进行社会"模拟试验"如军事上的战术模拟、社会经济模拟等带来了可能。通过模拟计算，可以获得动态系统定量的最优方案，为科学地决策提供了可靠的依据。

对当今的决策者来说，在决策过程中应广泛采用现代化的手段和规范化的程序，并以系统理论、运筹学和电子计算机为工具，辅之以行为科学的有关理论。这就是说，当代决策理论把古典决策理论和行为决策理论有机地结合起来，它所概括的一套科学行为准则和工作程序，既重视科学的理论、方法和手段的应用，又重视人的积极作用。

## 第三节 决策的过程与方法

### 一、决策的过程

（一）决策的过程

决策是一个有序的、条理化的过程，而不是在瞬间选定某个方案的单纯的决断。决策的过程是指从问题提出到方案确定所经历的过程。决策是一项复杂的活动，有其自身的规律性，需要遵循一定的科学程序。在现实工作中，导致决策失败的原因之一就是没有严格按照科学的程序进行决策，因此，明确和掌握科学的决策过程，是管理者提高决策正确率的一个重要方面。一般来说，决策过程大致包括以下六个方面。

1. 分析决策问题。决策是为了解决现实中提出的需要解决的问题或者是为了达到需要实现的目标。所谓问题就是应有现象（或目标）和实际现象（或现实）之间所存在的差距。通过调查、收集和整理有关信息，发现差距，明确奋斗目标，是决策的起点。没有问题，不需要决策；问题不明，则难以做出正确的决策。

决策的正确与否首先取决于问题判断的准确程度，因此，认识和分析问题是决策过程中最为重要也是最为困难的环节。就管理者的工作而言，若能始终正确判断问题自然最好，但在实际工作中却常常事与愿违，要么不能正确地判断问题，要么就是触及不到问题的实质。

2. 确定决策目标。管理的目的是为了有效地实现组织的发展目标，目标体现的是组织想获得的结果。因此，任何决策都是针对目标而言的，决策就是要回答决策的目的是什么、要达到什么目标。所谓决策目标，是指在一定的环境和条件下，根据预测，对这一问题所希望得到的结果。在确定决策目标的过程中必须弄清以下问题：组织目前存在的主要问题是什么？为什么没有实现既定的目标，还存在哪些差距？影响目标实现的主要有利和不利因素有哪些？组织发展的合理目标是什么？目标体系中各子目标之间的关系是什么？目标的优先次序如何确定，其依据是什么？等等。

目标的衡量方法有很多种，例如，我们通常用货币单位来衡量利润或成本目标；用每人时的产出数量来衡量生产率目标；用次品率或废品率来衡量质量目标。

根据时间的长短，可把目标分为长期目标、中期目标和短期目标。长期目标通常用来指导组织的战略决策；中期目标通常用来指导组织的战术决策；短期目标通常用来指导组织的业务决策。无论时间的长短，目标总指导着随后的决策过程。

3. 拟订备选方案。决策目标明确以后，就要确定能够达到目标的各种备选方案。所谓备选方案，就是指可供进一步选择的可能方案。备选方案不可能只有一个，但是备选方案也不可能太多，否则，不仅要投入大量不必要的精力，而且还会影响决策的速度和质量。管理者常常借助其个人经验、经历和对有关情况的把握来提出方案。为了提出更多、更好的方案，需要从多种角度审视问题，这意味着管理者要善于征询他人的意见。拟订备选方案时应从多方面多视觉分析考虑方案的技术性、经济性和可行性，必须考虑所有主要的可能因素。在拟订备选方案的过程中，一个很重要的问题就是尽量找出限制性因素。日本轿车出口美国，美国人高大而日本轿车较小，所以车内的舒适性就是一个限制性因素，那么日本汽车就要按照美国人的高大身材设计。

4. 评价备选方案。首先要确定评价标准。总的来说，评价一个方案的优劣是看该方案是否最有利于达到决策目标。但由于决策目标不是单一的，有个目标序列，因而就要求确定方案的综合评价标准。如应用综合评价法对方案进行评价时，以加权得分的高低作为方案取舍的标准。为便于取舍，在方案评价时可以预先设立两个尺度：一是必须达成的目标；二是希望达成的目标。依据这两个标准衡量各个方案，有助于决策者对各种方案进行判断，加快决策的速度。对于较大规模的项目,不仅要正确处理好规模、结构、质量和效益的关系,而且要综合考虑方案的经济效益、社会效益和生态效益,做出理性的选择。另外,在评价定量决策方案时,还要考虑各种影响因子变化对决策目标的影响,对一些关键变量进行灵敏度分析,分析结果可作为方案取舍的参考标准。所谓灵敏度分析,就是分析相关影响因子对决策目标的影响程度,如定量分析市场价格变化对目标利润的影响。

5. 选择决策方案。选择方案就是对各种备选方案进行总体上的权衡后由组织决策者挑选一个满意方案,这个满意方案就是决策者认为最好的方案。决策方案的选择受决策者的理性、经验、胆略、能力、环境等诸多因素影响,一些决策者愿意选择风险大、收益高的方案,另一些决策者愿意选择风险小、收益低的方案。不管怎样,决策者在决定方案时,他们认为这种决策是可行和最好的。在方案选定以后,管理者就要制定实施方案的具体措施和步骤。实施过程中通常要注意做好以下工作:

(1) 制定相应的具体措施,保证方案的正确实施;
(2) 确保与方案有关的各种指令能被所有有关人员充分接受和彻底了解;
(3) 应用目标管理方法把决策目标层层分解,落实到每一个执行单位和个人;
(4) 建立重要工作报告制度,以便及时了解方案进展情况并及时进行调整。

6. 检查处理。决策执行后应及时检查,以检验方案是否按照原计划进行,如果发现与计划有偏差,应及时采取控制手段给予控制。

一个方案可能涉及较长的时间,在这段时间,形势可能发生变化,而初步分析建立在对问题或机会的初步估计上,因此,管理者要不断对方案进行修改和完善,以适应变化了的形势。同时,连续性活动因涉及多阶段控制而需要定期分析。

由于组织内部条件和外部环境不断变化,管理者要不断修正方案来减少或消除不确定性,定义新的情况,建立新的分析程序。具体来说,职能部门应对各层次、各岗位履行职责情况进行检查和监督,及时掌握执行进度,检查有无偏离目标,及时将信息反馈给决策者。决策者则根据职能部门反馈的信息,及时追踪方案实施情况,对与既定目标发生部分偏离的,应采取有效措施,以确保既定目标的顺利实现;对客观情况发生重大变化,原先目标确实无法实现的,则要重新寻找问题或机会,确定新的目标,重新拟订可行的方案,并进行评估、选择和实施。

需要说明的是,管理者在以上各个步骤中都会受到个性、价值以及文化等诸多因素的影响。

## (二) 决策的影响因素

1. 决策者。决策者是决策行为的发出者,也是决策主体。决策者可以是个体,也可以是群体。决策者受社会、政治、经济、文化、科学等因素的影响,具有特定的知识结构和心理结构,决策者的知识、经验、判断力、个性、价值观甚至个人感情等都直接影响其决策的质量,因此,提高决策者的素质具有特别重要的意义。

2. 决策对象。决策对象是指要解决的问题。决策对象对其他决策因素有决定性的影响，不同的问题有不同的决策标准，需要不同的决策信息，应由不同层次的人员采用不同的决策方法。不同决策因素的关系如表7-2所示。

表7-2　　　　　　　　　决策因素之间的影响关系

| 决策者 | 决策对象 | 决策方法 | 决策标准 | 参考信息 | 决策结果 |
| --- | --- | --- | --- | --- | --- |
| 高层主管 | 战略的 | 非常规方法 | 效益 | 宏观 | 影响全局、长远 |
| 中层主管 | 战术的 | 半常规方法 | 效果 | 中观 | 影响面较大 |
| 基层主管 | 作业的 | 常规方法 | 效率 | 微观 | 影响面小 |

3. 决策方法。决策存在于任何层次的管理中，所以决策的范围和内容大不一样，因而决策方法也是多种多样的。决策方法对决策的正确性与精度有重要影响。决策方法分为定性方法和定量方法，决策者应当根据决策问题的性质选择适当的方法。

4. 决策信息。决策实际上是一个信息处理的过程，因此，决策信息的状况对决策者、决策方法、决策结果有显著影响。

决策信息的占有情况决定或影响决策者定位。高层领导只有掌握了企业内外总体状况的信息，才有可能做出战略性决策；作业决策让基层主管运作才是明智的选择，因为他们掌握了大量作业信息。

决策信息的占有情况影响决策方法的选择。如果信息丰富、准确，可考虑采用定量决策方法；反之，只能更多地依靠经验作定性决策。决策信息越丰富、准确，决策失误率越低，这也是不言而喻的。

5. 决策体制。决策体制是指决策活动体系和工作方法。需要注意以下两个问题：

（1）决策的层次问题。不同层次的管理者，其职权范围不同，掌握的信息也不一样，故跨越层次的决策是很难保证成功的，决策者不应当超越本身的职权范围进行决策。

（2）决策部门与职能（参谋）部门的关系问题。决策需要分析大量的数据、资料及信息，是一项知识密集性活动，现在已有专业化的部门为决策提供咨询服务，即职能（参谋）部门，其工作是保证决策水平的基础，要严格按照科学性和客观性的原则来进行。同时，职能部门也要提高自己的工作水平，努力制定适用的决策方案，提高方案的被采纳率。

6. 决策环境。决策环境指各种方案可能面临的自然状态或背景，即不以人的意志为转移的客观条件，如天气状况、市场需求、政策影响等。决策总是在一定的环境中产生并加以实施的。影响决策的环境包括组织的内部环境和外部环境。内部环境是指组织所拥有的资源和管理手段，了解内部环境是正确决策的前提。组织的外部环境是与组织管理活动有关的各种外部因素。外部环境不仅是复杂的,而且是多变的、动态的,环境结构的变化会产生不同的效应,从而影响决策过程和实施过程的合理性。

## 二、决策的方法

决策的方法与预测的方法类似,大致分为定性决策方法和定量决策方法两大类。定性决策方法,是一种直接利用决策者本人或有关专家的智慧来进行决策的方法。管理者运用社会科学和原理并根据个人的经验和判断能力,充分发挥各自丰富的经验、知识和能力,从对决策对象的本质特征的研究入手,掌握事物的内在联系及运行规律,对经营管理决策目标、决策方案的拟订以及方案的选择和实施做出决断。定性决策主要有以下几种方法。

### (一) 定性决策方法

1. 德尔菲法。这种方法在预测的相关部分已经作了详细介绍,这里不再重复。
2. 头脑风暴法。美国学者阿历克斯·奥斯本于1938年首次提出头脑风暴法(brain storming,BS法),"brain storming"原指精神病患者头脑中短时间出现的思维紊乱现象,病人会产生大量的胡思乱想。奥斯本借用这个概念来比喻思维高度活跃、打破常规的思维方式而产生大量创造性设想的状况。头脑风暴法是一种通过小型会议的组织形式,让所有参加者在自由愉快、畅所欲言的气氛中自由交换想法或点子,并以此激发与会者创意及灵感,使各种设想在相互碰撞中激起脑海的创造性"风暴"。它适合于解决那些比较简单、严格确定的问题,比如研究产品名称、广告口号、销售方法、产品的多样化研究等,以及需要大量构思、创意的行业,如广告业。

头脑风暴法的操作程序如下。

(1) 准备阶段。决策活动的负责人应事先对所议问题进行一定的研究,弄清问题的实质,找到问题的关键,设定解决问题所要达到的目标。同时选定参加会议的人员,一般以5~10人为宜,不宜太多。然后将会议的时间、地点、所要解决的问题、可供参考的资料和设想、需要达到的目标等事宜一并提前通知与会人员,让大家做好充分的准备。

(2) 热身阶段。这个阶段的目的是创造一种宽松、祥和的氛围,使大家得以放松,进入一种无拘无束的状态。主持人宣布开会后,先说明会议的规则,然后谈点有趣的话题或问题,让大家的思维处于轻松和活跃的境界。

(3) 明确问题。主持人简单扼要地介绍有待解决的问题。介绍时须简洁、明确,不可过分周全,否则,过多的信息会限制人的思维,干扰思维创新的想象力。

(4) 重新表述问题。经过一段讨论,大家对问题已经有了较深程度的理解。这时,为了使大家对问题的表述能够具有新角度、新思维,主持人或记录员要记录大家的发言,并对发言记录进行整理。通过记录的整理和归纳,找出富含创意的见解以及具有启发性的表述,供下一步畅谈时参考。

(5) 畅谈阶段。畅谈是头脑风暴法的创意阶段。为了使大家能够畅所欲言,需要制定的规则是:第一,不要私下交谈,以免分散注意力;第二,不妨碍及评论他人发言,每人只谈自己的想法,无论发言多么荒诞离奇,其他人均不许发表批评意见;第三,发表见解时要简单明了,一次发言只谈一种见解;第四,鼓励参与者海阔天空尽情发挥,想法、方案越多越好;第五,发言者可以在别人想法的基础上进行补充和改进,从而形成新的设想和方案。主持人首先要向大家宣布这些规则,随后引导大家自由发言、自由想象、自由发挥,彼此相互启发、相互补充,真正做到知无不言、言无不尽、畅所欲言,然后将会议发言记录进行整理。主持人在此过程中主要做好两件事情:一是不断地对发言者给予表扬和鼓励,从而激励他们说出更多更好的想法来;二是要负责记录所有方案,最好能写在黑板上,让所有人都能看见。

(6) 筛选阶段。会议结束后的一两天内,主持人应向与会者了解大家会后的新想法和新思路,以此补充会议记录。然后将大家的想法整理成若干方案,再根据决策的要求进行筛选。经过多次反复比较和优中择优,最后确定 1~3 个最佳方案。这些最佳方案往往是多种创意的优势组合,是大家的集体智慧综合作用的结果。

头脑风暴法主要是吸收专家积极的创造性思维活动,强调集体思维,一般参与者以 5~15 人为宜,时间一般为 20~60 分钟,参加的人员中不只有领导者,也不一定参加者都与所讨论问题的专业一致,可以包括一些学识渊博,对讨论问题有所了解的其他领域的专家。

3. 哥顿法。哥顿法由美国人哥顿于 1964 年提出,最初是用于预测的一种方法。具体做法是,首先召集有关人员开会,主持人仅抽象介绍要解决的问题,会议参加者并不明白会议的研究问题,故可开阔思路。以有名的稻谷脱粒机案例为例,主持人首先提出如何使物体"分离",与会者可以问答"切断""锯断""剪断""烧断"等方法,会议主持人再进一步提出如何使稻谷与稻草分离的问题,最后会议形成一种高效率的圆筒式稻谷脱粒机的方案。哥顿法有两个基本观点:一是"变陌生为熟悉",即运用熟悉的方法处理陌生的问题;二是"变熟悉为陌生",即运用陌生的方法处理熟悉的问题。该方法能避免思维定式,使大家跳出框框去思考,充分发挥群体智慧以达到方案创新的目的。但是,该方法对会议主持人的要求是很高的,智力激发的效果与会议主持人的方法、艺术也有很直接的关系,这需要主持人在实践中不断锻炼和提高。

## (二) 定量决策方法

定量决策方法是建立在数学基础上的一种决策方法,是运用数学、统计学等科学技术,把决策的变量(影响因素)与目标用数学关系表示出来,求出方案的损益值,然后选择出满意方案的方法。其核心是把同决策有关的变量与变量、变量与目标之间的关系用数学关系表示,即建立数学模型,然后,通过计算求出答案,供决策参考使用。它主要适用于具有较详细的预测数据资料的决策,所运用的数学工具多种多样，复杂程度也不相同。

1. 确定型决策。确定型决策是指影响决策的因素、条件和发展前景比较清晰、明确，并且容易做出判断，根据决策目标便可以选择最佳方案的决策。决策者确切地知道不可控的环境因素的未来表现，即只有一种自然状态需要加以考虑，每一个方案对应一个特定的结果。在确定型决策中，决策方案的选择简化为对每一个方案结果的值进行直接比较的过程。其常用方法主要有单纯选优法、线性规划和盈亏平衡分析。

（1）单纯选优法。所谓单纯选优法，就是从已知方案中按照预先设定的标准找出最好的方案。单纯选优利用的是运筹学的理论。例如，我们要购买温度计，精度要求有两种；一种是精确到 0.1℃；另一种是精确到 0.01℃。已知的方案如表 7-3 所示。

表 7-3　　　　　　　　　　购买温度计决策

| 项目 | 精度要求 | | | | | |
| --- | --- | --- | --- | --- | --- | --- |
| | 精度 0.1℃ | | | 精度 0.01℃ | | |
| 产品 | 甲 | 乙 | 丙 | A | B | C |
| 单价（元） | 20 | 25 | 30 | 40 | 50 | 65 |

根据我们需要的精度标准，我们直接可以选出最佳方案，购买精度 0.1℃ 的温度计，选甲；购买精度 0.01℃ 的温度计，选 A。

（2）线性规划。线性规划是一种为寻求单位资源最佳效用的数学方法，常用于组织内部有限资源的调配问题，也即在各种相互关联的多变量的约束条件下去解决或规划一个对象的线性目标函数最优的问题。即给予一定数量的人力、物力、资源，如何应用而取得最大经济效益，或给予一定的任务，如何统筹安排，才能以最小的消耗去完成。其中，目标函数是指决策者要求达到目标的数学表达式，用一个极大或极小值表示，约束条件是指实现目标的能力资源和内部条件的限制因素，用一组等式或不等式表示。

例如，某企业生产 A、B 两种产品，已知生产单位 A 产品需用钢材 9 千克，水泥 4 千克，员工 3 人，净产值 700 元；生产单位 B 产品需用钢材 4 千克，水泥 5 千克，员工 10 人，净产值 120 元。该企业有钢材 360 千克，水泥 200 千克，员工 300 人，问 A、B 各生产多少才能使企业净产值最大？

解：设 A 产品产量为 $x_1$，设 B 产品产量为 $x_2$，则有：

$9x_1 + 4x_2 \leqslant 360$

$4x_1 + 5x_2 \leqslant 200$

$3x_1 + 10x_2 \leqslant 300$

$x_1 \times x_2 \leqslant 0$

目标函数是：

$$f(x_1, x_2) = 700x_1 + 1\,200x_2$$

求解得：$x_1 = 20$，$x_2 = 24$，最大净产值为 42 800 元。即安排生产 20 个 A 产品、24 个 B 产品时，企业获得的净产值最大。

(3) 盈亏平衡分析法。盈亏平衡分析也叫量本利分析，是在生产总成本划分为固定成本和可变成本的基础上，根据对产销量、成本、利润三者之间依存关系的综合分析，用来预测利润、控制成本的一种分析方法。盈亏分析的关键是找出盈亏平衡点，其基本原理是用成本习性指明企业获利经营销售量界限。成本习性是指成本的变动与产量（或业务量）之间的依存关系，企业的生产成本分为变动成本和固定成本两部分。变动成本随产量增减而变动，如直接用于产品生产的原材料、燃料、动力和计件工资；固定成本在一定范围内不受产量变动的影响，如固定资产折旧费、差旅费、办公费等。对成本作这种划分，为量、本、利分析决策奠定了基础。在竞争的市场上，产品价格不能由一个企业来决定，企业只能根据市场价格来销售产品，由此产生一个问题，即当企业产量很低时，该企业单位产品的成本就很高，因为单位产品分摊的固定成本高，过高的单位产品成本就可能高于市场售价，从而使企业亏损；只有当产量达到一定的水平，才能收支平衡；超过这个水平，企业才能赢利。这个产量水平就是盈亏平衡点的产量。

现假设某产品生产的变动成本与产品产量呈线性关系，产品的变动费用率即生产单位产品所必需的变动成本（简称单位变动成本）为 V，固定成本为 F，产品单价为 P，生产规模或产品产量为 Q，利润为 π。那么，总成本 = 固定成本 + 变动成本 = 固定成本 + 单价变动成本 × 业务量。如图 7-1 所示。

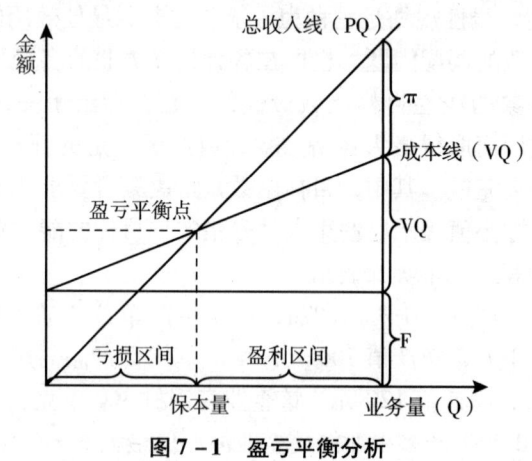

图 7-1 盈亏平衡分析

根据：

收入 = 固定成本 + 变动成本 + 利润

单价 × 数量 = 固定成本 + 单位变动成本 × 数量 + 利润

可得出量、本、利分析的基本方程式：

$$\pi = PQ - VQ - F$$

当 $\pi = 0$ 时，保本产量为：

$$Q_t = \frac{F}{P - V}$$

在不考虑销售费用的情况下，保本销售额为：

$$PQ_t = PQ_C = \frac{PF}{P - V}$$

实现目标利润 $\pi$ 的销售量为：

$$Q_\pi = \frac{F + \pi}{P - V}$$

例如，某企业生产某种产品，单位售价为 300 元，单位产品变动成本为 200 元，生产该产品的固定成本为 4 000 元，试确定盈亏平衡点。

解：盈亏平衡点是产品销售收入与总成本相等时的销售量与销售额，现设盈亏平衡点的销售量为 $Q_0$，则有：

$$PQ_0 = F + VQ_0$$

即 $Q_0 = 4\ 000 \div (300 - 200) = 40$（件），盈亏平衡点的销售量为 40 件。

盈亏平衡点确定以后，即可根据市场销售前景合理安排目标产量，或知道了目标产量即可以计算出目标利润。

2. 风险型决策法。风险型决策有明确的目标，例如，获得最大利润；有可以选择的两个以上的可行方案；有两种以上的自然状态；不同方案在不同自然状态下的损益值可以计算出来；决策者能估算出不同自然状态出现的概率。因此，决策者在决策时，无论采用哪一个方案，都要承担一定的风险。

风险型决策法的特点是：每个方案的实施都存在着非决策者所能控制的两个以上的自然状态（如销售情况的畅销、一般和滞销），各种自然状态可能发生的概率是可以预测的。风险型决策主要用于远期目标的战略决策或随机因素较多的非常规决策，如投资决策、筹资决策、组织发展决策等。

风险型决策面对的自然状态是以一定概率的形式出现的。因此，方案评价和择优只能采用期望值标准。由概率论可知，随机状态决策中未来事件可能发生的概率为：

$$0 \leq P(y_i) \leq 1$$

$$\sum_{i=1}^{m} P(y_i) = 1$$

各方案的期望值计算公式为：

$$EV_j = \sum_{i=1}^{m} u_{ij} \cdot P(y_i)$$

其中，$EV_j$ 为第 j 个方案的期望值；m 为方案数；$E_{ij}$ 为第 j 个方案在 i 种自然状态下的损益值。

这类决策方法主要有决策树、损益表和成本效益分析等，这里仅介绍其中的决策树分析法。

（1）决策树分析法的含义。决策树是将可行方案、影响因素用树形图的方式表现出来并据以分析和选择决策方案的一种系统分析法。它是风险型决策最常用的方法之一，适于分析比较复杂的问题。它以损益值为依据，比较不同方案的期望损益值（简称期望值），以此决定方案的取舍。决策树分析法的最大特点是，能够形象地显示出整个决策问题在不同时间和阶段的决策过程，逻辑思维清晰，层次分明，非常直观。决策树根据问题的不同可分为单级决策树和多级决策树。

（2）决策树的结构要素。决策树，是以决策点为出发点，以方块和圆圈为结点，并由若干条直线连接起来，引出若干方案枝，由左至右、由简到繁顺序展开的一个树状网络图（如图7-2所示），每个方案枝都代表一个可行方案。在各方案枝末端有一个自然状态结点，从状态结点引出若干概率枝，每个概率枝表示一种自然状态。在各概率枝末梢注有损益值。其结构要素包括决策结点、自然状态结点、方案枝和概率枝。

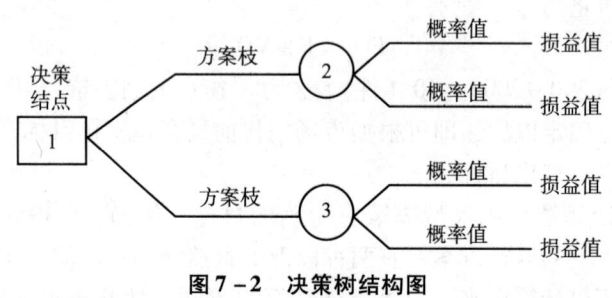

图7-2 决策树结构图

图中的方块结点称为决策结点，表示一个决策问题。将其决策结果的决策目标值列在决策结点的上方。

由决策结点引出若干条直线，每条直线代表一个备选方案，称为方案枝。

圆形结点称为自然状态结点，由自然状态结点引出的若干条直线表示不同备选方案可能出现的不同的自然状态，称为状态枝。在状态枝上面标明对应自然状态的名称及其出现的概率，在状态枝的末端标明该方案在该对应自然状态下的损益值或效用值。该方案的综合期望值列在圆形结点的上方。

（3）决策树分析法的程序。

第一，绘制决策树图形，按上述要求由左向右顺序展开。

第二，计算每个结点的期望值，计算公式为：

$$状态结点的期望值 = \sum (损益值 \times 概率值) \times 经营年限$$

第三，剪枝，即进行方案的选优。计算各方案在整个经营有效期间的净效果，即最终期望值，计算公式为：

$$方案净效果 = 该方案状态结点的期望值 - 该方案投资额$$

然后，比较各方案的净效果，选取最大者并将其数值作为决策结点的期望值标在决策结点的上方。其他方案枝则一律剪掉。

例如，某企业准备今后五年生产某种产品，需要确定产品批量。根据预测估计，这种产品的市场状况概率是畅销为0.3，一般为0.5，滞销为0.2。产品生产提出大、中、小三种批量生产方案，怎样决策才能取得最大经济效益？有关数据如表7-4所示。

表7-4　　　　　　　　　　各方案损益值　　　　　　　　　　单位：万元

| 方案＼损益值＼状态 | 畅销 | 一般 | 滞销 |
|---|---|---|---|
| 大批量 | 30 | 25 | 12 |
| 中批量 | 25 | 20 | 14 |
| 小批量 | 18 | 16 | 15 |

画决策树，如图7-3所示。

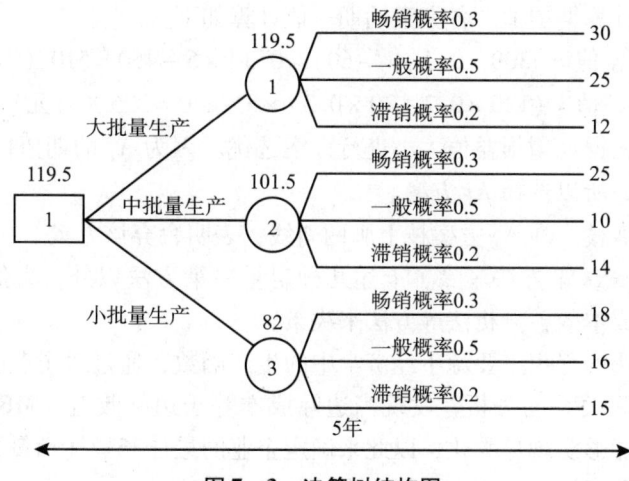

图7-3　决策树结构图

计算各方案的损益期望值：

大批量生产的期望值 = $(30 \times 0.3 + 25 \times 0.5 + 12 \times 0.2) \times 5 = 119.5$

中批量生产的期望值 = $(25 \times 0.3 + 20 \times 0.5 + 14 \times 0.2) \times 5 = 101.5$

小批量生产的期望值 = $(18 \times 0.3 + 16 \times 0.5 + 15 \times 0.2) \times 5 = 82$

选择最佳方案：

把以上计算结果注明在各个方案结点上，然后在各个方案之间比较期望值，从中选择出期望值最大的作为最佳方案，并把此方案的期望值写到决策结点方框的上面，以表示决策的结果。根据比较，剪去中批量生产和小批量生产方案枝，选择大批量生产方案。

决策树法就是以图解方式分别计算各个方案在不同自然状态下的损益值，通过综合损益值比较做出决策。下面举例说明决策树法的实际运用。

假如 $A_1$、$A_2$ 两方案投资规模分别为450万元和240万元，经营年限为5年，销路好的概率为 0.7，销路差的概率为 0.3。预计 $A_1$ 方案如遇销路好的年份年收益为 300 万元，在销路差的年份将损失 60 万元；$A_2$ 方案在销路好、销路差年份的损益值分别为 120 万元和 30 万元。决策过程如下。

第一步，根据已知数据，画图，即绘制决策树，如图 7-4 所示。

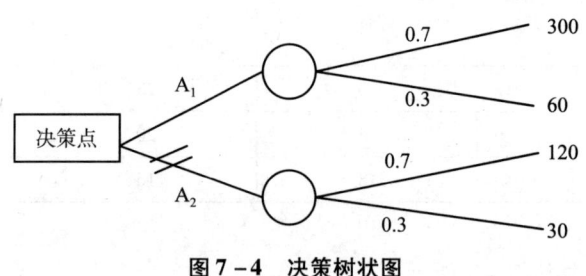

图 7-4　决策树状图

第二步，计算期望值。各方案的期望值计算如下：
$A_1$ 的净收益值 = [300×0.7 + (-60)×0.3]×5 - 450 = 510（万元）
$A_2$ 的净收益值 = (120×0.7 + 30×0.3)×5 - 240 = 225（万元）

第三步，根据期望损益值大小进行方案选优。因为 $A_1$ 的期望损益值大于 $A_2$ 的期望损益值，所以选择 $A_1$ 方案。

第四步，剪枝。在 $A_2$ 方案枝上画两斜线，表明舍弃该方案。

3. 其他定量决策方法。除了上述几种定量决策方法以外，人们还经常采用边际分析法、成本效益分析法等方法来决策。

边际分析法的思想主要源于经济学中的生产函数，通过对企业收益、产量和成本这三者之间关系的分析，发现当边际成本等于边际收益（MR = MC）的时候，企业利润能够实现最大化，以此来确定企业的最佳产量（销量）。

成本效益分析法又分为内部报酬率法和净现值法。

内部报酬率法是通过计算使项目的净现值（NPV）等于零时的贴现率来评估项目的一种方法，这个贴现率就被称为内部报酬率，用 IRR 表示，即：

$$NPV = \sum_{i=1}^{n} \frac{CF_i}{(1 + IRR)^i} - CF_0 = 0$$

其中，n 表示项目的寿命周期；$CF_t$ 表示现金流入量；$CF_0$ 表示项目初始投资额。内部报酬率越高，说明方案越好。

净现值法是运用投资项目的净现值来进行投资评估的基本方法，净现值（NPV）等于投资项目未来净现金流量按资本成本折算成现值减去初始投资后的余额，用公式表示为：

$$NPV = \sum_{i=1}^{n} \frac{CF_i}{(1 + i)^i} - CF_0$$

净现值越高，方案越好。

4. 不确定型决策的方法。不确定型决策是决策目标、备选方案可知但在客观自然状态的概率完全不能确定的情况下进行的决策,这种决策主要取决于决策者的经验、智慧以及对承担风险的态度。由于决策者各具特点,因而有不同的评价标准,也就产生了多种不同的决策方法,常用的不确定型决策方法有以下五种。

(1) 等概率决策法。既然各种各样的自然状态出现的概率无法预测,不妨按出现的概率机会相等计算期望值,作出方案的抉择。

(2) 悲观(小中取大法)决策法。首先找出各个方案的最小收益值,然后选择最小收益值中最大的那个方案为最优方案。

(3) 乐观(大中取大法)决策法。

(4) 最小后悔值决策法。某一种自然状态发生时,即可明确哪个方案是最优的,其收益值是最大的。如果决策人当初并未采用这一方案而采取其他方案,这时就会感到后悔,最大收益值与所采用的方案收益值之差叫后悔值。决策者应选择最大后悔值中最小的那个方案为较优方案。

(5) 折中决策法。小中取大法是从最悲观的估计出发,大中取大法是从最乐观的估计出发。两种方法都受个人个性影响。有的专家提出一种折中的方法,要求决策者对未来发展作出判断,选择一个系数,作为主观概率,叫作乐观系数。最后选择期望值最高的。

下面通过举例来介绍这些方法。

例如,某企业打算生产某产品,据市场预测,产品销路有三种情况:销路好、销路一般和销路差。生产该产品有三种方案:改进生产线;新建生产线;与其他企业协作。据估计,各方案在不同情况下的收益如表7-5所示。问企业应选择哪个方案?

表7-5　　　　　各方案在不同情况下的收益值　　　　　单位:万元

| 方案＼状态（收益） | 销路好 | 销路一般 | 销路差 |
|---|---|---|---|
| A 改进生产线 | 180 | 120 | -40 |
| B 新建生产线 | 240 | 100 | -80 |
| C 与其他企业协作 | 100 | 70 | 16 |

第一,等概率决策法。该方法是假定每一种市场需求状态出现的可能性(机会)是均等的。因此,应先求出均等概率。

$$均等概率 = \frac{1}{需求状态数}$$

在本例中均等概率为 $\frac{1}{3}$。然后计算各方案的期望值:

方案 A 的期望值 $= \frac{1}{3} \times (180 + 120 - 40) = 86.7$

方案 B 的期望值 $= \frac{1}{3} \times (240 + 100 - 80) = 86.7$

方案 C 的期望值 $= \frac{1}{3} \times (100 + 70 + 16) = 62$

最后根据上述计算结果，选出一个有最大期望值的方案 A 或者方案 B，即为运用该方法选中的方案。

第二，小中取大法。采用这种方法的管理者对未来持悲观的看法，认为未来会出现最差的自然状态，因此，不论采取哪种方案都只能获取该方案的最小收益。采用小中取大法进行决策时，首先计算各方案在不同自然状态下的收益，并找出各方案所带来的最小收益，即在最差自然状态下的收益，然后进行比较，选择在最差自然状态下收益最大或损失最小的方案。

在本例中，方案 A 的最小收益为 -40 万元，方案 B 的最小收益为 -80 万元，方案 C 的最小收益为 16 万元，经过比较，方案 C 的最小收益最大，所以选择方案 C。

第三，大中取大法。采用这种方法的管理者对未来持乐观的看法，认为未来会出现最好的自然状态，因此，不论采取哪种方案都能获取该方案的最大收益。采用大中取大法进行决策时，首先计算各方案在不同自然状态下的收益，并找出各方案所带来的最大收益，即在最好自然状态下的收益，然后进行比较，选择在最好自然状态下收益最大的方案。

在本例中，方案 A 的最大收益为 180 万元，方案 B 的最大收益为 240 万元，方案 C 的最大收益为 100 万元，经过比较，方案 B 的最大收益最大，所以选择方案 B。

第四，后悔值法。管理者在选择了某方案后，如果将来发生的自然状态表明其他方案的收益更大，那么他（或她）会为自己的选择而后悔。后悔值法就是使后悔值最小的方法。采用这种方法进行决策时，首先计算各方案在各自然状态下的后悔值（某方案在某自然状态下的后悔值 = 该自然状态下的最大收益 - 该方案在该自然状态下的收益），并找出各方案的最大后悔值，然后进行比较，选择最大后悔值最小的方案。

在本例中，在销路好这一自然状态下，方案 B（新建生产线）的收益最大，为 240 万元。在将来发生的自然状态是销路好的情况下，如果管理者恰好选择了这一方案，他就不会后悔，即后悔值为零。如果他选择的不是方案 B，而是其他方案，他就会后悔（后悔没有选择方案 B）。比如，他选择的是方案 C（与其他企业协作），该方案在销路好时带来的收益是 100 万元，比选择方案 B 少带来 140 万元的收益，即后悔值为 140 万元。各个方案后悔值的计算结果如表 7-6 所示。

表 7-6　　各个后悔值的计算结果　　单位：万元

| 方案 \ 状态后悔值 | 销路好 | 销路一般 | 销路差 |
| --- | --- | --- | --- |
| A 改进生产线 | 60 | 0 | 56 |
| B 新建生产线 | 0 | 20 | 96 |
| C 与其他企业协作 | 140 | 50 | 0 |

从表 7-6 中可以看出，方案 A 的最大后悔值为 60 万元，方案 B 的最大后悔值为 96 万元，方案 C 的最大后悔值为 140 万元，经比较，方案 A 的最大后悔值最小，所以选择方案 A。

再比如，某企业欲扩大生产规模，现有三种备选方案 A、B、C，企业生产的产品销售前景有三种自然状态：高需求、中需求和低需求，在这三种自然状态下，三种方案的损益值如表 7-7 所示（其中折中率为 0.7）。

表 7-7　　　　　　　不同决策准则对不确定型决策结果的影响

| 方案 | 自然状态 | | | 最小收益值 | 最大收益值 | 最大机会损失 | 折中法 (0.7) | 平均法 |
|---|---|---|---|---|---|---|---|---|
| | 高需求 | 中需求 | 低需求 | | | | | |
| A 新建 | 60 | 20 | -25 | -25 | 60 (乐观法) | 35 | 34.5 | 18.3 |
| B 扩建 | 10 | 25 | 0 | 0 | 40 | 20 | 28 | 21.7 |
| C 改建 | 20 | 15 | 10 | 10 (悲观法) | 20 (后悔值法) | 40 | 17 | 15 |

利用等概率决策法求得：

A 的收益值 $= 60 \times \dfrac{1}{3} + 20 \times \dfrac{1}{3} - 25 \times \dfrac{1}{3} = 18.3$

B 的收益值 $= 40 \times \dfrac{1}{3} + 25 \times \dfrac{1}{3} + 0 \times \dfrac{1}{3} = 21.7$

C 的收益值 $= 20 \times \dfrac{1}{3} + 15 \times \dfrac{1}{3} + 10 \times \dfrac{1}{3} = 15$

第五，折中决策法。折中决策法下计算的收益值 = 最大收益值 × 乐观系数 + 最小收益值 × (1 - 乐观系数)。

例如，某企业计划生产某种产品，生产该产品有三种方案，新建生产线、扩建生产线和改建生产线，据估计，各方案在不同需求状态下的收益值如表 7-8 所示。

表 7-8　　　　　　　不同状态下的收益值　　　　　　　乐观系数 α = 0.7

| 方案 | 高需求 | 中需求 | 低需求 |
|---|---|---|---|
| A 方案新建生产线 | 60 | 20 | -25 |
| B 方案扩建生产线 | 40 | 25 | 0 |
| C 方案改建生产线 | 20 | 15 | 10 |

用折中决策法求得：

A 方案的收益值 $= 60 \times 0.7 - 25 \times (1 - 0.7) = 34.5$（万元）

B 方案的收益值 = 40×0.7+0×(1−0.7) = 28（万元）
C 方案的收益值 = 20×0.7+10×(1−0.7) = 17（万元）

## 复习思考题

1. 试述决策的定义、特征及其意义。
2. 有哪些常见的决策类型？如何区分决策的类型？为什么说"管理就是决策"？
3. 决策的原理有哪些？科学决策的基本观点是什么？
4. 决策过程包括哪些基本步骤？
5. 决策的方法有哪些？各种决策方法各适用于什么场合？
6. 如何才能提高决策的正确率或有效性？
7. "三个臭皮匠胜过一个诸葛亮"说明了何种类型的决策优势？群体决策和个体决策的优缺点各有哪些？
8. 假定你有 2 000 元钱可投资股市或存入银行。银行年利率为 10%。而股市收益取决于经济状况，若情况好，每年可赚 500 元；正常情况下可得 300 元；情况不好时则可能损失 100 元。试问：按照乐观原则、悲观原则、最小后悔值原则各选取哪个方案？

## 案例分析

### 准确决策与盲目投资①

禹州市建筑卫生陶瓷厂是一家国有中型企业，由于种种原因，1995 年停产近一年，亏损 250 万元，濒临倒闭。1996 年初，郑丙坤出任厂长。面对停水、停电、停工资的严重局面，郑丙坤认真分析了厂情，果断决策：治厂先从人事制度改革入手，把科室及分厂的管理人员减掉 3/4，充实到生产第一线，形成一人多用、一专多能的治厂队伍。郑丙坤还在全厂推行了"一厂多制"的经营方式：对生产主导产品的一、二分厂，采取"四统一"（统一计划、统一采购、统一销售、统一财务）的管理方法；对墙地砖分厂实行股份制改造；对特种耐火材料厂实行租赁承包。

改制后的企业像开足马力的列车急速运行，逐渐显示了规模跟不上市场的劣势，从而严重束缚了企业的发展。有人主张贪大求洋，贷巨款上大项目；有人建议投资上千万元再建一条大规模的辊道窑生产线，显示一下新班子的政绩。郑丙坤根据职工代表会的建议，果断决定将生产成本高、劳动强度大、产品质量差的 86 米明焰煤烧隧道窑扒掉，建成 98 米隔焰煤烧隧道，并对一分厂的两条老窑进行技术改造，结果仅花费不足 200 万元，便使其生产能力扩大了 1 倍，使该厂已形成年产 80 万件卫生瓷、20 万平方米墙地砖、5 000 吨特种耐火材料三大系列

---

① 徐国良、王进编著：《企业管理案例精选精析》，经济管理出版社 2003 年版，第 113～115 页。

200多个品种的生产能力。1996年，国内生产厂家纷纷上高档卫生瓷，厂内外也有不少人建议郑丙坤赶上"潮流"。对此郑丙坤没有盲目决策，而是冷静地分析了行情，经过认真调查论证，认为中低档瓷的国内市场潜力很大，一味上高档卫生瓷不符合国情。于是经过市场考察，该厂新上了20多个中低档卫生瓷产品。这些产品一投入市场便成了紧俏货。目前新产品产值的占有率已提高到60%以上。

与禹州市建筑卫生陶瓷厂形成鲜明对照的是河南省洁达陶瓷公司。20世纪90年代初该公司曾是全省建材行业三面红旗之一。然而，近年来在市场经济大潮的冲击下，由于企业拍板盲目轻率，导致重大决策失误，使这家原本红红火火的国有企业债台高筑。

1992年，由国家计委、省计经委批准，投资该公司1 200万元建立大断面窑生产线。但该公司为赶市场潮流，不经论证就将其改建为辊道窑生产线，共投资1 700万元。由于该生产线建成时市场潮流已过，因此，投产后公司一直亏损。在产销无望的情况下，公司只好重新投入1 000多万元再建大断面窑，但公司元气大伤，债台高筑，仅欠银行贷款即达3 000多万元。6年来该公司先后做出失误的重大经营决策6项，使国有资产损失数百万元。企业不仅将以前积累的数百万元自有资金流失得一干二净，而且成了一个"老大难"企业。

禹州市建筑卫生陶瓷厂由衰变强和河南省洁达陶瓷公司由强变衰形成了强烈的反差对比。

问题：
1. 决策包括哪些基本活动过程？其中的关键步骤是什么？
2. 案例中两家企业形成鲜明对比的原因是什么？
3. 科学决策需要注意哪些问题？

# 第八章 计 划

**【学习要求】**

通过本章学习,明确计划的定义与作用;掌握计划的基本要素;掌握计划的分类,明了各种计划之间的区别;了解计划制定的原则;清楚制定计划的程序;知道各种计划方法的基本原理、优缺点;掌握目标管理的基本思想;理解目标在管理中的重要性;了解目标的确定过程;掌握目标管理的概念和程序;清楚组织目标与个人目标之间的关系;掌握目标管理的评价。

## 第一节 计划概述

### 一、计划的含义

管理存在于集体协作活动中。为了使人们的集体活动卓有成效,就必须使人们明确他们应该去完成什么目标,明确为了完成这些目标必须通过什么途径、采取什么方案。这种旨在明确所追求的目标以及相应的行动方案的活动,就是管理的计划职能。或者说,计划是组织实现未来目标的指引蓝本,是一个确定目标并评估实现目标最佳方式的过程。计划的概念包括以下四个方面:

(1) 计划首先涉及目标。没有目标,组织及其成员就不知道行动的方向和成果,就没有行动的动力。没有目标,就无法制定实施方案。

(2) 计划是行动的依据。有了计划,各部门就有了各个时期的工作任务和工作重点。

(3) 计划是为未来制定的。由于未来具有不确定性,因此,计划是以预测为基础,预测的准确性决定着计划的成败。

(4) 计划是设计的产物。计划离不开计划制定者的思考、创新和决策行为。因此,计划制定者的能力和素质决定着计划的质量。

计划是所有管理职能中一个最基本的职能,它是对未来活动所进行的预先的行动安排,是一种针对未来的筹谋、规划、谋划、策划、企划等。古人所说的"运筹帷幄",就是对计划职能最形象的概括。

计划包含两层意思:首先是策划,策划是针对未来要发生的事情预先考虑做什么(what)、为何做(why)、由谁做(who)、何时做(when)、在何地做

(where)及如何做(how),最后定案,这就是所谓的5W1H。从性质上说,这是一种程序,是一种动态计划,属于动态范畴的计划还有预测、决策、实施等。其次,计划还有一层意思,它是决策的产物。管理者对未来的事情经过考虑过程,最后做出决策,形成了具体的意见、措施、条文、制度等,这些具体的东西基本上都是纸上作业,这也是一种计划,是一种静态的计划。属于静态范畴的计划还有目标、方针、政策、程序等。

计划有广义和狭义之分。广义的计划包括制定计划、执行计划和检查计划的执行情况。检查计划的执行情况实际上又属于管理的控制职能。计划为控制提供了标准,没有计划,控制就失去了依据。因此,计划和控制就像剪刀的两个刃,必须同时使用才能达到有效管理的目的。狭义的计划仅指制定计划。

## 二、计划职能的地位

计划职能是管理的基础,在各个管理职能中占有领先地位,是管理的首要职能,具有首位性;又由于计划活动影响整个组织,所以,它又具有渗透性。

1. 计划职能的首位性。计划领先于其他管理功能的执行,因为组织、用人、指挥与控制等管理活动都是为支持组织目标的实现而设计的。当然,所有管理职能均是相辅相成的,但是,只有计划才能建立全体人员共同努力所必需的各种目标。同时,必须制定好如何实现这些目标的计划,而后管理者才能确定所需要的组织结构、人才以及明白如何指挥下属、应用何种控制方法等。所谓"运筹帷幄之中,决胜千里之外"正是道出了策划谋略的重要性,管理之所以首先要考虑计划,正是如同作战首先要考虑战略一样,战略正确了,胜利就有了基础。古人云:"凡事预则立,不预则废""人无远虑,必有近忧"等,都说明凡事要计划,计划要先行。因此,法约尔说:"管理的第一要素就是计划"。计划是首要职能,如图8-1所示。

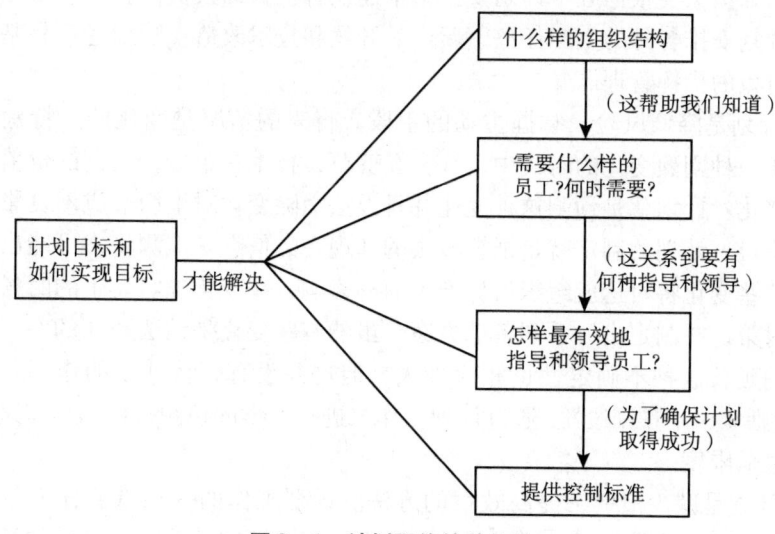

图8-1 计划职能的首位性

2. 计划职能的渗透性。贯彻执行计划影响到组织职能、指挥职能及控制职能,而为了完成组织、控制等职能就需要计划。

(1) 计划职能与组织职能的关系。计划职能为组织职能提供目的和要求,组织职能为计划目标的实现提供组织上的保证。计划以及计划工作的结果,对组织的结构和职能是有影响的。例如,要实现一个增加公司销售额的计划,可能需要扩大企业规模、对现有组织结构及组织关系进行调整、重新确定职能关系等,这些都需要计划工作去规定和策划。

(2) 计划职能与控制职能的关系。计划职能与控制职能是不可分割的。计划是控制的前提,为控制提供目标和标准;没有控制,计划就不能很好地实现。计划常被作为控制的基础。一个完善的计划要包含为了达到规定目标所必需的各项活动以及完成每一步骤所需要的估计时间,同时,还要包括关于组织责任的说明。这样,有了明确的检查点和清楚明确的责任,就具备了一个控制的框架。检查点为实际完成情况与计划进行比较提供了基础,而明确的组织责任则有助于控制职能的修正活动和使修正活动更为有效。控制职能的正确行使往往需要拟订新的计划或修改现有计划,新的或更改过的计划又被用来作为继续进行控制的基础。计划与控制的这种连续不断关系被称为"计划—控制—计划"循环。

## 三、计划的作用

计划职能是管理过程的起点和基础,计划是管理活动的一项重要职能已得到普遍承认,其功能、作用主要表现在以下四方面。

1. 计划是组织内部互相配合的重要保证。组织在制定计划之后,围绕计划目标、组织使命与宗旨,要对各项活动进行组织协调,促使组织中全体人员的活动方向趋于一致而形成一种复合的、巨大的组织化行为,以保证达到计划所设定的目标。如国家要根据五年计划安排基本建设各项目的投资;企业要根据年度生产经营计划安排各月的生产任务、新产品开发和技术改造。管理者正是基于计划来进行有效的指挥管理。

2. 计划是降低风险、掌握主动的手段。将来的情况是变化的,特别是当今世界处于一种剧烈变化的时代中,社会在变革,技术在革新,人们的价值观念也在不断变化。计划就是预测这种变化并且设法消除变化对组织造成不良影响的一种有效手段。计划的制定就是根据过去的和现在的信息来推测将来可能出现哪种变化,这些变化将对达成组织目标产生何种影响,在变化确实发生的时候应该采取什么对策,并制定出一系列备选方案。虽然有些变化是无法预知的,而且随着计划期的延长这种不确定性也相应增大,但这并没有否认计划的作用。正所谓"凡事预则立,不预则废"。通过计划工作,进行科学的预测,可以把将来的风险减小到最低限度。

3. 计划是减少浪费、提高效益的方法。计划工作的一项重要任务就是要使未来的组织活动均衡发展。通过对计划进行认真的研究,消除不必要的活动所带来的浪费，能够避免在今后的活动中由于缺乏依据而进行轻率判断所造成的损失。计划工作要对各种方案进行技术分析，选择最适当、最有效的方案来达到组织目标。此外，由于有了计划，有利于组织中各成员统一思想、激发干劲，组织中成员的努力将合成一种组织效应，这将大大提高工作效率从而带来经济效益。计划工作还有助于用最短的时间完成工作，减少迟滞和等待时间，减少盲目性所造成的浪费，促使各项工作能够均衡稳定地发展。计划工作对现有资源的使用可以经过充分的分析研究，各部门都明确整个组织的现状，减少闭门造车的工作方式，使组织的可用资源充分发挥作用，并降低成本。

4. 计划是管理者进行控制的标准。计划工作包括建立目标和一些指标，这是一份好的计划所应包括的内容。这些目标和指标将被用来进行控制。也许这些目标和指标还不能被直接在控制职能中使用，但它们确实提供了一种标准，控制的所有标准几乎都源于计划。计划职能与控制职能具有不可分离的联系。计划的实施需要控制活动给予保证。在控制活动中发现的偏差又可能使管理者修订计划，建立新的目标。

### 四、计划的类型

计划的种类有很多，为了便于研究和指导实际工作，可以根据不同标准将计划分为若干种类。

1. 按计划内容的表现形式分类。按照不同的表现形式，可将计划分为宗旨、目标、战略、政策、程序、规则、规划和预算等类型，如图 8-2 所示。

图 8-2 计划的层次体系

（1）宗旨。任何一个组织都应该具有自己的目的或宗旨。这种目的或宗旨是社会对该组织的基本要求，体现了组织在社会分工中的地位和责任。明确的目的或宗旨是制定有意义的目标所必需的，它回答了组织是干什么和应该干什么的问题。

（2）目标。目标是组织在一定时期内要达到的具体成果，是组织宗旨的具体体现。目标不仅仅是计划工作的终点，而且也是组织工作、人员配备、指导与领导以及控制等活动所要达到的结果。

(3) 战略。战略是关于组织长远发展方向、主要行动方针、资源配置原则等问题的指导性方案。战略是组织确立基本长期目标、合理分配资源以实现组织目标所必需的。例如，福特汽车公司早期决定向市场投入廉价的标准化汽车，它的经营策略是：尽量降低生产成本，采用大批量生产装配线；产品标准化、规格化，实现零件可互换；组织庞大的销售网。

(4) 政策。政策是明文规定的处理事务的一般原则，它指明了组织活动的方向和范围以及鼓励什么和限制什么，以保证行动同目标一致，并有助于目标的实现。

在正常情况下，各级组织都有政策，从公司的重大政策、部门的主要政策到适用于最小部门组织的小政策。制定政策有助于事先决定问题，不需要每次重复分析相同的情况，从而使主管人员能够控制全局。政策必须保持一贯性和完整性。

(5) 程序。程序是指导如何采取行动和对各项行动先后顺序的安排。通俗地讲，程序就是办事手续，是对所要进行的行动规定时间顺序。程序是行动的指南，而不是思想的指南。因此，程序是详细列出必须完成某类活动的准确方式。例如，公司政策规定工作人员享有假期，为实施这项政策所建立的程序，编制了度假时间表、制定了假期工资率、支付方法以及申请度假的详细说明。

(6) 规则。规则是在特定情况下如何行动的具体规定。规则也是一种计划，只不过是一种最简单的计划。规则常常与政策和程序相混淆，应特别注意区分。规则不是程序，因为规则指导行动，而不说明时间顺序。可以把程序看做一系列规则的总和。政策的目的是要指导决策，并给管理人员留有酌情处理的余地。虽然规则有时也起指导作用，但是在运用中没有自行处理的权利。

(7) 规划。规划是综合性的计划，它是实现既定目标、政策、程序、规则、任务分配、执行步骤、使用资源以及其他要素的复合体。因此，规划工作各个部分的彼此协调需要严格的技能以及系统的思考和行动的方法。通常情况下，规划需要预算的支持。

(8) 预算。预算作为一种计划，是一份用数字表示预期结果的报表。预算又被称为"数字化"的规划。例如，财务收支预算，可称之为"利润计划"或"财务收支计划"。一个预算计划可以促使上级主管对预算的现金流动、开支、收入等内容进行数字上的整理。预算也是一种控制手段，它迫使人们制定详细的计划，又因为预算采用的是数字形式，所以它使计划工作更细致、更精确。

2. 按计划所涉及的时间分类。按计划所涉及的时间分类，可以将计划分为长期计划、中期计划和短期计划。一般来说，人们习惯于把 1 年或 1 年以下的计划称为短期计划；1 年以上到 5 年的计划称为中期计划；而 5 年以上的计划称为长期计划。这种划分不是绝对的。比如，一项航天发展项目的短期实施计划可能需要 5 年；而一家小的制鞋厂，由于市场变化较快，它的短期计划仅能适用 2 个月。所以尽管我们按上述时间界限划分出长期计划、中期计划和短期计划，但在讨论各期计划时应从它们本身的性质来说明。

长期计划往往是组织较长时间的战略安排，一般只含有较为粗略的大目标，没有细节性的措施，属于组织简要的目标和纲领性规划，它包括有关组织在较长时期的生产、技术、经济发展的一些重大问题。如组织产品的发展方向、生产发展规模、组织技术发展水平等。短期计划通常是指年度计划，是根据中长期计划规定的目标和当前的实际情况对计划年度的各项活动所做出的总体安排。中期计划则是介于长期与短期计划之间。长、中、短期计划相互衔接，反映事物发展在时间上的连续性。

3. 按不同管理层次分类。按不同管理层次可分为战略计划、战术计划与作业计划。

（1）战略计划，是由高层管理者制定的涉及企业长远发展目标的计划。它的特点是长期性，一次计划可以决定在相当长的时期内大量资源的运动方向；它的涉及面很广，相关因素较多，这些因素的关系既复杂又不明确，因此，战略计划要有较大的弹性；战略计划还应考虑许多无法定量化的因素，必须借助于非确定性分析和推理判断才能对它们有所认识。战略计划的这些特点决定了它对战术计划和作业计划的指导作用。

（2）战术计划，是由中层管理者制定的涉及企业生产经营、资源分配和利用的计划。它将战略计划中具有广泛性的目标和政策，转变为确定的目标和政策，并且规定了达到各种目标的确切时间。战术计划中的目标和政策比战略计划具体、详细，并具有相互协调的作用。此外，战略计划是以问题为中心的，而战术计划是以时间为中心的。一般情况下，战术计划是按年度分别拟订的。

（3）作业计划，是由基层管理者制定的计划。战术计划虽然已经相当详细，但在时间、预算和工作程序方面还不能满足实际实施的需要，还必须制定作业计划。作业计划根据管理计划确定计划期间的预算、利润、销售量、产量以及其他更为具体的目标，确定工作流程，划分合理的工作单位，分派任务和资源，以及确定权力和责任。

4. 按计划对象分类。按计划对象划分，可把计划分为综合计划、局部计划和项目计划三种。顾名思义，综合计划所包括的内容是多方面的，局部计划只包括单个部门的业务，而项目计划则是为某种特定任务而制定的。

（1）综合计划。综合计划一般指具有多个目标和多方面内容的计划。就其涉及的对象来说，它关联到整个组织或组织中的许多方面，所以，应把制定综合计划放在首要位置上，要自上而下地编制计划。习惯上人们把预算年度的计划称为综合计划。

（2）局部计划。局部计划限于指定范围的计划。它包括各种职能部门制定的职能计划，如技术改造计划、设备维修计划等；还包括执行计划的部门制定的部门计划。局部计划是在综合计划的基础上制定的，它的内容专一性强，是综合计划的一个子计划，是为达到整个组织的分目标而确立的。

（3）项目计划。项目计划是针对组织的特定课题做出决策的计划。例如某种产品的开发计划、企业的扩建计划、与其他企业联合计划、职工俱乐部建设计划等都是项目计划。项目计划在某些方面类似于综合计划，它的特殊性在于其目的是为了企业结构的变革。即针对企业的结构问题选择解决问题的目标和方法。它的计划期很可能为1年，这时它就要包括在年度计划之内。也许它的计划需要几年才能完成，比如企业扩建计划，这时年度计划仅包括它的一部分。

## 第二节 战略性计划及其过程

战略性计划是指应用于整体组织的、为组织未来较长时期（通常为5年以上）设立总体目标和寻求组织在环境中的地位的计划。战略性计划的任务不在于看清企业目前是什么样子，而在于看清企业未来会成为什么样子。

战略性计划必须要转化为战术性计划，进而转化为作业计划，从而建立正常的活动秩序，保证组织稳步地发展。

战略性计划的内容，首先是愿景陈述和使命陈述；其次是战略定位，即通过外部环境和内部条件分析确定企业在行业中的合适定位；最后是战略选择，即选择企业合适的发展战略。

### 一、愿景和使命陈述

1. 企业的使命。使命是一个企业之所以存在的意义，回答的就是"我是谁"的问题。很多企业和组织的问题是由于对自己缺乏清楚的了解和定位造成的。这个问题虽然看起来比较虚，但它是一个企业的根本标志。

企业使命的表述一般都是简单的几句话。但是，由于有了这简单的几句话，企业就能够了解自己是谁，在复杂变化的环境中就不至于迷失自我，不至于偏离自己的轨道。各种各样成功的企业或者有长久历史的企业，通常的共性就是对"我是谁"有非常清楚的认识。

迪士尼公司对自己是谁这个问题有一个很简单的表述，"使人们更快乐"。短短的几个字，意味着迪士尼公司的所有业务都是在这个圈内的，绝不越雷池一步。有再大的诱惑、再丰厚利润的前景，假如不符合自己的使命，它也不会去做。

著名的管理咨询公司麦肯锡对自己的使命也有一个表述："帮助别的组织更加成功"。这短短的一句话概括了它的业务活动，概括了它的基本定位。

表8-1中是五家企业组织使命的陈述。

表8-1 企业使命陈述

| 企业名称 | 业务范围 | 使命 |
| --- | --- | --- |
| 华为公司 | 交换机 | 追求在电子信息领域实现顾客的梦想 |
| 麦肯锡 | 管理咨询 | 帮助别的组织更加成功 |
| 沃尔玛 | 大型零售 | 让普通百姓找到富人一样的感觉 |
| 惠普 | 高技术产品 | 为人类做出技术贡献 |
| 迪士尼 | 各种娱乐产品和服务 | 使人们更快乐 |

反过来也可以看出，许多失败的企业，尽管失败的原因多种多样，但是，有相当一部分是由于对自己是谁这个问题没有清楚的认识造成的。因此，这个问题看起来似乎很空，但是却决定着一个企业的未来发展。

2. 企业的核心价值观。核心价值观实际上相当于一个企业做事的信条和原则，它构成了组织成员做事的共同价值，就像过去的大家族的家训一样。怎样才能使由许多人构成的群体按照组织的意愿以一致的方式行事？核心价值观起着比较重要的作用。

核心价值观看起来也比较空，但是，如果深深地理解了它的含义，你就会发现，对核心价值观的表述同样也可以体现到一些具体的政策和操作上。例如，摩托罗拉的核心价值观有两条——对人的尊重和诚信，乍一看感觉好像比较空，但实际上这个核心价值观还可以进一步分解，例如，对人的尊重可以落实到很多人事政策上，比如对高年薪员工的重用，在解聘员工的时候不同工作年限得到的待遇是不同的。所以核心价值观实际上体现在企业的每一个具体的政策和操作上，不是空的。

3. 企业的愿景规划。愿景规划也叫做远景。关于愿景这个提法，是近年来企业界比较关注的一个问题，前几年的一本畅销书《第五项修炼》中，有相当一部分内容都在讨论一个共同的愿景对企业成功具有什么意义。

愿景在一定意义上可以简单地理解为是组织在未来相当长的一段时间内的一个设想和规划。它与目标有什么不同呢？通常，目标给人的感觉是一个点或者是一条线、一个数字；而愿景是一种描绘出来的立体图像，比较生动，能对人们产生激励作用。一个组织是由许多人组成的，人们之所以要把自己的才华、把自己的人生奉献给这个组织，除了追求一定的工资待遇之外，还有其他的追求，例如希望自己能够随着组织的成长也得到成长。但是，组织会成长成什么样，即企业的愿景如何，会影响到员工的去留。一些企业尽管薪水很高，但是其员工的流动率却居高不下，有时管理者会感到奇怪，其实反思一下就会发现，这是由于企业没有给人们提供发展的需要，人们除了要得到一定的工资报酬之外，更希望能够随着企业的成长自己也能有较大的发展。因此，从这个意义上讲，有没有一个清楚的愿景，是一个企业能不能长久发展的前提。

企业的使命、价值观和愿景构成了企业目标塔的塔尖，尽管这个塔尖看起来略微空泛一些，但可以具体到每一个层次上，分解到每一个部门，落实到每一个人身上。这不仅是企业老总该考虑的事，实际上也是每个部门的管理者同样面对的问题。

组织的目标塔，也就是组织的使命、价值观和愿景，相当于一个组织前进的灯塔、一个火车头、一个巨大的推动力，相当于把组织凝结为一个整体的凝结剂，有了它，组织才能奔向美好的未来，才有可能成为一个百年企业、百年公司。

## 二、战略定位

为了实现战略定位，企业要进行战略环境分析，即分析外部环境和内部条件,认识外部环境带来的机会与威胁、企业自身的优势与劣势,从而在满足客户需求的原则下,实现战略定位。

战略环境分析是为战略定位服务的。用《孙子兵法》的说法,环境分析的内容包括"天、地、彼、己"和"顾客(目标市场)",其目的是"知天知地,知己知彼"和"知顾客"。对应到企业环境,"天"指外部一般环境,主要包括政治环境、社会文化环境、经济环境、技术环境和自然环境(具体内容见第三章第一节相关内容);"地"指企业竞争所处的行业环境,主要分析行业竞争结构;"彼"指企业的竞争对手;"己"指企业的自身条件;"顾客"指企业为之提供产品或服务的消费者。"知天知地"就是认识企业所面临的利与危,机遇与威胁,"知己知彼"就是为了了解企业的长与短、实力与不足。企业的产品或服务必须与顾客的需求相匹配。

(一)外部一般环境分析

外部一般环境是在一定时空内存在于社会中的各类组织均面对的环境,所以又称为"天"。详细内容见第三章第一节组织的一般环境。

(二)行业环境分析

行业环境也被称为"地"。根据美国学者波特(Michael E. Porter)的研究,一个行业内部的竞争状态取决于五种基本竞争作用力,见图8-3。这些作用力汇集起来决定着该行业的最终利润潜力,并且最终利润潜力也会随着这种合力的变化而发生根本性的变化。一个公司的竞争战略目标在于使公司在行业中进行恰当的定位,从而最终有效地抗击五种竞争作用力并影响它们朝着对企业有利的方向变化。详细内容参见第三章第一节组织的特殊环境。

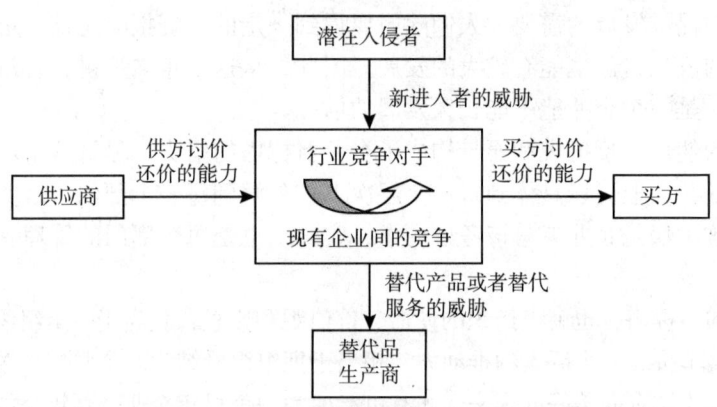

图8-3 驱动行业竞争的五种力量

(三)竞争对手分析

竞争对手分析的目的是认识在行业竞争中可能成功的战略的性质,竞争对手对各种不同战略及其更广泛的环境变化可能做出的反应,以及竞争对手的行业变迁。详细内容参见第三章第一节相关内容。

竞争对手分析必须回答以下一些问题:

"在行业中,我们与谁展开竞争以及我们应该采取何种行动?"

"竞争对手的战略行动意味着什么以及我们如何应对?"

"我们应该规避哪些领域,因为这些领域中的竞争对手将采取情绪化的和拼死的行动?"

### (四)企业自身分析

详细内容参见第三章第一节组织内部环境。

### (五)顾客(目标市场)分析

企业顾客研究的主要内容包括总体市场分析、市场细分、目标市场确定和产品定位。

1. 总体市场分析。总体市场分析主要是针对市场容量和市场交易便利程度进行的分析。为了估计市场容量,我们要界定地域和需求性质,根据所界定的地域和需求性质,分析市场总需求,以及总需求中有支付能力的需求和暂时没有支付能力的潜在需求。而市场交易的便利程度主要取决于市场基础建设、法制完善情况、产权制度和市场制度建设情况。

2. 市场细分。市场细分就是将一个总体市场划分为若干个具有不同特点的细分市场。每个细分市场的顾客群对应着相应的产品和市场组合。

3. 目标市场确定。企业根据细分市场的规模、结构及其成长情况,结合企业的目标和资源状况,进行恰当的选择,确定目标市场。

4. 产品定位。产品定位是企业未来满足目标市场,确定其产品或服务的功能、质量、价格、包装、销售渠道、服务方式等。

## 三、战略选择

### (一)战略类型

1. 一体化战略。一体化战略是指企业通过资产纽带或契约方式,与其业务输入端或输出端的企业联合,或与相同业务(或互补业务)的企业联合,从而达到降低交易费用及其他成本、实现经济化目的的战略。它包括纵向(垂直)一体化战略和横向(水平)一体化战略。

纵向(垂直)一体化战略是指企业在前后向两个可能的方向上扩展现有经营业务的一种发展战略。其类型又有两种:前向一体化战略,即企业与输出端的企业联合的战略;后向一体化战略,即企业与输入端的企业联合的战略。

纵向(垂直)一体化战略的优点:后向一体化战略可使企业对所用原材料具

有更大的控制权，当一个企业的原材料供应商能获得较大的利润时，通过后向一体化战略可将成本转化为利润；前向一体化战略可使企业控制销售渠道，有助于消除库存积压和生产下降的局面，当企业产品或服务的经销商具有很大的毛利时，通过前向一体化战略可增加自己的利润。

纵向（垂直）一体化战略的缺点：使企业规模变大，要想脱离这些行业非常困难；不仅需要较多的投资，而且要求企业掌握多方面的技术，从而带来管理上的复杂化；由于前向、后向产品的相互关联和相互牵制，不利于新技术和新产品的开发；可能产生生产过程中各个阶段的生产能力不平衡的问题。

横向（水平）一体化战略是指企业与相同业务的企业联合的战略。其优点：实现了规模经济，降低了产品成本，巩固了市场地位，提高了竞争优势，减少了竞争对手。其缺点：收购一家企业往往涉及收购后母子公司管理上的协调问题。由于母子公司的差异，协调工作往往非常难。横向（水平）一体化容易造成产业内垄断的结构，因此，各国法律都对此做出了限制。

2. 多元化战略。多元化战略是当今众多大型企业发展的一种趋势。多元化战略是指一个企业同时在两个或更多个行业从事经营活动，以期达到战略目标的一种战略，又称为多样化战略、多角化战略或多种经营战略。它包括同心多元化战略、横向多元化战略和混合多元化战略。实行多元化战略，企业可以在各种产品生产和各种经营方向之间统一配置资源，以减少交易成本，提高资源配置效率，分散经营风险，进入新兴产业，并取得较好的经济效益。但其缺点也很明显：管理跨度增大，会导致管理效率下降；进入新的不熟悉的领域，风险较大；在多个领域经营，对企业经营者的素质要求较高。

同心多元化战略是指以企业现有的设备和技术能力为基础，发展与原有产品或劳务不同的新产品或新劳务。比如，制药企业利用原有的制造技术生产扩大美容产品、运动保健产品等。同心多元化战略的优点是，利用了生产技术、原材料、生产设备和类似性，能够获得生产技术上的协同效果，风险比较小，容易取得成功。当一个企业所在的产业处于上升时期时，该战略不失为一种生机勃勃的战略。这种战略的缺点是，实行同心多元化战略生产出来的新产品，有时在销售渠道、促销等方面与原有产品有所不同，在市场营销的竞争中处于不利地位。

横向多元化战略也称水平多元化战略，是指企业利用原有市场，针对原有顾客的其他需要，采用新的技术、工艺、设备来发展新产品，增加新产品品种。实行横向多元化战略，意味着企业向其他行业投资，对企业来说有一定的风险，因此，企业必须具备一定的实力。当然，横向多元化战略由于企业的服务对象基本未变，也有利于客户的稳定。

混合多元化战略是一种通过合并、收购、合资以及自我发展，把业务范围扩展到其他行业，开展与现有技术、产品、市场没有联系的发展战略。如美国通用汽车公司除主要从事汽车产品外，还生产出冰箱、洗衣机、飞机发动机、潜水艇、洲际导弹等。在这一点上，混合多元化战略与前两种多元化战略形成了明显的区别：同心多元化战略和横向多元化战略所从事的都是与原来业务范围有关的经营活动；而混合多元化战略既可以以一业为主兼营其他业务，也可以不分主业，多种事业齐头并进。这种战略通常适合于规模庞大、资源雄厚、市场开拓能力强的大型企业。混合多元化战略的优点：一是可以通过向不同的产业渗透和向不同的市场提供服务来分散企业经营的风险，增加利润，使企业获得更加稳定的发展；二是能够使企业迅速利用各种市场机会，逐步向具有更大市场潜力的行业转移，从而提高企业的应变能力；三是有利于发挥企业的优势，综合利用各种资源，提高经济效益。混合多元化战略的缺点：一是导致组织结构的膨胀，加大了管理的难度；二是一味地追求多样化，企业有可能在各个市场中都不占领先地位，当外界环境发生剧烈变化时，企业会首先受到来自各方面的压力，导致巨大的损失。

3. 加强型战略。加强型战略包括市场渗透战略、市场开发战略和产品开发战略。

市场渗透战略是通过加强调研和宣传，利用现有产品、在现有市场上争取扩大市场份额、增加销售数量，以达到扩大企业业务为目的的战略。例如美国可口可乐公司，它以单一产品向市场边疆多年渗透，取得很大的经营成果。这种战略的实现有三种办法：鼓励现有的消费者多买；吸引原来购买竞争对手产品的顾客购买；说服原有市场中目前还未购买的顾客购买。

市场开发战略是通过增加市场开发费用和促销费用，利用现有产品，以现有市场为基础不断向外扩张，开辟新的市场，以达到扩大业务的目的的战略。如麦当劳、肯德基在世界范围内发展新的连锁店。这种战略的实现可以是：实行地域的多样化；寻找新的顾客群；开发新的用途。

产品开发战略是在现有市场上开发新产品的发展战略。这种战略的实现方式有：对原有产品的改进与改良；开发与原有产品互为补充的产品；开发与原有产品完全无关的新产品。

4. 战略联盟。战略联盟是指两个或两个以上的经营实体之间为了达到某种战略目的而建立的一种合作关系。其主要特点：必须是两个或两个以上的实体在相对独立的前提下合作。合并或兼并就意味着战略联盟的结束。战略联盟可以是横向的，也可以是纵向的，甚至是网状的。

企业战略联盟的原因是基于：经济全球化使竞争范围空前扩大；科技的飞速发展使竞争加剧；产品生命周期普遍缩短，迫使企业加大科技开发的投入。建立战略联盟的优势主要有：提升企业的市场竞争力，使各企业分担科技开发的巨大风险及研发支出；容易取得规模经济和范围经济的效应；可以克服市场进入的壁垒，达到扩张市场的目的；可以促使竞争对手之间加强合作，共同理顺市场，防止过度竞争。

企业战略联盟的形式有：

（1）合资企业。各自拥有资产的多个独立法律实体间的合作。

（2）职能型战略联盟。由两个或两个以上的企业通过签订协议在一个具体的职能领域进行合作。主要有：研究与开发风险合作；交互分销协议；交互特许协议;联合生产/制造协议;联合投标合作;资产联结的联盟或称股权参与。

(3) 非正式合作。互相访问或交换企业人员。

(4) 国际联合。

5. 虚拟运作。在大多数情况下,企业采用的是传统的实体运作方式。在这种实体运作机制下,应该怎样去满足市场的需要?去设计、规划,然后建一个厂,从设备到工艺,再到样品,把这个过程走下来可能要好几年。而如今的社会变化太快,好几年后你生产的东西可能已卖不出去了。因此,随着时代的发展,传统的实体运作方式的弊端日益显现出来,它的反应速度太慢。于是出现了一种新型的运作方式——虚拟运作。它有着比传统运作强得多的快速反应能力,能很好地适应如今日新月异的市场需求。所谓虚拟运作,是指企业看起来好像拥有某些设备和资源,使用时也像自己拥有这些设备和资源一样,但实际上并不真正拥有它们。企业与外部的厂商、经销商、科研机构、顾客甚至同行的竞争对手结成一个并不具有法人资格的动态联盟。

虚拟运作的基本特性如下:

(1) 人力虚拟化。企业根据市场信息,一旦产生一种产品方案,即开始虚拟制造过程,先是人力资源的虚拟集成,根据企业自身的人才资源优劣与外部企业进行人才资源优势互补——"借鸡生蛋",通过信息网络把来自不同企业的人员集成在一起,为一个共同的目标而协同工作。

核心功能与一般功能分离:虚拟运作突破了传统的企业管理模式,在资源有限的情况下,企业为了获取竞争优势,往往只控制核心功能,即企业拥有的专利、品牌商标和专有技术等最主要资产,把这些知识和技术依赖性强的高增值部分掌握在自己手中,其他低增值部分则实行虚拟运作,借用外部协作力量来完成。

由纵向管理向横向管理转变:虚拟企业内外部的划分已不那么明显,其各组成团体拥有很大的相对自由度和独立性,它们之间既可以自由组合也可以自由拆分,一切以市场需求为基础。因此,虚拟企业特别强调横向管理、协作管理,它打破了传统企业金字塔式的纵向管理模式。

(2) 运作隐形性。虚拟组织以任务信息为联系彼此的纽带,只要能及时有效地提供产品和服务,时空的限制是不存在的,用户既没有必要也不可能去关心何时何地由哪个厂家完成任务,他们需要的只是最终产品和服务。也就是说,从顾客的角度来看,虚拟运作中的服务提供者以及管理机制都是隐形的,顾客完全不必要也不可能知道每项服务是由谁提供的。

虚拟运作的基本形式有虚拟设计、虚拟生产、虚拟管理、虚拟营销。虚拟运作的意义是:缩短了新产品的开发周期;提高了企业对环境的反应速度;增强了企业的创新能力;具有低成本优势。

6. 出售核心产品。所谓核心产品,是指企业一种或几种核心能力的实物体现,是设计能力与导致最终产品多样化的开发技能之间的关键联系,是实际产生最终产品价值的部件或组件。核心产品的形成依赖于核心企业,核心企业是在某一行业或某个领域具有中心地位和先锋作用的技术开发型企业,既不同于传统意义上的技术密集型企业,也不同于以科技开发为特征的各种科研院所。其外部特征是,企业以核心技术不断进步为主要发展点,并生产该行业和领域的核心产品。在核心企业的外围要有一些与核心企业本身没有隶属关系的企业相对稳定地依附在其周围,生产核心企业所开发的最终产品,或为其核心产品提供零部件或组件,从而与核心企业一起形成一个完整的生产体系。

核心企业与外围企业的合作方式主要有两种:一种是核心企业生产核心产品,而由外围企业生产最终产品,由核心企业统一销售或由外围企业自行销售;另一种是最终产品本身即核心产品,由核心企业组装或进行最后的关键生产工序,而由外围企业生产最终产品所需的配件和组件。无论是哪一种合作方式,核心企业的关键就是控制核心产品。控制核心产品,可以使企业有能力决定技术和产品的应用以及最终市场进入的途径,但如何控制和控制到何种程度就要视企业的最终利益来确定。随着企业核心产品应用范围的不断扩大,新产品的开发成本和开发风险不断降低。一个好的核心产品,不但能使核心企业本身发展壮大,也能使外围企业共同发展。

(二) 三种基本竞争战略

1. 成本领先战略。所谓成本领先战略,是指企业尽可能降低自己的生产和经营成本,在同行业中取得最低生产成本和营销成本的做法。实行成本领先战略,企业必须通过规模经济、技术创新、降低人工成本、降低原材料价格、改进生产制造工艺技术、设计合理的产品结构和提高劳动生产率等办法来实现。成本领先战略适用于那些在成长和已成熟的行业。在这些行业里,只要技术进步速度不够快,仍是比较有效的。诸如汽车工业、石油化工工业、钢铁冶炼、机床制造业等都采用了这种策略。有趣的是,在这些行业中总存在着规模大的领先企业,其实这正是该战略实施的结果。国内的微波炉生产商格兰仕在实施低成本战略方面就做得非常成功,格兰仕利用自己的规模经济优势,生产规模每上一个台阶,价格就下降一次。这种方法被业内人士和媒体称为"价格屠刀"。1997 年格兰仕的生产规模达到 125 万台的时候,就把出厂价格定在了 80 万台规模企业的成本线以下,这样低于 80 万台生产规模的企业就是生产一台赔本一台。到了规模达到 300 万台的时候,格兰仕把出厂价格定在 200 万台规模企业的成本线以下。低于 200 万台规模的企业,同样是生产一台亏本一台。很多中小规模的企业因此退出了微波炉这个领域,而格兰仕的市场占有率和销售量稳步上升。1997~2001 年格兰仕六次降价,在低原材料采购价格、大销售量、高效管理和加强科技研发的支撑下,低成本战略越做越顺。目前格兰仕年产微波炉 1 200 万台以上,全球市场份额接近 35%,国内市场份额 70%,稳居全球第一的宝座。

成本领先战略的实现,离不开较大市场份额的获取,因此,降低成本和低价策略需要共同使用。较大市场份额的获得,使企业能继续降低成本,这样,企业在低成本制造产品的经验上又处于领先地位,经验进一步优化了生产的全过程,从而使成本进一步降低。

一个企业实施成本领先战略需要的基本条件是：足够的资本及良好的融资能力；产品制造工艺先进，易于用经济的方法制造，且能对工人进行严格监督和管理；有低成本的分销系统。

2. 差异化战略。一家公司的产品在广泛的市场中具有实际的或能被客户感觉到的独特性时，我们就称这家公司具有差异优势，这对于保持市场地位和获取超平均水平的回报率而言是一种极为有效的战略，独特性使得公司能为产品制定较好的价格。

这种战略目前已成为市场营销活动中占主流的竞争做法，因为它不但适应目标市场营销，更重要的是，它是最符合以顾客为导向的营销理念的做法。

这种战略具有以下特点：

(1) 树立个性。利用差异化战略，使企业有了自己独特的地方，如有高知名度的品牌、产品有独特功能、有专有的销售与分销方式等，这些独到之处不为竞争对手所模仿，因而为特定的目标市场的进入设置了障碍。

(2) 把握价格。利用差异化战略可以减弱购买者和供应商的议价能力。比如，顾客接受了这种"差异"并对这种"差异"形成了偏好，那么顾客就会形成品牌偏好，在这种情况下其议价能力自然会减弱，同样，因为企业在行业里确立了营销优势并取得了领先地位，使得供应商难以在该市场中找到更佳的交易对象，自然其议价能力就会减弱。

(3) 赢得利润。差异化会带来超额利润。企业利用产品的独特性为其制定一个高价，从而使获取超额利润成为可能。日本索尼公司利用自己的品牌在公众心目中形成的技术领先者形象，在国际市场上，其产品都以比竞争对手高5%~10%的价格销售。进行差异化竞争战略需要的基本条件为：企业拥有较强的生产经营能力；具有独特优势的产品加工技术；有较强的创新观念；在技能和技术方面有良好声誉；拥有独特的资金优势；可以得到渠道的高度合作。进行差异化战略也具有很大的风险，风险主要表现在：由于实行差异化，很可能导致成本升高，与那些低成本竞争对手竞争时有失去顾客的可能；一旦顾客偏好改变，则差异化不再对顾客有吸引力；由于竞争对手的模仿，也很可能使企业产品差异化或营销差异化优势丢失；差异化战略使许多企业脱颖而出，成为市场领先者，因而也吸引了更多的企业实施该战略。

3. 目标集中战略。前面讨论的总成本领先战略和差异化战略关注的是广阔市场，而现在要讨论的目标集中战略却只是关注狭义市场或顾客群。这种战略对于细分目标市场的顾客提供更多的价值和更好地了解他们的需求这两方面而言，具有很强的优势。

该战略的主要特点是，其所关注的部分市场是特定的或专一的，简而言之，该战略针对的是某一确定的顾客群。实施该战略的企业，为该顾客群提供最佳效果、最高效率的产品和服务。使用这一战略比较成功的是美国高保真音响设备制造商。在全球市场上，音响设备市场约值210亿美元，高保真设备部分占有其中的10亿美元，而仅在日本，高音质唱片发烧友每年就要购买2亿美元的高级音响设备。美国制造商瞄准了影像市场中的日本顾客群，他们以其高品质的设备和较低的价格顺利打入了这个市场。现在日本市场的高保真音响大部分都是美国制造的。

目标集中战略通俗地说就是"不在大海里与人抢大鱼，而是小河里抓大鱼"，该战略实施的结果是"企业不在较大的市场获得一个较小的市场份额，而是在一个较小的细分市场里获得一个较大的市场份额"。

实施目标集中战略也是存在风险的，主要风险包括：覆盖整个市场的竞争对手因为规模经济而导致成本降低时，会使目标集中战略经营者的成本优势丢失；一旦这些竞争对手在细分市场里增加产品组合或延长产品线，也会使目标集中战略经营者的特色不复存在。由于最初只是关注某一狭小的细分市场，该市场对产品的要求比较苛刻，一旦这个细分市场需求减弱，企业想转移产品到别的细分市场上是很困难的。从长远来看，这对企业的经营没有什么好处。

实施目标集中战略，可以把成本领先战略和差异化战略组合在一起使用，例如中国造船业，基于其自身船的低成本来进行市场定位，在细分目标市场里提供了比竞争者更低的价格，使其获得更多的造船合同。

战略性计划的选择是在企业分析了一般环境（详见本教材第四章第二节）之后，认识到自己所面临的机遇与威胁，了解了自身的实力与不足，并通过战略定位选择一个适合自己发展的战略，从而为目标顾客提供服务。

表8-2列举了企业可选择的各种战略类型。

表8-2　　　　　　　　企业可选择的各种战略类型

| 分类 | 战略 | | 基本形式 |
| --- | --- | --- | --- |
| 基本战略 | 成本领先 | | 规模经营 |
| | 差异化 | | 产品创新 |
| | 目标集中 | | 定位细分市场 |
| 成长战略Ⅰ | 一体化战略 | 纵向一体化 | 前向一体化：对销售商加强控制 |
| | | | 后向一体化：对供应商加强控制 |
| | | 横向一体化 | 获得与自身生产同类产品的竞争对手的所有权，或加强对他们的控制 |
| | 多元化战略 | 同心多元化 | 增加与原来业务相关的新产品或服务 |
| | | 横向多元化 | 向现有顾客提供与原来业务不相关的新产品或服务 |
| | | 混合多元化 | 向新顾客提供与原来业务不相关的新产品或服务 |
| | 加强型战略 | 市场渗透 | 提高现有产品或服务在现有市场上的占有率 |
| | | 市场开发 | 将现有产品或服务打入新的市场 |
| | | 产品开发 | 在原有市场提供新的产品或服务 |

续表

| 分类 | 战略 | 基本形式 |
|---|---|---|
| 成长战略Ⅱ | 战略联盟 | 与其他企业在研发、运营、营销等价值活动中进行合作，互利互惠 |
| | 虚拟运作 | 通过合同、参股、优先权、信贷帮助、技术支持等方式与其他企业建立稳定的关系，集中优势创造价值，外包非专长业务 |
| | 出售核心产品 | 将自己的核心产品或服务通过市场交易出售给其他企业生产加工 |
| 防御战略 | 收缩战略 | 减少成本和资产对企业进行重组 |
| | 剥离战略 | 出售分部、分公司或任一部分经营不利的活动 |
| | 清算战略 | 将公司资产全部或分块出售 |

### 四、战略实施

把战略性计划转化为战术性计划的过程，既是中期计划与短期计划的制定过程，又是长期计划、中期计划与短期计划组织实施的过程。把战略性计划所确定的目标在时间和空间两个维度展开，要求战术性计划在不同时间内和不同职能空间协调一致，保证战略性计划全面且均衡地得以实施和完成。所谓全面地完成计划，是指组织整体、组织内的各个部门要按战略目标层层分解，完成计划，而不能有所偏废。所谓均衡地完成计划，则是要根据不同时段的具体要求，做好各项工作，按年度、季度、月度甚至按旬、周、日完成计划，以建立组织正常的活动秩序，保证组织稳步地发展。

## 第三节 计划制定的原则与程序

### 一、计划制定的原则与要求

计划的制定是一项复杂的工作，需要遵循一定的原则，具体如下。

1. 具体（specific）。计划越周密、具体，就越能减少执行中的沟通成本、干扰、困惑。为此，对于大的计划，要分阶段、分步骤，准确分析执行过程中的影响因素等，做出周密的对策和行动方案。即使一些小的工作项目，计划中也不能忽略细节。比如一场会议，要针对主题，从会议场所的选定、布置，会议议程的安排，会议发言人的提前通知，发言稿的准备、审核，参会人员通知，参会人员住宿、餐饮安排等计划具体，并落实到执行人。

2. 可衡量（measurable）。计划各阶段的目标结果要可衡量，让执行者明确，以便掌握和控制工作进度，检查、跟踪考核。

3. 可实现（achievable）。计划必须是可实现的、可操作的，不切实际的计划不仅会浪费做计划花的时间和精力,还会引起员工抱怨,影响执行,达不到目的,形如空文。

4. 结果导向(result-oriented)。所有计划都是因一定的目的、目标而定,目标是终点,计划就是设计要达到终点所必须经过的历程。

5. 时间限制(time-based)。企业根据自己的发展设定了目标,管理者的工作就要围绕这个目标在规定的时限内去完成。计划要具体地体现工作进度,以便在预期时间完成任务。

在遵循上述原则基础上,计划的制定过程中还必须符合以下基本要求:

1. 先进性与科学性。先进的计划能调动组织成员的积极性和创造性,同时还必须具有科学性的特点,即在客观环境和现有条件下经过努力能够实现预定的目标。

2. 稳定性和严肃性。计划确定后,要保持一定的稳定性,不能朝令夕改,除非遇到重大变化,一般不作大幅度的调整。计划一经确定后,要千方百计予以执行,以确保计划的严肃性。只有当组织所处的客观环境发生变化或者组织自身条件发生变化时,才对计划做出相应的调整。

3. 系统性和可操作性。计划的总体指标是由各个部门、各个环节的指标构成的,因此,在编制整体计划时,就要考虑到各个部门、各个环节的具体情况,使计划指标达到既先进合理又切实可行。编制计划时,可以以总体指标为出发点,进行指标分解,再将各个部门、各个环节的具体计划综合在一起,进行分析研究,使计划指标体系逐步达到最优化。

4. 灵活性和适应性。计划的执行要有一定的弹性。在保证实现组织目标的前提下,允许下级在计划范围内具体安排本单位的计划,并根据其中的变化对整个组织计划作适当的调整,这就要求在制定计划时要留有一定的余地,并加强计划的适应性。

除了上述要求外,现代管理者开始重视计划的模糊性功效,这主要是由权变理论学派提出的。这是因为:明确的计划以及为达到计划而制定的程序可能会忽视人的因素,并引向一个窒息个人主动性的枯燥乏味的环境,以致使人力资源得不到充分利用,而模糊性计划能使组织成员有余地按照自己的感觉在细节上填空补缺,并按照自己的喜好修改样式,在实现计划的手段上又有主动性的余地,从而可充分发挥每个成员的主动性、创造性,调动其积极性,从而更好地完成计划任务。为此,考虑计划的模糊性也是有其必要性的。

## 二、制定计划的程序

制定计划本身也是一个过程。为了保证制定计划的合理,确保组织目标的实现,计划制定过程中必须采用科学的方法。虽然计划有不同的类型,其形式也多种多样,但管理者在制定任何完整的计划时实质上都遵循相同的逻辑和步骤。

1. 环境分析。组织环境因素对组织战略计划的制定起着关键性的影响作用。

任何一个组织的高级管理人员要想制定一个能引导自己的企业走向成功的计划，都必须全面地调查和分析组织环境因素，并要获取和分析与本企业和本行业有关的组织环境因素的信息情报。计划是否科学和切合实际，在很大程度上取决于信息的调查和掌握是否全面、准确。因此，计划的制定从环境分析入手，需要调查和掌握大量的信息，既有企业外部的信息，也有企业内部的信息。外部信息中又有一般环境和任务环境因素之分。

2. 确定目标。在分析企业外部和内部情况的基础上就可以确定目标了。目标为组织整体、各部门和各成员指明了方向，并且作为标准可用来衡量实际绩效。

一般在确定目标时必须考虑目标的优先次序、目标的时间、目标的结构和衡量目标的标准四方面内容。

（1）目标的优先次序。目标的优先次序意味着，在一定的时间内某一个目标的实现相对来说比实现其他目标更为重要。例如，对一个支付工资都有困难的公司来说，实现保持最低限度的现金平衡的目标可能是至关重要的。

确定目标的优先次序是非常重要的，因为任何一个组织都必须以合理的方法来分配其资源。不管在什么时候，管理人员都会面临一些必须对其做出估价和排列先后次序的目标，把确定目标的优先次序作为分配资源的依据。

目标的优先次序确定以后，还必须将决策所确立的目标进行分解，以便落实到各个部门、各个活动环节（目标的结构），并将长期目标分解为各个阶段的目标（目标的时间）。

（2）目标的时间。目标的时间因素意味着一个组织的活动是受各种行动时间长短不同的目标所支配。即目标有短期、中期和长期之分。一般来说，长期目标是企业的最终目标，中期目标是为了实现最终目标而必须达到的目的，短期目标关心的是组织眼前的问题和目标。而目标应由组织内的各个部门来负责实现。向组织内的各个部门分派目标的过程，就会关系到目标的第三个方面——目标的结构。

（3）目标的结构。决策所确立的组织目标分解到各个部门，然后落实到各个活动环节。主要部门的目标依次控制下属各部门的目标，依次类推，从而形成了组织的目标结构。

（4）衡量目标的标准。在说明目标时，使用的语言一定要让努力实现目标的人理解和接受。即有效的计划要求目标要容易衡量。为此，要尽量使用定量指标，做到一目了然。

3. 拟订各种可行性计划方案。目标确定后，就需要拟订尽可能多的计划方案。可供选择的行动计划数量越多，被选计划的相对满意程度就越高，行动就越有效。因此，在可行的计划方案拟订阶段，要充分发挥组织内外各类人员的积极性，通过他们献计献策，产生尽可能多的计划方案，以便寻求实现目标的最佳方案。拟订各种可行的计划方案时，一方面，要依赖过去的经验，已经成功的或失败的经验对于拟订可行的计划方案都有借鉴作用；另一方面，也是更重要的方面，就是依赖于创新，因为企业内、外部情况的迅速发展变化，使昨天的方案不一定适应今天的要求,所以,计划方案还必须创新。

4. 评估选择方案。根据企业的内、外部条件和对计划目标的研究,充分分析各个方案的优缺点,并认真做出评价和比较,选择出最接近许可的条件和计划目标的要求、风险最小的方案。评估时,要注意考虑以下六点:

(1) 认真考察每一个计划的制约因素和隐患。

(2) 要用总体的效益观点来衡量计划。

(3) 既要考虑到每一个计划的许多有形的可以用数量表示出来的因素,也要考虑到许多无形的不能用数量表示出来的因素。

(4) 要动态地考察计划的效果,不仅要考虑计划执行所带来的利益,还要考虑计划执行所带来的损失,特别注意那些潜在的、间接的损失。评价方法分为定性和定量两类。

(5) 按一定的原则选择出一个或几个较优计划。说较优是因为人类理性的局限性、未来的不确定性和个人价值观的差异等原因,所以是较优方案。

(6) 若考虑因素较多时,还要依靠决策人员的经验、实验和研究分析进行比较。

5. 拟订主要计划。完成了拟订和选择可行性行动计划后,拟订主要计划就是将所选择的计划用文字形式正式地表达出来,作为一项管理文件。拟写计划要清楚地确定和描述5W1H的内容等。

6. 制定派生计划。派生计划是为了支持主计划的实现而由各个职能部门和下属单位制定的计划。比如,一家公司年初制定了"当年销售额比上年增长15%"的销售计划,这一计划发出了许多信号,如生产计划、促销计划等。再如,当一家公司决定开拓一项新的业务时,这个决策是要制定很多派生计划的信号,如雇佣和培训各种人员的计划、筹集资金计划、广告计划等。

7. 制定预算,使计划数字化。在做出决策和确定计划后,赋予计划含义的最后一步就是把计划转变成预算,使计划数字化。编制预算,一方面是为了计划的指标体系更加明确;另一方面使企业更易于对计划执行进行控制。定性的计划往往在可比性、可控性和进行奖惩方面比较困难,而定量的计划则具有较硬的约束。

## 第四节 计划制定的方法

制定计划常用的方法有很多种,这里主要介绍甘特图法、滚动计划法和网络计划技术。

### 一、甘特图法

甘特图是在20世纪由亨利·甘特(Gantt Chart)开发的,它是一种线状图,横轴表示时间,纵轴表示要安排的活动及其进度,线条表示在整个期间计划的和实际的活动完成情况。甘特图可直观地表明任务计划在什么时候进行和完成,以及实际进展与计划要求的对比。这种方法虽然简单,但却是一种重要的作业计划与管理工具。它能使管理者很容易搞清一项任务或项目还剩下哪些工作要做,并评估出某项工作是提前了还是拖后了或者是按计划进行着。

图 8-4 是一个图书出版的甘特图例子。时间以月为单位表示在图的下方,主要活动从上到下列在图的左边。计划需要确定图书出版包括哪些活动、这些活动的顺序以及每项活动持续的时间。时间框里的线条表示计划的活动顺序,空白的线框表示活动的实际进度。甘特图作为一种控制工具,可以帮助管理者发现实际进度偏离计划的情况。在本例中,除了打印长条校样以外,其他活动都是按计划完成的。

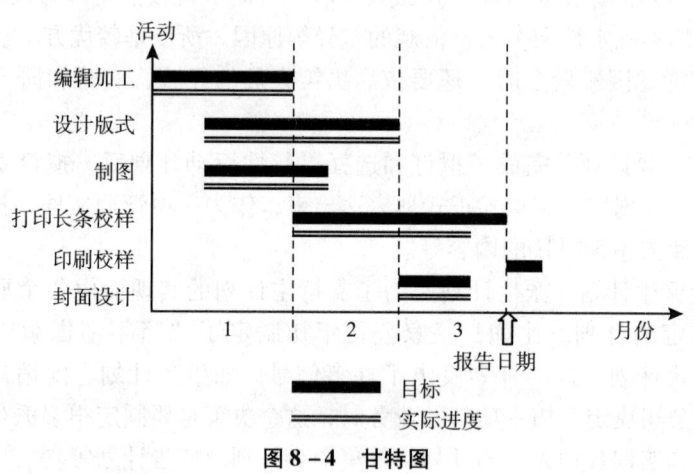

图 8-4 甘特图

## 二、滚动计划法

在计划的编制过程中,往往由于主客观因素不断发生变化而产生一系列问题:一是原计划执行一段时期后往往脱离实际;二是一次编制出一定时期的计划,若不能瞻前顾后、上下配合,又难以使前后期计划密切衔接,必然使计划不能发挥指导生产经营活动的作用,给企业生产经营带来困难。因此,经营计划在执行的过程中由于环境和条件的变化等原因,需要对计划进行调整和修改,滚动计划是一种较好的制定与修改计划的方法。

1. 滚动计划的概念。滚动计划法是一种定期修订未来计划的方法。它是根据计划的执行情况和环境变化情况定期修订未来的计划,并逐期向前推移,将短期计划、中期计划和长期计划有机地结合起来,编制灵活、有弹性的计划,是企业进行全面管理、编制和修改计划的一种科学方法。

滚动计划是用于编制长、短期计划的一种方法。具体方法是,用近细远粗的办法制定计划。即在计划制定时,同时制定未来若干期的计划,但计划内容采用近细远粗的办法,近期计划尽可能地详尽,远期计划的内容则较粗;在计划期的第一阶段结束时,根据该阶段计划执行情况和内外部环境变化情况,对原计划进行修订,并将整个计划向前滚动一个阶段,以后根据同样的原则逐期滚动。它是变静态为动态的一种编制计划的方法。

2. 滚动计划的程序。应用滚动计划编制企业五年计划,其程序如图8-5所示。

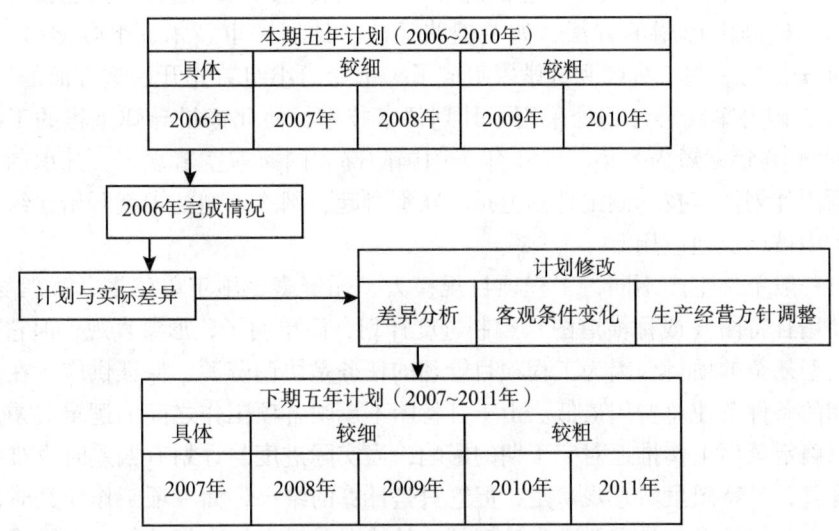

图8-5 应用滚动计划法编制五年计划的程序

从图8-5中可以看出五年计划的滚动程序,先是编制出2006~2010年的五年计划,到2006年年末,企业根据当年计划的完成情况及客观条件变化等因素对原定的上期五年计划进行必要的调整,在此基础上再编制出2007~2011年新的五年计划。同理,到2007年年末再根据2007年计划的执行情况、计划修正因素等编制出2008~2012年的五年计划。在编制时,近期计划部分较详细,远期计划部分较粗略,如此不断地向前滚动,不断地编制出各期计划。

3. 滚动计划的特点。

(1) 预见性。编制滚动计划,可以连续地预测出下期计划的情况及存在的问题,便于企业及早采取措施,发展有利因素,克服不利因素。

(2) 灵活性。市场环境因素的变化情况对企业生产经营影响很大,为了适应此情况,企业的各种计划也必须有较大的灵活性,及时根据主、客观条件,调整、修改计划;否则,计划将脱离实际,起不到指导生产的作用。

(3) 均衡性。编制滚动计划,既考虑了本期任务,又研究预测了下期情况,因而易于做到各期计划均衡生产,避免发生大起大落的现象。

(4) 连续性。按滚动计划法编制计划,本期计划是在分析上期实际情况的基础上制定的,既是上期计划的延续,又是编制下期计划的基础,因而可使前、后期计划密切衔接。同时也便于长期计划与年度计划以及年度计划与季度、月份计划紧密衔接，可以充分发挥长期计划对短期计划的指导作用。

### 三、网络计划技术

网络计划技术也称计划评审技术（program evaluation and review technique，PERT），是20世纪50年代后期在美国产生和发展起来的。这种方法包括各种以网络为基础制定计划的方法，如关键路径法、计划评审技术、组合网络法等。1956年美国的一些工程师和数学家组成了一个专门小组首先开始这方面的研究。1958年美国海军武器计划处采用了计划评审技术，使北极星导弹工程的工期由原计划的10年缩短为8年。1961年美国国防部和国家航空署规定，凡承制军用品必须用计划评审技术制定计划上报。从那时起，网络计划技术就开始在组织管理活动中被广泛地应用。

与一般单件生产不同，工程项目规模大、耗资多、施工单位多、管理复杂。以往使用甘特图（或称横道图）编制进度计划，简单明了，形象直观，但它不适用于大型复杂的项目，因为工程项目管理的任务是协调资源，保证供应，在保证交货期的条件下使总费用最低。由于甘特图不反映各项工作之间的逻辑关系，因而难以确定某项工作推迟对完工期的影响，当实际进度与计划有偏差时也难以调整。况且，甘特图虽然直观清楚，但它只是计算的结果，而一项工作什么时候开始、什么时候结束却是需要事先计算的，甘特图并没有给出好的算法。网络计划技术却克服了甘特图的不足，应用于生产或工程项目，如新产品研制、设备维修、建筑工程、油田开发、管道施工等。

网络计划技术的原理是，利用网络图表示计划任务的进度安排，并反映出组成计划任务的短期活动之间的相互关系，在此基础上进行网络分析，计算网络时间，确定关键工序和关键线路，利用时差，不断改善网络计划，求得工期、资源与成本的综合优化方案，以便用最少的人力、物力、财力资源高效地完成工作。

## 第五节 目标管理

### 一、目标管理的含义

目标管理（management by objective，MBO）是美国著名管理学家德鲁克的首创，1954年他在《管理实践》一书中首先提出"目标管理与自我控制"的主张，随后在《管理——任务、责任、实践》一书中对此作了进一步阐述。德鲁克认为，并不是有了工作才有目标，而是相反，有了目标才能确定每个人的工作，所以"组织的使命和任务，必须转化为目标"。目标管理的含义就在于：一切管理行为的开始（确定目标）、执行（以目标为指针）、结束（以目标的达成度来评价优劣）都以目标为准绳，让目标无时无地不存在于管理者的思想中与行为上。

1954年德鲁克在《管理实践》一书中指出，企业各级主管必须以"目标"来统领各个不同的成员的不同贡献，以达成企业的总目标；若无计划良好、方向一致的"分目标"来指导各个人，则企业规模越大、人员越多时，发生衍变及浪费的可能性就越大。他认为在管理实践中有三种因素导致错误领导：一是过分强调个人技术第一，致使每个成员只顾照料自己的专业，使应作为一个整体的企业成员变成散沙，造成各行其是、互不合作；二是过分重视顶头上司的个人所好，以致人人尽力讨好主管个人的所言所行，而忽略工作的真正需求；三是"不同层次的见仁见智观点"，以致上下意见不沟通，赏罚不一，是非无一定标准，因而使整个组织成为争吵、怨气、赌气的场合。他认为，要消除这三种导致错误领导的因素，排除错误领导，可取的途径是以目标来统率各阶层的努力方向，各级主管都朝目标集中力量。只有当每个人都拥有他的努力目标后，他才会自我控制，以求个人行为符合团体的目标。

目标管理的理论与方法，在现代西方管理理论中具有一种很特殊的地位，它与"危机管理""压制管理"不同。采用目标管理这一方法的主管，在计划、组织、控制等管理活动中，心里常怀有目标，以目标为导向，员工实行自我控制，进行的是授权管理。而采用"危机管理""压制管理"则更多体现的是一种控制管理的思想。

## 二、目标管理的程序

实施目标管理，要从确定目标开始，经过目标分解、考核最后到成果评价，其中的每一环节都是动态管理和控制的具体体现。如图8-6所示。

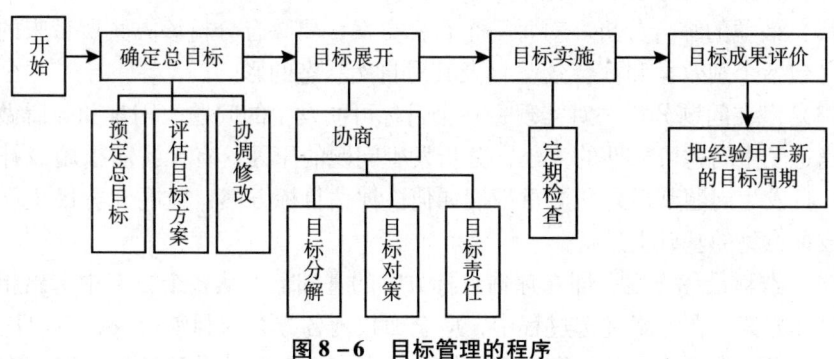

图8-6　目标管理的程序

### （一）目标管理的开始

目标管理要取得成功，领导首先必须向组织内的人说明要实行目标管理的原因、做法，要让大家了解目标管理的性质、内容以及各自在目标管理中的作用。

## （二）确定总目标

所谓确定总目标，就是根据外部环境和内部条件提出（确定）在一定时期内（通常为1年）所要取得的成果。它包括：（1）预定总目标。最高管理层根据本组织的实际和目标管理的理论以及掌握的情报信息，制定基本的战略目标和策略目标。这些目标是试探性的，也是试验性的。（2）评估目标方案。对试探性的目标进行分析论证，选出最优方案。（3）协调修改。管理人员要向下属说明试探性目标的内容，征求大家的意见，经反复讨论、修改、审查，最终形成组织总目标。

确定总目标实际上是一个完整的决策过程，它不是单独拍板定案的瞬间，而是指制定目标前后需要进行的大量工作，包括采取一定的步骤和应用必要的科学预测、决策方法。一般来说，制定目标的过程可分为以下步骤。

1. 掌握情报信息，即全面收集、调查、了解、掌握组织系统的外部环境和内部条件的资料，作为确定组织目标的依据。外部环境资料主要包括国家政治、经济、社会等宏观环境因素变化情况，内部资料主要是人、物、财、技术、组织结构等状况，以及历期目标特别是上期目标的实施情况，本组织的发展方向（长期与中期规划）、组织的长处与弱点等。

2. 拟订目标方案。要在对情报信息进行系统整理分析的基础上，提出目标方案。方案所规定的目标应明确表示将把组织引向何处、达到什么目的等。拟订的方案应有若干个，以便比较、鉴别、选择。

3. 评估目标方案，即对拟订的目标方案进行分析论证。主要应从以下四方面进行。

（1）限制因果分析。分析实现每一个目标方案的各项条件是否具备，包括时间、资源、技术及其他各种内外部条件。

（2）效益的综合分析。对每一个目标方案，要综合分析该方案所带来的经济效益（包括个别效益和社会效益）及其对自然状态的影响。

（3）潜在问题分析。对实现每一个目标可能发生的问题、困难和障碍做出预测，确定发生问题可能性的大小，分析发生问题的原因，有无预防措施或补救措施，一旦发生问题其后果的严重程度如何。评估目标方案，应在充分民主、发挥组织成员意见的基础上进行。

（4）选择最优方案，即在评估目标方案的基础上，从各个方案中选出相对最佳的目标方案。在方案优选过程中，应全面权衡各方案的利弊得失，有时应对原方案进行必要的修改补充，有时需在综合原方案的基础上设计新的方案。在许多情况下，决定最优方案只能从实际出发，保证组织目标中的主要指标是最优的，而有些指标可能是较优的，绝不能把最优方案绝对化。

## （三）目标展开

将总目标从上到下、层层分解落实的过程，称为目标展开。在目标展开时，必须要与自己下级组织的管理人员或个人进行面对面的协商，帮助各级组织和个人制定各自相应的目标与任务以及目标完成的时间幅度，并要形成文字固定下来。目标展开主要包括以下内容。

1. 目标分解。目标确定之后，要把它分解为部门、层次、个人等各个层次的分目标和目标最小单位，以便采取措施实现目标。

目标分解的基本要求是：

（1）各个分目标的集合构成组织总目标，分目标应能保证总目标的实现，总目标与分目标的内容是上下贯通的。

（2）各个分目标之间应考虑时间上的协调与平衡，注意同步进行，防止因时差而影响实现目标的进程。

（3）各个分目标为求简明，有必要的计量标准。

（4）充分考虑完成各分目标所需要的条件及限制因素。

分解目标的基本方法是：自上向下，将组织目标按其内部机构设置和组织层次依次分解，直到能具体地采取措施为止；同时，还要自下而上层层保证，保证总目标的实现，从而形成一层接一层、一环套一环的目标体系。

2. 目标对策。目标经过分解形成目标体系后，还要进一步采取对策，并进行对策展开。对策就是实现目标的具体措施，它是总目标实现的保证，各个层次要针对分目标制定出实现该目标的具体对策或措施。

制定对策的基本方法是：按照层次，通过诊断分析和掌握现状，找出各部门实际情况与目标（或分目标）之间存在的差距，对这些差距进行归纳、整理、分类，找出实现目标所必须解决的重要问题，针对各问题研究、制定对策，以便有的放矢地缩短现状与目标之间的差距，保证目标的实现。

3. 目标责任。目标经分解展开后，确定出各部门、环节、层次、个人的目标。然后，要把各层次目标与各层次的具体人员密切地结合起来。明确目标责任是目标展开过程中的又一重要环节。

目标责任的基本要求是：根据每个岗位的工作目标或成员的个人工作目标定责任，使每个岗位、每个人都明确自己在实现组织目标过程中所担负的责任。同时，努力使责任指标化，便于执行、考核和检查。

（四）目标实施

组织目标一经确定和展开，组织从上到下、方方面面都要按照目标体系的要求，同心协力、分工协作，努力为实现共同目标而尽职、尽责、尽力。这就是目标的实施过程。目标实施的好坏，直接关系到预期目标能否稳步实现。因此，目标实施在目标管理中处于极其重要的地位。

目标实施过程中须做好以下四项工作：

1. 目标实施前的准备工作。包括人员、技术、设备、工具、原材料、资金等各方面的准备，同时，做好准备工作的计划性，编制统一的目标实施准备计划，并对准备计划的执行情况经常进行检查，发现问题，及时解决，务必使目标实施所需要的各种人、财、物、技术条件等能得到切实保证。

2. 目标实施的自我控制。所谓自我控制，就是组织成员按照自己所担负的目标责任，按照目标责任的要求，在实施目标中进行自主的管理，不断进行自我分析和检查，把握实施目标的进度、质量，保证目标的实现。

3. 目标实施的监督和检查。即组织内各级管理机构通过监督和检查，对目标实施中好的典型要加以表扬和宣传；对离开原定目标的情况要及时指出和纠正；对实施目标中遇到的其他问题，要认真采取措施，加以解决。

4. 实施目标中的调节。在实施目标的过程中，必须注意各个方面、各个环节上进程的均衡与协调，做好实施中的调节。具体包括：一是要保证均衡，即在规定的目标同期内均衡地完成总目标规定的任务；二是搞好协作，包括供求关系的协作、质量协作、技术协作、劳动力协作等。

（五）目标成果评价

在实施目标的基础上，应对实施目标的成果做出客观的评价，以总结本期目标管理的经验教训，发扬成绩，克服缺点，为开展下一期目标管理做好准备。

目标成果评价的标准就是目标，内容包括：(1) 目标值，它是目标内容的数量表现形式，目标值最后评价的标准公式是，评价标准目标值 = 原定标准目标值 + 新增加目标值 – 新减少目标值。(2) 协作情况，即为了实现共同的目标，各部门之间的联合与配合。(3) 目标进度的均衡性。(4) 措施手段，即主要考虑技术方面的措施和手段能否调动职工的积极性；营运活动方面的措施与手段是否符合长远规划的要求；实施分目标的措施和手段是否符合实现整个组织总体目标的要求。

## 三、目标管理的评价

目标管理对任何组织来说，其优点至少有五个方面。

1. 形成激励。当目标成为组织的每个层次、每个部门和每个成员自己未来欲达到的一种结果，且实现的可能性相当大时，目标就成为组织成员们的内在激励。特别当这种结果实现后组织还有相应的报酬时，目标的激励效用就更大。

2. 有效管理。目标管理方式的实施可以切切实实地提高组织管理的效率。因为它是一种结果式管理，这种管理迫使组织的每个层次、每个部门及每个成员首先考虑目标的实现，尽力达到目标，进而也就确保了组织总目标的实现，有效地提高了组织管理的效率。

3. 明确任务。目标管理使组织各级主管及成员都明确了组织的总目标、组织的结构体系、组织的分工与合作及各自的任务。这些方面职责的明确，使主管人员也知道，为了达到目标必须给予下级相应的权力，而不是大权独揽、小权也不分散。

4. 自我管理。目标管理实际上也是一种自我管理的方式，或者说是一种引导组织成员自我管理的方式。在实施目标管理的过程中，组织成员不再只是做工作、执行指示以及等待指导和决策，组织成员此时已成为有明确规定目标的单位或个人。一方面，组织成员已参与了目标的制定，并取得了组织的认可；另一方面，员工在努力工作而实现自己目标的过程中，如何实现目标则是他们自己决定的事，从这个意义上看，目标管理至少可以算作自我管理的方式，是以人为本的管理的一种过渡性试验。

5. 有效控制。目标管理方式本身也是一种控制的方式，即组织总目标实现的过程就是一种结果控制的方式。目标管理并不是目标分解下去便没事了，事实上，组织高层在目标管理过程中要经常检查、对比目标，进行评比，看谁做得好，如果有偏差就及时纠正。从另一个角度来看，一个组织如果有一套明确的可考核的目标体系，那么其本身就是进行监督控制的最好依据。

哈罗德·孔茨教授认为，目标管理尽管有许多优点，但也有一些不足，主要是：(1) 强调短期目标。大多数目标管理中的目标通常是一些短期的目标：年度的、季度的、月度的等。短期目标比较具体、易于分解，而长期目标比较抽象、难以分解。所以，在执行目标管理的过程中，组织似乎常常强调短期目标的实现而对长期目标不关心。(2) 目标设置困难。真正可用于考核的目标很难设定，尤其组织实际上是一个产出联合体，不容易分解出谁的贡献大小，即目标的实现是大家共同合作的成果，因此，确定可度量的目标也就十分困难。目标更多的只能是定性的描述。(3) 无法权变。目标管理执行过程中改变目标是不可以的，因为这样做会导致组织的混乱，由此使得组织运作缺乏弹性，无法通过权变来适应变化多端的外部环境。

## 复习思考题

1. 什么是计划？计划工作有哪些特性？如何理解这些特性？管理者为什么要事先进行计划？如何理解计划工作的首位性？

2. 计划工作一般有哪些步骤？一项计划应包括哪些内容？为什么说计划是管理者指挥的依据？

3. 如何理解计划与决策的关系？计划工作中常见的错误有哪些？为什么计划能够减少或避免将来出现的风险？

4. 计划有哪几种分类方法？长期计划与战略计划有什么异同？

5. 各种现代计划方法的优缺点是什么？分别适用于什么场合？

6. 如何理解战略计划是确保企业"做正确的事"，而战术计划则是企业追求"正确地做事"？

7. 何谓滚动计划法？它的主要思想是什么？

8. 网络分析技术的基本原理和作用是什么？网络计划的优化步骤有哪些？

9. 目标管理的含义是什么？选定目标时应注意哪些问题？怎样具体实施目标管理？目标管理有哪些优缺点？

## 案例分析

### 中国医药商业计划书（纲要）

**一、中国医药网市场定位**

网站市场定位最实用的医药电子商务网站，为顾客提供最全面、最快捷的医药市场信息和最快捷、最便利的医药购销渠道。

**二、中国医药网产品和服务**

1. 服务内容。中国医药网以众多医药企业为服务对象，依据 B2B 模式，为客户提供医药信息咨询及服务支持，进而逐步扩展和完善在线企业、在线交易，建立物流配送体系，真正实现网上交易。

网站现有功能：医药中间体查询、原料药查询、制剂查询、医院查询、公费医疗目录、供求产品自我录入、供求产品信息查询、政策法规、新药成果转让、医药新闻、双向拍卖与集体杀价区、出版物。

2. 服务对象。网站的主要对象是从事医药产品 B2B 交易的各类厂商以及医疗机构。近期内（1~2年）：公司将以现有客户为基础，将传统的经营模式推广到互联网，服务对象主要包括全球中西药生产厂商、医药批发零售商、全国各级医院。中期发展（2~5年）：网站服务对象包括各种医药工业生产商，包括中西药、医疗器械、玻璃仪器、化学试剂等产品的生产厂商；高校、研究所等研究部门；医药批发零售商；世界各国的医疗机构。长期发展：随着网站的快速扩张以及影响力的增强，网络大环境的改变，网站将跳出 B2B 的束缚，推广 B2C 的业务，并考虑其他相关的业务。公司的服务对象范围大大扩大。

**三、市场分析与展望**

1. 行业机会。2000年初中国网民已达1 000万，是网民最多的国家。国家鼓励医药企业发展电子商务，强化医药市场流通环节。资本市场尤其是风险投资密切关注电子商务，而医药电子商务是一块处女地。巨大的中药市场与中国微薄的市场份额不相称，中国医药业发展潜力惊人。中医药产业发展前景广阔，增长迅速。中国医药业已有相当规模，为公司提供了庞大利基市场。公司注册地香港特区的区域优势突出。融资机会多。我国在药物管理上实行处方药与非处方药的管制，并推行社会医疗保险改革，医药业的市场化正在不断加强。我国的税收政策估计在今后有10%~15%的下降空间，以适应WTO的要求，这在很大程度上促进了中国医药市场的发展。

2. 潜在威胁。中国电子商务在安全、结算、配送、消费习惯等环节上不成熟。网络经济发展太快，没人能对两年后的网络经济做出充分的预测。尽管国内的医药网站并不多，但已经存在，如上海医药股份有限公司所经营的网站。中国医药采购制度改革成立的政府配送中心一定程度上分流了中国医药的市场。这一行业的进入壁垒较低，要是在公司创建的初期不能有效地抢占市场，很容易被后进出口公司吃掉。医药行业受政策的影响较大，政策的变动对公司的发展会产生巨大影响，这对企业经营的稳健性造成了影响。

3. 现存优势。拥有强大的网站数据库，能进行大量的医药交易数据处理。作为行业的领先者，能为后来者建立巨大的进入壁垒。发起人中大香港公司注册地在香港特区，可以避免许多不必要的麻烦。同时，香港特区中药港计划提供了许多业务机会。中大集团有多年医药经销经验和广泛的客户关系。china pharma 的栏目主管由香港中大集团的业务经理充当，富有市场经验。2000年香港中大集团将投入500万元以上，能保证公司初创期资金需要，快速建立有关运作模块并抢占市场。

4. 现存劣势。企业没有网络和电子商务经营经验。网络企业受到许多风险投资关注，与其他进入者竞争时可能资金不足。

### 四、风险估计及对策

1. 市场风险及对策。
- 市场风险：在中国医药还没有形成规模、没有足够的市场覆盖率前，原有的上海医药股份公司或别的后进公司迅速占领市场。
- 对策：迅速推广公司的网站，在保证服务质量的前提下，公司把初期的工作重点放在迅速占领市场，在原有关系户的基础上建立一批稳固的中国医药网站会员，提高网站的价值。

2. 政策风险及对策。
- 政策风险：医药是一个政策性非常强的行业，政策性风险有两方面。一方面，国家对医药管理渠道的政策骤变，限制或禁止中国医药开展有关的业务；另一方面，国家对医药物品实行流通限制，国家专卖，或指定其他的专门管理部门处理，这样将可能大规模地减少中国医药网的货物交易流量，从而影响到网站的经营。但是，根据有关政策，医药行业已确定为"竞争性行业"，因此，这种可能性很小。
- 对策：加强宣传，增加网站的名气，争取取得各种医药渠道的营业许可。争取具有背景的大的战略投资者加盟中国医药网，成为它的股东，保证中国医药网的影响力，从而得到国家有关部门的支持。

3. 资金风险及对策。
- 资金风险：随着中国医药的爆炸式增长，如果公司的融资工作跟不上，很可能会出现资金困难，最后资金成为公司发展的"瓶颈"。
- 对策：同时注意发展战略性融资与风险融资，利用公司所在地的便利条件，争取上市以保证公司的充裕的资金流。

4. 人才风险及对策。
- 人才风险：随着china pharma的发展，新旧竞争者的竞争将会演变为人才的竞争，中国医药不能不面对一个人才短缺的危机。
- 对策：综合采用多种激励手段，包括员工期权、奖励性工资、带薪假期、荣誉奖励等，对员工的贡献给予恰当的评价；提供优质的企业环境，塑造良好的企业文化。给予员工发展事业的空间与支持，激发员工的事业成就需求。

### 五、战略规划及市场推广

1. 拓展网络服务内容。
- 推出在线交易区。
- 力争成为全国首家实现视讯电话在线交易方式的电子商务网站。
- 在条件成熟的时候,针对大多数医药企业在线交易的实际需要,推出以视讯电话技术为依托、以宽带信息传输技术为基础的"face to face"在线交易区。
- 进一步完善双向竞价区和集体杀价区、集体供应区。
- 延伸产品线,增加交易商品品种。
- 产权转让功能区。
- 共同供货区——共同电子商务供货平台。

2. 战略规划。

第一步,组建战略联盟。将发展 2 000 家左右药品生产、流通企业作为会员单位,并在这些会员中挑选 10~20 家实力强、规模大、档次高的供应商会员,建立战略联盟,构筑自身坚实的骨干客户基础。

第二步,完善服务内容。将逐步建立健全的在线查询、洽谈、交易、下单、结算以及物流配送等一条龙服务,使中国医药网不仅成为医药业务的电子交易平台,同时也成为具有销售和配送能力的商贸实体,而销售和配送的收益也将成为这一阶段的重要收入来源。

第三步,实施购并计划,扩展业务范围。将在继续发展药品供应商会员的同时,扩大服务范围,吸收医疗器材、玻璃仪器、化学试剂三大类商品的供应商成为会员,并将战略联盟的合作伙伴扩大到 50 家左右。有计划地收购同类型的网站,一方面,提高自己的市场占有率,降低本业务领域中的竞争强度,提高盈利能力;另一方面,完善自己的服务产品线,为客户提供更有价值的服务,更重要的是,并购可以带来大量优秀的网站管理和技术人才,而这对于网站发展来说是必不可少的宝贵资源。

3. 市场推广。

"免一减二"政策:除了传统的广告、推介会等市场推广方式,将对会费的收取实行"免一减二"的优惠措施,即网站开张第一年会费全免,第二年会费减半收取,第三年会费按八折收取,客户越早注册登记,就享受越多优惠。

赠股计划:举办中国医药行业 100 名优秀企业家评选,拿出公司 10% 的股份作为奖励赠送给这些企业家,既增强中国医药的影响力,又增强中国医药的知名度。

### 六、投资状况及融资计划

由于本项目所需资金量较大,并且短期内很难有赢利(预计三年后达到盈亏平衡,并开始赢利),所以希望能分三期进行融资计划:第一期融资金额为 450 万元人民币左右,主要是战略投资;第二期融资金额为 1 500 万元人民币左右,主要用于服务产品线的拓展,扩大会员客户的范围和覆盖面,夯实自己的客户基础;第三期融资金额为 5 000 万元人民币,主要用于建设物流配送系统以及收购一些竞争对手,巩固自己的领先地位,加强赢利能力。三期投资所占股份依据网站经营状况和资金到位时间而定。初步设想第一期投资2000年底到位,占20%的股份;第二期投资2001年秋季到位,占20%股份;第三期投资2002年夏季到位,占20%的股份。

### 七、财务分析

我国现有医药企业6 000多家,医药流通企业5万多家。1999年医药行业产值为1 956亿元,进口医药产品26亿美元,折算成人民币216亿元,总计国内医药产品市场总量为2 172亿元人民币,而这个数字还在以每年17%的速度递增。据Forrester预测,到2002年美国网上电子交易额占实际交易量的6.7%,中国的电子商务发展迅速,成长速度惊人,普遍认为中国的网络经济仅落后美国两年,即到2004年中国的网上电子交易额所占的比例至少可以达到5%以上。那么,可以假定2000年的中国医药行业的电子交易额占总交易量的0.3%,今后四年间该数字分别为1%、2%、3.5%、5%。中国医药网的交易额所占份额以25%计算。

本项目的收入主要有四块:会费收入、佣金收入、广告收入和物流配送收入。其中,会费按每家企业3 000元收取,考虑到"免一减二"的优惠政策,所以第一年和第二年会费收入不列入损益表,第三年的会费按3 000元/家计算,预计到第一年会员数可以确保达到5 000家左右,到第三年可以发展到10 000家以上;佣金收入将按每笔交易额的5‰收取。第一年由于网上下单、结算处于建设及试运行阶段,将不会产生佣金收入,从第二年开始,每年将收取可观的佣金;广告收入一般不作为B2B网站的主要收入来源,而本项目为战略联盟伙伴提供的广告服务,收入虽然不多,但潜在收益很大,同时,专为医药行业制作的专业网络广告将会受到业内人士的青睐,网站流量的增加也会增加广告收益;如果融资计划顺利,最迟到第三年(2002年),将拥有自己的物流配送系统,而这个系统将成为本项目重要的利润增长点。

问题:
1. 一份完整的计划书包括哪些内容?
2. 该案例中的计划属于什么类型的计划?

# 第九章 组 织

【学习要求】

通过本章学习，了解不同的组织设计理论的基本观点和特点，掌握各种环境因素对组织结构设计的影响；掌握组织结构的分类，清楚正式组织与非正式组织、营利性组织与非营利性组织、机械式组织与有机式组织的特征；掌握组织结构设计的基本原则和部门化的方法；熟悉各种常见的组织结构形式及其优缺点和适用场合；理解管理幅度与管理层次的联系和区别；掌握组织的职权关系；清楚人员配备的目的；掌握人员配备的工作内容和基本原则；知道获得人员的基本途径和选聘人员的基本方法；清楚人员考核的目的；知道不同人员业绩考核的方法；理解组织变革的动因、阻力和内容。

## 第一节 组织概述

### 一、组织的内涵与特征

组织是指为了某一共同目标，按一定规则和程序建立起来的一种责权结构和系统集合，并对集合体中各成员进行角色安排和任务分派，使人或事具有一定的系统性和整体性的过程。所以组织包含两层含义：一是指具有不同层次权力结构的人的集合体；二是指进行管理和协作的活动设计。著名的组织学家巴纳德认为，由于生理的、心理的、物质的、社会的限制，人们为了达到个人的和共同的目标，就必须合作，于是形成群体而成为组织。在一个组织中，其构成要素除了人之外，还有物、财、信息等。但人是最重要的要素，是起决定作用的要素，组织工作也都是围绕着人而进行的。

组织具有以下基本特征：

1. 组织是一个职务结构或职权结构。组织中的每个人都有特定的职责权利，组织工作的主要任务在于明确这一职责结构以及根据组织内外环境的变化使之合法化。组织中的每一个成员不再是独立的、只对自己负责的个人，而是组织中的既定角色，承担着实现组织目标的任务。

2. 组织是一个责任系统，具有上下级的隶属关系和横向沟通网络。在组织系统中，下级有向上级报告自己工作效果的义务和责任，上级有对下级的工作进行指导的责任，同级之间应进行必要的沟通。同时，为达到组织目标，授权管理者对各项活动进行组合，协调企业组织结构中的横向关系和纵向关系。

3. 组织是一个独立运行系统。在管理学中，组织的运作具有独立性，组织的目标确定、权利与责任的规定、组织机构设计、人员的配备、组织的创新等都是由组织自身独立完成的，同时，组织内部各职能部门的活动在服从组织目标的前提下也具有相对的独立性。组织管理的任务就是通过以上活动使组织中的各个部门和各个成员为实现组织目标而协调一致地工作。

## 二、组织的形式

从全社会来说，根据组织的目标性质以及由其所决定的基本任务，可以把组织划分为政治组织、经济组织、军事组织、学术组织、教育组织、宗教组织等不同的种类。从组织的形式来说，主要有以下三类。

### （一）正式组织与非正式组织

正式组织是指为了有效实现组织目标，经过人为的筹划和设计，并已具有明确而具体的规范、规则和制度的组织。正式组织的特点有：专业分工性、明确的科层、法定的权威、统一的规范、相对的稳定、职位的可替代性、物质的交换性。

非正式组织是指组织成员为了满足特定的心理或情感需要而在其实际活动和共同相处的过程中自发、自然形成的团体。非正式组织的特点有：基于特定的需要、没有明确的目标、自发形成、没有明确的成文制度和规则、具有两面性（双刃剑）。

非正式组织产生的原因和条件主要有：共同的兴趣爱好、共同的心理倾向、较近的工作距离、地缘、血缘、历史和缘分、特殊目的等。其基本特征有：以某种共同利益、观点和爱好为基础，以感情为纽带，有很强的内聚力和行动上的一致性；行为规范的非制度化，有威信的人当首领，对其他成员有精神上的支配作用；见效快的奖惩制度和手段；灵敏的信息传播渠道；较强的自卫性和排外性等。

正式组织一直是管理学研究的重点。进入20世纪20年代以后，随着行为科学的产生与发展，对组织的研究日益精细化，非正式组织也逐渐引起了管理学界的重视，成为一种独立的研究对象。

在管理实践中经常出现非正式组织的活动冲击正式组织的活动，影响正式组织目标的实现，如何将非正式组织的能量引导到为正式组织服务的轨道上，是一个迫切需要解决的问题。

对待非正式组织的基本原则：积极型，支持；中间型，引导；消极型，改造；破坏型，取缔。

## （二）营利性组织与非营利性组织

社会组织按其是否以营利为目的可分为两大类，即营利性组织——企业和非营利性组织。

营利性组织是指以经济利益为导向从事生产和经营活动的组织。它提供各类产品和服务，主要履行经济职能。营利性组织在社会中大量存在，如工厂、商店、银行、酒店等。

非营利性组织是不以营利为主要目的，以社会利益为导向，以维持社会秩序和促进社会发展为己任的社会组织。它提供各种社会服务，主要履行社会职能。非营利性组织在保证整个社会的协调稳定和有序发展方面起着不可缺少的作用，如政府、军队、教育科研、文化艺术、医疗卫生、宗教、慈善福利以及公交、水电、铁路、邮电等社会公共服务机构。

在社会生产和生活中，营利性组织和非营利性组织都是不可缺少的，它们分别承担不同的社会功能，为人们的生存和发展提供相应的服务。由于营利性组织以企业形态存在，具有经济导向特点，更易于考察和评价。

## （三）机械式组织与有机式组织

机械式组织又被称为官僚式组织。这种组织最突出的特点是，有严格的层级关系，每个职位都有固定的职责，坚持统一指挥原则并产生一条正式的职权层级链，每个人只受一个上级的领导，形成一种典型的、规范化的结构；成员之间按照正式的渠道进行沟通，组织的权力最后集中在组织的金字塔的顶层。

有机式组织又被称为适应式组织，它是一种低复杂性、低正规化和分权化的组织。这种组织与机械式组织不同，它强调的是灵活、适应和变化。在这种组织中，员工多是职业化的，具有熟练的技巧，并且在经过训练之后能够处理多种多样的问题，所以工作不需要多少正式的规则和监督。这种组织的特点是员工之间存在高度的合作、非正式的沟通、分权、职位与职务的变化调整。

机械式组织与有机式组织之间的区别如表9-1所示。

表9-1　　　　　　　　机械式组织与有机式组织之间的区别

| 机械式组织 | 有机式组织 |
| --- | --- |
| 严格的层级关系 | 纵向或横向的合作 |
| 明确的指挥链 | 信息自由流动 |
| 固定的职责 | 不断调整职责 |
| 高度的正规化 | 低度的正规化 |
| 正式的沟通渠道 | 非正式沟通 |
| 集体决策 | 分权决策 |

一般来说,创业阶段的企业近似于有机式组织,而成长到一定的规模之后就会演化为机械式组织,而向优秀的企业发展之后又会成为有机式组织。

### 三、组织的职能

系统理论揭示了"整体大于部分之和"。这就是说,整体具有其组成部分在孤立状态下所没有的新质,如新的特性、新的功能、新的行为或新的结构等。然而,具体就某一系统而言,整体既可能大于部分之和,也可能小于部分之和,其中组织是否合理对于增加系统的整体功能具有决定性的作用。

组织的职能主要体现在:

(1) 有效配置各种资源。任何组织的资源都是有限的。实现同样的目标,不同的组织消耗的资源数量会有所不同。组织结构合理、组织工作有序就可以合理有效地配置资源,从而以最少的资源消耗实现组织的既定目标。

(2) 相互协作发挥整体功能。组织职能具有相互协作发挥整体功能的作用。分工可取得专业化的好处,也是明确责任的前提,但分工效应必须依靠协作取得。兼顾分工与协作,要求在观念上有整体的目标和共同奋斗的意识,在制度上应明确分工的责任和协作任务,在组织形式上应将分工与协作结合起来,这些都只有通过组织职能来实现。

(3) 合理使用各类人员。现代管理的主要任务是促使人的积极性、主动性和创造性得到充分发挥。从组织职能方面来看,就是要通过合理分派任务,做到人尽其才、各得其所;合理分配权力,做到权责一致;合理给予报酬,做到责、权、利相统一。从而充分发挥人的积极性、主动性和创造性。

## 第二节 组 织 设 计

组织设计就是对组织结构和组织活动进行改造与优化的过程,是把任务、权利和责任进行有效的组合与协调的活动。通过组织设计为组织中的全体人员安排适合的工作岗位并协调其工作,以期在实现组织经营目标的过程中获得最佳的工作效率。

不同的组织需要不同的方式来架构,即使相同的组织也不可能采取相同的组织模式,因为组织的规模、所处的环境、采用的技术、制定的战略、发展的方向等情况不同,所需的职务和部门之间的相互关系也会不同,管理者决定采取什么样的组织方案,取决于组织方案的设计。

### 一、组织设计的原则

1. 目标明确原则。每一个组织都有自己明确的目标,一定的组织结构就是实现这个目标的载体，那么组织设计应当与组织的目标相一致，应当有利于组织目标的实现。

2. 稳定性与适应性相结合的原则。组织随着目标的调整、环境的变化，组织结构也应做出适当的调整。但组织结构的调整与员工、主管的工作环境及工作能力的发挥密切相关。实践表明，相对稳定的环境有利于人们形成一个稳定的预期，安心地工作。而变动的环境则容易产生不确定的预期，人们没有安全感，工作的积极性会因此受到影响。所以，组织结构的设计要注意稳定性与适应性相结合，既让组织保持一定的灵活性，又要保持相对的稳定。

3. 集权与分权相结合的原则。社会生产力的发展和先进技术的采用，使协作劳动更加紧密，分工更加细致，协调更加重要，对集中统一指挥与管理的需要就更为迫切。另外，技术的发展、环境的变化要求组织具有更大的灵活性和适应性，要求组织的权力适当分散，以增加组织的应变能力。究竟是集权还是分权各有利弊。组织设计一定要将集权与分权有机地结合起来。一般来说，环境变化大，组织生存问题突出，在组织设计时应较多地考虑集权；而在环境较为宽松，组织的发展问题放在首位时，可以较多地考虑分权。

4. 责权对等原则。责权对等原则又称为责权一致原则，是指在组织设计中每一个职位的职权应当与职责相当，职权越大，其职责也越大。因为组织中的每一个部门和职位都是为完成一定的工作任务而设计的。在组织中支配的资源越多，职权也就越大，自然对组织目标实现的影响也就越大。要保证资源被合理、有效地使用，每一个拥有职权的人就必须承担相应的责任。实践证明，没有责任的权力就是没有约束的权力，最终会导致权力的滥用。

5. 统一指挥原则。在一个组织中，形成一定的部门和分层之后，为了保证协调，必须强调统一指挥原则。如果政出多门，下级就会无所适从；另外，这种局面也会使一些投机者利用相互矛盾的命令推诿责任和工作。

## 二、影响组织设计的因素

影响组织设计的因素也称为权变因素，包括以下四个方面。

1. 战略。战略是指决定和影响组织活动性质及根本方向的重大发展的决策目标、规划，对企业而言，就是企业的经营战略。战略选择的不同，将在两个层次上影响组织结构：一是不同的战略对组织开展的业务活动有不同的要求，这会影响组织设计中的职务设计和部门划分；二是组织战略重点的改变，会导致组织的工作重点及各部门与职务在组织中重要程度的改变，因此，要求对组织结构进行必要的调整。

关于企业战略与组织结构之间的关系，美国的企业史学家艾尔弗雷德·钱德勒在对美国100家大公司的发展进行了深入的考察、追踪长达50年的发展历史之后，得出结论：公司战略的变化先于公司组织结构的变化，由此形成了战略决定结构的理论。但是，自20世纪80年代以来，一些理论家认为，包括企业组织结构在内的企业内部资源对企业战略也具有决定性的作用。

我们认为,战略与组织结构二者之间的关系没有绝对的决定与被决定的固定关系,而是一个相互影响、相互作用的关系。如果我们考虑组织设计就必须考虑组织的战略,当制定战略时就必须考虑组织结构的影响。

2. 规模。规模指组织的人数。组织的规模越大,组织结构就会越趋于复杂和规范化。它表现在:第一,随着规模的扩大,在管理者的管理幅度的约束下不可避免地需要分层,因而会形成多层次的组织结构;第二,随着组织规模的扩大,组织的关系更加复杂,协作也更加困难,因而需要对员工进行部门划分,形成多部门结构。企业发展的实践也证明,在小规模的企业中容易形成有机式组织,而随着企业规模的扩大,企业就会逐步形成机械式组织。关于组织的规模、层次、管理幅度之间的关系将在相关内容中阐述。

3. 技术。组织的活动需要一定的技术手段来完成。任何组织的生存与发展都离不开一定的技术。因为组织总是需要将某些投入转变为产出。这一点在企业中表现得十分典型。当然,非企业性的组织同样需要一定的技术来完成任务。如学校的老师同样需要利用一定的技术来完成授课任务,这里的技术包括讲授的方式、组织学生讨论、案例分析的方法等。当然,分析最多的仍然是科学技术对企业组织结构的影响。

英国管理学家琼·伍德沃德(Joan Woodward)为了寻找统一指挥、管理幅度等传统原则与组织结构、组织绩效之间的关系,对英国南部的近100家小型制造业企业进行调查,可是没有发现带有规律性的结论。后来她将企业按照所采用的生产技术的差异进行分类,结果发现了技术对企业组织结构的影响。她将企业的生产技术划分为三类:第一类是单件生产的技术;第二类是大量生产的技术;第三类是连续生产的技术,也是最复杂的技术。

伍德沃德发现,技术类型与组织结构之间存在着密切的联系,有高度的相关性;此外,技术还与组织的绩效有一定的关系。这种关系如表9-2所示。

表9-2　　　　　　　技术、组织结构与组织绩效的关系

| 项目 | 单件生产 | 大量生产 | 连续生产 |
| --- | --- | --- | --- |
| 结构特征 | 低度纵向化<br>低度横向化<br>低度正规化 | 中度纵向化<br>高度横向化<br>高度正规化 | 高度纵向化<br>低度横向化<br>低度正规化 |
| 有效结构 | 有机式 | 机械式 | 有机式 |

资料来源:[美]罗宾斯,《管理学》,中国人民大学出版社2004年版,第276页。

总之,技术对组织结构的影响是突出的。例如,当今企业组织结构发生巨大变化,最主要的原因是信息技术的普及及其在企业生产经营中的采用。

4. 环境。这里的环境主要指社会环境(social environment)。一个组织结构必须与它的环境相适应,特别是应当与其所在地的文化价值观相适应。

在我国，文化对组织结构设计的影响是比较明显的。一方面，我国文化中权力集中度比较大，容易形成技术集权的组织结构；另一方面，制度规定工人可以参加管理，因此，在组织设计中必须反映这一规定。此外，我国的传统文化特别讲究人和，不希望组织内部存在明显的冲突，内部的竞争一般也是不受欢迎，至少不是公开受到鼓励的。这样，在组织结构设计中机械式组织比较常见。

除了上述一般因素之外，组织设计还要考虑一些特殊因素的影响，例如国家的有关政策与法规等。

### 三、组织的部门化设计

组织部门化是将整个管理系统分解，并再分解成若干个相互依存的基本管理单位。它是在管理劳动横向分工的基础上进行的。组织设计的实质是，通过对管理劳动的分工，将不同的管理人员安排在不同的管理岗位和部门中，通过他们在特定环境、特定相互关系中的管理作业来使整个管理系统有机地运转起来。

管理劳动的分工，包括横向和纵向两个方面。横向的分工，是根据不同的标准将管理劳动分解成不同岗位和部门的任务，横向分工的结果是部门的设置或"组织的部门化"；纵向分工，是根据管理幅度的限制确定管理系统的层次，并根据管理层次在管理系统中的位置规定各层次管理人员的职责和权限，纵向分工的结果是责任分配上的管理决策权限的相对集中或分散。分工的标准不同，所形成的管理部门以及各部门之间的相互关系亦不同。组织设计中经常运用的部门划分的标准是职能、产品以及地区。

1. 职能部门化。职能部门化是根据业务活动的相似性来设立管理部门。即按照生产、财务、营销、人事、研究开发等基本活动相似或技能相近的要求分类设立专门的管理部门，如图9–1所示。

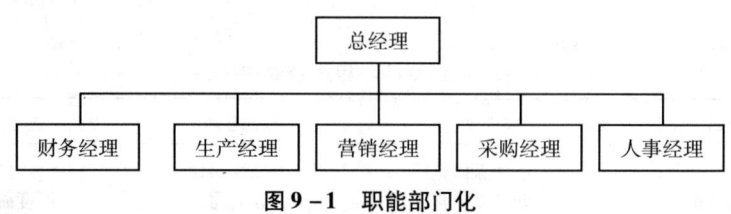

图9–1　职能部门化

职能部门化是一种传统的、普遍的组织形式。这首先是因为，职能是划分活动类型从而设立部门的最自然、最方便、最符合逻辑的标准，据此进行分工和设计的组织结构可以带来专业化分工的种种好处，可以使各部门的管理人员专心致志地研究产品的开发和制造，或积极努力地探索和开发市场，或认真仔细地记录、分析和评价资金的运作；同时，按职能划分部门，由于各部门在最高主管的领导下从事相互依存的整体活动的一部分，因此，有利于维护最高行政指挥的权威，有利于维护组织的统一性；此外，由于各部门只负责一种类型的业务活动，因此，有利于工作人员的培训、相互交流和技术水平的提高。

职能部门化的局限性主要表现在以下三个方面：（1）由于各种产品的原料采购、生产制造、产品销售都集中在相同的部门进行，各种产品给企业带来的贡献不易区别，影响机构的调整，因而不利于指导企业产品结构的调整。（2）由于各部门的负责人长期只从事某种专门业务的管理，缺乏总体的眼光，因而不利于高级管理人才的培养。（3）由于活动和业务的性质不同，各职能部门可能只注重依据自己的准则来行动，因而可能使本来相互依存的部门之间的活动不协调，影响组织整体目标的实现。为了克服这些局限性，有些组织利用产品或地区的标准来划分部门。

2. 产品部门化。产品部门化就是把同一产品的生产或销售集中在相同的部门进行。职能部门化是适应中小企业的一种组织形式，但是随着企业的成长和品种多样化，把制造工艺不同和用户特点不同的产品集中在同一生产或销售部门管理，会给部门主管带来管理上的困难。此时与扩大了的企业规模相对应，组织的最高管理层除了保留公关、财务、人事甚至采购这些必要的职能外，就应该考虑根据产品或服务来设立管理部门、划分管理单位，如图 9－2 所示。

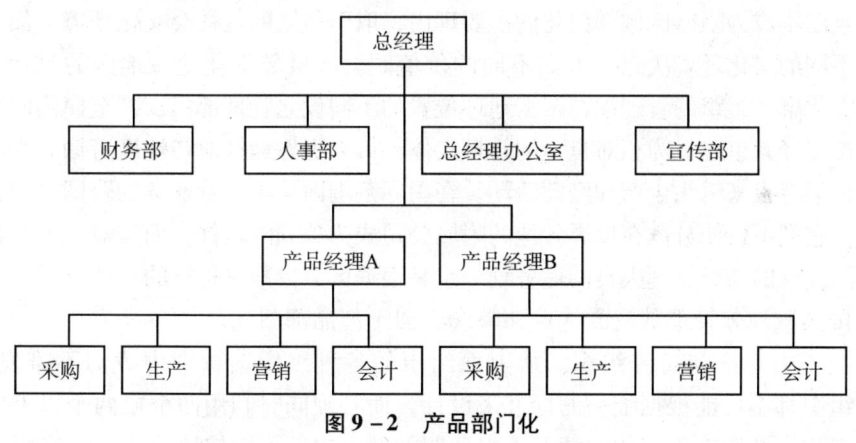

**图 9－2　产品部门化**

从职能部门化到产品部门化可能要经历一个发展过程。当企业规模还不足够大、各种产品的产量和社会需求量还不足够多的时候，组织中可能采取的变通方法是：职能部门内部不同的工作人员按产品的类别来划分工作任务，然后随着产品需求量和生产量的增加再采取产品部门化的形式。

产品部门化具有以下优势：能使企业将多角化经营和专业化经营结合起来，既可使企业因多角化经营而减少市场风险，又可使各部门因专业经营而提高生产率；有利于企业及时调整生产方向，及时限制甚至淘汰或扩大和发展某种产品的生产，使整个企业的产品结构更加合理；有利于促进企业的内部竞争；有利于高层管理人才的培养等。

产品部门化的局限性是：需要较多的具有像总经理那样有能力的人管理各个产品部门；同时，各个部门的主管也可能过分强调本部门利益，从而影响企业的统一指挥；此外，产品部门某些职能机构与企业总部的重叠会导致管理费用的增加,提高了待摊成本,影响企业竞争力。

3. 区域部门化。区域部门化是根据地理因素来设立管理部门,把不同地区的经营业务和职责划分给不同部门的经理,如图9-3所示,这种形式在跨国公司和大的集团公司中比较常见。

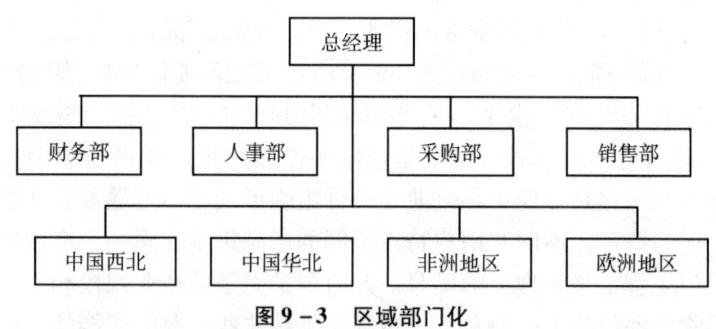

图9-3 区域部门化

随着交通、通信条件的改善,组织活动在地理上的分散所带来的交通和信息沟通困难已不成为阻碍区域部门化的主要理由,取而代之的是社会文化环境方面的理由。不同的文化环境决定了人们不同的价值观。区域部门化使各地区的政治、经济、文化融入组织的管理中,根据地理位置的不同设立管理部门,甚至使不同区域的生产、经营单位成为相对自主的管理实体,可以更好地针对各地区劳动者和消费者的行为特点来组织生产和经营活动。在国际范围内从事经营业务的跨国公司尤其如此,它们不仅使分散在世界各地的附属公司成为独立的实体,而且对公司总部协调国际经营的高级管理人员的业务划分也是根据区域标准来进行的。

按区域划分管理部门的优点和弊端类似于产品部门化。

4. 综合标准与矩阵组织。从上面给出的各种组织结构图中我们不难发现,任何组织都不可能根据唯一的标准来设计,而必须同时利用两个或两个以上的部门化方式。在职能部门化的情况下,各职能部门内部可能按地区或产品来组织各个小组(分部门)的业务工作;在利用产品或区域标准的情况下,不仅公司总部保留了必要的人事、财务、采购等职能部门,而且相对独立的地区或产品部门也设立了一些必要的职能机构。

矩阵组织是综合利用各种标准的一个范例。这是一种由纵、横两套系统交叉形成的复合结构组织:纵向的是职能系统,横向的是为完成某项专门任务(如新产品开发)而组成的项目系统。项目系统没有固定的工作人员,而是随着任务的进度,根据工作的需要,从各职能部门抽人参加,这些人员完成了与自己有关的工作后仍回到原来的职能部门。

矩阵组织具有很大的弹性和适应性,可以根据工作需要,集中具有各种专门知识和技能的人才,短期内迅速完成重要的任务;由于在项目小组中集中了各种人才,便于知识和意见的交流,能促进新的观点和设想的产生;由于成员来自各个不同的职能部门,项目小组的活动还可以促进各个部门间的协调和沟通。但由于项目组织的成员是根据工作的进展情况临时从各职能部门抽调的，其隶属关系不变，从而不仅可能使他们产生临时观念，影响工作责任心，而且由于要接受并不总是保持一致的双重领导，在工作中有时可能会感到无所适从。

矩阵组织的特点决定了它主要适用于那些工作内容变动频繁、每项工作的完成需要众多技术知识的组织，或者作为一般组织中安排临时性工作任务的补充结构形式。

## 四、管理幅度设计

### （一）管理幅度的概念

管理幅度（span of management）又称管理跨度或者是管理宽度，指管理人员直接管理的下属人数的多少，它是部门设计中必须考虑的部门规模问题。

现代管理学证明，一个管理人员直接管理的下属人数是有限的。如果超过了这个限度，管理的效率就会下降。管理幅度的有限性直接源于管理人员时间、精力、能力的有限性。在实际管理过程中，管理幅度的决定因素有以下方面。

1. 管理者的个人能力。管理者的管理能力越强，其管理的幅度就越大。这里的管理能力是指各个方面的能力。如管理者的综合表达能力、迅速把握问题的能力、指导建议能力、指挥控制能力等。

2. 下属的工作能力。下属工作能力的强弱对上级的管理幅度也有着直接的影响。下属的工作能力强，能够很快明白上级的指令与要求，从而提高效率。所以，扩大管理幅度，不仅要提高管理者自己的管理能力，同样还要提高下级的管理能力。

3. 工作的内容与性质。管理者工作的性质越复杂，涉及面越广，对管理者的时间、精力的占用就越多，其管理幅度就不会太大。在组织中，高层管理者所承担的是非程序性和战略性的决策任务，所需的时间和精力很大；而基层管理者所承担的是程序性、执行性的决策，所需的时间和精力相对而言要少得多。因此，一般情况下，高层管理者的管理幅度要小于基层管理者的管理幅度。

4. 计划的详尽程度。计划是对工作的一种事前安排。如果计划制定得十分详尽，下级也已经透彻地了解并接受，管理工作就相对容易，管理的幅度就可以大一些；反之，就要小一些。

5. 管理手段的先进程度。在管理中，管理手段对管理幅度的影响也十分明显。随着电子计算机和信息网络等先进管理工具在管理中的运用，使得管理幅度有很大的提高。西方企业的组织结构由过去多层次的金字塔结构向少层次的扁平式结构的转变，就意味着管理幅度的扩大。

6. 管理环境的稳定性。管理环境越是稳定，组织与环境之间的适应性工作就相对越简单，新问题比较少，经常性的问题可以按照既定程序来解决，管理幅度就可以大一些；反之，管理者的时间和精力就必须用来应付出现的各种问题，管理幅度就会受到限制。

## （二）管理幅度与管理层次的关系

当组织的规模（是指组织的人数）一定，管理幅度与管理层次之间就呈反向变化关系，或者说是相互制约的关系：管理中管理者的管理幅度大，管理层次就少；管理幅度小，管理层次就多。

随着组织规模的扩大，进行一定的管理层次划分是十分必要的。但层次过多会给组织带来一些问题：信息传递速度慢，时间长，效率低并且容易失真；增加管理人员和费用开支。

要减少管理层次，在规模既定的前提下，出路就是提高管理人员的管理能力，扩大管理幅度。其中最重要的是要提高主管人员处理人际关系的能力和下属理解执行任务的能力。一个人即使能力很强，能直接领导、指挥的人数也不可能很多。现代管理学研究表明，一般的管理者直接领导、指挥的下属在6~8人以内比较合适。基层组织中由于管理任务简单一些，管理者的管理幅度就可以大一些，但一般也不宜超过20人。高层领导人要腾出较多的时间思考组织的战略性问题，不宜将时间过多地花在处理下属的关系上，直接领导、指挥的人数相应少一些，常为3~5人。由于管理幅度还受下属能力和自觉性的影响，因而扩大管理幅度的另一条途径就是要起用能力强、素质高的人才。当一个人的能力限制难以扩大幅度时，可以配备一个班子，通过多个管理者的能力互补扩大管理幅度、减少管理层次。

## （三）确定管理幅度的常用方法

1. 格拉丘纳斯的上下级关系法。格拉丘纳斯于1933年发表了一篇论文，着重分析了上下级关系与管理幅度的关系，并且提出了一个计算一定管理幅度下存在的人际关系的数学公式。这个公式是：

$$C = N \times (2^{n-1} + N - 1)$$

其中，$C$为人际关系数；$N$为管理幅度。

格拉丘纳斯还区分了三种不同类型的上下级关系：

（1）直接的单一关系，指的是上级直接与单个的下级之间的关系，这个关系数就是上级直接管理下级的人数。

（2）直接的多数关系，指的是上级与下属各种可能的组合形成的关系。如在有四个下属时，上级可以与其中一个下级建立的关系是直接单一关系，此外的任何一种组合的上下级关系都是直接多数关系。但是，排列的顺序不同，也反映了不同的关系。

（3）交叉关系，指的是下级之间彼此打交道形成的关系。下级之间的关系也可以是单一的、多数的。

从这些关系不难看出，当管理跨度呈算术级数增加时，人际关系数则会呈几何级数增加。因此，上级的管理幅度不能太大，如果太大，要处理的关系太多，就会顾此失彼，影响管理的效率。

2. 变量依据法。这是洛克希德导弹与航天公司研究出的一种确定管理幅度的方法。该方法认为,影响管理者管理幅度的因素有六个关键的变量,分别是:职能的相似性、地区的相似性、职能的复杂性、指导与控制的工作量、协调的工作量、计划的工作量。这些变量又划分为五级,并加权使其反映影响的重要程度,最后按照组织的情况加以修正,决定每一个管理岗位的管理幅度。表9-3中是影响管理幅度的六个因素及其加权数。

表9-3　　　　　　　　　　管理幅度影响因素表

| | 1 | 2 | 3 | 4 | 5 |
|---|---|---|---|---|---|
| 职能相似 | 完全相同(1) | 基本相同(2) | 相似(3) | 基本不同(4) | 完全不同(5) |
| 位置相似 | 完全在一起(1) | 同在一座楼(2) | 同在一个院,不在一座楼(3) | 在同一地区,不同地点(4) | 在不同地区(5) |
| 职能复杂 | 简单重复(1) | 日常公事(2) | 稍微复杂(3) | 复杂多变(4) | 非常复杂(5) |
| 指导与控制 | 工作量少,控制容易(1) | 管理工作有限(2) | 适当定期管理(3) | 经常持续管理(4) | 始终严密管理(5) |
| 协调 | 与他人联系少(1) | 明确规定的有限联系(2) | 便于控制的适当联系(3) | 相当密切的关系(4) | 接触面广,不重复关系(5) |
| 计划工作 | 规模小,不复杂(1) | 规模与复杂有限(2) | 中等规模和复杂性(3) | 比较复杂,变化大(4) | 十分复杂,政策难于明确(5) |

根据得分的多少,就可以确定管理岗位的管理幅度。该方法还根据得分的多少提出了管理幅度的建议值(如表9-4所示)。

表9-4　　　　　　　　　　管理幅度经验表

| 得分 | 管理幅度(人) |
|---|---|
| 40~42 | 4~5 |
| 37~39 | 4~6 |
| 34~36 | 4~7 |
| 31~33 | 5~8 |
| 28~30 | 6~9 |
| 25~27 | 7~10 |
| 22~24 | 8~11 |

当然,无论哪一种方法都有一定的局限性,在使用中必须结合组织的情况进行必要的调整。

### 五、组织的职权关系

经过工作划分、工作归类和确定管理幅度以后,组织结构的基本轮廓已经成形,下面要做的工作就是把这些管理人员所需的职权授予他们,即为组织建立起适当的职权关系。

在现代组织中,一般存在两种类型的职权关系:一是上、下级之间的纵向职权关系;二是直线与参谋之间的横向职权关系。

## (一) 职权及其分类

职权是组织设计中赋予某一管理职位的权力。这种权力是组织授予的,拥有职权的人在职责范围内对相应的事情发布命令并希望命令得到执行的权力。这一概念包括以下三层含义:(1)职权的来源是组织,它是由组织授予的;(2)职权的基础是职位,获得职权必先获得职位;(3)职权是以履行职责为前提的,职权的大小决定于职责范围的大小。

组织中的职权分为直线职权、参谋职权和职能职权三种。

1. 直线职权。直线职权是直线人员所拥有的、按照等级原则和指挥链由上级对下级逐级发布命令和进行指挥的权力。具有直线权力的管理者,一方面接受上级的命令,另一方面向下属下达命令。例如,公司的直线职权是从公司董事长向下延伸的,一直到最基层的管理者。但这并不意味着管理者对任何较低层次的员工都能直接指挥和命令,直线职权只赋予管理者向直接下属发布命令的权力。直线权力关系是组织中的主要关系。

2. 参谋职权。参谋职权是承担参谋职能的人所拥有的建议和咨询的权力。具有参谋职权的管理者是组织中某个领域具有专业特长的人员,他们向具有直线职权的管理者提出计划和建议,由具有直线职权的管理者做出决策。由于这两类管理者对组织目标实现担负的责任不同,为保证指挥的统一,参谋可以很多,负直接管理的管理者只能有一人。参谋对具有直线职权的管理者承担工作责任,直线职权的管理者对参谋的工作承担领导责任。

参谋职权存在的原因有三点:(1)直线管理者缺乏专业知识,需要参谋提出建议由其直接指挥;(2)组织规模扩大,事务繁杂,需要参谋人员帮助料理;(3)缺乏有效的监督控制能力,需要参谋进行协助。

3. 职能职权。职能职权是根据高层管理者的授权而拥有的对其他部门或人员的直接指挥权。职能职权是直线职权和参谋职权的结合,是直线管理者把一部分原本属于自己的直线职权授予职能部门或职能管理人员的职权。

不同的职权配置在不同的职位和部门。例如,直线职权配置在董事长、总裁、事业部经理等职位上;参谋职权和职能职权配置在财务经理、人力资源经理和计划部长等职位以及相应的财务部、人力资源部和计划部等职能部门上,在这些职位上的管理者同时具有参谋职权和职能职权,他们对部门内的下属也具有直线职权(财务部经理对出纳员和会计员具有直线职权)。

通过以上分析可知,在现代组织中,一般存在两种类型的职权关系:一是上、下级之间的纵向职权关系;二是直线与参谋之间的横向职权关系。

## （二）纵向职权关系

纵向职权关系的关键是授权。授权就是上级管理者为有效地进行管理控制，将下属完成任务所需的权力授予他们。它的主要目的是有效地实现组织目标。

1. 授权的原则。

（1）按组织目标授权的原则。由于职权的目的在于给管理者提供一种管理手段以帮助他们去实现组织目标，凡是与组织目标没有联系的职位，绝不设立，更不应授权。

（2）职能界限清楚的原则。为了发展部门化，业务工作必须加以分类，以促进目标的实现，而每一分部的管理者必须拥有使其业务工作同整个组织协调的职权，这就要求在授权时要遵循职能界限清楚的原则。这一原则要求职务和部门的预期成果、所从事的业务工作、所授予的组织职权以及与其他职位的关系等都要有明确而清楚的界限。

（3）职权与管理层次相适应的原则。组织某一个层次上职权的存在是为了在组织权限范围内做出某种决策，这一原则要求，一方面，各级管理者都应按所授职权大胆做出自己那一级的决策，不能超越；另一方面，上级管理者不要越俎代庖替下级做出决策。

（4）职责绝对化原则。职权的授予者上级对职权的授予和下属的业务工作应承担职责。同样，下属对上级和业务的负责也是绝对的，一旦他们接受了委派，就有义务去贯彻执行。

（5）职权与职责相称的原则。由于职权是执行任务的决定权，职责是完成任务的义务，所以职权与职责相称。如果职责大于职权，那么下级就无法行使职责，更谈不上完成组织任务；如果职权大于职责，就容易造成下级的瞎指挥、乱指挥，给组织带来不必要的损失。

在实际管理工作中应当认真地遵循这些授权的原则；否则，授权就可能无效，组织与管理工作就可能失败。

2. 授权的程序。授权有如下四个步骤：

（1）确定预期成果。要正确地授权，上级就必须为下级确定所要达到的预期成果，这是授权的第一步。

（2）委派具体任务。授权时上、下级必须共同协商并委派要完成这些任务。这些具体任务对下级来说，既要可行，又要富有挑战性，这样才能调动下级的积极性。

（3）授予必需的权力。上级给下级委派了具体任务之后，就必须把完成这些任务的权力授予他们，确保任务的完成。

（4）督促下级完成任务。即定期或不定期检查下级完成任务的情况，督促他们完成任务。

应注意：由于职责是不能授予的，授权者只有行使职权使下级担负起实现所委派任务的责任。

### (三) 横向职权关系

横向职权是一种参谋职权，它主要协助直线职权的管理者完成组织目标，并对直线人员起着沟通、顾问、参谋和服务的作用。因此，这种职权的实质是一种顾问性的职权。它不同于直线职权中的直线管理人员，横向职权中的参谋管理人员不能越过直线管理人员去命令下级，只有向直线管理人员提出各种建议的权力。

横向职权关系的关键是处理好直线与参谋职权之间的关系。这就需要直线人员和参谋人员的真诚合作、彼此谅解、相互支持。作为参谋人员，应该明确他的职责是提出建议而不是指挥，否则，他就侵犯了直线人员的权力；而作为直线人员，也应该认真听取和尊重参谋人员的建议，对一些好的、合理的建议应及时采用并贯彻实施。

## 六、组织结构设计

组织结构就是组织中正式确定的使工作任务得以分解、组合和协调的框架体系，也就是组织运行的管理层次和不同的职责分工所形成的结构体系，是组织中相对稳定的关系和方面。

### (一) 组织结构的类型

组织结构的类型很多，常见的组织结构大体上有围绕"4个中心"——"任务中心""成果中心""关系中心""决策中心"组织起来的五种形式——直线制、职能制、直线职能制、矩阵制和事业部制。

1. 直线制组织形式。直线制组织形式是组织中各种位置按垂直线路排列，每一个下层单位只接受一个上级领导者的指挥，每一位下级也只向一个上级请示汇报。这是组织结构中一种最简单的形式。以企业为例，如图9-4所示。

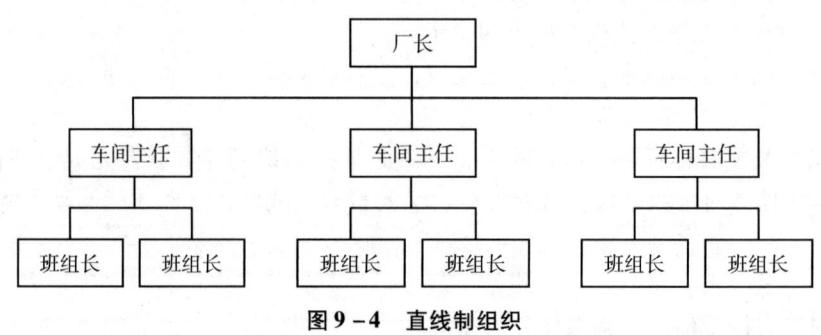

图9-4 直线制组织

这种组织形式的主要优点是：结构简单，责任明确，指挥统一。主要缺点是：领导负担重，指挥路线长，横向联系困难。一般来说，这种结构适用于生产经营简单的小型企业。

2. 职能制组织形式。职能制组织形式就是按职能实行专业分工来分担主管人员的某些职能，每一个专业职能管理人员都有权在自己的职责范围内向相应的下级单位发出命令，下级单位既服从上级领导者又服从上级各职能部门的指挥。以企业为例，如图9-5所示。

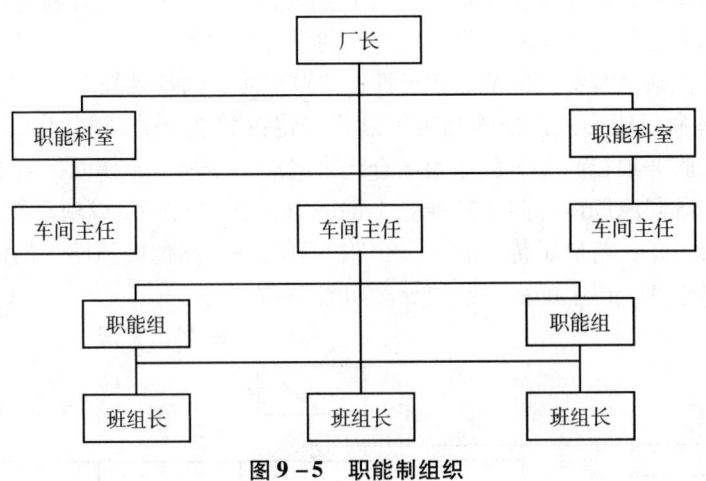

图9-5 职能制组织

这种组织形式的主要优点是：能够适应现代化工业生产技术较为复杂和管理分工较为精细的特点，发挥专业管理人员的专长，提高专业化领导水平。主要缺点是：集中统一指挥，形成多头领导，忽视了组织的整体效应，不利于培养通才式的管理者。

3. 直线职能制组织形式。直线职能制组织形式是以直线制为基础，在各级管理者之下设置相应的职能部门，分别从事专业管理，作为该级管理者的参谋部门。其主要特点是：职能部门拟订的计划、方案、指令由生产行政领导批准下达。职能部门对下级管理者和下属职能部门无权直接下达命令或进行指挥，但可以在业务上向下级直线组织提出要求，指导开展工作。如图9-6所示。

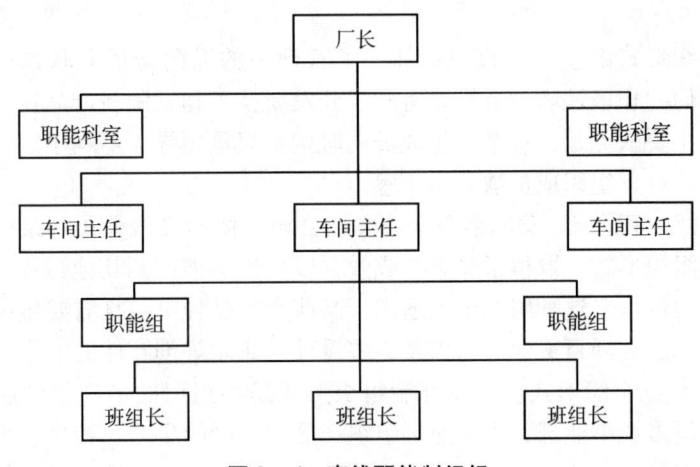

图9-6 直线职能制组织

这种组织形式把直线指挥统一化原理与职能分工专业化原理有机地结合起来，既保留了直线制与职能制的长处，又舍弃了两者的短处，是组织形式的一种明显进步，在全世界广为流行，而且持续时间较长，适应于企业规模较小或产品品种单一、工艺比较稳定、市场销售情况比较容易拿捏的企业。

这种组织形式的主要优点是：有利于合理安排各种资源；有利于提高各职能部门办事的效率；有利于对组织的重大问题进行有效控制；有利于组织结构的稳定性。其最大缺点是：下级缺乏积极性；协调困难；适应性较差。

4. 矩阵制组织形式。矩阵制组织形式是将按职能划分的部门和按产品（或工程项目或服务项目）划分的小组结合起来组成一个矩阵，使同一名专业人员或管理人员，既同原职能部门保持业务上的联系，又加入产品或项目小组的工作。它的最大特点是：打破了传统的"一个职工只有一个岗位或领导"的体制，使一个职工从属于两个以上的部门或领导。如图9-7所示。

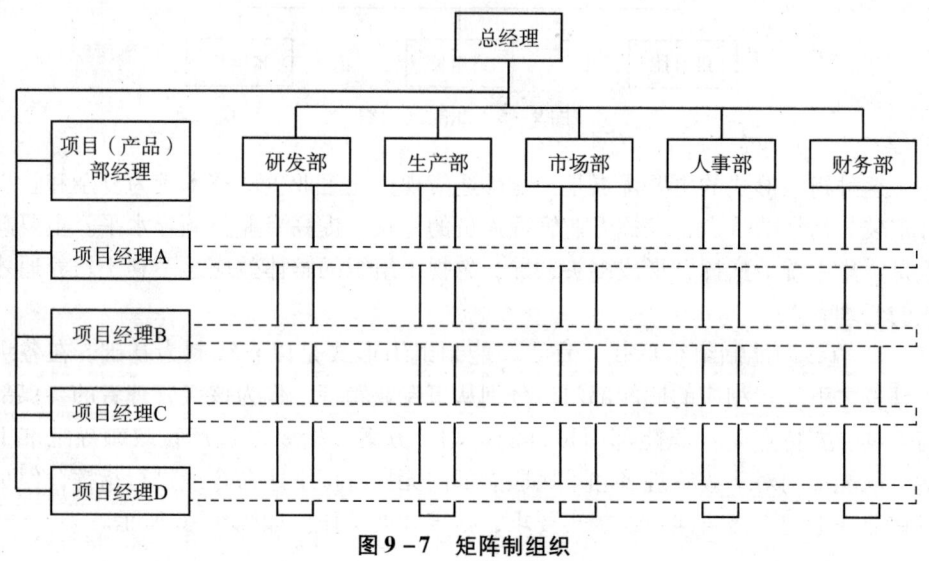

图9-7 矩阵制组织

这种组织形式的主要优点是：加强了管理中的纵向与横向联系；有利于调动、激发人们的积极性和创造性；有利于开发新技术和试制新产品；具有较强的适应性。其主要缺点是：每个小组成员同时接受双重领导，不利于统一指挥；职能部门管理困难；组织成员缺乏稳定感。

20世纪50年代末，美国洛克希德飞机公司、休斯飞机公司等组织率先采用了这种矩阵组织形式，取得了显著的成效，以后逐步推广到其他行业，目前，在建筑业中广为流行。这种组织形式适用于某些产品品种单一且需要集中各方面专业人员参加完成的项目或业务，以及一些设计、研制等创新性的工作。

5. 事业部制组织形式。事业部制组织形式是在组织的最高领导层下按地区或产品类别设多个事业部，由事业部组织产品或地区的生产、销售、采购等全部活动。事业部是一个相对独立的生产经营单位，实行独立核算，设有相应的职能部门，具有直接提供利润的职能，如图9-8所示。

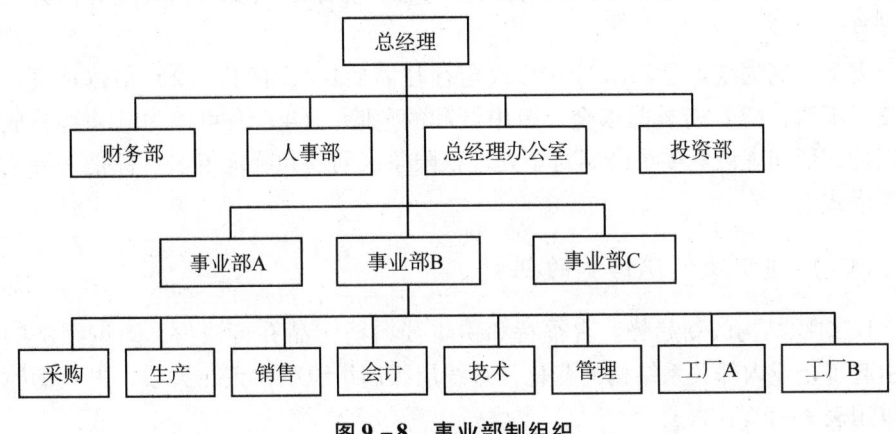

**图9-8 事业部制组织**

这种组织形式的主要优点是：最高管理者可集中精力考虑大政方针；充分发挥各阶层管理人员和职工群众的积极性、主动性、创造性；事业部以利润责任为核心，可以保证公司长期获得稳定的利润；有利于培养通才式的管理者。其主要缺点是：造成职能机构重叠，管理人员增多，管理费用增大；各事业部都有自己独立的经济利益，容易产生本位主义，影响先进技术和科学管理方法的交流。

事业部制首创于美国，它由通用汽车公司副总裁斯隆研究和设计。1920年，美国通用汽车公司和杜邦公司最先使用这种事业部制，并取得显著成效。一般来说，事业部制适用于组织规模巨大、产品种类繁多、市场分布较广的大型企业。

6. 委员会制。委员会也是一种常见的组织形式。委员会由一群人所组成，委员会中各个委员的权力是平等的，并依据少数服从多数的原则处理问题。它的特点是集体决策、集体行动。

委员会可以有多种形式。按时间长短分为常设委员会和临时委员会，前者是为了促进协调、沟通和合作，行使、制定和执行重大决策的职能，如董事会；后者多是为了某一特定目的而组成的，达到特定的目的即解散，如项目鉴定委员会。按职权分为直线式的委员会和参谋式的委员会，直线式的委员会如董事会，它的决策下级必须执行；参谋式的委员会主要是为直线人员提供咨询和建议。委员会还有正式和非正式之分，凡是属于组织结构的一个组成部分并授予特定的责权的委员会都是正式的，反之，就是非正式委员会。

委员会作为组织管理的一种手段，其设立的目的主要是：(1)集思广益，产生解决问题的更好方案；(2)利用集体决策，防止个别人或部分权限过大，滥用权力；(3)加强沟通，了解和听取不同利益集团的要求，协调计划和执行的矛盾；(4)通过鼓励参与，激发决策执行者的积极性。

委员会制的优点是：(1)可以充分发挥集体的智慧，避免个别领导人的判断失误；(2)少数服从多数，可防止个人滥用权力；(3)地位平等，有利于从多个层次、多种角度考虑问题，并反映各方面人员的利益，有助于沟通和协调；（4）可在一定程度上满足下属的参与感，有助于激发组织成员的积极性和主动性。

委员会制的缺点是：（1）作出决定往往需要较长时间；（2）集体负责，个人责任不清；（3）有委曲求全、折中调和的危险；（4）有可能为某一特殊成员所把持，形同虚设。委员会制对于处理权限争议问题和确定组织目标是一种比较好的形式。

### （二）组织及组织结构的创新

1. 组织结构的新趋势。吉福特和伊里莎白斯·品乔特认为，知识经济的到来引起了企业内部关系结构的变化，直线层级制组织结构正在失效，失效的原因可以用表9-5表示。

表9-5　　　　　　　　　　关系结构中的革命性变化

| 直线制组织结构 | 为什么它曾成功 | 为什么它现在失败了 | 取代它的是什么 |
| --- | --- | --- | --- |
| 等级指挥链 | 简单的大范围命令，上级支配下级 | 不能解决复杂性问题，支配不是使组织有智慧的最好方法 | 梦想和价值观，小组自我管理，横向协调，非正式网络选择，自由创业 |
| 专业化职能组织 | 劳动分工、生产效率集中 | 不提供密切的跨职能沟通和持续的同伴之间的协调 | 使专业人士获得多重技能，在以市场为媒介的网络中的组织 |
| 一致性规则 | 创造公平感，明确上司权威 | 仍需要规则，但需要不同规则 | 保证了权力建立的自由和团体 |
| 标准程序 | 提供粗略的组织工作程序，能够使用非熟练工人，胜过旧方式 | 对变化反应迟缓，对复杂性处理不力，不支持内在联系 | 自我引导、自我管理市场和社会公德的能力 |
| 晋升生涯 | 收买的忠诚，管理者和职业认识中富有阶层的持续性 | 需要的管理者减少，期待晋升的有文化的员工增加，因而提升空间太小 | 不断提高技能的生涯，完成更多工作的不断增长的网络，按能力给予报酬 |
| 非个人感情关系 | 偏爱力量减少，帮助领导者克服执行纪律和决策中的困难 | 信息密集型工作需要密切的关系 | 强烈的人际关系，多种选择，追求结果的强烈愿望 |
| 上级协调 | 为非熟练工人提供指导，为枯燥工作、快速人员流动提供有力的监督 | 受过教育的雇员能够自我管理 | 自我管理小组横向沟通和合作 |

上面的组织结构基本上是传统的工业经济时代占主导地位的企业组织结构。20世纪末，在发达的市场经济国家，企业的组织结构正在发生一些明显的变化。这些变化的趋势主要有以下五方面。

(1) 重心两极化。随着买方市场的形成和竞争加剧，企业的重点部门由过去的生产转向研究开发和市场销售，从企业经营的过程来看，企业的结构特征正在形象地由"橄榄形"转变为"哑铃形"。

企业的组织结构发生这种转变，最主要的原因是市场环境的变化。买方市场的形成、技术进步的加快，使企业解决生存发展问题的关键不再是企业的生产问题，而是企业产品更新换代的快慢以及品牌竞争力和如何打开市场的问题。在市场经济发达的国家，一些企业的组织结构基本上都是由研究开发和市场营销部门组成，生产部门很小甚至是没有，如美国的耐克公司就是典型的例子。

(2) 外形扁平化。随着电子计算机和互联网络在企业生产经营中的应用，企业的信息收集、整理、传递和经营控制手段的现代化，金字塔式的传统层级结构正在向少层次、扁平式的组织结构演进。

当今企业组织结构的变革，呈现减少中间层次、加快信息传递的速度及直接控制的基本趋势。有人甚至预言，未来是不需要中层管理人员的时代。

(3) 运作柔性化。柔性的概念最初起源于柔性制造系统，指的是制造过程的可变性、可调整性，描述的是生产系统对环境变化的适应能力。柔性应用到企业的组织结构，是指企业组织结构的可调整性以及对环境变化、战略调整的适应能力。在知识经济时代，外部环境变化已大大高于工业经济时代的变化数量级的速率变化，企业的战略调整和组织结构的调整必须及时，因此，柔性组织结构就应运而生。

(4) 团队组织。在知识型企业中，一种称之为团队的小集体是备受赞誉的结构。这里的团队指的是在企业内部形成的具有自觉的团结协作精神、能够独立作战的集体。团队组织与传统的部门不一样，它是自觉形成的，是为完成共同的任务而建立在自觉的信息共享、横向协调基础上的。在团队中，没有拥有制度化权力的管理者，只有组织者。在团队中，人员不是专业化，而是多面手，具有多重技能，分工的界限不像传统的分工那么明确，相互协作是最重要的特征。团队组织中，团队精神是现代企业管理的重点。

(5) 整体形态创新。企业的整体形态创新指的是企业形态的创新，自然这种整体形态的创新必然在内部组织结构上发生重大的变化。企业整体形态创新的一个最典型的例子是虚拟企业的产生。

2. 组织形式的创新。现代新的组织形式主要有：虚拟企业的组织形式和学习型组织形式。

(1) 虚拟企业，指那种以计算机信息网络系统为联系工具，以知识共享、信息共享为基础，而组建的动态的企业群体。有人将这种企业形式称为网络企业、动态联盟企业等。其基本特点如下：一是非实体性。与传统企业相比较，虚拟企业不是一个企业，而是一个企业群体，并且这个群体的成员也不是固定的，群体成员之间的联系十分松散，但是，在围绕着某一种产品的开发、生产、销售为用户提供某一项服务时，其协作又是相当紧密、高效的。二是计算机信息网络连接。在虚拟企业中，企业之间的联系主要是先进的计算机信息网络，带有典型的以信息共享和知识共享为理念的知识经济时代的特点。三是反应迅速。虚拟企业反应速度快，可以在最短的时间内满足用户的要求，如 Dell 公司在这种生产组织形式下，一般仅仅需要 5 个工作日，如果用户有特别的要求，还可以缩短至 1 个工作日。四是组成广泛。虚拟企业运作的基础是计算机网络，基本理念是知识和信息的共享。在知识和信息共享的基础上进行生产与经营，因此，参与协作的伙伴可以极其广泛，而且在性质上也可以多种多样。

虚拟企业一般有三种类型：第一，以项目为目标的虚拟企业。这种虚拟企业存在于大型建设项目中，由于企业的设备、人力、资金、技术等方面的限制，核心企业通过计算机系统向外寻找合作伙伴，以网络组织的形式组成虚拟企业。这种虚拟企业在项目完成之后就可以自行解体。第二，以产品为目标的虚拟企业。这是最常见的虚拟企业。即核心企业根据市场预测或用户的订货，按照优中选优的原则，把产品开发、制造、市场销售、售后服务等环节，与许多企业建立起以计算机网络系统为连接手段的协同整体，从事产品的生产。在产品生产过程中，实行并行管理，共享信息和知识。第三，以服务为目标的虚拟企业。在服务业中，针对用户所要求的服务，将整个服务分解为若干个环节，然后将各个环节的服务通过计算机信息网络系统分派给虚拟企业中的各个企业，为用户提供优质快捷的服务。如在旅游服务中的订票、运送、导游、餐饮、住宿等环节，分别由不同的公司承担。

虚拟企业产生与运行的背景是经济的信息化和知识化，其满足的基础条件是：第一，建立知识和信息共享的理念，如开发产品的信息、用户订货的信息、生产能力的信息等实现共享；第二，紧密合作的愿望；第三，较高的管理控制水平。由于合作伙伴不是固定的，协同企业的变化可能非常大，所以对核心企业的管理要求相当高。

目前在我国普遍推广这种新型的企业组织形式还不现实，因为：第一，我国的计算机信息网络还不普及，企业进入网络的程度不高；第二，企业长期独立开发和生产经营，难以在短时期内形成知识共享和信息共享的理念与自觉性；第三，外部条件也不成熟，如零部件的运送、协同合作企业之间的核算及其利益的分配等。但是，我们必须看到，在知识经济时代，了解虚拟企业，为虚拟企业的产生和良好运作创造条件，仍然是十分必要的。

（2）学习型组织形式。所谓学习型组织，是指通过培养弥漫于整个组织的学习气氛、充分发挥员工的创造性思维能力而建立起来的一种有机的、高度柔性的、扁平的、符合人性的、能持续发展的组织。这种组织具有持续学习的能力，具有高于个人绩效总和的综合绩效。

学习型组织理论是由以美国麻省理工学院教授彼得·圣吉为代表的西方学者吸收东西方管理文化的精髓，在其代表作《第五项修炼——学习型组织的艺术与实务》（1990 年）一书中提出了以"五项修炼"为基础的学习型组织理念。

学习型组织理论认为，在新的经济背景下，企业要持续发展，必须增强企业的整体能力，提高整体素质。也就是说，企业的发展不能再只靠像福特、斯隆、沃森那样伟大的领导者一夫当关、运筹帷幄、指挥全局，未来真正出色的企业将是能够设法使各阶层人员全身心投入并有能力不断学习的组织——学习型组织。

学习型组织具有以下特征：第一，组织成员拥有一个共同的愿景。组织的共同愿景来源于员工个人的愿景而又高于个人的愿景。它能使不同个性的人凝聚在一起，朝着组织共同的目标前进。第二，组织由多个创造性个体组成。组织的所有目标都是直接或间接地通过团体的努力来达到的。第三，善于不断学习。这是学习型组织的本质特征。主要包括四点含义：强调"终身学习"；强调"全员学习"；强调"全过程学习"，即学习必须贯彻于组织系统运行的整个过程之中；强调"团体学习"，即不但重视个人学习和个人智力的开发，更强调组织成员的合作学习和群体智力（组织智力）的开发。第四，"地方为主"的扁平式结构。即从最上面的决策层到最下面的操作层，中间相隔层次极少。它尽最大可能将决策权向组织结构的下层移动，让最下层单位拥有充分的自决权，并对产生的结果负责，从而形成以"地方为主"的扁平化组织结构。第五，自主管理。

此外，学习型组织的特征还体现在对组织边界的重新界定、员工家庭与事业的平衡、领导者扮演的新角色等方面。

学习型组织的作用和意义在于：一方面，学习是为了保证企业的生存，使企业组织具备不断改进的能力，提高企业组织的竞争力；另一方面，学习更是为了实现个人与工作的真正融合，使人们在工作中活出生命的意义。

尽管学习型组织的前景十分迷人，但如果把它视为一贴"万灵药"则是危险的。事实上，学习型组织的缔造不应是最终目的，重要的是通过迈向学习型组织的种种努力，引导出一种不断创新、不断进步的新观念，从而使组织日新月异，不断创造未来。

（3）无边界组织。无边界组织是指横向的、纵向的、外部的、地理的边界不由某种预先设定的结构所限定或定义的一种组织结构。

无边界组织是相对于有边界组织而言的。传统的有边界组织结构一般包括四种边界：垂直（纵向）边界、水平（横向）边界、外部边界、地理边界。垂直边界是指组织内部的层次和职业等级所产生的；水平边界是由工作专门化和职能部门化形成的；外部边界是组织与其顾客、供应商、管制机构之间形成的；地理边界是区分文化、国家市场的界限。有边界组织要保留边界，完全是为了保证组织的稳定与秩序。

无边界组织是一种网络型的有机组织。它是由多个独立的个人、部门和企业为了共同的任务而组成的混合体；它的运行不像传统的层级控制，而是在定义成员角色和各自任务的基础上，通过密集的多边联系、互利和交互式的合作来完成共同的目标。

埃里克·施密特在《重新定义公司》一书中指出，未来组织的成功之道，是聚集一群聪明的创意精英，营造合适的氛围和支持环境，充分发挥他们的创造力，快速感知客户的需求，愉快地创造相应的产品和服务。这意味着组织结构的逻辑必须发生相应的改变。未来的组织会演变成什么样，现在还很难看清楚，但未来组织最重要的功能已经越来越清楚，协同创新机制也许是未来组织创新的重要领域之一。

罗伯特·史雷特在《通用商战实录》一书中从速度、弹性、整合程度和创新四个方面阐述了无边界组织的16个特征。例如，大多数决定由那些最接近客户的人现场做出；各级管理者不但肩负日常的一线管理责任，而且承担更为广泛的战略责任；关键问题由多层次的团队共同解决，成员的努力不再受组织中的级别限制；针对要解决的问题经常通过跨层次的头脑风暴法来发掘新主意、新思路，不再来回地申报审批；新产品或服务以越来越快的速度推向市场，呈献给客户；资源的占有已打破单位、部门之间的块块分割，能够根据需要快速、无阻碍地在专家和操作部门之间流转；日常工作可通过流水作业的项目团队予以解决；经常举办由感兴趣的人自主参加的跨单位、跨部门甚至是跨企业的专题研讨会、报告会或问题攻关小组活动，以横向团队的形式自发地去探索新主意、新思路、新技术和新方法；对于客户和合作伙伴的要求与投诉，能预先采取措施，并适时答复。与客户的关系也是一种合作伙伴关系；战略资源和重要的管理者可以在企业伙伴之间流动，甚至无偿地"借给"客户和供应商使用；供应商和客户经理在设计企业运行和战略选择的团队中居于核心地位，并发挥主导作用；能经常从供应商和客户那里获得大量的新产品、新工艺的建议与思路；最好的经验得以在与自己企业结成企业联盟关系的范围内传播，甚至直接跨地区、跨国界地传播；企业领导者，包括企业下属区域公司领导人，定期参与在不同地区、不同国家的区域业务营运会议及决策；在企业联盟内部的各国业务之间存在标准的产品平台、统一的行动和经验的分享等。

（4）平台型组织。随着互联网商业应用的发展，大量平台型的企业组织出现了。下面以滴滴打车为例，说明该组织的主要功能、任务和特点。

平台型组织的主要功能是提供具有聚集交易和互动分享功能的基础设施与信息服务。例如，滴滴公司为出行的供需双方提供地图、用车价格预估，撮合乘客与车主，提供相关服务，为乘客、车主和公司创造新价值。

平台型组织以发现市场、吸引社群、匹配交易、制定协同规则、控制风险、平衡利益为主要任务。例如，滴滴公司前期通过大量广告、大量补贴吸引私家车和出行者，培养工作和消费习惯，通过建立信息系统匹配交易，评价司机、跟踪车辆、集中收付，以减少风险，并制定开车与用车的奖惩规则。

平台型组织的主要特点：第一，组织边界相对模糊，除了公司总部固定员工，还有大量签约司机。这些司机接受公司的一些管理制度约束，但是有较大的自主权，组织成员流动性较大。第二，公司正式员工的相互协同继承传统方式，社会车主需要与公司签约接受管理，车主虽然可以自行决定出勤时间，一旦出勤就要服从公司调度（派车），因而其行为是受到控制的。如果主动取消订单，或者乘客投诉，会直接影响其利益，根据信用评估，可以解约。第三，机构精干（相对于规模），具有轻资产（相对于营业额）的特点，部分车辆是公司自有的，大量车辆是社会的。第四，组织的凝聚力很大程度上取决于沟通。为社会公众接受新的商业模式，公司前期投入较大；社会车主分散，对公司期望不一，在利益分配政策方面需要加强沟通与协商。

（5）知识型组织。知识型组织是为适应知识经济的发展而形成的以知识为基础的开放、互动的组织结构。随着信息技术、网络技术的应用，原来集中于组织数据库中的信息可以通过网络为更多的员工所获取，这是知识管理产生的前提。由于信息过多而造成的信息爆炸是组织进行知识管理的根本原因。

知识型组织是否成功，很大程度上取决于有组织的知识创新机制的建设。知识型组织重视员工个体的知识创新，更重视知识在组织中有效地传播与扩散，使员工个体知识为组织成员共享，从而将员工个体知识转化为组织知识，形成组织的知识共享平台。

知识型组织的特征：（1）越使用知识型产品和服务，产品和服务就越智能；（2）越使用知识型产品和服务，使用者就越聪明；（3）知识型产品和服务可随环境变化而做出调整；（4）知识型组织可按顾客要求提供产品和服务；（5）知识型产品和服务具有相对更短的生命周期；（6）知识型组织能使顾客实时采取行动。

## 第三节　人　员　配　备

美国钢铁大王卡耐基曾宣称，"你可以剥夺我的一切：资产、厂房、设备，但只要留下我的组织和人员，四年后我将又是一个钢铁大王。"可见人是企业或组织的灵魂，在现代市场经济下，得人才者得效益、得人才者得市场，所以人员配备是组织发展的基本前提。

### 一、人员配备的基本概念与原则

#### （一）人员配备的概念

人员配备就是根据组织结构中规定的职务数量和要求对人员进行有效的选择、安排和使用。其目的就是通过对优秀人才的选拔使用保证组织系统的高效运行，实现组织目标。

人员的配备是一种双向选择，不仅要满足组织的需要，而且要适合个人的特点、爱好和发展要求。具体来说就是：

1. 满足组织的需要。首先，人员配置可保证组织高效运行。组织目标的实现是各部门人员努力的结果，人员配备使组织系统不断有新的人员进入和替换，从而使组织机体保持旺盛的生命力，保证了组织目标的实现，这是人员配备的根本目标和基本任务；其次，通过人员配备，形成组织管理人员梯队，为组织发展培养后备干部；最后，通过人员配备，产生激励作用，吸引人才，稳定队伍。

2. 满足个人发展的需要。企业或组织的发展来源于各部门人员的共同努力以及对人才的正确使用，只有人尽其才，才能对组织的发展带来巨大推动力，人员配备是激发个人能力的有效手段，表现在：（1）通过人员配备，显示人的自我价值，使每个人的知识和能力得到公正的评价、承认与运用；（2）通过人员配备，使每个人的知识、能力和素质不断提高，实现人与事的同步发展。

（二）人员配备的程序和内容

人员配备是一个复杂的系统工程，它不仅取决于组织机构的设置、组织目标的实现、组织内部人才机制的协调，而且还取决于个人素质和技术能力以及组织外部环境、经济条件、主管人员的供求情况等一系列因素的影响。人员配备是通过制定人员配备方案实现的。根据目前的实践，人员配备程序和内容归纳如下。

1. 确定组织职位及配备人员的标准。确定职位并定位所需人员的基本要求，是进行人员配备的基本前提。组织结构的设计是人员配备的基础，它对人员配备提出了具体的技术要求，因为在组织中职位不一样对所需人员的要求也不一样。就管理人员来说，一般可分为高层、中层、基层管理人员，而每一层次的管理人员又可分为主管人员、协助管理人员或管理研究人员等，所以对人员要求的标准也不一样。

2. 确定人员配备的数量。确定人员需要量是对人员配备的数量规定，一般来说，组织主管人员的数量会随着组织结构的调整而增减。对于新组建的组织，确定人员需要量是由各职务设计的分类数决定的；对于现有组织，人员配备不仅要考虑组织结构的要求，还要分析组织现有人力资源的适配情况。总之，人员配备的数量必须同组织的现状和长远发展相结合，不能过多也不能过少，同时还应与有潜力的人员培养相结合。

3. 人员选配。人员选配就是根据组织设计的职务数量，对符合职务要求、具有一定知识和技能的管理人员进行选择聘用，也就是对拟选人员进行科学有效的测试、考察和评估等，满足组织对各类人才的需求。

4. 人员考评。人员考评就是对组织中的管理人员，尤其是对新职务人员的个人素质、工作能力、工作态度、工作成绩进行全面的考核和评价，目的是实现组织对人员的动态了解，解决工作中出现的问题，并及时地更换与调整人事安排。它是组织管理的一个重要环节，是对人员配备工作的检验。

5. 人员培训。对一个组织的长远发展来说，不仅要吸引外来人才，更重要的是来自组织对人才的培养，尤其是主管人员，这是一个不断发现和长期培养的结果，所以对一个组织来说制定和实施人员培训计划是完成人员配备任务的基础性工作，得人才者得发展。

（三）人员配备的原则

现代管理理论越来越重视人的价值，人员配备的实质就是怎样用人、用什么样的人、达到什么样的效果。它既是一项管理工作，也是一门管理艺术。实现人与事的优化组合是组织追求的目标，也是组织生存和发展的必然选择。

1. 因事择人的原则。因事择人就是根据工作岗位或空缺职位的要求选择合适的人选。因事择人其本质就是因事设职，以职择人。在职位分类的基础上明确各个职位的种类以及所需的学识、才能等条件，作为人员配备的依据或标准。贯彻这一原则可以做到人尽其才，避免"因人设职"而造成人浮于事、机构膨胀的弊端。

2. 因才使用、用人所长的原则。根据每个人的能力、特点和特长安置其工作，实现人与事的最佳配合。实践证明，一个人只有在最能发挥其才能的岗位上才能施展才干，用其所长。一个高效的组织运行系统应根据组织中的任务目标和业务特长，因才使用，专才专用，这不仅是对人才的尊重，而且更容易使人的潜能得到最大的发挥。

3. 严格程序，公平、公正的原则。人员配备应严格执行人员的选配程序，对内对外应聘人员应一视同仁，公平、公正，抛弃个人的喜好，应从组织的最大利益或效率来考虑，充分利用试用期来进行考察和评估，做到知人善用。严格程序并不等于死板和苛求，只要符合任职资格、适用职位并做好工作，就是最佳选择。

4. 人事动态平衡的原则。组织中的职位和对人员的要求是一个动态的变动过程，随着社会经济环境的变化和组织的发展会对主管人员提出更高的要求，使其在管理素质、业务能力以及对环境的适应能力都应相应地提高，所以职位的调整和人员配备就成为必然，通过人员的调配不断发现和选拔更优秀的人才充实到工作岗位，实现人与工作的动态平衡，达到帕累托改进的目的。

## 二、管理人员的选聘

管理人员是指组织中从事组织管理、工作管理、业务管理等职能部门和业务部门的负责人。既包括中层管理部门也包括基层管理部门，他们不同于一般的管理人，具有指挥、领导、协调与控制的职责，通过各部门之间的协调配合构成组织的运行系统。

管理人员选聘就是采用科学的方法从组织内部和外部招聘选拔具有管理能力的部门主管人员或业务主管人员。由于每一个具体的组织成员都是在一定的主管人员的领导和指挥下进行工作的，因此，主管人员的选拔、聘用、培养、考评是企业人事管理的核心内容。现代社会经济活动中，主管人员的配备对组织活动的效率有着非常重要的影响，甚至决定着一个企业的成败，因此，必须选择优秀的主管人员担任合适的管理工作。

优秀的员工是企业最重要的资产，招聘到优秀人才并留住他们，是一个优秀公司的标志。主管人员的选聘对组织发展的成败起着决定性作用。

## （一）管理人员选聘的标准

组织中不同管理层次的具体管理业务是不同的，但其本质特征是一样的，即组织和协调他人劳动，这直接关系到企业发展和业务的开展，因此，对管理人员的选聘必须经过全面的衡量和评估。一般主管人员的选聘应具有以下基本标准。

1. 较好的知识结构和工作经验。市场经济的发展要求主管人员在观念上应具有全局性，因此，对知识的整体性要求越来越强，因为一个人的知识结构决定了其对社会环境的适应性，以及分析判断问题的能力；作为主管人员不仅要具有较宽泛的知识结构，而且要对所领导范围内的专业懂行，即应具备宽泛的知识、突出的专业能力。同时，管理经验对主管人员极为重要，作为一个主管人员，必须具有一定的从事该部门或该行业管理工作的实践经验，没有经过磨炼和专业培训的人是不能成为部门主管的。

2. 正直的品质、优良的作风。正直与诚信是每个组织成员都应具备的基本品德，对主管人员来说更应如此。因为主管人员具有较大的职权，而权力的正确运用与否取决于主管人员的品质。主管人员必须是道德高尚、作风优良、胸怀宽大、值得信赖的人，正直与诚信则表明主管人员能提出并坚持正确的观点，对人对事客观公正，求真务实，善于团结协作，对组织能起到积极的引导作用。如果管理人员缺乏了这种品质就可能涣散人心。正直诚信是主管人员的第一要素。实践证明，只有正直的品质而无工作能力的人会使组织或部门失去活力与进步；但有能力而缺乏正直诚信的主管人员则可能给组织造成巨大的破坏，且能力越大破坏越大。同时，主管人员也应具备良好的工作作风，即实事求是、谦虚谨慎、大公无私、勇于探索、克己敬业，有坚实的集体观念和团结协作精神，作风民主，奖惩分明，能带领全体工作人员做好各项工作。

3. 开拓创新、不断进取的精神。管理人员应具有强烈的事业心和责任心，自尊自信，开拓创新，勇于进取，这样才能打开局面，获得发展。在现代竞争的社会里，墨守成规、维持现状就意味着倒退，开拓创新则赋予了企业生机，提高市场竞争力。所以创新型的组织和创新型的人才是现代企业发展的必然要求。

4. 业务和决策能力。主管人员应有出众的业务能力和决策能力，所以其工作经历及工作成绩就很重要，主管人员既是部门的管理者，也应是部门的骨干，只有熟悉业务才能管理好业务，才能实现人与事的最佳组合。但业务能力强并不一定能成为一个好的主管，必须具备一定的领导、决策、控制能力，时刻明白其工作环境、知道应该做什么、如何去做、达到什么样的目的，具有全盘的工作计划及发现问题和了解问题的能力，应胆大心细，抓主要问题，不能事无巨细，要学会放权与用人。一个合格的主管人员并不是表演独舞，而是组织群舞，运用团队或集体的力量，而且遇事应果断坚决，不能犹豫不决而错失良机。

5. 沟通的技能与艺术。组织中人员之间的相互信任与了解，是培养团队精神形成企业价值观和文化的基础,沟通和理解是人际关系的核心。管理人员不仅要理解别人也需要别人理解自己,这要求主管人员有较高的沟通艺术,为完成组织的任务与目标、制定正确的措施,不仅需要与上级及各部门之间进行交流沟通,而且也需要与自己的员工沟通,准确地表达自己的意思,并认真听取他们的意见与建议,体察他们的苦衷,从关心的角度调动他们的积极性和创造性,为组织的发展做出贡献。

6. 良好的心理与身体素质。主管人员既要能面对荣誉又要能承受挫折,这就要求具有良好的心理素质,尤其是重大事情面前,心态稳定则能稳定军心,从而使复杂的事情简单化,切忌莽撞与感情用事。主管人员应该心胸大度,既能容人又能帮人,能经常进行换位思考,与别人密切配合,共同进步。主管人员应该具有严格的时效观念,既具有较强的时间观念和工作效率原则,又能以身作则,示范于人;主管人员也应具有良好的身体素质、充沛的精力、旺盛的工作欲望,这是完成各项工作的基础。

以上是选聘主管人员的基本标准,但在实际选聘人员的工作中应根据职位的不同适当调整标准,以期聘到最佳人选。

### (二) 管理人员选聘的程序

主管人员的选聘过程实际上也是人才的竞争过程。按照选聘的统一标准,利用竞争机制选择出最适合组织的主管人员,一般应坚持如下原则:公开、公平、公正的原则和以才取人、宁缺毋滥原则。尤其是选聘主管人员,直接关系到组织的决策、控制等目标任务的落实,对主管人员的要求过低,往往会带来潜在的风险和损失。主管人员的选聘一般要经过以下程序。

1. 根据职位要求制定人员的招聘计划。这是确定选聘主管人员目标的重要前提,选聘计划是根据组织对各职位主管人员的需求和层次要求确定招聘人员的数量、标准、对象、时间等而制定的一系列工作安排。

2. 发布招聘信息。选聘计划制定后就进入选聘的实施过程,即征召阶段。通过媒体和其他各种渠道发布拟聘职务的数量、性质及对应聘的要求等信息,向企业内外公开选聘。由于应聘者来源的不确定性和招聘信息的时滞性,使一些潜在的应聘者尤其是在上班但对工作不如意的人不能如期获取信息,这就需要人力资源部门或招聘组织机构加大招聘的宣传力度,这将在很大程度上决定应聘人员的数量和质量。一定要充分认识招聘信息发布的重要性。因为发布招聘信息不仅是选聘优秀人才,同时也是提高企业信誉、扩大知名度的过程,目前采用混合的方式较多,即各种媒介有选择地混合使用,如电视、报纸、网络等。

3. 资格审查与初选。资格审查与初选,就是对求职者是否符合该职位的基本要求进行审查,并初步确定下一步面试或测评的目标对象。即把收集到的有关应聘者的资料或应聘申请表进行整理汇总、分类,并把应聘者的总体情况与工作说明书、工作规范及公司的要求进行比较,确定初选入围者。

4. 招聘的测试和考核。测试与考核是选聘主管人员的关键环节,测试和考核的结果是选择主管人员的重要依据。一般经过综合测试、考试（笔试）、面试与评价中心法等方式。

（1）综合测试，就是通过智力、能力、个性、人格等方面的测试，全面了解测试者的智力水平和个性差异并进行对比分析的一种科学方法。一般可采用问卷的形式进行。

（2）考试（笔试）。笔试就是通过纸笔测试的形式对被试者的知识广度、深度和知识结构进行了解的一种方法。知识的考试首先应设计好试卷，要符合考试的目标要求，应重视知识的实际运用能力，可采用适当的案例分析法等。一般应包括综合知识、专业知识和相关知识的考试。

（3）面试。面试是组织挑选人员的一种最主要的方法或程序，就是通过面对面的交谈和观察，对应聘者的外在表现和内涵潜力进行总体评价。它不仅包括语言测试、综合分析推理与直觉判断的考察，而且还包括仪表风度、知识的广度与深度、实践经验、专业特长、工作态度、求职动机、事业进取心、反应与应变能力、分析判断与综合概括能力、兴趣爱好与活力、自我控制能力与情绪稳定性、口头表达能力等。

面试一般采取的方法主要有两种：一是结构化面试，就是事先准备好问题提纲和询问程序，并按标准格式记下应聘者回答的方法。其特点是：所有应聘人员所问的题目相同，格式固定。但它只适合一般员工的测试，并不适合用来招聘主管人员。二是非结构化面试（或漫谈式面试），即事先没有固定的测评要素，面对面地好似无目的地随意交谈。其特点是：无固定题目，不限定范围，面试者自由发表言论、抒发感情。这种面试应在闲谈中观察应试者的知识面、价值观、仪表风度，了解其语言表达能力、思维能力、判断能力和组织能力等。另外，选聘者还可以根据应试者的具体情况和面试的需要随机提出问题，以观察其现场解决问题的能力，达到全方位了解。这种方式最适合选聘主管人员时使用。

（4）评价中心法。评价中心法就是通常所说的情景模拟或案例分析，这是目前较流行的一种综合性的人员测评方法。它是通过一种逼真的模拟管理系统或工作场景，将被测试人员纳入该环境体系中，使其完成系统环境下对应的各种工作，运用多种评价技术来观测、考察他的工作能力和应变能力，以判断其管理能力和潜能是否适合选聘的工作职位。

评价中心法的主要形式有公文处理测验、无领导小组讨论、管理游戏、角色扮演、即席发言等。

5. 选聘与录用。通过以上各方面的综合测试和评价，得出每个候选人的综合得分，并根据职务的类型和具体要求以及民意测验的反映，最后确定入选的主管人员。必要时就应聘者还可向公司内外征询有关拟录取的意见。确定主管人员必须既要考虑其综合能力又要注意其特长的发挥，绝不可照搬经验和标准。

招聘的人员确定后，可给一定的试用期，一般为 3~6 个月，最长不能超过 6 个月，如果试用期合格，可正式录用并签订劳动合同。主管人员选聘流程如图 9-9 所示。

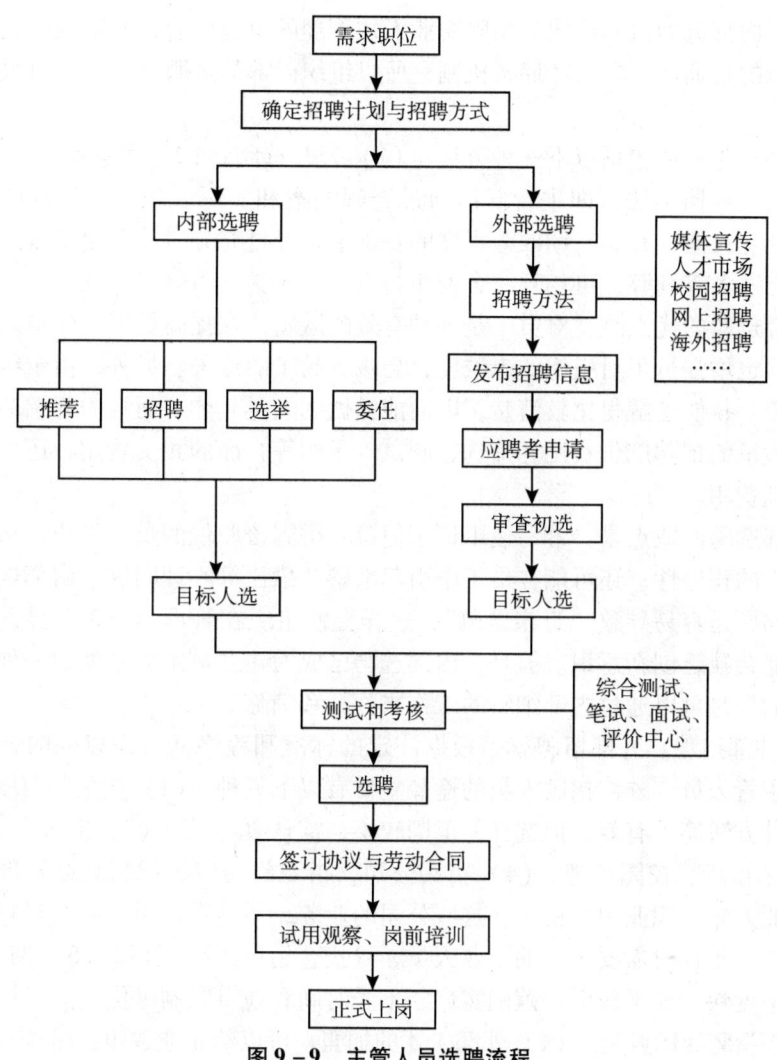

图 9-9 主管人员选聘流程

6. 评价和反馈招聘效果。就是对整个招聘工作的过程和方法进行全面的检查与评价，总结招聘工作中的得失，对未曾入选的人员也应分类存档，以备以后使用和分析；对已录用的人员进行追踪分析，检查招聘工作的成效与失误或遗漏，并及时反馈到人事部门进行修正和改进，以期形成一套完备的、灵活运用的招聘方略，不断充实组织的人才储备。

（三）主管人员选聘的方式

主管人员的选聘方式主要有两种，即内部选拔提升和外部招聘。

1. 内部选拔提升。内部选拔提升也称内部选聘，是指从组织内部选择提拔那些能够胜任工作的人员来填补组织中的各种空缺职位。内部提升意味着由较低职位提升到较高的主管人员的职位，是内部管理人员的晋升过程。实际上，企业组织中绝大多数空缺的管理工作岗位都是由本单位职工去充实的。尤其是在目前,员工内部流动机制已成为国际企业人才管理的重要内容,并形成了企业内部管理人员的培训体系和人才储备机制,所以组织内部的选聘是主管人员最大的招聘来源。

内部选聘一般包括以下三种方法:(1)公开选聘;(2)民主推荐;(3)组织委任,又称档案法,即主管部门通过查阅档案和实际表现,在掌握员工的教育、培训、技能、经验、绩效等程度的基础上,经过充分讨论确定主管人员。以上三种方法各有利弊,可相互结合使用。

内部选聘的优点是:对员工是一种有效的激励,在提高员工工作绩效和士气的同时,也增强员工对组织的忠诚度,会减少员工的流失。另外,由于组织对员工的品德、技能了解得比较清楚,因而能够做到人尽其才。而且内部招聘不仅可以节约大量的招聘广告费用和筛选、测试、录用等方面的相关费用,还可节约有关的培训费用。

内部选聘的缺点是:容易使申请了但没有得到该职位的员工失望,从而会影响其工作的积极性;还可能在员工中引起嫉妒、攀比等心理问题。内部选聘的一个最大问题是容易导致"近亲繁殖",这样会使组织在管理上缺乏差异,整个管理层可能会缺乏创新意识。但是,内部选聘已成为建立员工忠诚度的一种有效方法。它的不足可以通过内部细致的工作来弥补和消除。

2. 外部招聘。外部招聘就是根据一定的标准和程序从组织以外的管理人员中招聘主管人员。外部招聘人员的途径主要有以下五种:(1)相关部门或人员推荐。这种方法简单有效,但选择的范围较小,需认真考核。(2)对外公开招聘。(3)人才市场、校园招聘。(4)猎头公司,指专门为组织招聘高级管理人员或重要专业人才的职业中介机构。这些公司的业务,一是针对用人组织寻找合适的候选人;二是针对需要工作的专业人员,寻找合适的工作岗位。(5)网络招聘。它具有速度快、成本较低、范围宽广、不受时间和地点限制等优点。

外部招聘的优点是:(1)外部人才的加盟,可以给企业或组织带来新的管理理念和新的技术方法,能够增强企业的活力,可以大胆地开拓创新,激励员工不断地拼搏进取,从而形成"鲶鱼效应"。(2)有利于协调内部关系,减少选聘岗位给组织内部带来的负效应。(3)扩大组织的眼界,并招聘到最优人才。(4)对外聘的主管人员产生较大的进取动力。

外部招聘的缺点是:(1)外聘人员需要有一个熟悉、相互沟通、消除隔阂的过程;(2)对内部工作人员的积极性会造成伤害,产生排外心理;(3)组织的信任与放权,由于组织与外聘人员缺乏深入全面的了解,往往其信任度有所保留,这往往会左右外聘主管人员的发挥,反过来又会影响组织对其的评价,二者的磨合不当,有可能造成工作的失败。

### 三、管理人员的考评

管理人员的考评就是根据组织职务的标准和要求,采取科学的综合评价方法，对主管人员的工作行为、工作态度和工作绩效等，进行总体的考察、测定、评价的过程，它是确定主管人员职务履行情况的一种有效的管理方法。

### （一）管理人员考评的内容

管理人员考评的内容应全面具体，不能只侧重于某一方面。根据现行的办法，就是对"德、能、勤、绩、体"进行全面考核，重点考核工作实绩。

1. 贡献考评，也称绩效考评。这是主管人员考评的核心内容。它是指对主管人员在一定时期担任职务的过程中，对完成工作的数量、质量以及经济和社会效益等方面的贡献的评价。总体来说，就是对主管人员的工作效率、工作任务、工作效益进行全面的考核，从而决定其是否称职及其报酬等事项。但在进行绩效考评时，应尽可能把管理人员的个人努力和部门的整体成就区别开来，重点考评主管人员的表现。

2. 能力考评。能力考评是指通过考察主管人员在一定时间内的管理工作，评估他们的现实能力和发展潜力。人的能力是各种因素相互作用的结果，因此，能力的考评应以素质考核为依据，结合其在工作中的具体表现来判断其能力。作为主管人员，除个人自身的操作能力、研究能力、创新能力外，还包括决策能力、沟通能力、协调能力、用人能力等。但进行能力考评时，考评者应充分注意到影响能力发挥的因素，应根据具体情况适当加以排除。

3. 工作态度。工作态度就是指主管人员的勤奋敬业精神，也就是"勤"。它实质上是主管人员责任感和心理动力的具体表现。包括主管人员工作的积极性和主动性、遵纪守法的自觉性、在工作中投入的全部智力和体力、对待员工和工作的热情等。主管人员的工作态度引起的各种工作行为会对提高效率、克服困难等产生重大影响。但工作态度考评是一件较困难的事情，目前一般从主管人员所在部门员工的意见及日常工作的表现中获得，带有一定的主观性。

4. 品德考评。这是指通过主管人员的职位工作表现评价其道德素质、心理素质、思想作风等。道德品质决定着一个人的行为方式，尤其对主管人员来说，决定其采用什么样的手段达到目的，以及为达目的而努力的程度。一般来说，敬业精神和对组织的诚实信用是主管人员最起码的道德标准。

以上四个方面是对主管人员进行考评的基本要求，但是，在实际考评过程中，各个单位或组织应根据具体情况，考评的重点和权重也应有所不同，应灵活运用。

### （二）主管人员考评的程序

对主管人员的综合考评是一项极其重要的工作，它不仅反映了组织、上级、部属、同僚们对主管人员的评价，而且直接会影响组织对主管人员分配、晋升等方面的决策。所以依据一定的程序进行公平的考评，对主管人员正确地衡量自己、不断进行改进和提高具有重大意义。一般来说，对主管人员考评的程序如下。

1. 制定考评计划。考评计划是实施整个考评工作的指导性文件,组织部门应首先明确考评的目的和对象,再根据目的选择重点的考评内容、时间和方法。应根据主管人员不同的岗位和工作性质,设计合理的考评内容,以达到预期的考评目的。

2. 确定考评的标准。考评标准的合理性和科学性直接决定着考评工作的有效性。如果没有客观的考评标准,就无法对主管人员做出客观正确的评价,同时,若考评标准定得不合理,偏离了实际的工作情况,也会影响考评的公正和公平。

3. 选择考评者。考评者一般是由组织中的人事部门或上级、专家机构担任。传统的考评方法中,往往是由直接上司来考评各主管人员。考评者的选择应是由具有独立发表意见、客观公正的各职能部门的人员参加,以便使主管人员得到客观、公正的全面评价。

4. 实施考核。考评人员按照考评计划,以考评标准为依据,对主管人员各方面的表现进行考核,一般采用考评表的形式进行。作为考核基础的信息资料必须真实、可靠、有效,对有关考核的各种记录,针对标准进行分析、核对,全面衡量其工作成绩。

5. 分析考评结果、得出结论。首先,应分析考评和考评资料的可靠性,剔除那些无效的表格;其次,进行等级评定(如优秀、良好、中等、合格、不合格)或打分处理;最后,得出考评结论,并对考评结论的主要内容进行对照分析。

6. 考评结果反馈。这一阶段就是将考评结果反馈给有关当事的主管人员。反馈的形式一般采取上级主管或者考评者与被考评的主管人员进行面谈,将考评结果反馈给被考评者,了解其反应与看法;也可采用书面形式将考评结论反馈给被考评的主管人员。被考评者如果认同考评意见可签名盖章;如果有异议可以提出,并可申辩,要求上级主管部门予以裁定。

### 四、主管人员考评的原则与方式

1. 主管人员考评的基本原则。

(1) 实事求是原则。实事求是才能保证考评结果的真实性,提高考评结果的可信度。切忌片面猜疑和主观臆断,应辩证地看待每一个主管人员的优缺点,"攻其一点,不及其余"的做法是违背实事求是原则的。

(2) 严格的考评制度原则。主管人员的考评程序必须科学严谨,考评执行必须严格考核。如果考评流于形式,非但达不到考评的目的,反而会造成领导与群众之间的矛盾,产生消极后果。

(3) 公平、公正原则。公平、公正是进行主管人员考评的基本前提,如果失去了公平、公正的态度,考评也就失去了意义,反而会增加矛盾的产生,引起对组织诚信的动摇,造成主管人员的出走或流失。只有做到公平、公正才能够使人口服心服,才能促进人与人之间的团结协作,同心同德地完成组织目标。

(4) 考评结论反馈原则。考评结论反馈就是将考评结论告知本人，这是保证考评民主的重要手段。这样，一方面，使被考评的主管人员了解自己的优点和缺点及长处和不足，并加以改进，也可使其心服口服，奋勉上进；另一方面，也有助于防止考评中可能出现的主观、片面和个人的好恶、恩怨等种种偏差，从而保证考评的公平合理。主管人员的考评主要是为了更好地使用和发现人才，调动全体员工的积极性和创造性，更好地服务于组织目标。

2. 主管人员考评的方式。主管人员的考评是一项综合考核，其中绩效考评是核心部分，其考评的方式也是多种多样的，针对不同的考评目的和要求可采取不同的考评方式。

(1) 自我考评。自我考评就是主管人员在完成一定的工作或在职位上工作一定时间后，根据制度规定或组织要求，对自己做出评价。自我考评不仅是对自己工作的总结，同时也是对自己人格的考验。

自我考评的优点是：第一，通过自我考评，主管人员可以看到自己的工作成绩和存在的问题，有利于发扬成绩和明确今后的发展方向；第二，促使主管人员在考评中不断总结经验，从而改进工作方法。

自我考评的缺点是：有可能把自己的绩效高估，与上级或同事的考评差距过大。

(2) 同事考评。就是同事之间做出评价。同事与被考评的主管人员朝夕相处，最熟悉被考评者的能力、素质和工作绩效，容易得到真实的考评效果。

同事考评的优点是：对工作成绩和存在的问题了解得全面、真实，能反映客观情况。

同事考评的缺点是：同级考评，有时会因私人关系而产生感情偏差，背离考评的目的，出现不负责任的行为。

(3) 下属考评。由下属对主管人员进行考评。通常采取匿名的形式。一般将考评的内容制成考评表，每项分成不同的档次，如优、良、中、及格、差等，由下属人员填写，最后由考评组以得分数得出考评结论。

下属考评的优点是：第一，能够帮助上司（主管人员）发展领导管理的才能，将上司工作的不足揭示出来；第二，能够达到权力制衡的目的，避免上司出现武断固执的工作倾向。

下属考评的缺点是：员工由于顾虑上司的态度及反应，可能不会反映真实情况，夸大上司的优点，隐匿对上司的不满等。

(4) 专家考评，即由专业人士对主管人员进行考评。一般来说，外请专家具有较强的专业技能，同被考评者之间没有利害关系，因而往往客观、公正，考评结果也容易为广大员工所认同。但是，这样做成本较高，而且对主管人员的考评只侧重于绩效的评价，对一些人文关系和素质能力的表现不能直观的了解，其考评结果不一定全面准确。

(5) 上司考评，即由主管人员的上司直接进行考评。上司领导通常是考评中层领导干部的最主要的考评者。这也是传统的绩效考评制度的核心。

上司考评的优点是：考评可与加薪、奖惩相结合；通过考评加强与下属的沟通，了解其想法，发现其潜力。

上司考评的缺点是：上司考评往往会增加考评者的心理负担；仅局限于单向沟通。

以上考评方式目前都被广泛使用，很多组织通常将各种考评方式综合运用，对考评者进行全方位评价，再通过反馈程序达到改变行为、提高绩效的目的，因而也被称为360度绩效考评反馈系统或多估者评价系统。

## 第四节 组织变革

### 一、组织变革的动因

哈默和钱皮曾在《再造公司》一书中把三"C"力量，即顾客、竞争、变革，看成是影响市场竞争最重要的三种力量，并认为这三种力量中尤以变革最为重要，"变革不仅无所不在，而且还持续不断，这已成为常态。"

组织变革是指组织面对外部环境和内部条件的变化而进行改革与适应的过程。它为组织发展提供达到目的的手段。组织发展则是以变革的方式改进组织行为、提高组织效率的过程。发展是目的，变革是手段，任何一个组织要想适应外部环境变化，增强组织活力，就必然需要变革，以促进组织的可持续发展。

推动组织变革的因素可以分为外部环境因素和内部环境因素两个部分。

1. 外部环境因素。外部环境因素主要包括：

（1）整个宏观社会经济环境的变化。诸如政治、经济政策的调整，经济体制的改变以及市场需求的变化等，都会引起组织内部深层次的调整和变革。

（2）科技进步的影响。知识经济社会，科技的发展日新月异，新产品、新工艺、新技术、新方法层出不穷，对组织的固有运行机制构成了强有力的挑战。

（3）资源变化的影响。组织发展所依赖的环境资源对组织具有重要的支持作用，如原材料、资金、能源、人力资源、专利使用权等。组织必须要克服对环境资源的过度依赖，同时要及时根据资源的变化而变革组织。

（4）竞争观念的改变。基于全球化的市场竞争将会越来越激烈，竞争的方式也将会多种多样，组织若想适应未来竞争的要求，就必须在竞争观念上顺势调整，争得主动，这样才能在竞争中立于不败之地。

2. 内部环境因素。推动组织变革的内部环境因素主要包括以下方面。

（1）组织机构适时调整的要求。组织机构的调整必须与组织的阶段性战略目标相一致，组织一旦需要根据外部的变化调整机构，新的组织职能必须得以充分的保障和体现。

（2）保障信息畅通的要求。随着外部不确定性因素的增多，组织决策对信息的依赖性增强,为了提高决策的效率,必须通过变革保障信息沟通渠道的畅通。

(3) 克服组织低效率的要求。组织长期一贯运行的机制可能会出现某些低效率现象,其原因既可能是由于机构重叠、权责不明,也有可能是人浮于事、目标分歧。组织只有及时变革才能进一步制止组织效率的下降。

(4) 快速决策的要求。决策的形成如果过于缓慢,组织常常会因为决策的滞后或执行中的偏差而错失良机。为了提高决策效率,组织必须通过变革对决策过程中的各个环节进行梳理,以保证决策信息的真实、完整和迅速。

(5) 提高组织整体管理水平的要求。组织整体管理水平的高低是竞争力的重要体现。组织在成长的每一个阶段都会出现新的发展矛盾,为了达到新的战略目标,组织必须在人员素质、技术水平、价值观念、人际关系等各个方面都做出进一步的改善和提高。

## 二、组织变革的目标

组织变革应该有其基本的目标,总的来看,应包括以下三个方面。

1. 使组织更加具有环境适应性。环境因素具有不可控性,组织要想在动荡的环境中生存并得以发展,就必须顺势变革自己的任务目标、组织结构、决策程序、人员配备、管理制度等,只有如此,组织才能有效地把握各种机会,识别并应对各种威胁,使组织更具有环境适应性。

2. 使管理者更加具有环境适应性。一个组织中,管理者是决策的制定者和组织资源的分配人。在组织变革中,管理者必须要能清醒地认识到自己是否具备足够的决策、组织和领导能力来应对未来的挑战。因此,一方面,管理者需要调整过去的领导风格和决策程序,使组织更具灵活性和柔韧性;另一方面,管理者要能根据环境的变化要求重构层级之间、工作团队之间的各种关系,使组织变革的实施更具针对性和可操作性。

3. 使员工更加具有环境适应性。组织变革的最直接感受者就是组织的员工。组织如若不能使员工充分认识到变革的重要性,改变员工对变革的观念、态度和行为方式,就可能无法使组织变革措施得到员工的认同、支持和贯彻执行。需要进一步认识到的是,改变员工的固有观念、态度和行为是一件非常困难的事情,组织要使员工更加具有环境适应性,就必须不断地进行再教育和再培训,决策中要更多地重视员工的参与和授权,要能根据环境的变化改造和更新整个组织文化。

## 三、组织的生命周期及变革的时机选择

组织像任何有机体一样有其生命周期。格林纳(Greiner)认为,一个组织的成长大致可分为创业、聚合、规范化、成熟、再发展或衰退五个阶段。每一阶段的组织结构、领导方式、管理体制和职工心态都各有其特点。每一阶段最

后都会面临某种危机和管理问题,都要采用一定的管理策略解决这些危机以达到成长的目的。

第一阶段是创业期。这是组织的幼年期,规模小,人心齐,关系简单,一切由创业者决策指挥。组织的生存和成长完全取决于创业者的素质与创造力。创业者创造了市场,掌握整个组织的活动与发展。这些创业者一般属于技术业务型,不重视管理。随着组织的发展,管理问题日趋复杂,使创业者感到无法以个人的非正式沟通来解决问题,因此,到了创业期的后期,组织内部管理问题层出不穷,从而产生"领导危机"。

第二阶段是聚合期。这是组织的青年时期,企业在市场上取得成功,人员迅速增多,组织不断扩大,职工情绪饱满,对组织有较强的归属感。创业者经过锤炼,自己成为管理者或引进了有经验的专门管理人才。这时,为了整顿正陷入混乱状态的组织,必须重新确立发展目标,以铁腕作风和集权的管理方式来指挥各级管理者。在这种管理方式下,中下层管理者由于事事都必须请示、听命于上级而逐渐感到不满,要求获得较大的自主决定权。但是,高层主管已经习惯于集权管理,一时难以改变,从而产生"自主性危机"。

第三阶段是规范化阶段。这是组织的中年时期。这时企业已有相当规模,增加了许多生产经营单位,甚至形成了跨地区经营和多元化发展。如果组织要继续成长,就要采取授权的管理方式,采用分权式组织结构,允许各级管理者有较大的决策权力。但是,日久又使高层主管感到,由于采取过分分权与自由管理,企业业务发展分散,各阶层、各部门各自为政,本位主义盛行,使整个组织产生了"失控危机"。

第四阶段是成熟期。为了防止"失控危机",组织又有采取集权管理的必要,将许多原属于基层管理的决策权重新收归总公司或高层管理者。但由于组织已采取过分分权的办法,不可能重新恢复到第二阶段的命令式管理。解决问题的办法是,在加强高层主管监督的同时,加强各部门之间的协调、配合,加强整体规划,建立管理信息系统,成立委员会组织,或实行矩阵式组织。一方面使各部门有所作为;另一方面使高层主管能够掌握、控制整个公司的活动与发展。为此,就必须拟订许多规章制度、工作程序和手续。随着业务的发展和复杂,这些规定、制度成了妨碍效率的官样文章,文牍主义盛行,产生官僚主义或"硬化危机"。

第五阶段是再发展或衰退阶段。此阶段组织的发展前景,既可以通过组织变革与创新重新获得再发展,也可以更趋向成熟、稳定,也可能由于不适应环境的变化而走向衰退。为了避免过分依赖正式规章制度和刻板手续的文牍主义,必须培养管理者和各部门的合作精神,通过团队合作与自我控制以达到协调配合的目的,另外,要进一步增加组织的弹性,采取新的变革措施,以延长组织生命。

一个组织并不一定都按上述的阶段顺序发展,但组织生命周期理论却说明组织在不同的时期会面临不同的问题,需要采用不同的管理方式。任何组织要生存和发展都需要变革。

## 四、组织变革的内容

组织变革具有互动性和系统性,组织中任何一个因素的改变都会带来其他因素的变化。然而,就某一阶段而言,由于环境情况各不相同,变革的内容和侧重点也会有所不同。综合而言,组织变革过程的主要变量因素包括人员、结构、任务和技术,具体内容如下。

1. 对人员的变革。人员的变革是指员工在态度、技能、期望、认知和行为上的改变。组织发展虽然包括各种变革,但是,人是最主要的因素,人既可能是推动变革的力量也可能是反对变革的力量。变革的主要任务是组织成员之间在权力和利益等资源方面的重新分配。要想顺利实现这种分配,组织必须注重员工的参与,注重改善人际关系并提高实际沟通的质量。

2. 对结构的变革。结构的变革包括权力关系、协调机制、集权程度、职务与工作再设计等其他结构参数的变化。管理者的任务就是要对如何选择组织设计模式、如何制定组织计划、如何授予权力以及授权程度等一系列行动做出决策。现实中,固化式的结构设计往往不具有可操作性,需要随着环境条件的变化而改变,管理者应该根据实际情况灵活改变其中的某些组成要素。

3. 对技术和任务的变革。技术与任务的改变,包括对作业流程与方法的重新设计、调整和组合,包括更换机器设备以及采用新工艺、新技术和新方法等。由于产业竞争的加剧和科技的不断创新,管理者应能与当今的信息革命相联系,注重在流程再造中利用最先进的计算机技术进行一系列的技术改造,同时,组织还需要对组织中各个部门或各个层级的工作任务进行重新组合,如工作任务的丰富化、工作范围的扩大化等。

## 五、组织变革的阻力

组织变革是一种对现有状况进行改变的努力,任何变革都常常会遇到来自各种变革对象的阻力和反抗。产生这种阻力的原因可能是传统的价值观念和组织惯性,也有一部分来自对变革不确定后果的担忧,这集中表现为来自个人的阻力和来自团体的阻力两种。

1. 个人的阻力。来自个人的阻力主要表现在以下两方面。

(1) 利益上的影响。从结果上看,变革可能会威胁到某些人的利益,如机构的撤并、管理层级的扁平化等都会给组织成员造成压力和紧张感。过去熟悉的职业环境已经形成,而变革要求人们调整不合理的或落后的知识结构,更新过去的管理观念、工作方式等,这些新要求都可能会使员工面临失去权力的威胁。

(2) 心理上的影响。变革意味着原有的平衡系统被打破,要求成员调整已经习惯了的工作方式,而且变革意味着要承担一定的风险。对未来不确定性的担忧、对失败风险的惧怕、对绩效差距拉大的恐慌以及对公平竞争环境的担忧,都可能造成人们心理上的倾斜，进而产生心理上的变革阻力。此外，平均主义思想、厌恶风险的保守心理、因循守旧的习惯心理等都会阻碍或抵制变革。

2. 团体的阻力。来自团体的阻力主要表现在以下两方面。

（1）组织结构变革的影响。组织结构变革时可能会打破过去固有的管理层级和职能机构，并采取新的措施对责权利重新做出调整和安排，这就必然要触及某些团体的利益和权力。如果变革与这些团体的目标不一致，团体就会采取抵制和不合作的态度，以维持原状。

（2）组织成员之间的关系也随之需要调整。非正式团体的存在使得这种新旧关系的调整需要一个较长的过程。在这种新的关系结构未被确立之前，组织成员之间很难磨合一致，一旦发生利益冲突就会对变革的目标和结果产生怀疑与动摇，特别是一部分能力有限的员工将在变革中处于相对不利的地位，随着利益差距的拉大，这些人必然会对组织的变革采取抵触情绪。

## 六、组织变革的方式与方法

1. 组织变革的方式。在实施组织变革的过程中，应针对面临的内外环境变化和存在的问题，结合预定的组织变革目标和变革内容，采取适当的方式对现有组织进行切实的改造和变革。组织变革的方式可以从不同角度划分。

（1）自上而下式、自下而上式和上下结合式。按照变革的起始点不同，变革方式可以分为自上而下式、自下而上式和上下结合式。

自上而下式是先从中、上层组织的变革入手，再扩展到整个组织。自上而下式变革便于对组织总体做出调整，但其涉及面大、范围广，需要进行周密的计划。

自下而上式是先从基层组织的变革入手，再考虑中、上层组织的变革。自下而上式变革便于进行"分块"变革，待收到局部效果后再扩及整个组织，缺点是由于组织中的许多问题相互牵扯，往往会拖延变革的进程。

上下结合式是对组织的上下各方面同时进行变革。上下结合式变革的立足点是，鉴于组织是一个由高、中、基层构成的有机整体，组织变革的推行需要将上下各方面结合起来，统筹安排。

（2）强制式、民主式和参与式。按照变革方案的形成过程不同，变革方式可以分为强制式、民主式和参与式。

强制式是变革涉及者不参加变革方案的制定过程，变革方案通过强制手段付诸实施。特点是变革方案的制定过程较短，但由于有关人员对变革没有事先准备，推行中可能会面临很大阻力。

民主式是在有关人员相互协商的基础上形成变革方案。其特点是有关人员对变革有充分的准备，推行阻力较小，但变革方案形成过程较长。

参与式是在变革方案形成过程中，既广泛地动员各层次人员参与，又对人们的思想观念有意识地加以引导，以便尽快形成统一方案。其特点是寓实施于制定过程之中，即在制定变革方案时就充分考虑到推行的各种条件，如变革的时间紧迫性、变革人员的权威性以及减少阻力的需要等。其优缺点介于强制式与民主式之间。

（3）突变式和分段发展式。按照变革的进程不同，变革方式可以分为突变式和分段发展式。

突变式是在短时间内一次性地变革组织。这种变革方式雷厉风行、一次到位，解决问题迅速，但由于涉及面广，速度猛烈，容易引起社会心理震荡，并招致成员抵制。特别是当其他配套措施未能及时跟上时，容易造成疏漏，甚至中途夭折。因此，内容广泛而又深刻的突变式变革，只有在组织面临重大危机迫切要求变革或是在成员心理承受能力和社会条件充分允许并作了周密准备的情况下才能采用。

分段发展式是在对组织现状和内外条件综合分析的基础上，有计划、有步骤地逐个实现变革的分阶段目标，最终促成变革总目标的实现。这种方式既不是迅猛的革命，也不是逐步的演变。其优点是，由于分阶段进行，可以随时加以调整，每个分阶段目标实现后还可以及时总结经验教训，修正和完善下一阶段目标。同时，将总目标分解为若干具体目标分阶段实施，还可以逐步释放变革可能引起的震荡，提高组织成员对变革的承受能力。但这种变革见效较慢，一般适用于客观因素发生重大变故，需进行广泛、深入、大规模的组织变革，而内部承受能力和外部条件还不能一下子适应的情况。采用这种变革方式时，要注意使每一阶段的变革服从并服务于总体变革的要求，并把各阶段之间的变革有机地衔接起来，以保证有效地实现变革的总目标。

（4）主动思变式和被动应变式。按照变革的力量来源不同，变革方式可以分为主动思变式和被动应变式。

主动思变式是变革的动力来源于组织内部，并在事先预见的基础上做出变革决策。由于组织变革通常需要一段较长时间才能产生效果，如果组织能在危机来临之前就着手进行变革，则可以避免由于绩效大幅滑坡或面临生死存亡而仓促改组的弊端。

被动应变式是在迫于外部压力的情况下进行的组织变革。如由于绩效不佳的压力以及宏观行政干预的压力而进行的组织变革。

以上从不同侧面对变革方式所作的区分是相对的，它们在组织变革实践中往往相互交叉。在进行组织变革时，不能绝对地采取某一种方式，而应根据实际情况灵活、综合地运用各种变革方式，充分发挥它们各自的功效，使其取长补短、相得益彰，以取得整体最佳的变革效果。

2. 组织变革的方法。

（1）增进内部沟通。产生阻力的根源之一在于信息失真和沟通不够。应与员工进行良好的内部沟通，做好变革计划的信息反馈与宣传解释工作，开诚布公地说明组织目前所处的运行环境、所面临的机遇与挑战等，澄清组织成员对变革的错误认识。通过相互沟通，增进信任，使组织上下达成共识，增强变革的紧迫感，为组织变革提供舆论准备。

（2）加强教育培训。教育培训能提高员工对组织变革的理解和适应能力。从某种意义上讲，组织变革首先是思想观念的变革。要通过自上而下的教育培训，使组织成员接受新观念，学会从新的视角利用新的方法来看待、处理新形势下的各种新问题，增强他们对组织变革的心理承受能力，增进他们对组织变革的理性认识，为组织变革提供思想准备。

（3）发动全员参与。组织变革需要广泛的群众基础。减小变革阻力的最有效方法是让组织成员共同参与变革计划的制订与执行，通过对变革内容与执行方式的公开讨论，可以使参与者之间增进交流、相互接受，从而赢得组织成员对变革的支持。实践证明，全面参与的效果优于部分参与，部分参与的效果优于不让成员参与。让有关人员共同参与变革，能最大限度地排除变革过程中可能出现的各种阻力，为组织变革奠定群众基础。

（4）把握策略与时机。变革策略与时机的把握是组织变革成功的重要保证。要选准时机，相机而动，循序渐进，配套进行。在组织变革之前，应详细分析可能发生的各种问题，预先采取有针对性的防范措施，为组织变革创造最佳的变革环境与变革气氛。

## 复习思考题

1. 什么是组织？组织有什么基本特征？组织的职能体现在哪些方面？组织有哪些类型？每种分类的依据是什么？

2. 组织工作是否就是组织设计？组织结构的设计受哪些因素的影响？组织结构的设计包括哪几个步骤？

3. 组织设计有哪些原则？统一指挥原则有什么作用？怎样理解责权一致原则？

4. 组织设计中常用的部门化划分标准有哪些？各有什么优缺点？

5. 什么是管理幅度？确定管理幅度的方法有哪些？管理幅度与组织（管理）层次有什么关系？管理幅度的大小受哪些因素的影响？一些组织的管理幅度不合理是由什么原因造成的？

6. 有哪些组织设计理论？它们之间有什么异同？

7. 有哪些常见的组织结构形式？它们各自的优缺点是什么？怎样评价一个组织结构的好坏？

8. 分析比较正式组织与非正式组织、营利性组织与非营利性组织、机械式组织与有机式组织的特点及适用条件，并说明它们与组织形态之间的关系。

9. 直线职能结构有什么特点？该种结构适于什么样的组织？事业部结构有什么优缺点？适于什么样的组织？矩阵结构有什么优缺点？适于什么样的组织？

10. 引起组织变革的动因有哪些？何谓组织的生命周期？产生变革阻力的原因及排除变革阻力的方法有哪些？

11. 简述员工招聘的基本程序。如何筛选应聘者？人员招聘过程一般由哪几个环节构成？

12. 外部选拔与内部选拔哪一种更有效？为什么？

13. 人员配备的主要任务是什么？基本原则是什么？

**案例分析**

### 案例1　杜邦公司的组织结构变革

　　美国杜邦公司（Du Pont Company）是世界上最大的化学公司，建立至今，已近200年历史。在这200年中，尤其是20世纪以来，企业的组织机构历经变革，其根本点在于不断适应企业的经营特点和市场情况的变化。杜邦公司所创设的组织机构，曾成为美国各公司包括著名大公司的模式，并反映了企业组织机构发展演变的一般特点。

　　1. 成功的单人决策及其局限性。历史上的杜邦家族是法国富埒王室的贵族，1789年在法国大革命中化成灰烬，老杜邦带着两个儿子伊雷内和维克托逃到美国。1802年，儿子们在特拉华州布兰迪瓦因河畔建起了火药厂。由于伊雷内在法国时是个火药配料师，与他同事的又是法国化学家拉瓦锡，加上美国历次战争的需要，工厂很快站住了脚并发展起来。

　　整个19世纪中，杜邦公司基本上是单人决策式经营，这一点在亨利这一代尤为明显。

　　亨利是伊雷内的儿子，军人出身，由于接任公司以后完全是一套军人派头，所以人称"亨利将军"。在公司任职的40年中，亨利挥动军人严厉粗暴的铁腕统治着公司。他实行的一套管理方式被称为"恺撒型经营管理"。这套管理方式无法传喻，也难以模仿，实际上是经验式管理。公司的所有主要决策和许多细微决策都要由他亲自制定，所有支票都得由他亲自开，所有契约也都得由他签订。他一人决定利润的分配，亲自周游全国，监督公司的好几百家经销商。在每次会议上，总是他发问，别人回答。他全力加速账款收回，严格支付条件，促进交货流畅，努力降低价格。亨利接任时，公司负债高达50多万美元，但亨利后来却使公司成为此行业的首领。

　　在亨利的时代，这种单人决策式的经营基本上是成功的。这主要是因为：（1）公司规模不大，直到1902年合资时才2 400万美元；（2）经营产品比较单一，基本上是火药；（3）公司产品质量占了绝对优势，竞争者难以超越；（4）市场变化不甚复杂。单人决策之所以取得较好效果，与"将军"的非凡精力也是分不开的。直到72岁时，亨利仍不要秘书的帮助；任职期间，他亲自写的信不下25万封。

　　但是，正因为这样，亨利死后，继承者的经营终于崩溃了。

　　亨利的侄子尤金，是公司的第三代继承人。亨利是与公司一起成长的，而尤金一下子登上舵位，缺乏经验，晕头转向。他试图承袭其伯父的作风经营公司，也采取绝对的控制，亲自处理细枝末节，亲自拆信复函，但他终于陷入公司的错综复杂的矛盾之中。1902年，尤金去世，合伙者也都心力交瘁，两位副董事长和秘书兼财务长终于相继累死。这不仅是由于他们的体力不胜负荷，还由于当时的经营方式已与时代不相适应。

2. 集团式经营的首创。正当公司濒临危机、无人敢接重任、家族拟将公司出卖给别人的时候，三位堂兄弟出来力挽家威，以廉价买下了公司。

三位堂兄弟不仅具有管理大企业的丰富知识，而且具有在铁路、钢铁、电气和机械行业中采用先进管理方式的实践经验，有的还请泰罗当过顾问。他们果断地抛弃了"亨利将军"的那种单枪匹马的管理方式，精心地设计了一个集团式经营的管理体制。在美国，杜邦公司是第一家把单人决策改为集团式经营的公司。

集团式经营最主要的特点是建立了"执行委员会"，隶属于最高决策机构董事会之下，是公司的最高管理机构。在董事会闭会期间，大部分权力由执行委员会行使，董事长兼任执行委员会主席。1918年时，执行委员会有10个委员、6个部门主管、94个助理，高级经营者年龄大多在40岁上下。

公司抛弃了当时美国流行的体制，建立了预测、长期规划、预算编制和资源分配等管理方式。在管理职能分工的基础上，建立了制造、销售、采购、基本建设投资和运输等职能部门。在这些职能部门之上是一个高度集中的总办事处，控制销售、采购、制造、人事等工作。

执行委员会（简称执委会）每周召开一次会议，听取情况汇报，审阅业务报告，审查投资和利润，讨论公司的政策，并就各部门提出的建议进行商讨。对于各种问题的决议，一般采用投票、多数赞成通过的方法，权力高度集中于执委会。各单位申请的投资，要经过有关部门专家的审核，对于超过一定数额的投资，各部门主管没有批准权。执委会做出的预测和决策，一方面要依据发展部提供的广泛的数据；另一方面要依据来自各部门的详尽报告，各生产部门和职能部门必须按月按年向执委会报告工作。在月度报告中提出产品的销售情况、收益、投资以及发展趋势；年度报告还要论及五年及十年计划，以及所需资金、研究和发展方案。

由于在集团经营的管理体制下，权力高度集中，实行统一指挥、垂直领导和专业分工的原则，所以秩序井然、职责清楚，效率显著提高，大大促进了杜邦公司的发展。20世纪初，杜邦公司生产的五种炸药占当时全国总产量的64%~74%，生产的无烟军用火药则占100%。第一次世界大战中，协约国军队40%的火药来自杜邦公司。公司的资产到1918年增加到3亿美元。

3. 充分适应市场的多分部体制。杜邦公司在第一次世界大战中的大幅度扩展以及逐步走向多角化经营，使组织机构遇到了严重问题。每次收买其他公司后，杜邦公司都因多角化经营遭到严重亏损。这种困扰除了由于第一次世界大战后通货从膨胀到紧缩之外，主要是由于公司的原有组织对成长缺乏适应力。1919年，公司的一个小委员会指出，问题在于过去的组织机构没有弹性。尤其是1920年夏到1922年春，市场需求突然下降，许多企业出现了所谓存货危机。这使人们认识到，企业需要一种能力，即易于根据市场需求的变化改变商品流量的能力。继续保持那种使高层管理人员陷入日常经营、不去预测需求和适应市场变化的组织机构形式,显然是错误的。一个能够适应大生产的销售系统对于一个大公司来说,已经成为至关重要的问题。

杜邦公司经过周密的分析,提出了一系列组织机构设置的原则,创造了一个多分部的组织机构。

在执行委员会下,除了设立由副董事长领导的财力和咨询两个总部外,还按各产品种类设立分部,而不是采用通常的职能式组织如生产、销售、采购等。在各分部下,则有会计、供应、生产、销售、运输等职能处。各分部是独立核算单位,分部的经理可以独立自主地统管所属部门的采购、生产和销售。

在这种形式的组织机构中,自治分部在不同的、明确划定的市场中,通过协调从供给者到消费者的流量,使生产和销售一体化,从而使生产和市场需求建立密切联系。这些以中层管理人员为首的分部,通过直线组织管理其职能活动。高层管理人员总部在大量财务和管理人员的帮助下,监督这些多功能的分部,用利润指标加以控制,使它们的产品流量与波动需求相适应。

由于多分部管理体制的基本原理是政策制定与行政管理分开,从而使公司的最高领导层摆脱了日常经营事务,把精力集中在考虑全局性的问题上,研究和制定公司的各项政策。

新分权化的组织使杜邦公司很快成为一个具有效能的集团,所有单位构成了一个有机的整体,公司组织具有了很大的弹性,能适应需要而变化。这使杜邦公司得以在20世纪20年代建立起美国第一个人造丝工厂,以后又控制了赛璐珞生产的75%~100%,垄断了合成氨。而且在30年代后,杜邦公司还能以新的战略参加竞争,那就是致力于发展新产品,垄断新的化学产品生产。30~60年代,被杜邦公司首先控制的有着重要意义的化学工业新产品有合成橡胶、尿素、乙烯、尼龙、的确良、塑料等,直到参与第一颗原子弹的制造,并迅速转向氢弹生产。

4."三头马车式"的体制。杜邦公司的执行委员会和多分部的管理机构,是在不断对集权和分权进行调整的情况下去适应需要的。例如,20世纪60年代后期,公司发现各部门的经理过于独立,以致有些情况连执行委员会都不了解,因而又一次进行改革:一些高级副总经理同各工业部门和职能部门建立了联系,负责将部门的情况汇报给执委会,并协助各部门按执委会的政策和指令办事。

20世纪60年代以后,杜邦公司的组织机构又发生了一次重大的变更,这就是建立起了"三头马车式"的组织体制。

新的组织体制是为了适应日益严峻的企业竞争需要而产生的。20世纪60年代初,杜邦公司接二连三地遇到了难题:过去许多产品的专利权纷纷满期,在市场上受到日益增多的竞争者的挑战;道氏化学、孟山都、美国人造丝、联合碳化物以及一些大石油化工公司相继成了它的劲敌。以至于1960~1972年,在美国消费物价指数上升4%、批发物价指数上升25%的情况下,杜邦公司的平均价格却降低了24%,使它在竞争中蒙受重大损失。再加上它掌握了多年的通用汽车公司10亿多元股票被迫出售,美国橡胶公司转到了洛克菲勒手下,公司又历来没有强大的金融后盾，真可谓四面楚歌、危机重重。

1962年，公司的第十一任总经理科普兰上任，他被称为危机时代的起跑者。

公司新的经营战略是：运用独特的技术情报，选取最佳销路的商品，强力开拓国际市场；发展传统特长商品，发展新的产品品种，稳住国内势力范围，争取巨额利润。

然而，要转变局面绝非一朝一夕之功，这是一场持久战。有了新的经营方针，还必须有相应的组织机构作为保证。除了不断完善和调整公司原设的组织机构外，1967年底，科普兰把总经理一职，在杜邦公司史无前例地让给了非杜邦家族的马可，财务委员会议议长也由别人担任，自己专任董事长一职，从而形成了一个"三头马车式"的体制。1971年，又让出了董事长的职务。

这一变革具有两方面的意义。一方面，杜邦公司是美国典型的家族公司，公司几乎有一条不成文的法律，即非杜邦家族的人不能担任最高管理职务。甚至实行同族通婚，以防家族财产外溢。现在这些惯例却被大刀阔斧地砍去，不能不说是一个重大的改革。虽然杜邦公司一直是由家族力量控制，但是董事会中的家族比例越来越小。在庞大的管理等级系统中，如果不是专门受过训练的杜邦家族成员，已经没有发言权。另一方面，在当代，企业机构日益庞大，业务活动非常复杂，最高领导层工作十分繁重，环境的变化速度越来越快，管理所需的知识越来越高深，实行集体领导才能做出最好的决策。在新的体制下，最高领导层分别设立了办公室和委员会，作为管理大企业的"有效的富有伸缩性的管理工具"。科普兰说，"'三头马车式'的集团体制，是今后经营世界性大规模企业不得不采取的安全设施"。

20世纪60年代后杜邦公司的几次成功，不能说与新体制无关。过去，杜邦公司是向联合碳化物公司购买乙炔来生产合成橡胶等产品的，现在，它自己开始廉价生产，使联合碳化物公司不得不关闭了乙炔工厂。在许多化学公司挤入塑料行业竞争的情况下，杜邦公司另外找到了出路，向建筑和汽车等行业发展，使60年代每辆汽车消耗塑料比50年代增加3～6倍，70年代初，又生产了一种尼龙乙纤维，挤入了钢铁工业市场。

因此，可以毫不夸张地说，杜邦公司成功的秘诀在于使企业的组织机构设置适应需要，即适应生产特点、企业规模、市场情况等各方面的需要。而且，这样的组织机构也不是长久不变的，还需要不断加以完善和发展。

问题：该案例给你带来什么样的思考？

## 案例2　浪涛公司

浪涛公司是一家成立于1990年的生产经营日用清洁用品的公司，由于其新颖的产品、别具一格的销售方式和优质的服务，其产品备受消费者青睐。在公司总裁董刚的带领下发展迅速。然而，随着公司的发展，公司总裁逐步发现，一向运行良好的组织结构已经不能适应该公司内外环境变化的需要。

公司原先是根据职能来设计组织结构的，财务、营销、生产、人事、采购、研究与开发等构成了公司的各个职能部门。随着公司的壮大发展,产品已从洗发水扩展到护发素、沐浴露、乳液、防晒霜、护手霜、洗手液等诸多日化用品上。产品的多样性对公司的组织结构提出了新的要求。旧的组织结构严重阻碍了公司的发展,职能部门之间矛盾重重,在这种情况下,总裁董刚总是亲自做出主要决策。

因此,2000年总裁董刚做出决定,根据产品种类将公司分成8个独立经营的分公司,每一个分公司对各自经营的产品负有全部责任,在盈利的前提下,分公司的具体运作自行决定,总公司不再干涉。但是,重组后没过多久,公司内又涌现出许多新的问题。各分公司经理常常不顾总公司的方针、政策,各自为政;而且分公司在采购、人事等职能方面也出现了大量重复。在总裁面前逐步显示出,公司正在瓦解成一些独立部门。在此情况下,总裁意识到自己在分权的道路上走得太远了。

于是,总裁董刚又下令收回分公司经理的一些职权,强调以后总裁拥有下列决策权:超过10万元的资本支出;新产品的研发;发展战略的制定;关键人员的任命等。然而,职权被收回后,分公司经理纷纷抱怨公司的方针摇摆不定,甚至有人提出辞职。总裁意识到了这一举措大大地挫伤了分公司经理的积极性和工作热情,但他感到十分无奈,因为他实在想不出更好的办法。

问题:
1. 浪涛公司组织结构调整前是什么组织结构?
2. 结合案例试述事业部制的特点。
3. 对于公司总裁从分权到集权的做法,你认为合理吗?为什么?
4. 如果你是总裁助理,请就如何处理好集权与分权的关系向总裁提出你的建议。

# 第十章 领　　导

**【学习要求】**
　　通过本章学习，明确领导的概念及作用；知道领导影响力的来源及其构成；了解威信的组成因素和发挥领导影响力的基本方法；理解领导者应具备的基本素质；了解领导班子的构成原理；知道人性假设理论、领导品质理论、领导行为理论和领导权变理论之间的区别，了解各种具体的领导理论的基本观点，掌握一些典型的领导理论并能运用于实际问题分析；清楚领导艺术的内容与方法。

## 第一节　领导概述

### 一、领导及其作用

　　领导是在一定的社会组织或群体内，为实现组织预定目标，领导者运用其法定权力和自身影响力影响被领导者的行为，并将其导向组织目标的过程。法定权力我们称为职权或正式的权力，自身影响力我们称为威信或非正式的权力。职权与威信是领导者之所以能够实施领导的基础，领导者正是以自己所拥有的职权和威信来影响、指挥别人，来体现其在组织成员中的影响力。可见，领导的本质是一种影响力，即对一个组织为确立目标和实现目标所进行的活动施加影响的过程。

　　领导是任何组织都不可缺少的职能，领导活动贯穿于整个组织管理活动的全过程，其作用主要表现在以下四个方面。

#### （一）引导作用

　　领导的主要任务就是为员工引路和导航，为此就要正确地规划组织目标，提出任务并制定实现任务的方法。正确地规划目标是引导的核心，也是领导工作的起点。正确地提出任务是实现引导的中心环节，只有让员工知道要做什么，引导才具有实质意义。科学地制定领导方法是引导的重要内容，也就是说，领导工作应该把主要精力放在制定政策方面，使政策的目标背景切实准确、政策的含义明确清晰、政策的内容连续系统。

## （二）指挥作用

在组织活动中，为保证组织活动的协调和统一，领导者需根据环境条件的变化以及员工的要求或期望制定具体政策，指明活动的方向，制定为实现企业目标所必需的各种措施和方法。一方面，领导者需要头脑清醒、胸怀全局、高瞻远瞩、运筹帷幄，帮助组织成员认清所处的环境和形势，指明活动的目标和达到目标的途径，指挥实质上就是领导者运用组织权责，发挥领导权威，推动下属为实现既定目标而努力。另一方面，领导者还必须是行动者，能率领员工为组织的目标而努力，领导者不是站在群体的后面，而是站在群体的前列，带领并鼓舞员工去实现组织目标，只有这样，领导者才能真正起到指挥作用。

## （三）协调作用

领导者在制定企业战略目标后，还必须协调企业中的各种资源或因素，促使企业的所有活动以企业战略目标实现为导向。具体而言，领导者需协调以下方面的内容：

1. 思想协调。组织内的每个人由于理论与思想素质不同，其工作责任心和积极性也不尽相同。另外，个人因素的不同使每个人的道德水平、心理素质不同，进而使其工作方法和工作作风也不尽相同，因而对工作的认识、看问题的角度、处事的风格可能存在差异。此外，受外部环境的影响，员工在思想上也会有分歧，因此，领导者将思想协调放在首位。

2. 目标协调。领导者必须不断地协调企业长远利益与短期利益，调整内部各种关系，使之与企业的战略协同一致。

3. 权力协调。为完成工作目标或任务，领导者必须授权，所以也需协调好权力与责任的关系。一方面要运用自己的权力对下属进行指挥、命令；另一方面要对下属权力的运用进行监督检查。

4. 利益协调。企业中员工因价值观、自身素质等不同，往往存在对待利益问题的偏差，领导者应从员工的实际出发，在思想协调的基础上，依据现行政策及员工的贡献或绩效予以利益上的协调。

5. 信息协调。领导者必须注意信息的沟通，否则，就会指挥不灵、耳目闭塞，所以领导者在上下级之间、下级相互之间要加强信息沟通与协调。此外，领导者还必须代表企业与企业的相关利益者协调好各种关系。总之，领导者需要协调组织内部各成员之间和组织之间的相互关系，以保持组织内部和组织之间的和谐，完成组织的目标。

## （四）激励作用

组织活动的源泉在于员工的积极性、智慧和创造力，当员工利益在组织的各项制度中得到切实的保障，并与其自身的物质利益紧密联系时，员工的积极性、智慧和创造力就会充分发挥出来。因此，需要领导者创立满足员工各种需要的条件、激励员工的动机来调动员工的积极性,激发他们的创造力,鼓舞大家的士气,振奋大家的精神,使组织中的每个人自觉地融入组织的目标体系中,为实现共同的目标而努力工作。

组织是由具有不同需求、欲望和态度的个人所组成,它蕴涵着任何一个组织所需要的生产力,领导工作就是去诱发这一力量。组织中的每一个人并不单纯地只对组织目标发生兴趣,他们也会有自己的目标。领导者就是要通过领导工作把人们的精力引向组织目标,并使他们热情地、满怀信心地为实现组织目标做出贡献。但是,不管是由于人们感到缺乏机会还是感到缺乏对其的激励,不管是由于客观条件的限制还是由于领导者的平庸,组织中的人们不一定都能以持续的热情与信心去工作。因此,对许多人来说,需要领导者激发他们的工作动机,在实现组织目标的同时,尽可能满足他们的需求,使他们把自己与组织整体紧紧联系在一起,从而始终保持高昂的士气。在现代社会中,在组织面临激烈竞争的形势下,好的士气就等于成功了一半,整个组织或部门就会取得高效率和社会声誉。因此,领导工作的作用也就表现在调动组织中全体人员的积极性,使他们以持久的士气和最大的努力自觉地做出自己的贡献。

## 二、领导的影响力

决定领导者影响力大小的因素包括两个方面,即职权和威信。

### (一)影响职权的因素

影响职权的因素主要包括传统因素、职位因素和资历因素三个方面。

1. 传统因素。传统因素是指人们对领导者的一种传统观念,它来自下级传统的习惯观念。长期以来人们对领导者有一种心理上的敬畏,认为领导者有权力、有才能,不同于一般人,领导者有合法的权力来影响被领导者,被领导者必须接受领导者的影响。这种观念逐步成为某种形式的社会"规范",使人们从小就打上了深刻的印记,影响着被领导者对领导者的服从感。这种传统观念所产生的影响力普遍存在,只要是领导者就自然获得了这种力量。

2. 职位因素。职位因素是指个人在组织中的职务与地位。居于领导地位的人,组织授予其一定的权力(主要是奖赏权和惩罚权),凭借这些权力可以左右被领导者的行为、处境、前途以致命运,使被领导者产生敬畏感。领导者的地位越高、权力越大,别人对他的敬畏感就越强,他的影响力也越大。职位因素造成的影响力是以法定为基础的,与领导者本人的素质条件没有直接关系,它是由社会组织赋予领导者的一种力量。

3. 资历因素。资历是指领导者的资格和经历。领导者的资格和经历对被领导者产生的心理影响叫做资历因素。资历因素是个人历史性因素,一般人对资历较深的领导者比较敬重,由于资历主要与过去所担任的职务有关,因此,它产生的影响力的性质主要也属于强制性影响力。

显然，由传统因素、职务因素、资历因素所构成的影响力都不是领导者的现实行为造成的，是外界赋予的。这种权力取决于个人在组织中的地位，来自领导者所担任的职务，有了这个职务，就有了这个职务法定的权力。权力性影响力的性质属于强制性影响力的一种，它对别人的影响带有强制性、不可抗拒性，以外推力的形式发生作用，在它的作用下被影响者的心理与行为主要表现为被动服从，因此，它对人的心理和行为的激励是有限的。

(二) 影响威信的因素

影响领导者威信的因素主要有品格、能力、知识和感情等因素。

1. 品格因素。领导者要充分注意自己品格上的表现，优良的品格不仅是担任领导职务的素质要求，也是领导影响力的重要组成部分。领导者品格主要包括道德、品行、人格、作风等，它反映在领导者的一切言行之中。优秀的品格会给领导者带来巨大的影响力，会使领导者更受人尊敬，而后能吸引人去模仿，从而增强领导者的影响力。品格因素是领导者建立威信的最重要的方面。无论职位多高的领导者，倘若在品格上出了问题，那么他的影响力就会大打折扣。

2. 能力因素。领导者不仅要有良好的品德，还应有较强的能力，能够运用已有的知识去分析和解决实际问题。一位有才能的领导者能够不断地做出最优化的决策，给企业带来成功，使人们对他产生敬佩感，从而吸引人们自觉地去接受其影响。同时，有才能的领导者往往具有较强的自信心，也能够让下属对其所做出的决策放心。

3. 知识因素。如果领导者具备某种知识专长，往往会对被领导者产生更大的影响力。专长是领导者自己显示出来的且为被领导者所感受到的那种领导人的知识、技能以及分析、评价、驾驭和控制一个群体或组织去完成任务的能力。一个领导者有了丰富的知识和突出的专长，不仅可以在工作中得到充分发挥，还可以与被领导者有更多的共同语言，使被领导者产生一种认同感，进而转化为影响力。当下属感到领导者具有某种专门的知识、技能和专长，能帮助他指明方向、排除障碍，达到组织目标和个人目标的时候，往往会比较易于接受领导者的影响。如果领导者只有权力而缺乏知识专长，则不得不依赖精通或熟悉业务的下级，致使实际的决策权转移到下级手中。因此，领导者应努力学习和掌握各自领导范围内的专业知识，对自己所领导、管理领域的专业知识有较多的了解，成为有关领域的内行，因人制宜，因时制宜，因事制宜，采取切实可行的措施，努力做到博与专的统一。

4. 感情因素。感情也是一种很大的影响力，这种影响力对企业领导者进行行政和业务管理工作、行使合法权益有着举足轻重的作用。一位领导者要在组织中将他的决策变成员工的自觉行动，单凭合法权利还不够，因为即使同时具有专长权力、职位权力而没有感情的影响力，仍不能最大限度地发挥领导者的作用。感情是人对客观事物好恶倾向的内在反映。人与人之间建立了良好的感情关系，便能产生亲切感，在有了亲切感的人与人之间，相互的吸引力就大，彼此的影响力就强。如果领导者平时待人和蔼可亲，能时时体贴、关怀下级，与群众的关系十分融洽，那么他的影响力往往比较大；而与下属关系比较紧张的领导者，就会使下属对其产生一种排斥感，从而削减其影响力。

### 三、领导者的素质

在目前充满机遇和挑战的时代，领导者如何应对各种错综复杂的局面，能否抓住机遇促进企业发展壮大，在很大程度上取决于各级领导者，取决于领导者的个人素质。那么，作为现代企业的领导者，应该具备怎样的素质呢？我们认为，领导者应该具备如下五个方面的素质。

#### （一）政治素质

有较高的政治素质是一个领导者的首要条件，它包括政治和思想品德两方面，这是其他方面的素质得以发挥的前提条件。一方面，领导者是组织的决策者、组织者和指挥者。在改革开放的新历史时期，在复杂多变的国际环境中，组织能否经受住改革开放的考验，能否经受住国际间合作和冲突的考验，能否以国家大局为重，会不会走到歧路上去，这些都与领导者有没有正确的政治方向直接相关。政治方向是通过路线、方针、政策来体现的。另一方面，作为领导者还必须要具有良好的思想品德素质。领导者要公正无私，襟怀坦荡，富有牺牲精神，严于律己，宽以待人；富于进取心和创新意识，有较强的事业心和成就需要，希望通过事业的成功体现自身的价值，有魄力和独创精神，勇于积极开拓新的活动领域。只有这样，才能担负起作为一个领导者应该承担的责任。

#### （二）法律素质

在我国社会主义市场经济条件下，组织的一切活动都必须在法律规定的范围内进行。离开了法律的规范和约束，组织以及组织的各项活动就失去了存在和运行的基础。因此，领导者的法律素质是依法经营的重要前提和根本保证。

知法是守法的前提。认真学习和掌握法律知识，提高依法管理组织的能力，是领导干部胜任工作的一个重要前提。随着国家改革开放程度的进一步加大，市场经济体制的进一步完善，无论是国内国际间的交流，还是企业内部管理，都离不开相关法律的运用。各级各部门领导必须努力掌握相关的法律知识，这样才能正确依法决策，才能运用法律手段去保障组织的健康发展和成长壮大。

#### （三）知识素质

现代社会是信息爆炸的时代，是知识经济的时代，知识的作用日趋重要。一个领导者如果没有相关知识素养的话，就难以适应日益复杂的工作要求。合理的知识结构是领导者必备的基本素质。领导者的思想素质和业务技能高低，在很大程度上与知识水平的高低有着密切的联系。领导者必须有科学文化知识、专业知识、合理的知识结构。知识素质具体应包括以下三方面。

1. 基本的政治、经济理论及时事政策。要熟悉和掌握邓小平有中国特色的社会主义理论和市场经济的基本原理，及时了解国内外经济形势的变化，尤其是与本企业经营管理有关的国家政策、法令、法规等，以正确运用政策和法律有效地维护企业的利益。

2. 广博的文化科学知识。首先是基础文化知识，这些知识既有助于形成正确的世界观和人生观，也有利于培养广阔的视野和较强的思维能力，是掌握现代科学管理知识的基础。其次是与生产技术有关的自然科学、技术科学的基本知识以及本行业的最新科学技术，特别是现代自然科学的新成果——系统论、信息论和控制论的基本原理，并尽可能地把这些知识运用到领导工作中去。

3. 专业知识和管理知识。领导者虽不是某一行业的专家，但对其领导、管理行业的专业知识应有较多的了解，且能对本行业科学技术的发展趋势有清晰的认识。不同行业、不同层次的领导者应有不同的专业知识要求。但是，领导者都应当懂得管理学、统计学、会计学、市场营销学、经济法、财政、金融以及外贸等方面的基础知识，同时还要学习社会学、心理学、行为学、人才学以及领导学等方面的基本理论，这是所有领导者必备的专业修养。

（四）能力素质

能力是指胜任某种工作的主观条件。它表现为顺利完成某项活动且直接影响活动效率所必备的心理特征。能力是顺利完成某种活动中的一种心理特征，但活动中的心理特征并不都是能力。领导活动是一种综合的实践活动，这就要求领导者必须具有较高的能力素质，以适应现代管理的需要。领导者的能力是领导从事管理活动必须具备的并直接与活动效率有关的基本心理特征。它是胜任领导工作、行使权力、承担责任的主观条件。有效的领导者具体包括以下五方面的能力。

1. 分析、判断和形成概念的能力。领导者应能透过纷繁复杂的现象看本质，敏锐地洞察事物的主要问题；抓住决定事物性质与发展进程的主要矛盾和矛盾的主要方面；能有效地归纳、概括、分析与判断，找出解决问题的方法与措施。

2. 决策能力。决策是领导的主要职能之一。专业领导者要善于发现问题，提出多种解决方案，并从中进行优选决策；要能够根据情况变化随机应变地进行跟踪决策和适时处理。

3. 组织、指挥和控制能力。领导者要善于选择合适的组织形式，建立高效的组织机构；根据企业的经营环境、战略目标适时地调整组织机构，使人、财、物等一切资源达到综合平衡，发挥优势，获得最优效果。领导者在战略目标的实施中要能及时发现问题，排除各方面的干扰以保证预期目标的实现；在外部环境发生重大变化时，要能及时修正目标，避免或减少风险损失；在企业目标实现后，应及时总结，并提出新的奋斗目标，激励下属继续努力，使组织不断前进。

4. 沟通、协调能力。现代领导者应具有较强的人际交往能力；善于与下属及外部公众建立良好的沟通关系；能够调节各种复杂矛盾，促进企业内外关系协调发展。

5. 知人善任。领导的核心是用人。有效的领导者应当善于观察人、了解人、用人之长，唯才是举，充分发挥每个成员的潜力和积极性。

### （五）身心素质

领导者担负着指挥、协调和组织企业活动的任务，作为领导者，他（她）不仅需要具备各种领导能力，而且需要健康的身体、良好的心理状态，这样才能始终保持精力充沛，才能满足繁忙工作的需要。在身心素质中，心理素质是核心，是形成独特领导风格的决定性因素，也是选择领导者的重要标准。所谓人的心理素质是指人在感知、想象、思维、观念、情感、意志、兴趣等多方面心理品质上的修养。它是一个内容非常广泛的概念，涉及人的性格、兴趣、动机、意志、情感等多方面的内容。心理素质是领导者素质的重要组成部分，从某种意义上说，它制约和影响着领导者的素质。良好的心理素质即指心理健康或具备健康的心理。领导者的心理素质包括：事业心、责任感、创新意识、权变意识、心理承受能力、心理健康状况、气质类型和领导风格等。

## 四、领导班子的构成

在现代管理体系中，领导班子的构成情况在很大程度上制约着领导职能的行使。也就是说，两者的关系极其密切。一个组织中领导效能的高低，既取决于领导者的个人素质，更取决于领导者的群体构成。

领导班子构成情况可以从以下五个方面进行分析。

### （一）法定结构

一个组织在建立领导班子方面，不管其所行使的权力有多大，是由自己全权组阁，还是由自己提名报相关部门批准，或是其他各种形式，这个领导班子的大小和权力的分配都必须要有相应的法律依据。一般来说，既然实行的是首长负责制，就应该授予该首长相应的组建领导班子的权利，赋予该首长法律规定的权利；否则，就会尾大不掉，造成指挥失灵的不利局面。

### （二）知识结构

所谓知识结构，是领导班子的知识水平构成状况。领导班子合理的知识结构应该是指由不同知识特长和不同专长的领导者组成的最优的立体知识结构。现代管理是一个涉及范围广、内容繁杂、综合性强的复杂劳动，作为一个领导集体，要充分发挥其职能作用，做好方方面面的工作，就有赖于领导班子成员的各种特长的发挥。也就是说，领导班子的知识结构必须能满足所在组织的基本需求，既要有相当高的专业知识水平,又要有较强的管理水平。在人员组成上,必须要各有所长。领导班子中每一个人的知识能力是有限的,水平也是参差不齐的,这就必须要依靠领导班子集体的合力来解决和克服这一局限。因此,应该根据管理的要求,按照一定的原则和方法,对各种知识、各种特长的人才进行恰当的组合,使其领导成员之间的知识水平能相互补充、相互协调,使组织能发挥较高的整体效能。

领导班子中应既有专家又有通才;既有自然科学方面的专业人才,也有社会科学、人文科学方面的管理人才;既有擅长理论思想方面的工作者,又有精于生产经营的实干家;既有眼睛瞄准国内外先进水平的中青年人才,也有经验丰富、年长的智者。比如,现代企业中的领导班子一般应包括:能够进行企业发展战略研究和对企业重大问题及时做出决策的董事长;能够卓有成效地统御、组织和指挥、管理企业生产经营的CEO;能够有力地加强企业技术管理、领导技术制造、推动技术进步的总工程师;能够切实改善企业经营、善于运营资本、提高经济效益的总经济师;能够严格维护财经纪律、广泛开辟财源、善于抓好以资金管理为中心的财务管理,能使企业资金周转快、成本费用低、投资回报率高的总会计师;能够坚持正确的政治方向,保证党对国有企业的政治领导,善于团结广大职工群众,发挥监督保证作用的党委书记、监事长;分别分管基建、计划、生产、经营、人事、政工等方面的适当比例的副职;等等。总之,企业领导班子应该是具有多种专长的有机体。

### (三) 能力结构

能力结构即指领导班子的能力构成状况。领导者的有效性不仅与知识有关,而且与其运用知识的能力有关。从某种意义上说,领导班子的能力结构比知识结构更重要。最佳能力结构是指不同能力型的领导成员按与实际需要相适应的比例构成的多能力的综合体。一个领导班子中的人才,能力会有所差异。比如,有的人创造能力超群,精于观察,善于思考,能够构思出新的思想、理论,设计出新的规划、方案,具有思想家、战略家的才能;有的人组织能力出众,善于指挥调度,巧于组织安排,勇于随机应变,审时度势,敢于决策,及时处理涉及各方面的任务,具有组织家、指挥员的才干;有的人比较富有研究精神,能对新思想、新方案、新办法进行深入研究和全面论证,从而能创造性地提出企业生存和发展或解决现实问题的新思路;有的人协调能力比较好,善于说服他人和平衡不同的观点;有的人表达能力比较好,具有宣传鼓动性,富有感染力;有的人精通业务,熟悉技术,能够解决和排除实际方案中各种战术的技术业务问题,把企业计划方案付诸实践;有的人精明干练、踏实肯干,善于处理大量烦琐的后勤生活方面的工作,创造并保证员工工作中必需的物质条件,使职工无后顾之忧等。作为一个企业的领导班子,应有以上所述的各种智能类型或兼而有之的人才,按比例有机组成,从整体上构成较佳的智能结构。例如,在美国,一些大企业、大财团的领导集团十分重视由以下四种人组成:"一是善于思考的人——深谋远虑地从事战略思考和决策;二是善于活动的人——专门善于各种难题的调解;三是善于出头露面的人——作打头阵、开拓新局面等方面的工作；四是善于分析的人——从事综合研究分析的工作。"

由于管理的复杂性，领导班子成员必须要能合理搭配、取长补短、相互促进。一个高效有力的领导集体应当由具有以下能力的人合理搭配而成：头脑清醒、把握全局、运筹帷幄、深谋远虑、果断决策的人；有才识、有威信、有魄力、有指挥能力、行动果断、办事利索的人；慧眼识才、热心揽才、敢于取才、善于用才、组织人事能力强的人；思想解放、勇于探索、锐意进取、开拓创新的人；高风亮节、以身作则、善于宣传鼓动的人；作风正派、办事公道、执法如山、监督能力强的人；等等。

### （四）年龄结构

领导班子的年龄结构是指领导成员按年龄分布和组合的状况，一个领导集体的合理年龄结构应该是由老、中、青领导者合理组成。年龄的差别体现了精力、知识、经验、处理问题的方式、社会关系等方面的差异。一般而言，老年人有丰富的阅历和深刻的观察力，他们经验丰富，视野广阔，深谋远虑，思想周密，处世稳健；中年人年富力强，精力充沛、处事果断、反应快速、勇于开拓、锐意进取，可以发挥其核心和中坚作用；青年人朝气蓬勃，思想敏锐，反应敏捷，争强好胜，敢作敢为，可以发挥其攻坚突击、冲锋陷阵的作用。老、中、青三代的合理配置，有利于充分发挥各自的优势，达到优势互补、扬长避短的目的，实现领导群体结构的优化；也有利于领导集体实现正常的新陈代谢，保证领导力量的有序交替，从而保持领导活动的连续性和稳定性。

### （五）气质结构

气质是人的典型的稳定的个性心理特征之一，是人的心理活动和行为方式在程度、速度、稳定性、灵活性等动态特征上的综合表现。不同的人具有不同的气质类型，其情绪体验的快慢、强弱、隐显以及动作的灵敏性不同。气质结构即指领导班子在气质类型方面的构成情况。最佳的气质结构是指具有不同气质的领导成员协调配合。一般来说，气质类型有四种基本类型，分别是胆汁质、多血质、黏液质和抑郁质。事实上，气质与人取得成就、成才、成名等不存在必然联系，也不决定人的智力水平的高低、能力的强弱。但气质确实可以影响人的活动效率、情感和行为。心理学家们研究发现，相同气质类型者是不宜合作的。领导班子成员的气质类型应能相互弥补、相互契合、取长补短、刚柔相济。这些人才，有的有善断的气质，有的有果敢的魄力，有的有坚强的意志，有的有开朗的性格，有的有博大的风度，有的则可能多方面兼之。

领导班子的素质结构是一个多重的、动态的综合体。提高领导集体的素质应根据领导者层次、工作性质及具体特点等实际情况确定合理的搭配和结构。同时，从领导者的选拔制度、考核标准、培养等方面进行必要的调整，加强领导班子建设，优化其素质结构，提高其领导的整体效率与水平。

## 第二节 领导理论

随着社会实践活动的发展以及领导活动与管理活动的分化，随着古典管理理论的产生，西方国家自 20 世纪初就开始了领导问题的研究。不同时期的学者对领导研究的重点不同，由此产生了不同的领导理论。

### 一、人性假设理论

领导者为了有效地影响被领导者以实现组织目标，就要采用各种领导方式，而对每一种领导方式及其效果的研究都必须以对人性的研究为基础。

所谓人性假设就是领导者对被领导者工作目的的基本估价。对组织中人的不同假设，将直接影响到领导者的行为，从根本上影响着领导者确立什么样的管理观念和管理思想，实行什么样的管理制度和管理原则，选择什么样的管理方式和管理方法。关于人性假设的理论有很多，这里主要介绍西方管理学家提出的四种假设，即"经济人"假设、"社会人"假设、"自我实现的人"假设和"复杂人"假设。

#### （一）"经济人"假设

"经济人"假设起源于享乐主义的哲学，以英国经济学家亚当·斯密为先驱。亚当·斯密认为，人的本性是懒惰的，必须加以鞭策；人的行为动机源于经济诱因，必须以计划、组织、激发、控制等建立管理制度，并以金钱和权力维持员工的效力与服从。美国工业心理学家麦格雷戈在他的《企业中人的方面》（1960年）一书中提出了两种对立的管理理论：X 理论和 Y 理论。而 X 理论就是对传统管理方式中"经济人"假设的概括，其基本观点如下：

（1）多数人天生是懒惰的，他们都尽可能逃避工作；

（2）多数人都没有雄心大志，不愿负担任何责任，而心甘情愿受别人的指导；

（3）多数人安于现状，习惯对改革采取抵制态度，容易受欺骗，常有盲从举动；

（4）多数人的个人目标都是与组织目标相矛盾的，必须用强制、惩罚的办法才能迫使他们为达到组织目标而工作；

（5）人是由经济原因来引发工作动机的，只有金钱和地位才能鼓励他们努力工作；

（6）人可以分为两类，多数人都是符合于上述假设的，他们只能是被管理者，少部分是能够自己鼓励自己、能够克制感情冲动的人，这些人应负起管理的责任。

基于"经济人"假设的管理措施，可以归纳为以下三点：

（1）视人为物，忽略员工的精神需要，管理工作的重点是提高劳动生产率和完成生产任务，主要用金钱刺激工人的积极性，同时对消极怠工者采用严厉的惩罚措施。

（2）管理工作只是少数人的事，与广大员工无关，员工的主要任务是听从管理者的指挥。

（3）管理的特征是订立各种严格的管理制度和法规，运用领导的权威和严密的控制体系来保护组织本身，引导员工完成组织任务。

"经济人"假设下管理的主要特点是：一方面靠金钱的收买与刺激；另一方面靠严密的控制、监督和惩罚迫使员工为组织目标而努力。泰罗制就是这类管理的典型代表。"经济人"假设理论在历史上曾经产生过积极的作用，并对一定时期的管理思想产生重大影响，它在一定的历史阶段和一定的范围内有其适用性。麦格雷戈指出，在人们的生活水平还不富裕的情况下，"胡萝卜加大棒"的管理方法还是有效的。但是，当人们的物质文化生活达到相当水平时，这种管理方式就不适用了。

## （二）"社会人"假设

"社会人"假设首先是由霍桑试验的主持人梅奥提出的。梅奥指出，人们在工作中得到的物质利益，对于调动人们的生产积极性只有次要意义，人们更加重视在工作中与周围的人友好相处，良好的人际关系是调动人的生产积极性的决定因素。"社会人"假设认为：

（1）影响员工工作积极性的因素，除物质条件外，还有社会、心理因素。基本上，人的工作动机是由社会需求引起的，并透过与同事们的关系而获得认同感，只有满足员工的社会需求时，员工工作的积极性才能得到充分发挥。

（2）人对所处群体的社会影响力，要比对管理者所给予的经济诱因及控制更为重视。

（3）员工的工作效率随着领导能满足其社会需求的程度而改变。管理者应该尽量满足人们的社会和心理需要，以提高员工的士气，从而提高工作效率。

基于这种观点，其管理措施主要有以下四点：

（1）管理人员不应只注意完成生产任务，而应把注意的重点放在关心人、满足人的需要上，建立相互了解、团结融洽的人际关系和友好的感情。

（2）管理人员不能只注意指挥、组织等，而更应重视员工之间的关系感和整体感，培养和形成员工的归属感。

（3）在实行奖励时，提倡集体奖励制度，而不主张个人奖励制度，从而促进受奖励集体的凝聚力和士气，也使被奖励的个人得到更大的满足。

（4）管理人员的职能应有所改变，他们不应只限于制定计划、组织工序、检验产品，而应在员工与上级之间起联络人的作用。一方面，要倾听员工的意见，了解员工的思想感情；另一方面，要向上级反映和呼吁。

"社会人"较之"经济人"的人性理论，无疑是又前进和深入了一大步，它不仅看到了人具有满足自然性的需要，并且进一步认识到人还有尊重、社交等其他一些社会需要，后一类需要比前一类需要层次更高。由于这种认识更接近于对人的本质的科学认识,所以在管理界很快被人们所接受,也产生了较大的影响,对于改变旧的管理模式起到较积极的作用。

### (三)"自我实现的人"的假设

"自我实现的人"的人性假设理论又称 Y 理论,也是由麦格雷戈提出来的。这一理论建立在马斯洛的需要层次理论和阿吉里斯从不成熟到成熟的理论基础之上,基本内容有以下五点:

(1) 一般来说,人都是勤奋的,并不是天生就厌恶工作。如果具备良好的环境和工作条件,人的工作就如同游戏和休息一样自然。

(2) 控制和惩罚不是使人实现组织目标的唯一办法。因为人们具有一种实现自我才能、发挥自我潜力的欲望,人们在执行任务时能自我控制和自我指挥。

(3) 在正常情况下,人们不仅会接受责任,对工作负责,而且还会主动地寻求责任。逃避责任、缺乏抱负并不是人的天性,大多数人在解决困难时都能发挥相当程度的想像力和创造性才能。

(4) 一般来说,在现代工业条件下,人的智慧和潜力只发挥了一部分,而没有得到全部发挥。领导的责任就是应该创造适当的条件,发挥人们的聪明才智,实现自身价值。

(5) 人的自我实现的要求和组织要求的行为之间是没有矛盾的。如果给人提供适当的机会,就能将个人目标和组织目标统一起来。

"自我实现的人"的人性假设是以人为中心的理论。基于这种观点,其管理措施主要有以下四点:

(1) 改变管理重点,尽量创造一种适宜的工作环境、工作条件,使人们能在这种条件下充分挖掘自己的潜力,充分发挥自己的才能。此时的管理者已不是指挥者、调节者和监督者,而是起辅助者的作用,从旁边给予支援和帮助。

(2) 改变激励方式。对自我实现的人主要是给予来自工作本身的内在激励,让他承当具有挑战性的工作,担负更多的责任,促使其做出成绩,满足其自我实现的需要。

(3) 管理制度的改变。管理制度应该保证员工能充分地展现自己的才能,达到自己所希望的目标。在管理制度上给予员工更多的自主权,实行自我控制,让员工参与管理和决策,并共同分享权力。

(4) 说服员工接受组织目标,通过自我控制,达到个人目标与组织目标的一体化,在员工努力实现组织目标的同时也实现个人目标。

### (四)"复杂人"的假设

无论是经济人、社会人还是自我实现的人,虽然各有其合理的一面,但并不适用于一切人,因为人的需要在不同的情境、不同的年龄其表现形式是有差别的。"复杂人"的人性假设理论就是在这些认识的基础上于 20 世纪 70 年代提出的。由于它既不同于 X 理论也不同于 Y 理论,有人把它称为超 Y 理论。

这种理论的内容可以概括为以下四点：

(1) 人的需要是多种多样的，而且这种需要随着人类社会的发展和社会生活条件的变化而改变。

(2) 人在同一时间内有各种需要和动机，它们会发生相互作用并结合为统一的整体，形成错综复杂的动机模式。

(3) 人在组织中的工作和生活条件是不断变化的，因而会不断地产生新的需要和动机。也就是说，在人生活的某一特定时期，动机模式的形成是内部需要和外部环境相互作用的结果。

(4) 一个人在不同单位或同一单位的不同部门工作，会产生不同的需要。由于人的需要不同，能力各异，对于不同的管理方式会有不同的反应，因此，没有一套适合于任何时代、任何组织和任何个人的普遍行之有效的管理方法。

由"复杂人"假设出发，相应的管理措施必然要求管理者不但要洞察员工的个别差异，更要适时地发挥其应变能力，对不同需要的人应灵活地采用不同的管理措施和方法。"复杂人"假设并不是对前三种假设的简单否定，它实际上是一种情景理论，要求领导者和管理人员在管理中应该根据实际情况灵活地采用不同的管理方式，尽可能地做到具体情况具体分析。也就是说，因人、因事、因情境的不同采取不同的方法，而不是千篇一律或因循守旧。这种理论在西方流行很广，目前已被大量采用。

## 二、领导特质理论

领导特质理论是研究有效领导的个人特征和品质，寻求最合适的领导者特质。比如，在你的心目中领导是什么样的？你可能会找出一系列的品质特征：智慧、人格魅力、热情、勇敢、正直和自信等。根据这些品质和特征的来源不同，可分为传统领导特质理论和现代领导特质理论。

### (一) 传统领导特质理论

传统领导特质理论认为，领导者的品质基本上是天生的，与后天的培养、训练和实践无关。这种理论假设领导者在个人品质方面具有与生俱来的特质，即领导者是天生的而非塑造出来的。在探索成功领导者具备的共性的特质上，研究人员采用了两种方法：一是将领导者与非领导者的特质相比较；二是把有效领导者的特质与无效领导者的特质相比较。例如，美国领导特质理论研究者爱德文·吉赛利通过对美国境内 90 家不同企业的 300 多名经理人调查研究，认为有效领导的六种特质（依次排序）有：监督能力、对职业成就的需要、智慧、果断力、自信和主动性等。又如，美国的诺尔弗·斯多基尔则认为，领导者应为：具有良知、诚实可靠、勤奋勇敢、有责任心、富有理想、良好的人际关系、风度优雅、干练胜任、体格健壮、高度智力、有组织力、有判断力等。但通过多年的研究和实践，许多人对传统特质研究提出异议，领导特质的研究完全忽视情境因素，难以对有效领导者做出合理的解释。

直到20世纪70年代中期,人们看到了虽然没有哪一种特质确保成功领导,但是某些性格特点还是有潜在的作用。而90年代研究者发现领导者存在着六项特质,即进取心、领导愿望、正直与诚实、自信、智慧和业务知识。这些个性特质能够将有效的领导与其他人区别开来,但其中更多的并不是天生的,而是能够通过努力得到。

1. 进取心。进取心是指能够反映高水平努力程度的一系列个性特点。努力进取包括对成功的强烈欲望、不断地努力提高、抱负、精力、毅力、主动性。实证研究表明,在一些国家,高层管理者成功的欲望与组织的增长率显示了高度的相关性。然而对成功的欲望只能用于预测创业型公司的有效性,而不能用于预测特大型组织和官僚性组织部门的领导有效性。

2. 领导愿望。领导者有强烈的愿望去影响和领导别人,表现为乐于承担责任。他们不想被人领导,并能够在领导过程中获得满足和利益。当权力需要是符合道德的,而不是损害别人时,领导者将激发更多信任、尊重和对远景的认同。

3. 正直与诚实。正直即是言行一致,诚实可信。它除了是个人较重要的性格特征外,对领导者来说更重要,因为这些特点能激发对别人的信任。

4. 自信。下属觉得领导者从没缺乏过自信。领导者角色是具有挑战性的,而挫折是难免的,自信能让领导者克服困难,在不确定的情况下敢于做出决策。领导者为了使下属相信他的目标和决策的正确性,必须表现出高度的自信。

5. 智慧。领导者需要具备足够的智慧来收集、整理和解释大量信息,并能够确立目标、解决问题和做出正确的决策。

6. 业务知识。一个有效的领导对他的行业、公司和技术问题拥有较高的知识水平。领导者必须有足够的业务知识才能解释大量的信息,做出富有远见的决策。高学历在职业生涯中是重要的,但最终也不如有关组织的业务知识更重要。

(二) 现代领导特质理论

20世纪70年代以来,人们从注重企业管理人员训练开发的新方法中得到启示,逐步认识到,领导者的个性品质是在组织管理的实践中形成的,后天的培养可以造就有效的领导者,从而形成现代领导特质理论。

现代领导特质理论对领导者特质的研究主要表现在两个方面:一是识人方面,用现代心理学的方法,主要是心理测试,对领导者的个性性格进行测试,并通过心理咨询进行领导行为的矫正;二是育人方面,适应现代组织的特点与要求,提出不同组织的领导者应具备的能力、品质标准,并通过专业化职业培训和开发加以培养。专家们认为,前者在某种程度上受到遗传因素的影响,应注重优选和改善;后者则完全是在管理实践训练中形成的,应注重学习和提高。

对两种特质理论进行比较,现代特质理论的实践观比传统特质理论的天才观有更为科学的理论基础,这使后者的研究方法和成果为企业所广泛采用。但是,特质理论在解释领导行为方面并不成功。很明显:

(1) 都忽视了下属的需要;
(2) 都没有考虑领导的情景因素;
(3) 对于领导者的特质和领导者的成功之间的关系没有讲清楚,究竟是领导者的这些素质导致了成功,还是成功促成了这些素质的形成。

因此,需要更有说服力的领导理论来解决这些问题。

### 三、领导风格理论

领导风格理论的创始人是美国著名的社会心理学家勒温。他认为,不同风格的领导者会采用不同的领导方式,这将会影响组织的气氛,进而影响员工的行为和生产效率。这一理论以"权力定位于谁"为基本变量,将领导者在领导过程中表现出来的领导风格划分为专制型、民主型和放任型三种,并试图寻求最佳的领导风格。

(一) 专制型

这是一种独断专行的领导行为。具有专制风格的领导者往往靠权力和强制命令让人服从。其具体特点是:

(1) 权力定位于领导者,独断专行,从不考虑别人意见,所有的决策都由领导者自己决定,下级没有任何参与决策的机会,而只能察言观色、奉命行事。

(2) 领导者只从工作和技术方面来考虑管理,主要依靠行政命令、纪律约束、训斥和惩罚,而只有偶尔的奖励。

(3) 领导者很少参加群体的社会活动,与下级保持相当的心理距离。

(二) 民主型

这是一种民主的领导行为,具有民主风格的领导者往往以理服人,以身作则。具体的特点是:

(1) 权力定位于群体,领导者主要从人际关系方面考虑管理,认为领导者的权力是由他领导的群体赋予的。被领导者受到激励以后,会自我领导、富有创造力。

(2) 所有决策都在领导者的鼓励和协作下由群体讨论来决定,而不是由领导者单独决定,决策是领导者及其下级共同智慧的结晶。

(3) 并不具体安排下属的工作,给个人较大的工作自由、较多的选择性与灵活性。分配工作时尽量照顾到个人的能力、兴趣和爱好。

(4) 主要应用个人权力和威信,而不是靠职位权力和命令使人服从。领导者积极参加团体活动,与下级没有任何心理上的距离。

(三) 放任型

这是一种俱乐部式的领导风格。权力定位于群体中每个成员个人手中。领导只作任务布置,既不监督执行,也不检查完成情况,组织中毫无规章制度,对员工采取放任的态度。

勒温通过实验发现,放任型领导者的工作作风和工作效率最低,只达到社交目标,而完不成工作目标;专制型的领导者虽然通过严格管理达到了工作目标,但群体成员没有责任感,情绪消极,士气低落;民主型的领导者工作效率最高,不但完成工作目标,而且群体成员关系融洽,工作主动积极,有创造性。

在实际工作中,这三种极端的领导作风并不常见,大多数领导者的领导作风往往是处于两种极端类型之间的混合型。

勒温的研究对于实际管理工作和研究很有意义,但也存在一定的局限。这一理论仅仅注重了领导者自身的风格,没有充分考虑到领导者所处的实际情景因素。

## 四、领导行为理论

从20世纪40年代末开始,研究者开始把目光转向具体的领导者表现出的行为上,希望从中了解有效领导者的行为是否有什么独特之处。比如,领导者更倾向于民主还是专制。

研究者希望行为理论观点不仅能提供更为明确的有关领导实质的答案,而且,如果其成功的话,它所带来的实际意义将与特质理论截然不同。如果特质理论成功,那么领导就是天生的,只能选拔不能培养;如果行为研究找到了有关领导方面的关键决定因素,则可通过训练而使人们成为领导者,即通过设计一些培训项目,使培养对象具备有效管理者的行为特征。

关于这方面的研究有很多。这里主要介绍比较流行的三种:俄亥俄州立大学的领导行为四分图、密歇根大学的研究以及著名的管理方格论。

### (一) 领导行为四分图

1945年,美国俄亥俄州立大学工商企业研究所的一批研究人员开展了一项范围广泛的关于领导问题的调查。一开始,他们列出了1 000多种刻画领导行为的因素,通过逐步筛选、归并,最后概括为"工作纬度"和"关系纬度"两个构面。

"工作纬度"是以工作为中心,指的是领导者为了实现工作目标,既规定了他们自己的任务,也规定了下级的任务,包括:进行组织设计;制订计划和程序;明确职责关系;确立工作目标;向小组成员分派具体工作;要求员工保持一定的绩效标准;强调工作的最后等。

"关系纬度"是以人际关系为中心,包括建立互相信任的氛围、尊重下级的意见、注意下属的感情和问题等。

按照这两类内容,他们设计了"领导行为描述问卷"(简称LBDQ)。在问卷中,"工作纬度"和"关系纬度"两类都列出了15个问题。受调查者对问卷上的每个问题必须在五种答案中选出一个——总是、经常、偶尔、很少、从不——

来描述其领导者的行为。

根据调查结果,他们发现,用这个两维因素来分析一个领导者,有的人集中于一个方面,在这一方面占有很高的分量,而在另一方面则很低;有的人两方面都比较高。通常,一位有效的领导者往往是两类因素都高的组合体。因此,他们认为,领导行为是这两个因素的具体组合,领导者的行为可以用两维空间的"四分图"来表示(如图10-1所示)。

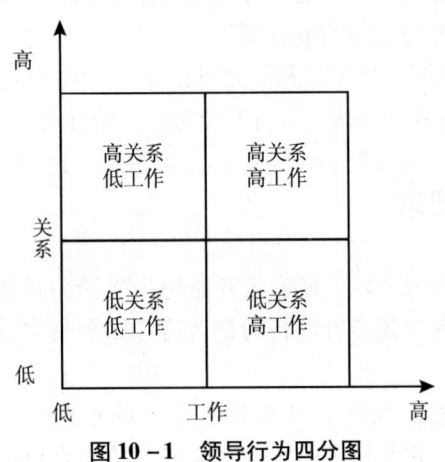

图10-1 领导行为四分图

他们的研究还发现,一般来说,"高组织—高关系人"的领导行为比其他三种领导行为更能产生积极效果。但是,也有一些特例,对于高组织特点的领导行为,员工的工作满意水平一般很低。还有研究发现,领导者的直接上级对其进行的绩效评估等级与高关心人常常呈负相关。所有这些都表明,这一理论还需加入情境因素。

### (二)密歇根大学的研究

与俄亥俄州立大学研究同期,密歇根大学调查研究中心在雷西斯利科特(RensisLikert)的主持下展开了类似的研究,即确定领导者行为特征及其与工作绩效的关系。他们将领导行为划分为二维度,称为员工导向和工作导向。员工导向的领导者重视人际关系,关心下属的个人成长、发展和成就等需求,并承认人与人之间的不同。相反,工作导向的领导者主要关注群体任务的完成情况,对员工进行严格的监督,强调工作技术或任务事项,将下属视为达到目标的工具。

密歇根大学研究者的结论对员工导向的领导者十分有利,他们与高群体生产率和高工作满意度呈正相关,而工作导向的领导者则与低群体生产率和低工作满意度联系在一起。

### (三)管理方格论

美国得克萨斯州立大学教授布莱克与莫顿发展了领导风格"二维观",在"关心人"和"关心生产"的基础上,于1964年提出了管理方格论,概括了俄亥俄州立大学"关心工作"和"关心人"两个维度以及密歇根大学的员工导向和工作导向的二维度（如图10-2所示）。

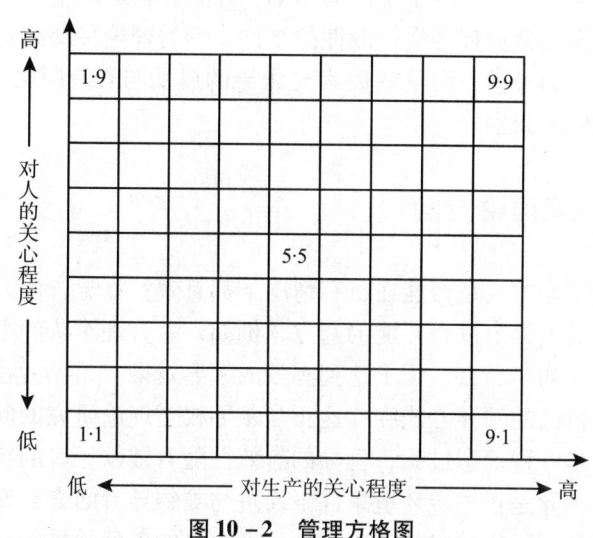

图 10-2 管理方格图

在图10-2中，横坐标表示领导者对生产的关心程度，纵坐标表示领导者对人的关心程度，各分成9等，从而生成了81种不同的领导类型。但是，管理方格理论主要强调的并不是产生的结果，而是领导者为了达到这些结果应考虑的主要因素。

尽管在领导方格中存在81种类型，但布莱克和莫顿主要阐述了五种最具代表性的类型：贫乏型、任务型、乡村俱乐部型、中庸型、团队型。

（1）贫乏型管理（1·1组合）的特征是领导人几乎放弃其职责，既不管工作，也不关心人。

（2）任务型管理（9·1组合）的特征是领导者通过权力与控制进行运作，最关心的是工作。

（3）乡村俱乐部型管理（1·9组合）的特征是领导者对员工关怀备至，重视创建友好氛围。

（4）中庸型管理（5·5组合）的特征是致力于保持完成工作和维持员工关系之间的平衡。

（5）团队型管理（9·9组合）的特征是让群体成员广泛参与，为所设目标而奋斗。

布莱克和莫顿从这些发现中得出结论：团队型风格的管理者工作最佳。遗憾的是，管理方格论并未对如何培养领导者提供答案，只是为领导风格的概念化提供了框架；而且，也没有实质性的证据支持在所有情境下团队型风格都是最有效的方式。

以上我们介绍了三种从行为角度上对领导进行解释的最重要的尝试。在此方面还有一些其他尝试，但它们都与俄亥俄州立大学和密歇根大学的研究者一样，遇到了同样的问题，即在确定领导行为与成功的绩效之间的一致性关系上很不成功。事实上，不同的环境导致了不同的结果，并不存在适用于一切情境的唯一最佳领导方式，因而也就很难得出一般性的结论。行为理论欠缺的正是对影响成功与失败的情景因素的考虑，而这些因素对领导的成功与否有时甚至是决定性的。于是，权变理论应运而生。

## 五、领导权变理论

某种具体的领导方式是否能在所有情况下都有效？直觉告诉人们答案是否定的，因为谁都知道世界上没有万能的药方，例如，拿管理军队的方式去管理企业并不一定能获得成功。那么，为了达到有效的领导效果，领导者在不同的环境下如何相应地改变自己的领导方式呢？这正是领导权变理论研究的问题。领导权变理论认为，领导是一种动态过程，领导的有效性随着被领导者的特点和环境的变化而变化。因为领导是在一定环境条件下通过与被领导者的交互作用去完成某一特定目标的，因此，领导的成效有赖于领导者本身的条件、被领导者的条件、环境的条件这三个因素的交互关系而定，用公式表示就是：

$$领导有效性 = f(领导者、被领导者、环境)$$

比较成熟的理论有弗莱德菲德勒（FredFiedler）的权变理论、保罗赫塞（PaulHersey）与肯尼思布兰查德（KennethBlanchard）的领导生命周期理论、罗伯特豪斯（RobertHoux）的路径—目标理论。

### （一）菲德勒权变理论

第一个综合的权变领导模型是由美国心理学家菲德勒提出的。菲德勒从1951年起，经过15年的调查研究，提出了一个"有效领导的权变模式"（contingency model of leadership effectiveness）。他认为，任何领导风格均可能有效，关键是要与环境情景相匹配。

菲德勒权变理论认为，有效的领导取决于三种关键因素：领导者的风格、领导者的情境控制、领导者的风格与情境控制的交互作用。

1. 确定领导者的风格。菲德勒认为，影响领导成功的关键因素之一是个体的基本领导风格，为此开发了"最难共事者量表"（least preferred coworker, LPC量表），测量领导者的需求偏爱度，或发现这种基本风格：个体是任务导向型还是关系导向型。LPC量表要求领导者设想一个最难共事的人（现在或过去的同事），请他运用LPC量表描述对这个人的印象。如果以相对积极的词汇描述最难共事者（LPC得分高），则说明他很乐于与同事形成友好的人际关系，菲德勒称他为关系导向型。反之，如果他对最难共事的同事描述得比较消极（LPC得分低），则被称为任务导向型。菲德勒认为领导风格是与生俱来的，个人不可能改变自己的风格去适应变化的情境。

2. 确定情境。菲德勒认为，影响领导效果好坏的"情景因素"有三个。（1）领导者与被领导者的关系。这是指下属对其领导人的信任、喜爱、忠诚和愿意追随的程度，以及领导者对下属的吸引力。（2）工作任务的结构。这是指下属担任的工作任务的明确程度。（3）领导人所处职位的固有权力。这是指与领导人职位相关联的正式职权以及领导人从上级和整个组织各个方面所取得的支持程度。

根据这三种因素的情况，领导者所处的环境从最有利到最不利，可分成八种类型，其中，三个条件齐备是最有利的环境，三者都缺的是最不利的环境。菲德勒指出，领导者与成员关系越好，任务的结构化程度越高，职位权力越强，则领导者拥有的控制力和影响力也越高。比如，一个非常有利的情境（即领导者的控制力很高）可能包括：下属对领导者十分尊重和信任（领导者—成员关系好）；所从事的工作（如薪金计算、填写报表）具体明确（工作结构化高）；职位给他提供了充分自由来奖励或惩罚下属（职位权力强）。相反，则为不够有利的情况，此时，领导者的控制力很小。总之，三项权变变量总和起来，便得到八种不同的情境或类型，领导者所采取的领导方式与情境变型相适应才能取得良好的领导效果。

3. 领导者与情境相匹配。菲德勒与蔡墨斯（M. MChemers）和马哈（LMahar）研究了 1 200 个工作群体，并将八种情境类型逐一与"关系取向"和"任务取向"两种领导风格进行对比，在 1977 年得出结论："任务取向"的领导者在非常有利的情境和非常不利的情境下工作更有效；而"关系取向"的领导者则在中等有利的情境中干得更好（如图 10-3 所示）。

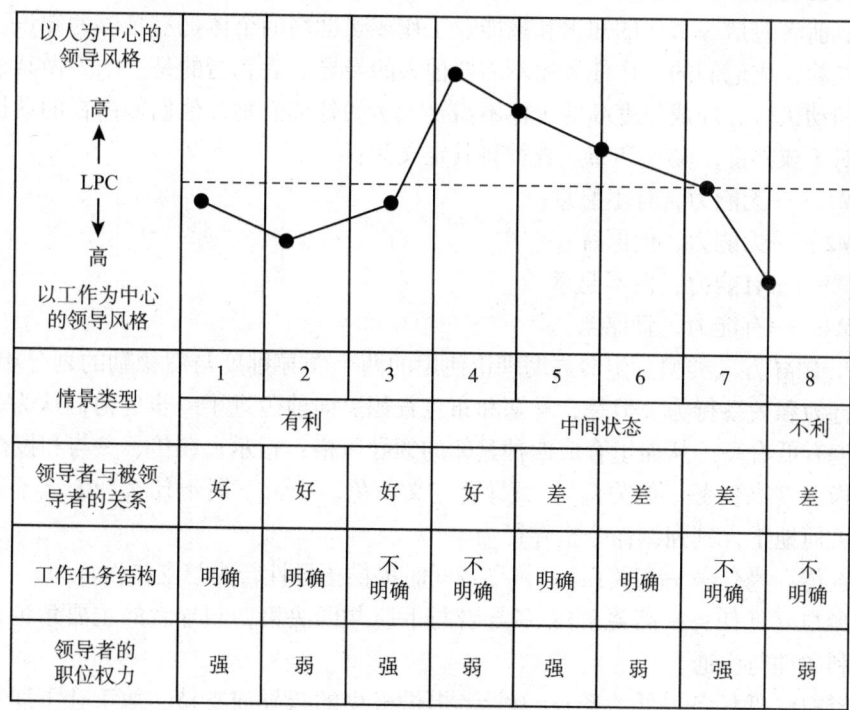

图 10-3　菲德勒模型的发现

需要进一步强调的是,在菲德勒的模型里,个体的领导风格是稳定不变的。因此,提高领导的有效性实际上只有两条途径:(1)替换领导者以适应情境。如果群体所处的情境被评估为十分不利,而目前又是一个关系取向的管理者进行领导,那么替换一个任务取向的管理者则能提高群体绩效。(2)改变情境以适应领导者。通过重新建构任务或提高或降低领导者可控制的权力,可以适应该点要求。

总之,有大量的研究对菲德勒模型的总体效度进行了考查,并得到了十分积极的结果,也就是说,有相当多的证据支持这一模型。当然,该模型目前也还存在一些欠缺,还需要增加一些变量来加以改进和弥补。另外,在 LPC 量表以及该模型的实际应用方面也存在着一些问题。比如,LPC 的逻辑性尚未被很好地认识;一些研究指出,作答者的 LPC 分散并不稳定;这些权变变量对于实践者来说也过于复杂和困难,在实践中很难确定领导者与成员的关系有多好、任务的结构化有多高以及领导者拥有的职权有多大。

### (二) 领导生命周期理论

领导生命周期理论,简称生命周期理论,最早于 1966 年由科曼提出,在 1980 年由赫塞、布兰查德共同发展,成为一个较成熟的理论。

领导生命周期理论包含下面一些内容。

1. 成熟度。领导生命周期理论是一个重视下属的权变理论。赫塞和布兰查德认为,适当的领导风格或行为依据领导的下属的"成熟度"(Maturity),即个体对自己的直接行为负责的能力和意愿。它包括两项因素:工作成熟度与心理成熟度。前者包括一个人的知识和技能。工作成熟度高的个体拥有足够的知识、能力和经验完成他们的工作任务而不需要他人的指导。后者指的是一个人做某事的意愿和动机。心理成熟度高的个体不需要太多的外部鼓励,他们靠内在的动机激励。对于成熟度,赫塞和布兰查德将其定义为:

M1——无能力,且不愿意;

M2——无能力,但愿意;

M3——有能力,但不愿意;

M4——有能力,且愿意。

2. 领导方式类型。生命周期理论使用的两个领导维度与费德勒的划分相同:任务行为和关系行为。但是,赫塞和布兰查德更向前迈进了一步。他们认为,每一维度有低有高,从而组合成四种具体的领导风格:指示、宣传、参与和授权。

指示(高任务—低关系):领导者定义角色,告诉下属干什么、怎么干以及何时去何地干,其强调命令指导行为。

宣传(高任务—高关系):领导者同时提供指导性行为与支持性行为。

参与(低任务—高关系):领导者与下属共同决策,领导者的主要角色是提供便利条件与沟通。

授权(低任务—低关系):领导者提供极少的指导或支持,放手让下属自己作决定处理事务。

3. 领导类型与员工成熟度相匹配。领导生命周期理论认为，领导者应该根据下属的成熟程度相应地采用恰当的领导方式，这样就能达到有效的领导。

指示型领导主要适用于低成熟度的员工。在这种情景下，员工既不能够也不愿意承担工作，原因可能有多种，例如，员工刚进公司，对公司情况不熟；员工的基本素质较低，缺乏工作主动性等。因此，此时最有效的领导方式是命令指导。

宣传型领导适用于较低成熟度的员工。在这种情景下，员工愿意承担一些工作的责任，但是他们还缺少一些工作的必要技能，因此，还不能完全胜任工作。这时，领导者以双向沟通的方式使员工真正掌握必要的工作技能。同时，从心理上支持员工承担责任和鼓舞员工努力工作的热情。处在这一成熟度的员工还是希望领导者多宣传、多关心、多指导，这样，他们乐意遵照领导者宣传的目标去努力工作。

参与型领导主要适用于较高成熟度的员工。此时，员工已掌握了工作技能，能够胜任工作，但是不乐意领导者对他们有过多的指示和约束。他们一般已成为业务骨干，或基层管理者，希望参与决策，有时还缺乏自信和安全感，因此，也希望领导者与他们多沟通，聆听他们的想法，相互交流、讨论问题。领导者在领导这部分下属时，要支持他们的参与，经常沟通，保持良好的人际关系，千万不要在工作方面横加干涉，这样就可以使下属保持高昂的士气。

授权型领导主要适用于高成熟度的员工。此时，员工已完全掌握了工作技能，而且有高度的工作责任感和自信心，他们或是中层管理人员，或是资深员工。对于他们，领导者不用再过多指导和沟通，而应放开手脚，让他们自己作决定处理事务，领导者只要稍加监督、了解一些反馈信息即可。

图10-4揭示了领导方式与员工成熟度的相匹配情况。

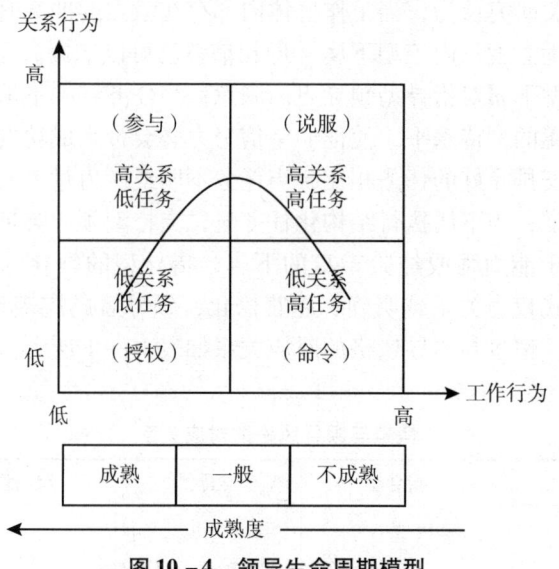

图10-4 领导生命周期模型

（三）途径—目标理论

途径—目标理论由加拿大多伦多大学教授伊凡斯（Evans）于1968年提出，

后由其同事豪斯（House）教授补充发展而成。

该理论的核心在于：领导者的工作是帮助下属达到他们的目标，并提供必要的指导和支持，以确保下属的目标与群体或组织的目标相一致。有效的领导者能够通过明确下属的任务、厘清路程中的各种障碍使其顺利达到目标来帮助下属。而且，领导者在这方面发挥的作用越大，越能提高下属对目标价值的认识，也越能有效地激励下属。

通过实验，豪斯认为"高任务—高关系型"组合不一定是有效的领导方式，还应该加入情境因素。因此，他确定了四种领导方式供同一领导者在不同情境下使用。这四种领导方式是：

（1）指导型。明确告知下属期望他们做什么、怎么做以及何时完成。领导者在完成任务的过程中给予下属必要的指导，但决策完全由领导者做出，下属不参与。

（2）支持型。支持型领导十分友善，平等待人、关心下属，但不太注意通过工作使人满意。

（3）参与型。参与型领导在作决策时注意征求下属意见，认真考虑和接受下属的建议。

（4）成就型。领导者向下属提出具有挑战性的目标，希望下属最大限度地发挥潜力，并相信他们能够达到目标。

领导者究竟选择哪种领导方式，要考虑两个方面的因素：一是下属的个性特点，比如领悟能力、教育程度、对成就的需求、愿意承担责任的程度等；二是具体的环境，包括任务结构、权力结构以及工作群体的情况等。

该理论的有关研究认为，当工作群体内部存在激烈的冲突时，指导型领导会带来更高的员工满意度；内控型下属（即相信自己可以掌握命运）对参与型领导更为满意；外控型下属对指导型领导更为满意；当任务结构不清时，成就取向型领导将会提高下属的期待水平，使他们坚信努力必会带来成功的工作绩效；与具有高度结构化和安排完好的任务相比，当任务不明或压力过大时，指导型领导会带来更高的满意度；当下属执行结构化任务时，支持型领导会带来员工的高绩效和高满意度；对于能力强或经验丰富的下属，指导型的领导可能被视为累赘多余；组织中的正式权力关系越明确、越官僚化，领导者越应表现出支持型行为，降低指导型行为。情景与领导风格的对应关系如表10-1所示。

表10-1　　　　　　　　情景与领导风格的对应关系

| 情景特征 | 指导型 | 支持型 | 参与型 | 成就型 |
| --- | --- | --- | --- | --- |
| 任务 | | | | |
| 结构型 | − | + | + | + |
| 非结构型 | + | − | − | + |

续表

| 情景特征 | 指导型 | 支持型 | 参与型 | 成就型 |
|---|---|---|---|---|
| 下级 | | | | |
|   技术熟练 | - | + | + | + |
|   不熟练 | + | - | - | - |
|   高成就需要 | - | - | - | + |
|   高情感需要 | - | + | + | - |
| 正式权力 | | | | |
|   充分 | - | + | - | - |
|   有限 | + | + | + | + |
| 工作小组 | | | | |
|   有效沟通网络 | + | - | + | + |
|   有合作经验 | - | - | - | + |
| 组织文化 | | | | |
|   支持参与 | - | - | - | + |
|   成就激励 | - | - | + | - |

注：+ 表示宜采用，- 表示不宜采用。

## 第三节　领导艺术

现代领导工作复杂多变，千头万绪，而又相互制约，作为领导者要能够驾驭全局，从繁杂的事务圈中"超脱"出来，集中精力抓大事，从而牢固地把握工作的主动权，这就要求领导者不仅掌握基本的工作方法，还要具备高超的领导艺术。领导艺术是指领导者在其知识、经验、才能和气质等因素的基础上形成的具有创造性的领导才能、技巧、艺术和方法。

领导艺术是一门博大精深的学问，内涵极为丰富，存在于领导工作的始终，一般包括统筹全局的艺术、用权的艺术、激励的艺术、协调的艺术、利用时间的艺术和讲话的艺术等方面。

### 一、统筹全局的艺术

统筹全局的艺术，又称为战略性领导活动艺术。美国著名管理学者德鲁克在《有效的管理者》一书中指出："有效管理者做事必须首要的事情先做，而且专一不二。"由此可见，领导者应尽量不参与与己无关的小事，应集中更多的时间专心自己的事业，抓好事关政策性、全局性、倾向性的工作和问题，严格按照"例外原则"办事，只管那些没有对下授权的例外的事情。若整天忙忙碌碌，捡了芝麻丢了西瓜，才是最大的失误。

领导者要养成对日常事务进行理性分析和分类处理的良好习惯，应根据工作的轻重缓急依次排队，不颠倒工作主次。

从提高领导处事艺术的角度，可以把领导者的工作分成以下四类，并设计相应的处理方式。

1. 常规事情规范化。对常规事情，领导者自己不必躬亲，可授权下级人员去做，但要规定具体要求、操作程序、考核指标和奖惩规则，使之规范化。

2. 一般事情案例化。一般事情是指有先例可循、有处理此事情的经验但对其规律尚未完全认识的工作事项。应该珍视以往处理此事情的经验教训，但又不囿于以往经验，形成工作方案后交给部属去执行，然后听取汇报，进一步总结经验。

3. 例外事情决策化。例外事情是指新情况下的新问题、新矛盾，没有先例，单凭经验难以处理的事项，对此领导者要遵循决策程序组织力量，群策群力，制订方案，督导实施，检查考评，全程调控和调适，从中总结经验，摸索规律，使之走向案例化和规范化处理模式。

4. 重点事项亲自抓。所谓重点事项，一是关键性；二是薄弱性。关键性就是指与领导目标密切相关并在一定程度上决定领导工作成败的事项；薄弱性指因主客观条件不充分使工作受到延误，或无起色，需要加强的事项。

## 二、领导者用权的艺术

领导者所拥有的权力是领导者实施领导的基础和前提。领导者的权力主要有组织法定权和个人影响力两个方面。领导者只有在遵守组织法定权，又不断培养个人影响力的情况下，才能有效地发挥用权的艺术。

### （一）要谨慎用权

要严格遵守法定权限，不对向上越权和向下侵权，这是权力规则的基本要求。越权是任何上级都忌讳和反感的；而侵权既是对下级人格的不尊重，也会挫伤下级工作的积极性。在领导集体里，要相互尊重对方的权力，不应对不属于自己职责范围的事随意表态做主，否则会引起领导者之间互相猜疑、关系紧张，也会给思想意识不好的下级人员提供"钻空子"的机会。

不要轻易动用法定权力。如命令、指令，一般不宜过多和过细，要给下级自主活动的余地；奖赏惩罚不宜过频过宽。《孙子兵法》就有"数赏者，窘也；数罚者，困也"的见解。

不要炫耀权力，但在必要时却敢于坚决果断地用权。那些经常把自己的权力挂在嘴上，动辄能把你怎么样的人，是一种没有正确权力观的人，是一种浅薄的表现。但领导者在必要的时候却应坚决果断地使用权力，绝不优柔寡断、贻误大事。

## （二）用权要讲求实效

用权主要应用事先诱导、警告、指示的方法，使下级从敬畏感出发，自觉服从领导，同领导者一致行动。如事先将组织法定权向下属详细宣布，使下级知道哪些事是他不能擅自做主的，他就会做到事事请示；哪些事是他有权处理的，能避免下级凡事都来请示。从而把服从建立在自觉自愿的基础上。

要善于运用权力对下属进行诱导和控制。批评和处罚，表扬和奖励，都是激励手段。适当扩大通报情况的范围，及时肯定一些人的积极、创造行为，必要时重申有关纪律和禁令，也能激励下属的进取心、创造性，并避免出现越轨行为。控制的主要目的是不要让行为偏离领导目标。所以及时发现问题并果断处置非常重要。

使用奖惩也是一种用权，但必须同时做耐心细致的说服教育工作。赏罚必须公平，赏罚要就事论事。赏罚及时，刺激作用才大。但使用奖惩手段还需做一系列耐心细致的思想教育工作。例如，注意奖惩面的大小；注意奖惩的形式与宣布的场合；有时行事前给人打招呼，让人有思想准备，有的事后要与本人谈话，问问他的感想和反应。奖惩一般都应公开进行，必要时还要大张旗鼓地宣传，以便扩大教育面和影响面。

## （三）要善于授权

授权是指领导者将自己一定的职权授予下属去行使，使下属在其所承担的职责范围内有权处理问题，做出决定。

授权是一种比较灵活的领导方法，授权的程度受三个因素影响，即领导者的知识、经验、能力、精力和工作习惯；下级的思想业务水平及预期获得成果的大小；组织的规模以及任务的重要程度。领导者如果能合理授权，不仅能使自己摆脱日常事务的缠绕，而且能够使被授权的人受到很好的锻炼和获得成就感的激励。授权的技巧主要有：

1. 因事择人，视能授权。择人的标准是能，就是看他是否有这方面的专长和处理该事的能力。授权不是提升职务，所以对人作全面考察，只要他能胜任该任务就行。

2. 明确权责，适度授权。所谓明确权责，就是要向被授权人讲清所授予的权力和责任范围，讲清执行该任务要达到的具体目标。被授权人摸清了领导意图，就会干劲倍增，充分发挥主动性和创造性。还应向有关人员宣布该项授权，以便有关人员协助被授权人共同完成该项任务。所谓适度授权，就是要分层授权，只向自己的直接下属授权。授权一般是一事一授，有关任务完成了就及时收回权力。

3. 授权留责，监督控制。授权留责是对下属充分信任的表现。授权没有卸责，出了问题，领导者应勇于承担责任，这样下属往后就乐意接受你的授权并大胆工作。领导者还要支持被授权人的工作，同时领导者仍需监督控制，以免偏离目标方向，或出现滥用权力的现象。

（四）授权应注意的问题

1. 谨防"反授权"。就是下级把自己所承担的责权反授给上级，即把自己职权范围内的工作问题、矛盾推给上级。

2. 防止"弃权"。就是领导者所拥有的决策权、奖惩权、监督权在任何时候都不能放弃。

3. 防止"越权"。就是大权旁落，下属行使了上司的职权。"越权"的主要体现有：先斩后奏，做了事才向领导汇报；片面反映情况，设好圈子让上级领导钻，出了问题责任上级负；斩而不奏，封锁消息，自己说了算；多头或越级请示。

## 三、激励的艺术

（一）掌握激励理论

熟悉激励的基本理论，可以使领导者对如何使员工们努力工作有一个深入的认识。人们为了对其行为做出解释和预测，已经提出了若干种理论（具体内容在下一章介绍）。

（二）了解和满足下属的心理需求

了解和满足下属的心理需求是获得理想激励效果的关键，下属的心理需求有以下六点：

1. 愿意保持一致的心理。在不涉及重大原则问题和切身利益时，下属绝不愿与上级发生矛盾。因此，领导者可能通过良好的行为和形象，激励下属自觉自愿地完成上级所交给的任务。

2. 希望得到承认的心理。下属希望自己的劳动、成绩、艰辛得到上级承认。因此，领导者在下属取得成绩时要及时表扬，出现困难时，也要积极创造条件解决下属的困难。

3. 追求平等和公平的心理。下属希望领导能够尊重人格，了解能力，采纳意见，公正处事。因此，领导者要平等待人，公平处事。

4. 渴望获得理解和信任的心理。理解与信任是每个人都希望得到的，领导者要运用各种方式向下属传递"充分信赖"的信号。

5. 愿意参与领导过程的心理。下属是希望能够参与领导过程的，因此，领导者在制定政策或在执行、检查、总结等领导过程中要充分依靠下属，尽量吸收他们参加，采纳合理建议。

6. 希望适度自由的心理。下属希望管辖和约束不要过紧，要有适当的自由。因此，领导者不应管得过死、管得过严，在抓好大事的前提下，给予下属适当的自由。

## 四、协调的艺术

在日常的领导工作中,协调是一项十分重要的工作。有一位名人说过,领导工作有60%是用在各方面的协调上。协调是讲方法的,也就是要有协调的艺术。

协调的艺术是指在矛盾冲突中坚持原则性与灵活性的统一处理以及协调矛盾的方法和技巧。

### (一)上行协调艺术

1. 与上级领导者的交往要适度。主要体现在三方面:

(1)尊重而不恭维。下级尊重领导,维护领导权威是基本的组织原则,希望得到下级的尊重是领导者的普遍心理,但尊重不等于恭维,正常的上下级关系是建立在尊重领导、支持工作和维护威信上。

(2)服从而不盲从。下级服从上级是领导者实现领导的基本条件,是上下级关系的基本原则。即使领导的决策、做法有错误或个人与领导有不同意见,下级也应该服从上级,但在具体操作过程中应该采取适当的方式向领导阐明问题的严重性或在实际行动上有所保留、修正和变通。

(3)亲近而不庸俗。上下级之间既保持经常接触,又要保持一定距离。做到组织上服从、工作上支持、态度上尊重。下级只有通过垂直的人格和工作业绩来赢得领导的好感,建立友谊。

2. 要尽职尽责尽力而不越位。下级要明确自己的特定角色,努力按标准做好工作,又不越位。越位现象主要有四种:

(1)决策越位。不该自己决定的事情拍板决定。

(2)表态越位。表了不该表的态。

(3)工作越位。做了不该自己做的事。

(4)场合越位。不按场合要求摆正自己的位置。

3. 创造性地执行上级领导者的指示。由于领导所制定的工作方针、计划、要求一般都是比较笼统的,因此,下级必须在领会这些方针、计划的基础上,结合本单位的实际情况创造性地开展工作,这也是下级工作水平、能力的主要体现。

4. 善于将自己的意见变成领导者的意见。下级只有善于使自己的意见被领导采纳,意见才会有实现的价值。在如何说服领导者采纳自己的意见上,有五点是要注意的:

(1)要掌握不同领导听取意见的特点,采取相应方法反映意见。

(2)要使自己意见有科学性、可行性,容易被领导采纳。

(3)要选择适当的时间、地点和场合提出意见。

(4)建议中要有几种方案,留给领导者选择的余地。

(5)点出问题的成败利害,使领导者有紧迫感。

## （二）对下协调艺术

上级对下级协调工作要遵循公正、平等、民主、信任的原则，主要体现在以下四方面：

1. 对"亲者"应保持距离。"亲者"是指与领导观点相近、接触较多者。开明的领导应与"亲者"保持一定距离，这样做有几点好处：有利于团结大多数；有利于客观地观察问题，冷静地处理内部关系；避免因容易迁就"亲者"而陷入泥潭；有利于与下属保持深沉、持久、真挚的关系。成功的领导者都是以一种超然的、不受感情影响的方式来看待同下属的关系。领导者要提倡与下属打成一片，赤诚相见，对下属不分亲疏，爱护团结，一视同仁。

2. 对"疏者"应当正确对待。"疏者"是指反对自己或有不同意见者。领导应该看到"疏者"往往是自己避免犯错和使自己工作取得成功的重要因素，因此，要客观、公正地对待"疏者"，应有将"疏者"当作治疗自己各种弱点、缺点的良药的气魄。

3. 对下级须尊重以礼。主要体现在要尊重下属的人格尊严，以礼相待，尊重下级的进取精神，维护下级的积极性、创造性，关心、信任下属。

4. 对纠纷要公平、公正处理，即"一碗水端平"。

## （三）平行关系协调

同级之间关系的协调遵循以下原则：互相尊重，平等相待；相互信任，坦诚相待；为人正直，光明正大；相互学习，彼此宽容。

## 五、利用时间的艺术

有效地利用时间是一个优秀领导者最重要的特点之一。时间是最紧缺的、不可再生的资源，对于每个人来说都是十分宝贵的，对于每天要处理大量工作的领导者而言更是尤其珍贵。领导者必须通过不断地学习和训练，掌握合理利用有限时间资源的艺术，争做自己时间的主人。利用时间的艺术，一般有以下技巧。

### （一）要养成记录时间的习惯

许多领导者忙了一天、一周或者一月，往往说不出究竟做了哪些事，哪些是自己应该做的，哪些是不该做的。年复一年地如此下去，浪费了许多宝贵的时间。养成记录时间的习惯，就是每天把自己做事情所消耗的时间记录下来，每隔一两周对自己的时间消耗情况进行一次分析，找出自己在时间利用上的不合理和浪费之处，并努力加以改进。这样长期坚持下去，就会掌握充分利用时间的方法，提高工作效率。

### （二）学会合理地安排时间

领导者要学会合理地安排自己的时间。时间安排得是否合理，不仅与领导者个人的工作习惯有关，而且还与组织的管理体制和组织结构以及领导者的分工和个人的职责等有关。一般来说，领导者应将主要的时间用于学习、思考、研究业务、研究决策等方面。

### （三）消除其他时间浪费因素

时间浪费除了上述因素外，还可能是由于管理不善或组织不当造成的。此时领导者应做以下三方面工作。

1. 找出由于缺乏合理的计划、制度和缺乏预见性所产生的时间浪费因素。如果是组织中一而再、再而三出现的问题，今后就应坚决杜绝此类问题继续出现。

2. 人员过多容易造成领导者的时间浪费。按理说，人员多了，领导者可以把工作多分下去一些，使自己有更多的时间考虑企业的大政方针问题，但结果往往相反。这个道理和算术不一样，在算术中，某一项工作一个人干需要两天，两个人干就需要一天。但在一个组织中，也可能出现一个人干需要两天，两个人干就需要四天甚至更多时间的现象。

3. 消除缺乏优先顺序的时间浪费。一是制订计划表、每日目标、优先次序和最后时限；二是配合日常事务，凡事先问两个"能否"，即能否取消它、能否将它与别的事情按轻重缓急分成三类（A类最重要，B类次之，C类可"有计划地拖延做"），然后全力以赴地去完成A、B两类事情，就基本上实现了有效领导。

## 六、领导者讲话的艺术

讲话，是人际交往取得良好的工作效果的主要方式，更是领导者的基本功。领导者必须掌握讲话的艺术。

影响领导讲话艺术的主要因素有：马列主义的理论功底和准确运用理论分析解决实际问题的能力；广博的知识面和丰富的经历、阅历；敏捷的思维能力和临场应变能力；善于阐发事理和思想的口头表达能力；端庄大方的仪表、仪态。提高领导讲话艺术的方法有以下四点。

### （一）要了解讲话的对象

讲话对象由于性格、年龄、职业、文化程度、政治立场、思想觉悟的不同，以及心理欲望、情绪、个性不同，对领导者讲话内容的要求不同，对讲话内容理解的角度也大不相同。因此，领导者在讲话之前必须深入了解讲话对象的特点，选择与之对应的讲话方式和措辞；努力做到深入浅出，雅俗共赏，让听者有所知、有所得，并注意讲话对象的现场表情和反应，适当穿插精彩的事例或故事；要交替调动听者的抽象思维与形象思维，谋取最佳的现场效果。

### （二）有明确的讲话目的，围绕主题展开

一个主题的要点不宜过多，要点超过了常人听力记忆、理解记忆的限度，内

容再好，也会影响听者的兴趣和情绪。讲话内容要实，引用的数据资料要准确，正视现实，不回避矛盾和问题。千万不要玩弄修辞，哗众取宠。只有讲真话、实话，才能以理服人，达到讲话的目的。

### （三）要掌握讲话的技巧

领导讲话口齿要清楚，声音要洪亮，语速和节奏要与讲话的内容、听者的反应相匹配，富有变化和美感，动态地调整语气语态。例如，庆祝性讲话，要热情洋溢，语调高昂；嘈杂的场合用深沉严肃的语调召唤听众；遇到听众减少的冷场情况，则要处变不惊，冷静应对，果断调整内容或变换方式，切忌针锋相对，斥责听众，使事态扩大。领导讲话不仅要生动，富有哲理，还要有群众性，要善于用群众的语言，讲代表群众利益、反映群众愿望、解决群众困难、消除群众疑虑、对群众有教育意义的话，绝对不能讲套话、官话、空话、大话、无用的话。要根据工作的实际情况选择适当的讲话方式。如情况清楚，政策界限明确，领导者使用肯定的语气做出回答，以稳定群众情绪，增加群众对领导机关的信任感。如果情况不明，资料不足，领导者切不可信口开河，轻易许诺或表态，可以采取迂回式的设问或反问，征求群众意见，给自己争取一些了解情况、决定问题的时间，但事后一定给群众一个明确的答复。如果对于时下情况基本明确，但对未来情况尚缺乏全面把握，领导者讲的话既要明确又要留有余地，努力争取群众理解和谅解。

### （四）根据会议的性质和目的来决定讲话方式与内容

在咨询会议、诸葛亮会议等民主讨论会上，领导者的角色是向导和导演，不是演员，要少讲或不讲，仔细聆听各方面的意见，不轻率肯定或否定哪方面意见，总结时要全面吸收各家之长，引导群众深入探讨，但不做结论。在领导班子内部的政策研究会上，应在深思熟虑的基础上敢于亮出自己的观点，要有坚持真理的勇气，不人云亦云，或顺着一把手的梯子爬。在执行性会议上则要指明目标任务，做出具体的部署和分工，落实人员和资源，应讲得具体、明确、清晰而没有歧义。在告之性会议上，领导者讲话要依据文件，做出必要的解说，但不能随便发挥，以免冲淡主旨，干扰正听。

## 复习思考题

1. 领导的概念有哪些含义？管理和领导有何不同？
2. 领导者影响力的来源是什么？领导者的职责是什么？领导者实施领导的基础是什么？
3. 威信是在什么基础上形成的？主要的影响因素有哪些？
4. 领导理论包括哪几方面内容？它们之间有什么区别？
5. 目前有多少种关于人性的假设？它们的含义是什么？根据不同的假设应

采用哪些管理方法？如何看待各种人性的假设？

6. 领导特性理论的基础是什么？一个优秀的领导者应具备哪些素质？
7. 领导行为四分图的含义及贡献是什么？
8. 管理方格理论的含义及作用是什么？
9. 领导权变理论的基础是什么？
10. 菲德勒模型的主要内容及贡献是什么？
11. 领导生命周期理论的含义是什么？怎样根据下属的成熟度选择合适的领导方式？
12. 途径—目标理论的主要内容是什么？
13. 作为大学生，怎样才能使你更容易成为一个领导者？你觉得你的主要定位是倾向于人？任务？还是理想？
14. 一位经理这样说："走得正，行得端，领导才有威信，说话才有影响，群众才能信服，才能对行使权力颁发通行证。"这位经理在这里强调了领导的力量来源于哪个方面？
15. 某公司经理被批评"管理得太多，而领导得太少"。该经理在工作中可能存在什么问题？
16. 如果让你来领导一家劳动密集型企业，你会采取什么样的领导方式？如果是高新技术企业，你又会怎样领导？

## 案例分析

### 案例 1  谁的方式更有效

高明是一位空调销售公司的总经理。他刚接到有关公司销售状况的最新报告：销售额比上年同期下降了 25%、利润下降了 10%，而且顾客的投诉上升。更为糟糕的是，公司内部员工纷纷跳槽，甚至还有几名销售分店的经理提出辞呈。他立即召集各主管部门的负责人开会讨论解决该问题。会上，高总说："我认为，公司的销售额之所以下滑都是因为你们领导不得力。公司现在简直成了俱乐部。每次我从卖场走过时，我看到员工们都在各处站着，聊天的、煲电话粥的，无处不有，而对顾客却视而不见。他们关心的是多拿钱少干活。要知道，我们经营公司的目的是为了赚钱，赚不到钱，想多拿钱，门儿都没有。你们必须记住，现在我们迫切需要的是对员工的严密监督和控制。我认为现在有必要安装监听装置，监听他们在电话里谈些什么，并将对话记录下来，交给我处理。当员工没有履行职责时，你们要警告他们一次，如果不听的话，马上请他们走人……"

部门主管们对高总的指示都表示赞同。唯有销售部经理李燕提出反对意见。她认为问题的关键不在于控制不够，而在于公司没有提供良好的机会让员工真正发挥潜力。她认为每个人都有一种希望展示自己的才干、为公司努力工作并做出贡献的愿望。所以解决问题的方式应该从与员工沟通入手，真正了解他们的需求，使工作安排富有挑战性，促使员工们以从事这一工作而引以为豪。同时，在业务上给予指导，花大力气对员工进行专门培训。

然而，高总并没有采纳李燕的意见，而是责令所有部门主管在下星期的例会上汇报要采取的具体措施。

问题：

1. 当员工没有履行职责时，高总要他的部门主管们警告一次，如果员工不听的话，马上请他们走人。这属于哪种强化手段？
2. 根据卡特兹的三大技能，你认为高总目前最需要加强的是什么技能？
3. 针对该公司已成了"俱乐部"，根据菲德勒的领导权变理论，请结合案例分析说明高总应该采取怎样的领导方式才有效。

## 案例2　欧阳健的领导风格①

蓝天技术开发公司由于在一开始就瞄准成长的国际市场，在国内率先开发出某高技术含量的产品，其销售额得到了超常规的增长，公司的发展速度十分惊人。然而，在竞争对手如林的今天，该公司和许多高科技公司一样，也面临着来自国内外大公司的激烈竞争。当公司经济出现困境时，公司董事会聘请了一位新的常务经理欧阳健负责公司的全面工作。而原先的那个自由派风格的董事长仍然留任。欧阳健来自一家办事古板的老牌企业，他照章办事，十分古板，与蓝天技术开发公司的风格相去甚远。公司管理人员对他的态度是：看看这家伙能待多久！看来，一场潜在的"危机"迟早会爆发。

第一次"危机"发生在常务经理欧阳健首次召开的高层管理会议上。会议定于上午9点开始，可有一个人姗姗来迟，直到9点半才进来。欧阳健厉声道："我再重申一次，本公司所有的日常例会要准时开始，谁做不到，我就请他走人。从现在开始一切事情由我负责。你们应该忘掉老一套，从今以后，就是我和你们一起干了。"到下午4点，竟然有两名高层主管提出辞职。

然而，此后蓝天公司发生了一系列重大变化。由于公司各部门没有明确的工作职责、目标和工作程序，欧阳健首先颁布了几项指令性规定，使已有的工作有章可循。他还三番五次地告诫公司副经理徐钢，公司一切重大事务向下传达之前必须先由他审批，他抱怨下面的研究、设计、生产和销售等部门之间互相扯皮、踢皮球，结果使蓝天公司一直没能形成统一的战略。

欧阳健在详细审查了公司人员工资制度后，决定将全体高层主管的工资削减10%，这引起公司一些高层主管向他辞职。

研究部主任这样认为："我不喜欢这里的一切，但我不想马上走，因为这里的工作对我来说太有挑战性了。"

生产部经理也是个不满欧阳健做法的人，可他的一番话颇令人惊讶："我不能说我很喜欢欧阳健，不过至少他给我那个部门设立的目标我能够达到。当我们圆满完成任务时，欧阳健是第一个感谢我们干得棒的人。"

---

① 本案例引自余敬：《管理学案例》，中国地质大学出版社2000年版，第162~164页。

采购部经理牢骚满腹。他说:"欧阳健要我把原料成本削减20%,他一方面拿着一根胡萝卜来引诱我,说假如我能做到的话就给我油水丰厚的奖励。另一方面则威胁说如果我做不到,他将另请高明。但干这个活简直就不可能,欧阳健这种'大棒加胡萝卜'的做法是没有市场的。从现在起,我另谋出路。"

但欧阳健对被人称为"爱哭的孩子"的销售部胡经理的态度则让人刮目相看。以前,销售部胡经理每天都到欧阳健的办公室去抱怨和指责其他部门。欧阳健对付他很有一套,让他在门外静等半小时,见了他对其抱怨也充耳不闻,而是一针见血地谈公司在销售上存在的问题。过不了多久,大家惊奇地发现胡经理开始更多地跑基层而不是欧阳健的办公室了。

随着时间的流逝,蓝天公司在欧阳健的领导下恢复了元气。欧阳健也渐渐地放松控制,开始让设计和研究部门更放手地去干事。然而,对生产和采购部门,他仍然勒紧缰绳。蓝天公司内再也听不到关于欧阳健去留的流言蜚语了。大家这样评价他:欧阳健不是那种对这里情况很了解的人,但他对各项业务的决策无懈可击,而且确实使我们走出了低谷,公司也开始走向辉煌。

问题:

1. 欧阳健进入蓝天公司时采取了何种领导方式?这种领导方式与留任董事长的领导方式有何不同?他对研究部门和生产部门各自采取了何种领导方式?当蓝天公司各方面的工作走向正轨后,为适应新的形势,欧阳健的领导方式将作何改变?为什么?

2. 蓝天公司一些高层管理人员因为工资被削减而提出辞职。按照双因素理论,工资属于保健因素还是激励因素?研究部主任的话反映他当前的需要属于哪一种?

3. 生产部经理愿意留下跟着欧阳健干,而采购部经理却想离职,对其原因请用期望理论进行分析。

4. 有人认为,对下属人员采取敬而远之的态度对一个经理来说是最好的行为方式,所谓的"亲密无间"会松懈纪律。你如何看待这种观点?你认为欧阳健属于这种领导吗?

5. 试用强化理论说明欧阳健对销售部经理采取了何种激励方式?为什么?

6. 你认为蓝天公司最终没有出现"青春期综合征"的主要原因是什么?

# 第十一章 激  励

【学习要求】

通过本章学习，了解人类的需要与动机；掌握个体行为的心理过程及其影响因素；理解激励的概念和作用；掌握激励有效性的评价标准；明确需求层次理论、成就需要理论、双因素理论、期望理论、强化理论和公平理论的内容及其应用；掌握激励的原则；掌握激励的基本内容和方法。

## 第一节 行为与激励

### 一、人类行为模式

（一）行为

行为是行动的一种方式，它是指一个人的所作所为。从心理学的角度讲，行为则是指来源于人的脑神经的辐射，形成精神状态（即意识），由意识表现于动作时，便形成了行为。

行为的基本因素是动作。人的所有行为都是由一系列动作组成的，人的动作来自动机，受思想支配，而思想又来自于客观需要。人由于各种客观条件的原因（如心理、生理、社会环境等）产生了各种需要，由需要引起动机，在动机的支配下产生了行为，这就是人类行为的共同特征。不论任何人及任何社会的人都是如此。

（二）行为模式

按照行为科学的说法，由需要引起了动机，由动机产生了行为，这就是人类共同的行为模式，如图 11-1 所示。

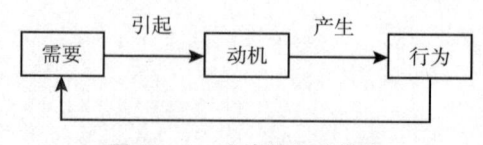

图 11-1　人类的行为模式

人类的需要有两种：一种是人类在发展过程中因维持生命、延续生命而形成对某些事物的基本需要，如对饮食、衣着、繁衍后代等的需要，这是来自人类本能的、自然的需要，心理学上称为"一次需求"；另一种是人们为维持社会生活，进行社会生产与交流而形成社会性的需要，如对劳动工具、劳动资料、生产知识、技能的需要（因生产而引起），对政治地位、成就、威望、文化娱乐的需要（因社交而引起的）等，这些需要受一定政治、文化、地域、民族等社会条件的制约，在心理学上称为"二次需求"。

所谓"动机"是心理学上的概念，它是指引起个体行为、维持该行为并将该行为导向某一目标的过程，是产生和指导行为的直接原因。简单地讲，凡是引起人们从事某种活动去满足一定需要的愿望，就是这种活动的动机。心理学家一般认为，人的一切行动都是由某种动机引起的，动机是人类的一种精神状态，人类的行为无一不是动机性行为。一个动机获得满足，另一个动机继之而起，它是推动个人行为不断向前发展的动力，如口渴产生了喝水的需要，从而引发喝水的愿望与行动。若目标达到，目前的行为即结束，个人欲望就转向其他一些活动；若目标未达到，个人可能再喝第二杯水，如此反复，一直到某一特定的需要满足为止。

动机是内外相互影响的结果，所以人的动机是多种多样的。根据心理学家的分析，驱使人们行为的动机不少于 600 种，正是这些动机按不同方式组合、交织、作用、制约，构成了各种各样的动机体系，指导、激励、推动人们的行为，因此，研究激励问题，首先就要了解人类的行为规律。依照这种规律，采用有效的手段针对性地进行激励，才能达到理想的效果。

## 二、激励及其作用

### （一）激励

激励就其词义来看，是指激发、鼓励。所谓"激发"就是通过某些刺激使人兴奋起来。具体来讲，激励就是利用某种外部诱因刺激内化为个人的自觉行动过程。外部的、适当的、健康的刺激，可以使人达到目标的行为总是处于高度的激励状态，从而最大限度地发挥人的潜力（智力和体力）。激励也可以说是调动积极性的过程，我们知道，人的积极性是一种内在的心理活动过程，它看不见、摸不着，是感觉不到的，但却能从人的行为表现来考察。通过行为了解动机、通过动机查清需要、通过满足需要激发积极性的原动力。需要满足了，激励过程也就结束了。所以，未满足的需要永远是激励的起点，经过有目的的行为达到需要的满足，就是激励的过程，如图 11-2 所示。

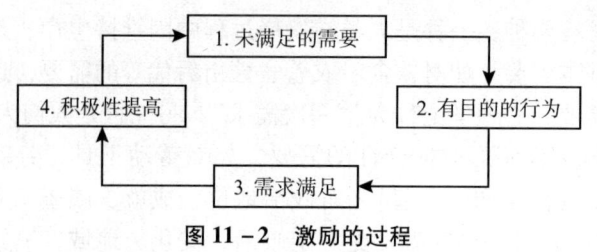

图 11-2　激励的过程

### （二）激励的作用

激励具有十分重要的作用。管理包括人力、物力、财力的管理，其中以人力资源管理最为重要，而在人力资源管理中又以如何激励人、调动人的积极性最为关键和重要。人的生产力的高低在很大程度上取决于他们的积极性。美国一项研究报告指出，实行计时工资的员工仅发挥20%~30%的能力，就能保证其工作任务的完成，保证其不被单位开除，而在受到充分激励时员工的能力可发挥至80%~90%，工作水准相差十分明显。这说明，管理者只有采取适合各类人员的激励因素和激励措施，才能调动人的内在潜力去实现组织目标。实践证明，通过激励可以把有才能的、组织需要的人吸引过来，为本组织效力；通过激励，可以使已经在职的职工最充分地发挥其技术和才能，保证工作的有效性和效率；通过激励，可以进一步激发职工的创造性和革新精神，大大提高工作绩效。

### （三）激励的现实意义

由于以下原因，激励成为各国管理活动中的共同课题。

1. 随着劳动生产率的提高和社会的进步，人们最低的生存要求得到了保障，劳动谋生的紧迫感减弱甚至消失了，对组织的期望提高了。

2. 随着科学技术的发展，脑力劳动所占的比重逐步上升，传统的监督和刺激方法的效用下降了。

3. 随着文化教育水平的提高，人们对在工作中发挥专长、增长才能、探索新知识的要求提高了，而实际就业往往难以满足要求。

4. 随着人们社会交往的发展，影响职工积极性的因素增多了。

在这种情况下，重视对人的管理、运用新的手段调动人的积极性就成为必然。在我国，由于经济管理体制的某些不合理，政治体制不够完善，加上干部素质和意识形态等方面的原因，职工积极性问题相当突出，劳动纪律松懈、工作不负责任、缺乏创新精神的现象普遍存在。因此，激励亦为当前组织管理的一个紧迫课题。

## 三、激励的要求

### （一）职工积极性与组织目标吻合

管理激励所调动的职工积极性应当有助于组织目标的实现。为了调动各级职工的积极性，无疑应当顾及职工利益，考虑职工的目标，但必须自始至终把实现组织目标作为首要任务，并努力寻找各层次利益与目标的结合点，如图11-3所示，设A、B、C、D为四种不同政策的激励效果，显然A、B是比较成功的激励政策。C只调动了实现个人或团体目标的积极性，对实现组织目标毫无帮助，而D产生了与组织目标相悖的激励效果。

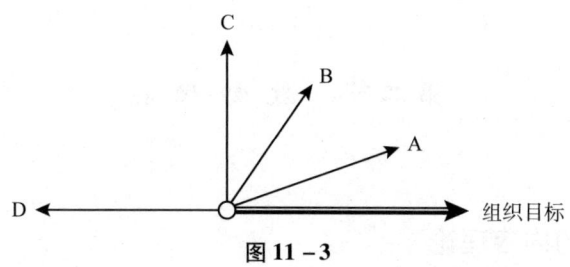

图11-3

### （二）全面调动职工积极性

组织是一个系统，是一个有机整体，其目标的实现要靠全体人员共同努力，因此，应当把各层、各方面的积极性都调动起来。

组织所期望的积极性包括职工工作积极性、提高自身素质特别是工作能力的积极性、参与管理的积极性，组织管理要把以上三种积极性都调动起来，不能只注意职工当前工作积极性而忽视其他两种积极性的激励，以致影响组织的长远发展。

### （三）职工积极性较高、较稳定

职工工作积极性的高低可以从以下四方面去衡量。

1. 干劲。考察职工是否愿意从事某种工作，可以通过职工流失率、要求调动率、出勤率、工时利用率等指标及日常工作中职工遇到比较艰苦、困难的任务时的态度反映出来。

2. 责任心。这是指职工对待工作尽心的程度，可以从是否遵守操作规程、重视质量、爱护设备工具、节约费用、认真记录和传递工作信息等方面衡量。

3. 主动性。可以通过在不同监督程度下职工干劲与责任心高低，对待"分内""分外"工作的不同态度以及完成"无指令"任务的多少等衡量。积极性高的职工，不管领导有无指令，是"分内"还是"分外"，是否有人监督，只要对组织有利，都会干劲十足、认真负责地去完成任务。

4. 创造性。这是指职工与改进工作有关的表现。完成同一种任务可有许多方式与方法，按常规经验和既有规定去干，既省力又保险，但积极性高的职工为了提高经济效益，总是努力探索新的理论、新的操作方法，研究新产品、新工艺，或主动向上级提合理化建议。因此，根据工作中这些创新表现来判断职工积极性，也是一个重要方面。

## (四) 激励成本比较低

激励必然要付出代价,奖金是直接的支出,即使是思想政治工作,也要付出代价。专业管理人员的工资、宣传费用、经理最宝贵的时间等都是代价。成功的激励应当是相对于效果来说成本较低,这就要求管理人员在激励员工方面讲科学,善于选择最有利的策略。

## 第二节 激励理论

### 一、激励的内容理论

#### (一) 人类需要层次论

需要层次论是由美国心理学家和行为科学家马斯洛于1943年提出的,他认为大多数人的需要可分为五类,这五类需要是相互联系的,按照它们的重要性和发生的先后顺序排列成一个需要等级模式,如图11-4所示。

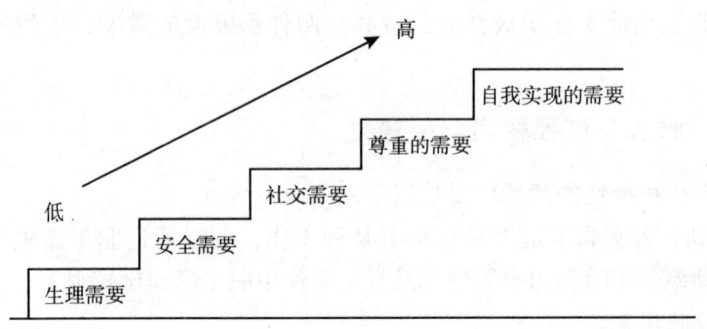

图11-4 需要层次理论

1. 生理需要。这是人类最原始的基本需要,包括衣、食、住、异性等生理机能的需要。这些需要得不到满足,人类生存就成了问题。所以,在所有需要都未得到满足之时,生理需要居支配地位。正如马斯洛说:"如果一个人所有需要都不能得到满足,这个人就会被生理需要所支配,而其他需要却退到隐蔽的地位。"

2. 安全需要。包括人身安全的保障、工作的保障、生活的保障、年老有依靠和生病有保障等,从管理角度讲,体现在力图保障有工作的安全感和企图获得更大的财政支持。

3. 社交需要。这是感情与归属上的需要,包括人与人之间的友谊、忠诚、爱情以及归属于某一群体、组织的需要。从层次讲，这层需要是脱离前面生理需要或类似生理需要层次的起点，这层需要得不到满足，就可能影响个人的精神健康。

4. 尊重的需要。这是指自尊和能得到别人尊敬的需要，包括对一定社会地位、名誉、个人能力及成就得到社会承认，能独立自主地工作和生活等需要。这一需要一旦得到满足，能增强自信心和威望等。

5. 自我实现的需要。这是指实现个人理想、抱负，最大限度地发挥自己才干的需要，这是最高一层的需要，是一个人如何能充分发挥潜在能力，使自己达到理想目标并从中得到满足的需要。

马斯洛认为，上述五种需要是按次序逐级上升的，下一级需要基本满足后，追求上一级需要就成为行为的主要驱使力。他还认为，前三种是人们的低级需要，通过外部条件予以满足，后两种是高级需要，是从人的内心得到满足，它对人的积极性具有更稳定、更持久的作用。

马斯洛关于需要的分层设想和强度变化理论可以给人以启示，要调动积极性，不仅要弄清人们有哪些需要，而且要弄清当前最迫切的需要及其发展趋势。

### （二）成就需要理论

成就需要理论是美国心理学家戴维·麦克莱兰（D. C. Mcclelland）经过长期研究于20世纪50年代提出的，他认为，在生存需要基本得到满足的前提下，人的最主要的需要有成就需要、权力需要和亲和需要三种，其中成就需要的高低对人的成长和发展起到特别重要的作用。

1. 成就需要。麦克莱兰认为，成就欲望很高的人，认为成就比报酬更重要。他发现，具有强烈成就需要的人往往明显地表现出以下三个特点。

（1）有较强的责任感。他们不仅仅把工作看做对组织的贡献，而且希望通过工作来实现和体现个人的价值，因而对工作有较高的投入。

（2）喜欢能够得到及时的反馈，看到自己工作的绩效和评价结果，因为这是产生成就感的重要方式。

（3）倾向于选择适度的风险。他们既不甘心去做那些过于轻松、简单而无价值的事，也不愿意冒太大的风险去做不太可能做到的事，因为如果失败就无法体验到成就感。一件事情成功概率在50%的时候，他们干得最好。工作过分容易或难度太大，或任务成功的概率很小，都会使他们的成就感得不到满足。

高成就需要者在创造性的活动中更容易获得成功。但是，成就需要强的人并不一定能成为一名优秀的经理，特别是在大的公司中。因为成就需要高的人通常只关注自己的工作业绩，而不关心如何影响他人使其干出优秀的业绩。从实际情况看来，公司里杰出的总经理往往没有很高的成就需要。

2. 权力需要。权力需要就是影响和控制别人的愿望。这种愿望高的人，喜欢"负责"，追求社会地位，追求对别人的影响，喜欢使别人的行动合乎自己的愿望。权力欲又称为操纵欲。这种人希望支配别人和受到社会的尊重，较少关心别人的有效行为。

研究表明，杰出的经理们往往都有较高的权力欲望，而且一个人在组织中的地位越高其权力需要也越强，越希望得到更高的职位。高权力需要是高管理效能的一个条件，甚至是必要条件。

如果权力需要强的人获得权力是为了整个组织的好处而去影响他人行为的，他们会成为优秀的管理者。具有这种需要的人，如果是通过正常手段获取权力，通过成功的表现被提升到领导岗位，那么他们就能够得到别人的认可。但是，如果其目的仅仅是为了获得个人权力，则难以成为成功的组织领导者。

3. 亲和需要。亲和需要是指寻求与别人建立友善且亲近的人际关系的欲望。亲和需要强的人往往重视被别人接受、喜欢，追求友谊、合作。这样的人在组织中容易与他人形成良好的人际关系，容易被别人影响，因而往往在组织中充当被管理的角色。

许多出色的经理的亲和需要相对较弱，因为亲和需要强的管理者虽然可以建立合作的工作环境，能与员工真诚、愉快地工作，但是，在管理上过分强调良好关系的维持通常会干扰正常的工作程序。

在对员工实施激励时需要考虑这三种需要的强烈程度，以便提供能够满足这些需要的激励措施。例如，成就动机强的个人更希望工作能够提供个人的责任感、承担适度的风险以及及时得到工作情况的反馈。

麦克莱兰认为，了解和掌握这三种需要，对于管理人员的培养、使用和提拔均具有重要意义。高明的领导者要善于培养具有高成就感的人才，这种人才对于企业、国家都有重要作用。一个企业拥有这样的人才越多，它的发展就越快，利润就越多。一个国家拥有这样的人才越多，就越兴旺发达。

根据麦克莱兰的调查，1925年英国国民经济情况很好，当时英国拥有高成就需要的人数在25个国家中列第5位。第二次世界大战以后，英国经济一蹶不振，1950年的再次调查表明，英国具有高成就需要的人数在39个国家中已下降到第27位。由此可见这种人才对国家发展的重要作用。

### （三）双因素理论

20世纪50年代后期，美国心理学家赫兹伯格提出一种激励理论，赫兹伯格等人提出许多问题让工程师、会计师们回答，如"什么时候你对工作特别满意""什么时候你对工作特别不满意"等，调查研究结果表明，使职工感到不满意的因素和满意的因素是不同的，前者是由外界的工作环境因素引起的，后者多为工作本身的因素引起的。

赫兹伯格把引起职工不满意与满意的因素分为两类。一类称为保健因素，主要有十个方面，即公司的政策、行政管理、职工与监督者的关系、职工与上级之间的关系、职工与下级之间的关系、工资、工作安全性、个人的生活、工作环境和地位。如果这类因素处理不当，最容易引起职工的不满意。但这类因素得到改善，也只能消除职工的不满，而不能使职工受到激励，因此，赫兹伯格把这些没有激励作用的外界环境因素称为"保健因素",说明这些因素来自人的外界环境,不是产于人本身的,只能起预防作用,即防止职工对工作产生不满。另一类叫做激励因素,主要有以下五个方面,即工作富有成就感、工作成绩得到承认、工作本身具有挑战性、工作责任感和个人发展的可能性。这些因素的改善能使职工满意,激励职工的积极性和热情,从而会提高工作效率;如果处理不好,也会引起职工不满,但影响不大,不会构成很大的不满意。

总之,缺乏"保健因素"会使人产生很强的不满足感,但有了它也不会对人产生巨大的激励作用;相反,具备了"激励因素"能够产生巨大的激励作用和满足感,但缺乏它也不会使人产生很强的不满足感。因为"激励因素"与工作本身、工作成效、工作责任感、工作求得晋升与承认有直接关系,所以,对人的激励作用大;而"保健因素"与工作以外的环境因素有关系,所以对人的激励作用不大。

双因素理论有一定的科学性,对管理实践有较实际的应用价值。在管理工作中,要调动职工积极性,首先得注意"保健因素",使职工不致产生不满情绪。但更重要的是利用"激励因素"激励职工的工作热情。若只注意"保健因素",职工可能会满意,但不能创造第一流的工作水平。

## 二、激励的过程理论

### (一) 期望理论

期望理论是研究和探索行为与目标关系问题的理论,它研究把未满足需要转化为动机、目标和行为的过程,也是研究用外在"目标"给人以期望、达到激励的过程。这一理论是美国心理学家弗鲁姆在1964年提出的。弗鲁姆认为,一种激励因素作用的大小取决于两方面因素:一是对激励因素所能实现的可能性大小的期望;二是激励因素对其本人的效价大小。所谓效价就是指此人对这个激励因素爱好的程度,即对他的工作所要达到目标意义的估价。所谓期望是根据过去经验判断获得某种结果的概率。激励力、期望和效价的关系可用下列公式表示:

$$激发力 = 期望 \times 效价$$

这个公式说明,一个人对追求的目标价值估计得越高,实现的可能性估计越高,受激发的程度就越强烈,焕发出的潜力就越大。若期望和效价有一方为零,激励作用也就消失。

弗鲁姆的期望理论辩证地提出了在进行激励时要处理好三方面的关系,这也是调动人们工作积极性的三个条件。

1. 努力与绩效的关系。人们总是希望通过一定的努力达到预期的目标。如果个人主观认为达到目标的概率很高,就会有信心,并激发出很强的工作力量;反之,如果他认为目标太高,通过努力也不会有很好的绩效,就失去了内在的动力,导致工作消极。

2. 绩效与奖励的关系。人总是希望取得成绩后能够得到奖励，当然这个奖励也是综合的，既包括物质上的，也包括精神上的。如果他认为取得绩效后能得到合理的奖励，就可能产生工作热情，否则就可能没有积极性。

3. 奖励与满足个人需要的关系。人总是希望自己所获得的奖励能满足自己某方面的需要。然而由于人们在年龄、性别、资历、社会地位和经济条件等方面都存在着差异，他们对各种需要要求得到满足的程度也就不同。因此，对于不同的人，采用同一种奖励办法能满足的需要程度不同，能激发出的工作动力也就不同。

期望理论对管理者的基本启示：一是管理者应当抓多数成员认为效价最大的激励措施，设置激励目标时应尽可能加大其效价的综合值；二是在激励过程中要适当控制期望概率和实际概率，加强期望心理的疏导，期望概率过大，容易产生挫折，期望概率过小，又会减少激励力量，而实际概率应使大多数人受益，最好实际概率大于平均的个人期望概率，并与效价相适应；三是下属对报酬持有不同的价值观，要重视下属的个人效价。

### （二）强化理论

强化理论是美国哈佛大学心理学教授斯金纳提出的，着重研究环境对行为的影响作用，认为人的行为只是对外部环境刺激所作的反应，只要创造和改变外部环境刺激，人的行为就会随之改变，因此，人的行为可通过外界刺激加以诱导和改造，使之向希望的方向发展。

强化，是心理学术语，是指人的行为在受到外界环境刺激时所产生的反应，按性质可分为正强化和负强化。正强化指对某种行为给予肯定和奖励，使该行为巩固、保持，所以，是积极的强化。负强化是对某种行为给予否定或处罚，使该行为减弱、退化，所以，是消极的强化。

斯金纳认为，在强化过程中要遵循以下原则：

1. 目标原则，即要树立鼓舞人心的目标，使人的行为有明确的目的，以使行为不断得到正强化。

2. 小步子原则，即把一个复杂过程划分成若干小步骤来完成，使人在工作中步步有成果，从而不断得到正强化。

3. 及时反馈原则，就是使人及时了解到行为结果，这本身就具有强化作用。好的结果能鼓舞人心，使人努力，坏的结果能提醒人分析原因，自我纠正。

4. 正、负强化相结合原则，即对正确行为及时给予正强化，对错误行为及时给予负强化，这样才能有效地控制行为。

### （三）公平理论

公平理论是由心理学家亚当斯于1967年提出来的一种激励理论，它的实质是探讨个人所作的投入或贡献与其所取得报酬之间的比值是否平衡。

公平理论的基本观点是：当一个人做出了成绩并取得了报酬以后，他不仅关心自己所得报酬的绝对量,而且关心自己所得报酬的相对量。因此,他要进行种种比较来确定自己所得报酬是否合理,比较的结果将直接影响今后工作的积极性。

一种比较称为横向比较,即将自己获得的"报酬"(包括金钱、工作安排以及获得的赏识等)和自己的"投入"(包括教育程度、所作努力以及用于工作的时间、精力和其他无形损耗等)的比值与组织内其他人作社会比较,只有相等时他才认为公平,公式如下:

$$\frac{O_P}{I_P} = \frac{O_C}{I_C}$$

其中,$O_P$ 表示自己对所获报酬的感觉;$O_C$ 表示自己对他人所获得报酬的感觉;$I_P$ 表示自己对个人所作投入的感觉;$I_C$ 表示自己对他人所作投入的感觉。

另一种比较是纵向比较,即把自己目前投入的努力与目前所获得报酬的比值,同自己过去投入的努力与过去所获报酬的比值进行比较,只有相等时他才认为公平,公式如下:

$$\frac{O_{PP}}{I_{PP}} = \frac{O_{PL}}{I_{PL}}$$

其中,$O_{PP}$ 表示自己对现在所获报酬的感觉;$O_{PL}$ 表示自己对过去所获报酬的感觉;$I_{PP}$ 表示自己对个人现在投入的感觉;$I_{PL}$ 表示自己对个人过去投入的感觉。

当人们感到自己获得不公平待遇时,在心里会产生苦恼,呈现紧张不安,导致行为动机下降,工作效率下降,甚至出现逆反行为。个体为了消除不安,一般会出现以下一些行为措施:通过自我解释达到自我安慰,或造成一种公平的假象,以消除不安;更换对比对象,以获得主观的公平;采取一定的行为,改变自己或他人的得失状况;发泄怨气,制造矛盾;暂时忍耐或逃避。

公平与否的判定受个人知识、修养的影响,即使外界氛围也要通过个人的世界观、价值观的改变才能够起作用。

公平理论认为,人们有保持分配上的公平感的需要,这是一种普遍存在的心理现象。正因为如此,公平理论对加强管理、提高领导者和管理者的水平是非常有益的。在管理工作中,组织领导者必须十分重视工作上、待遇上的不公平和不合理现象;重视对人的心理状态及对人的行为的消极影响。应当在工作任务的分配上与工资、奖金以及工作成绩的评价中,力求公平合理,努力消除不公平、不合理现象。否则,必然会挫伤职工的积极性,在心理上造成不良影响。

## 第三节　激励的原则

### 一、奖励组织期望的行为

美国著名管理学家米切尔·拉伯夫经过 20 年的调查研究,总结出这样一个规律,即"人们会去做受到奖励的事情"。因而把奖励组织所期望的行为称为现代行为管理的基本原则。

彼得·德鲁克曾讲过这样一个例子:一家化学公司的一个重要部门领导班子看起来很能干,却多年未开发出一种市场十分急需的新产品,他们年复一年地向公司高层管理当局报告说,那种新产品的准备工作还没搞好,最后总部领导直接向那位部门经理发问,为什么拖延这项显然对他那个部门的成功至关重要的方案?他回答说:"您看到了我们的工资报酬方案了吗?我本人是领了保证薪水的,但我那整个管理集团的主要收入都是来自同投资利润率相联系的红利,这项新产品是本部门的未来,但在未来5~8年内却只有投资而没有收入。我知道,我们已经耽搁了三年,但您真的期望我会从我最亲密的同事们的嘴中去抢他们的面包吗?"后来,这个公司修改了工资报酬方案,结果一两年之内就研制出了这种新产品并投入销售。

这个例子说明,组织中许多不合理的行为是由于奖励不当造成的,我们常常希望有某个正确的行为,实际却奖励错误的行为,而使正确的行为未能出现。根据在奖励方面组织常犯的错误,拉伯夫提出应当特别注意奖励以下10种行为而避免相反的情况出现:(1)奖励彻底解决问题,而不是奖励只图眼前见效的行为,以确保企业的长期利益;(2)奖励承担风险而不是回避风险的行为;(3)奖励善用创造力而不是愚蠢的盲从行为;(4)奖励果断的行动而不是光说不练的行为;(5)奖励多动脑筋而不是奖励一味苦干;(6)奖励使事情简化而不是使事情不必要的复杂化;(7)奖励沉默而有效率的人,而不是奖励喋喋不休者;(8)奖励有质量的工作,而不是匆忙草率的工作;(9)奖励忠诚者而不是跳槽者;(10)奖励团结合作而不是奖励互相对抗。

## 二、发现和利用差别

组织奖励的一个重要原理是利用利益的差别向组织成员传递组织期望的行为信息。奖惩分明是自古至今人们所信奉的一个管理原则。利益差别可以推动竞争,而心理学的实验显示,竞争可以增加50%甚至更多的心理创造力。利益差别也是体现公平的一个方面,马克思主张社会主义实行按劳分配,就是为了解决社会分配不公,从而调动广大劳动者的积极性。因此,管理者必须通过考核发现员工在行为及绩效方面的差别,奖优罚劣,切忌搞平均主义。上海几十家企业曾对近千名职工用问卷形式调查奖金与激励的关系,发现人们受激励的程度与奖金数额的相关性甚小(相关系数为0.129),而与奖金差距关系密切,奖金拉开差距(20~150元)的A厂平均奖励得分比奖金平均发放的B厂高2倍,A厂拿20元最低奖的职工受奖励的程度超过B厂拿最高奖60元的职工。

在利用利益差别激励下属时,必须明确指出下属的贡献或不足,使之心服口服。为了避免造成员工间矛盾,应尽量用预先规定的工作标准衡量员工实际表现,不要直接进行人与人的对比。

## 三、掌握好激励的时间与力度

激励要掌握好时机，一般来说，好人好事应及时表扬；下属做了错事，为防止扩大损失，固然应及时制止，但批评不一定马上进行，以防矛盾激化。对于反复出现的积极行为，不能反复表扬，而应当出其不意，使人们有所期待和有所争取。

奖励要注意力度。奖励、惩罚、表扬、批评都有一个最低限度，心理学上称为"阈值"，低于这个阈值的激励，如轻描淡写的批评、漫不经心的表扬，是不起作用的，但是，激励的力度也不能过分，过度奖励与过度惩罚都会产生不良后果。例如，有些企业奖金水平定得太高，导致职工积极性的脆弱和劳务成本不断上升。

## 四、激励需因人制宜

人们有不同的需要、不同的思想觉悟、不同的思想观和奋斗目标，因此，激励手段的选择及应用要因人而异。美国明尼苏达大学曾对汽车工作与医生的需要进行调查对比，发现汽车工人在安全感、独立自主、上级关系及才能、符合愿望的公司政策、报酬等方面的需要明显高于医生，而医生在发挥才能成就感、道德价值、为社会服务等方面的需要明显高于汽车工人。基于上述规律，组织行为学要求企业定期进行职工的需要调查，分析不同年龄、性别、职务、地位、受教育程度的员工最迫切的需要，实行所谓"弹性报酬制度"。如对有突出贡献及表现优良的职工分别奖励休假、公司股票、提薪、低价住房、优惠产品等，在总的奖励费用保持不变的前提下，获得更好的奖励效果。

## 五、系统地设计激励策略体系

激励策略要优化组合，在空间上相辅相成，在时间上相互衔接，形成"综合治理"的激励格局和积极性的良性循环。

人的积极性运动机制的复杂性、影响因素的众多和交叉性，决定了激励必须采取"综合治理"的方式。所谓"综合治理"，就是根据积极性的各个影响因素相互联系、相互制约的特点及系统理论，使若干项激励措施同步配套地实行。这样做的好处是：一方面，可防止"顾此失彼"，保证激励措施奏效。因为各种影响因素同时在对职工的积极性起作用，不是受控制的，就是自发的，既有积极的，也有消极的，如果只抓一方面而不能及其他，很可能相互抵消。另一方面，可以利用几项措施结合的效果，即系统的"组织效应"，例如，物质奖励加上精神奖励对职工的激励作用，要比单纯采用一种奖励作用大得多。日本职工干劲比较高是世人所公认的，这主要得益于系统激励。大量调查研究表明，日本劳动大军的积极性是在于,配合良好与大企业终身雇用相结合的就业体制,职工收入与企业经营挂钩的分配制度,年功序列为基础的人事制度与家族主义文化传统及企业工会体制等因素。

实践证明,社会主义各国以往实行的"铁饭碗"式的就业制度以及缺乏就业保障的美国式就业体制都不利于调动和保持职工的积极性。日本是一个等级鲜明的国家,大企业与中小企业在职业保障收入和福利待遇方面的差别明显,大约只有30%的劳动者能够进入条件优越的大企业,从而造成就业人员为了争取较好的职位竞争,大企业获得优选劳动者的机会。大企业再实行终身雇佣制,就使职工在优越感、自豪感之外又产生了感激之情,从而产生忠诚心和干劲。为保持企业生产经营变化时对劳动力需求的弹性,利用小企业调节自身的工作量,并不断培训自己的职工,以适应新的工作需要。

日本企业还采取集体分红,分红数额在职工收入中占相当大的比例,它与企业经营状况直接有关,这不仅促使职工关心企业生产经营活动,而且可以在企业不景气时直接减少劳务费用而不必解雇工人。日本企业在工资、职务晋升方面强调员工的年资,尤其是企业工龄,从而使大多数职工忠于企业,勤恳工作,为防止压抑人才,对那些年轻有为的职工则委以重任。日本企业管理有浓厚的家庭主义色彩,企业中各种联络感情、超越地位界限的小体团如同乡会、同学会、棋友会等非常活跃;各级领导干部被要求关心下属直至他们的家庭生活。他们还实行大办公室、公共食堂以密切上下级关系。名目繁多的民主管理形式,如合理化建议、TQC 小组、自主管理等增强了职工的凝聚力。日本实行企业工会制,管理当局常与工会一起协商企业政策,不仅避免了劳资纠纷,还利用工会做职工的工作。

以上各项措施单独使用,也许不一定有多大效果,但结合起来,就形成了对劳动者来说既有压力又有动力的环境。

## 第四节 激励的基本途径与手段

### 一、目标激励

大多数人都有成就需要,希望不断获得成功。成功的标志就是达成预定目标,有目标,人才有奔头,才能产生动力,因此,目标是一个重要的激励因素。某厂一个缝纫小组原先没有生产指标,每天加工的松紧带数量长期上不去,平均为290副,后来管理部门经过核算,告诫该小组日产量到达500副才能满足生产要求,结果从第二天起该小组平均日产就达到400副以上。不久,管理部门决定实行集体计件奖励制,日产量又立即上升到700副以上。可见目标激励效果十分显著。

可以产生激励作用的目标包括两类：一类是组织目标；另一类是个人目标，如掌握某种工作技能、降低原材料消耗5%等。应当充分利用这两类目标的激励作用。

## 二、任务激励

这是指利用工作任务本身来激励职工。行为科学家认为，对职工起激励作用的因素分为两类：一类是与职工工作直接相联系的，即从工作本身产生的激励因素，被称为"内在激励"，例如，一项符合自己专长或兴趣的工作、一个富有挑战性的任务、在工作中取得成就、帮助别人、学到了新知识等；另一类是与职工工作间接有关，但不是工作本身产生的激励因素，例如工资、奖励、职业地位、表扬、批评、提升等，被称为"外在激励"。这两种激励都是不可少的，但"内在激励"付出的代价小，作用持久，因此，国外对此特别重视。任务激励首先是合理分配工作，尽可能使分配的工作适合职工的兴趣和工作能力，例如，德国巴斯夫公司每次接纳新雇员都由数名高级经理人员一一接见，了解其兴趣及工作能力，以后定期评价其工作表现，将上述数据存入电脑，以便在出现职务空缺时选拔最合适的人选。任务激励的另一个重要方法是利用所谓"职务设计"，美国管理学家哈克曼提出，如果在职务设计中充分考虑技能的多样性、任务的完整性、工作的独立性，并阐明每项工作的结果，从中产生高度的内在激励作用，形成高质量的工作绩效及对工作高度的满足感，可以大大减少离职率及缺勤率。

## 三、组织激励

这是指动用组织责任及权利对职工进行激励。行为科学家认为，大多数人都愿意承担责任。据对34家大中型工业企业的一次调查表明，当询问企业中不愿意当干部的人数有多少时，结果只有3家企业认为人数不少，有29家企业认为"只是个别"，没有一家企业认为"人数很多"。当干部就要承担更多责任，此项调查表明，行为科学家的上述假设是正确的。员工希望有自我控制的权利，这也是行为科学的论点。实行组织激励，要求尽可能明确每个工作人员应负的责任，让他们承担更多的责任，并享有相应的权利，为此，组织在建立严格的责任制的同时应当实行各种形式的民主管理，例如，让职工或其代表参与组织重大决策的审议，监督各级领导干部的工作，广泛开展班组民主管理及合理化建议活动等。

## 四、培训激励

培训的激励作用是多方面的，它可以满足员工特别是青年员工求知的需要。通过培训，可提高员工达成目标的能力，为承担更大的责任、更富有挑战性的工作及提升到更重要的岗位创造条件。驰名世界的化工企业德国巴斯夫公司把培训职工、提高其工作能力作为激励的五项基本原则之一。该公司的南亚、东南亚及澳大利亚地区常务董事施恩·麦博士认为，雇员接受培训，既提高了知识水平，又培养了个性，他们在寻找更多的承认、更高的级别和更高的工资中遇到挑战，他们利用各种机会建立他们的未来，对公司十分有利。

### 五、制度激励

组织中的各项规章制度，一般来说，都与一定的物质利益相联系，因此，对职工的消极行为是个约束；但是，从另一个角度，规章制度为职工提供行为规范、提供社会评价标准。职工遵守规章制度的情况还与自我肯定、社会舆论等精神需要相联系，因此，其激励作用是综合的。例如组织用工制度若规定可以辞退表现不好或技能过低的人员，这无疑对职工的工作造成一定的强制性压力。组织对职工激励作用较大的规章制度包括：职工守则——职工行为的基本规范；用工制度——与职工的职业保障相联系的制度；用人制度——涉及个人前途、地位的制度；责任制度——与职工的工作评价有关的制度；考勤考绩制度等。

### 六、环境激励

创造一个良好的工作环境和生活环境，一方面，可直接满足员工的某些需要，如组织中各级领导对职工的尊重、关心和信任，保持工作群体内人际关系的融洽，及时调解其矛盾；提供必要的物质条件，使员工能顺利开展工作；美化和清洁工作环境，消除有害于健康和不安全因素等。从而使员工心情舒畅、精神饱满地工作。另一方面，良好的环境还可形成一定的压力和规范，推动员工努力工作，如开展劳动竞赛、安排后进职工到先进班组工作等。因此，环境激励是十分重要的激励手段。

### 七、物质利益激励

组织可以运用的物质利益激励手段包括工资、奖金和各种公共福利。物质利益激励是最基本的激励手段，因为工资、奖金、住房等决定着人们的基本需要。同时，职工收入及居住条件也影响其社会地位、社会交往甚至学习、文化娱乐等精神需要的满足感，因而世界各国都十分重视这一激励手段的运用。美国管理学家孔茨指出，大多数主管人员倾向于把金钱看做比其他激励因素更重要的因素。

### 八、荣誉激励

给优秀工作者以表扬、光荣称号、象征荣誉的奖品如奖章等，是对员工贡献的公开承认，可以满足人的自尊需要，从而达到激励的目的。高明的管理者都懂得这种成本低而效果好的激励手段的重要性。美国IBM公司前副总裁巴克·罗杰斯在一本名为《IBM道路》的书中写道："钱并不是有雄心壮志的人的唯一目标。几乎任何一件可以提高自尊心的事情都会起积极的作用。我并不是说光凭赞美、头衔和一纸证书就会使一个付不起账单的人满足——不是这样。但是，这些做法是在物质奖励的基础上对做出贡献的人的一个很好的、公正的评价。"每当IBM公司的代表完成年度销售定额时，他就被批准成为"百分之百俱乐部"的成员，他和他的家人被邀请参加隆重的集会。结果，力争获得"百分之百俱乐部"的成员资格便成为公司新雇员的第一目标，而不是去"挣大钱"，公司的销售业务也得到了有力的推动。

### 九、绩效信息激励

在生产经营、工作过程中及时告诉职工已取得的组织及个人的绩效，告诉与最终目标尚存的差距，是对职工的信任和依赖，同样可起到激励作用。员工们可以从已经取得的成绩中受到鼓舞。面对尚存的差距，有可能产生最后冲刺式的拼劲。因此，管理人员应当学会利用这种信息激励手段。

## 复习思考题

1. 个性的主要表现有哪些？试述个体行为的心理过程。个体行为分析对管理有何意义？
2. 何谓主导需要？
3. 需求、动机、行为之间有什么关系？根据动机理论，产生行为的原因是什么？怎样才能使人产生某种特定的行为？人的行为是如何循环的？哪些因素影响人的动机强度？在行为形成的过程中激励是如何发挥作用的？
4. 什么是激励？激励的实质是什么？激励有哪些原则与要求？激励有什么作用？简述激励的过程。
5. 马斯洛需要层次论的主要观点是什么？马斯洛需要层次论对管理有哪些贡献？马斯洛需要层次论有哪些不足？对于人们的各种需要应采取什么样的措施？
6. 什么是双因素理论？双因素理论的主要观点是什么？双因素理论有哪些优缺点，我们如何借鉴？马斯洛需要层次论与赫兹伯格双因素理论有什么异同？在我国现有状况下奖金是激励因素还是保健因素？
7. 期望理论的基本内容是什么？期望理论提出在进行激励时要处理好哪些关系？如何对待和应用期望理论？
8. 强化理论的主要内容是什么？有哪些强化的种类？各种强化手段有哪些利弊？根据强化理论，怎样才能控制人的行为？为什么强调正强化与负强化相结合，但应以正强化为主？如何应用强化理论？试举例说明。

9. 什么是公平理论？横向比较与纵向比较的含义是什么？公平理论有哪些实际意义？为什么"干多干少一个样"会挫伤人们的工作积极性？

10. 内容型激励理论与过程型激励理论有何不同？

11. 常用的激励手段、激励方法有哪些？各自有什么特点？

12. 激励应遵循哪些原则？精神激励有哪些常用的方法？为什么说物质激励是基础，精神激励是根本？在目前的企业中除奖金外是否还可以采用一些其他的奖励措施？

## 案例分析

### 美泉公司的员工激励[①]

2001年元旦后的第一天，美泉公司中升分公司的贺总坐在办公桌前，正在查看分公司2000年度的财务报表。2000年公司的营业收入达4亿元，市场占有率达15%，可以说公司正在步入一个高速发展的时期。照此情形发展，2001年分公司的营业收入有可能达到6亿元，发展前景颇为乐观。同时他还看到了一份由人事部门做的员工满意度年终调查表，调查表分为几个部分，包括：员工对薪资福利的满意度，对个人职业生涯发展规划的满意度，对知识以及各种资源可获得性的满意度等。当看到最后的总结结果时，贺总的眉头不由得皱了起来。表上反映出，目前员工对于职业生涯发展规划的满意度仅为15分（总分为100分），而与此相连的是公司内高得惊人的人才流失率——40%。贺总意识到目前公司的人员激励措施仍不能够解决由于晋升机会少而产生的员工流失问题，这个问题如果不能得到妥善解决，将会有更多员工流失到竞争对手的公司中去，这将严重影响公司未来的发展。

1. 美泉公司

美泉公司是一家全国性的广告设计企业，公司成立于1988年，业务范围广泛。美泉公司自成立以后，积极吸引外资入股，探索先进的管理模式。在引进外资的同时，国外先进的管理模式也被引入了美泉。公司建立了"竞争、激励、淘汰"三大机制，并始终贯穿在日常的经营管理工作之中。美泉公司在中国内地本行业创了多个"第一"：第一家股份有限公司，第一家引入外资的公司，第一家实行"一对一"营销的公司，第一家采用卫星双向传递影音信息的公司等。美泉公司在发展过程中坚持不断地改革、创新，从1997年开始斥巨资与全球著名咨询公司进行合作，对公司的组织架构及管理机制进行整合。经过12年的发展，美泉公司已发展成为全国广告设计业第二大公司，年营业收入达27亿元，综合实力跻身亚太地区行业25强，净资产收益率名列亚太地区行业第二名。

2. 中升分公司

中升分公司是美泉公司的全国第一大分公司。中升分公司1994年开业，公

---

[①] 选自黄维德主编：《组织与行为学案例》，清华大学出版社2004年版，第22~28页。

司前五年的发展充满了艰辛与传奇。1994年创业伊始，分公司贺总只身一人携50万元开业资金到达上海，开始分公司的启动工作。公司最初只有13名员工，当时的条件可谓极其艰苦：整个公司只有一部长途电话，设在总经理办公室；全公司只有两个科室，而且员工都是普通员工，没有职务，工资也不高，仅仅1 000元/月，养老保险、医疗保险以及住房公积金都没有。公司的条件可能都比不上一般企业的水平。但当时的这批老员工凭着一股创业的精神，凭着对行业发展的信心，凭着对贺总工作能力和人格魅力的认可，都坚持了下来，度过了公司最为艰难的创业期，1995年分公司的营业收入达到了1.98亿元。

3. 职位升迁不足引发的员工流失问题

从1996年开始，分公司进入了快速发展的轨道，营业收入以几何级数的速度递增。到2000年，整个分公司的年营业收入达到4亿元，市场占有率超过15%，公司的组织架构也从最初的两个科室发展到目前的12个部门、30个科室，公平的竞争机制、较大的发展空间以及良好的行业前景吸引了一大批年富力强、年轻有为的人才。中升分公司目前共有员工620名，平均年龄30岁，80%以上的员工为本科学历。公司的发展为员工施展个人才华提供了一个良好的大舞台，在五年的时间中，分公司涌现出一大批能力出众的员工。公司积极贯彻"竞争、激励、淘汰"三大机制，不拘泥于传统企业干部提拔的老框框，不论资排辈，不注重职称、年龄等因素，而是看重工作能力和工作绩效。公司成立后的五年时间里，共提拔了科技以上干部80名，员工的薪资也增加了很多，以同样的学历、经历等条件远高出市场平均水平。

1999年终，就在公司快速发展上升、外界对公司赞誉不绝的时候，公司在员工激励方面的问题逐渐浮出水面。1999年一年公司就有35%的员工跳槽到其他的竞争对手那里，就其原因，主要是因为公司的组织结构相对稳定，各个部门、各个科室的职务几乎已没有空缺，员工已经没有什么发展空间，这就影响了员工的工作热情，从而影响到了工作的质量。许多员工开始有牢骚和怨气，工作没有以前那么积极主动。而广告设计业的竞争又是如此激烈和残酷，中升的竞争对手正在虎视眈眈地关注着中升。当这一问题产生以后，许多员工马上被竞争对手挖走了，吸引他们跳槽的条件就是会给他们提供良好的升迁机会。

4. 公司新出台的人员激励措施

中升分公司管理层在意识到这个问题后，会同人力资源部门出台了一系列人员激励措施，以减少公司人才的流失，提高员工的满意度。但是，公司的发展已经进入相对稳定的时期，各个部门的主管和经理人员也已经稳定下来，不可能总是有足够多的空余职位使表现好的员工得到晋升。

公司的管理层也认为员工激励是相当重要的环节。激励工作开展不好，员工很容易产生不公平的感觉，进而影响其工作状态。中升分公司充分认识到这一点后，就开始坚决贯彻总公司的"竞争、激励、淘汰"三大机制，在员工激励方面坚持公开、公正、公平的原则，逐步建立了一整套员工激励、员工发展制度，包括表彰、旅游、休假、培训、评优、嘉奖、加薪、干部提拔等诸多形式，在薪资、福利方面已远远超过市场平均水平。公司的管理层希望通过这一系列措施，补偿由于晋升机会少而带来的激励不足。

但是，事情的发展似乎还是不尽如人意，新措施的出台并没有降低员工流失率。公司的管理层也开始搞不清楚，在这么好的条件下，在这么好的激励机制下，员工为什么还会对公司的激励工作不满意。

5. 贺总经理的看法

贺总曾就公司中出现的这些问题进行调查。在对问题进行了缜密的思考后，贺总认为主要涉及以下四个方面。

(1) 员工对公司激励措施的认识。以最基本的激励因素——薪资来讲，公司给每位员工开出的薪资都是比较优厚的，高于同业也高于市场，这是基于公司良好的发展给每位员工工作最实际的肯定。而员工对薪资的认识偏差在于：虽然大家薪资都比较高，但人人都在想如果我的工资比她高一截我就满意了，哪怕只高一小部分。因此，员工很希望通过职位的升迁来提高自己薪资的档次，取得较高的个人成就感。

但是，员工没有这样想过：首先，自身的能力是否已经达到了高一级薪资的水平；其次，如果自己当初选择的不是中升分公司，而是同业的其他公司，能够拿得到今天的这个薪资吗？同时员工也没有想到，公司形象的提高也是员工个人价值的提高。当员工所在公司成为行业的领先者时，其他公司就会对公司员工刮目相看，这无形中提高了员工在外求职的价码。

(2) 员工对发展机遇和空间的理解。并非只有升职和加薪才代表抓住机遇、获得发展空间。实际上，从根本上来说，个人的发展机遇或空间并不是基于职务和薪资的，而是基于自身的价值，关键是在这一工作岗位上是否学到了足够的知识和技巧，是否进行了有效的工作总结和经验积累，这才是个人价值提升的最好方式。只要个人价值不断提升，发展机遇和空间根本不是问题。

(3) 中升分公司对激励制度的宣导。事实上，中升分公司每年实施的激励方案为数不少，为什么许多员工感受不到？原因在于公司规模大了，员工有600多人，不能再像以前那样简单地发发公告就可以了。因此，关键是要加强宣传力度，广开宣传渠道，加大宣传范围，多进行领导与员工的沟通。

现在贺总紧缩在眉头的疑问逐渐清晰了，可以选择的方案无非就是三种，现在要做的就是从中选择出一种合理的方案，既实现公司的发展，又兼顾到员工，稳定员工队伍。

(1) 消极处理，听之任之。中升分公司员工对公司的激励制度不满，主要责任在员工层面，而不是公司的管理层面。公司给员工提供的薪资、福利已经够好了，员工怎么还不知足？他们没有想想看，如果没有美泉公司，说不定许多员工的工作环境、工作条件要比现在差很多，薪资也会差很多。现在的人才市场总体是供大于求，市场上不乏与中升分公司员工能力、条件相当的人才，其中好多现在都没有合适的工作，相比之下，中升分公司的员工应该知足了。而且公司的品牌已经打响了，个人的形象、价值也相应提高了，如进入同业的其他公司一定会有更好的发展空间和机会。所有这些不都是公司给予的吗？因此，管理层不必去理会员工的这种想法，因为反应灵活的人迟早会想通，反应迟钝的人就由他去，他离开公司后或许会有更好的人员加入中升分公司。

（2）主动出击，积极沟通，消除员工杂念。公司管理层可以通过各级干部积极与员工沟通交流，消除他们思想上的误区，帮助他们调整好工作心态，继续充满热情地投入本职工作。管理层应该对员工动之以情、晓之以理：首先，公司已经给予员工较好的待遇；其次，公司在发展的同时实际上也是在推动员工的发展，可以说公司的员工现在走出去都会自豪地说，我是美泉公司中升分公司的员工。对于后一点，市场也予以了充分的认可。为什么还有很多员工没有选择离开而是继续坚持在美泉公司工作呢？无非是希望公司有更好的发展，自身也能够有更好的发展空间。事实也确实如此。公司在前六年快速发展，相信在未来的两三年内，公司的营业收入将会突破10亿元大关。想象一下，那时的公司规模将会有多大，需要的管理干部将会有多少？这就是实实在在的空间，这就是实实在在的机遇。公司过去六年的发展已经证明了这一点，公司将来五年的发展历程同样会证明这一点。

（3）对公司实施的激励方案加大宣传力度。公司以前实施的激励方案其实不少，但由于缺乏对广大员工的宣传，所以员工对此感觉不大、印象不深。公司可以通过大会表彰、海报宣传、小会学习、文件通报、内刊宣传等各种形式进行宣传，对员工进行感觉、视觉、听觉三位一体的立体宣传攻势，使其更加详细、深入地了解公司的激励措施。

考虑再三之后，贺总拿起了电话打给人事部总监，他准备召集高层管理人员会议，讨论如何解决公司的这场危机。

问题：

1. 使用本章介绍的激励理论来分析为什么公司的激励措施没有对公司的员工产生作用，员工的流失率依然很高。

2. 贺总分析员工对激励理解的角度是否全面？是否客观地分析了员工的心理和产生问题的原因？

3. 你认为员工对公司激励机制的理解恰当吗？如果不恰当，公司应当采取什么样的措施来帮助员工建立起正确的理解？

4. 试对贺总的三个方案进行分析评估，分析其优缺点，哪个方案最有可行性和有效性？你也可以提出自己的解决方案并说明理由。

# 第十二章 沟　　通

**【学习要求】**
　　通过本章学习，明确有效沟通的基本原理与条件，掌握沟通的要点；理解沟通在管理中的重要性；了解信息沟通的基本方式；明白沟通的原则；了解沟通的类型和形式，知道构成组织信息网络的五种基本结构；清楚组织沟通中所特有的障碍及其对沟通的影响；掌握改善人际沟通的方法。

　　良好有效的沟通能够让沟通双方交换思想和信息，充分理解，达成共识。良好有效的沟通使沟通双方保持相互了解和信任，可以激发员工的积极性，可以使组织紧密团结，朝着共同的目标迈进。因此，保持有效的沟通是组织领导者的一项重要工作内容。

## 第一节　沟　通　概　述

### 一、沟通的基本原理

　　沟通，简言之，就是人与人之间进行信息交流的活动。它是人们社会生活的基本要求之一。这是因为，人鲜明的特点之一是能够用语言来表达自己的感情、想法、意见、建议、要求和愿望，否则，就不可能正常发展。同时，沟通之于组织，好比血液循环之于生命有机体。换而言之，一个组织如果没有沟通，这个组织根本就无法正常运转，更不用说发展了。这是因为：
　　第一，如果上、下级之间缺乏沟通，那么，一方面上级的指令、决策、计划无法传递给下级，更谈不上有效的贯彻执行；另一方面下级的信息也无法反馈给上级，使上级难以进行有效的决策，或者说，决策的依据就不足。
　　第二，组织内部部门之间如果缺乏沟通，就不可能做到行动的协调一致，难以进行有效的配合。
　　第三，个人之间如果缺乏沟通，就缺少相互之间的了解和合作，不仅难以建立起良好的人际关系，而且难以提高组织的凝聚力、战斗力。
　　第四，在组织外部，如果缺少了组织与客户之间、组织与组织之间的沟通，就不可能了解顾客的需求、市场的变化，在激烈的市场竞争中就会难以立足，甚至会被市场淘汰。

可见，沟通是组织得以生存、运行和发展的必要条件之一，自然也是管理的重要内容。

任何沟通都是"两方"之间的一种交流和联络。根据参与沟通"两方"性质的不同，沟通可以表现为人与人之间的沟通（即人际沟通）、人与机之间的沟通（如个人与操作计算机）以及机与机之间的沟通（如两台传真机之间的信息传输）。其中，人际沟通在管理工作中最具有典型意义。不过，值得注意的是，人际沟通并不仅仅是单纯的情报和信息的交流，而且还包括情感、态度、思想和观念的交流。例如，当上级向下级布置工作任务时，上级的态度将会对下级的情绪产生积极或消极的影响，直至影响其工作的效率或效果。可以说，态度、情感问题贯穿于管理沟通的全过程，管理者必须予以高度重视。

沟通包括四个基本要素：

1. 信源。信源，即信息的发送者。在沟通过程中，总有一方是信息的主动发送者，发送者需要向接受者传递信息或者向需要接受者提供信息。

2. 信息内容。信息内容，即沟通的内容。组织中沟通的信息内容多种多样，既包括上级下达的指令、计划、决策，下级上报的报告、反映的情况、提出的意见和建议，也包括非正式场合中人与人之间的感情交流、谈心等。作为沟通内容的信息，可以是书面的，也可以是口头的，还可以是非语言方式的。

3. 信宿。信宿，即信息的接受者。在沟通的不断循环过程中，信息的发送者与信息接收者的身份会不断改变，无论是沟通双方的哪一方，都既要充当信息的发送者又要充当信息的接受者。

4. 信道。信道，即信息交流的渠道。不同沟通渠道的沟通效率是不一样的。对组织而言，不仅要建立完整的沟通渠道，而且还要使沟通渠道保持畅通无阻。例如，某报纸刊登一则招聘广告，广告中的职位、条件、待遇就是信息的内容，这些信息是通过这份报纸登载出来的，我们阅读报纸上这条广告也就是接收了广告者所力图反映的某种信息。这个例子说明，信息沟通就是发送者通过一定的渠道将特定内容的信息传递给接收者的过程。

## 二、沟通的特点

沟通以人际沟通为主要形式，其特点主要体现在以下三个方面。

1. 沟通受心理因素影响。由于人都具有爱与恨、喜好与厌恶等情感，并且人又具有丰富的想像力，因此，人们在进行交流的时候都会不由自主地受到这些情感及心理因素的支配，会对沟通的效果产生很大的影响。首先，心理因素会影响信息发送者发送信息所选用的语言、表达方式、沟通形式。比如，当信息发送者对接受者有好感时，他会详细、完整甚至不厌其烦地解释需要传递的信息，反之，则有可能生硬、模糊地传递信息。其次，心理因素也会影响信息接收者对信息的理解和把握。同样一句话,在不同人的口中,在不同的场合,以不同的方式表达,会代表不同的信息,与此相对应的是,同样一句话,不同的人听起来会有不同的理解,其原因除了个人能力、水平、经验等方面的差异外,主要是心理因素在起作用。所以,沟通不是简单、机械式的语言传递,而是带有丰富的感情色彩的人际交流。

2. 沟通有助于建立良好的人际关系。沟通既是信息传递过程又是感情交流过程。正因为沟通中人的心理因素会起作用,因此,伴随信息传递产生的是人与人之间感情和思想的交流。如果沟通好,不仅有利于信息及时、准确、完整地传递,而且有利于人与人之间进行感情和思想的交流,建立良好的人际关系。这对组织来说具有十分重要的意义。因此,组织在建立沟通网络、选择沟通方式时,应十分注意沟通对情感交流、对人际关系创造所起的积极作用。

3. 沟通主要以语言为载体。人与人的交流中,语言是最基本的工具,这里所说的语言包括口头语言、书面语言,甚至可以是体语,如一个动作、一种手势等。选择何种语言进行沟通,对沟通的效果有直接影响,因此,选择的形式要适当。例如,领导者下达一项指令,可以用文件形式,可以派秘书传达,也可以亲自传达,其效果往往不一样,领导者亲自传达,下级还可以从其肢体语言如表情、语气、动作等方面感受和判断这一指令的意义。

### 三、沟通的作用

在一个组织中,沟通的作用主要表现在以下四个方面。

1. 沟通是保证决策科学的基本前提。沟通是加强民主管理、保证决策科学的基本前提。民主管理的本质是职工群众的意见能够得到充分、及时的反映,并为管理者所重视,对正确的、有价值的意见和建议予以采纳,显然,民主管理要求组织内部建立起良好的沟通关系。对于组织工作,如果负责人是一个民主型的领导者,会发动下属讨论,共同商量,乐于同下属沟通,集思广益,久而久之,就会加强广大职工在管理中的地位和作用,能培养起职工的主人翁意识和精神,进而会使职工发挥出更大的积极性和创造性。反之,如果是一个专权型领导者,由于上下沟通不良,其结果往往适得其反。

决策的依据是信息,科学的决策离不开及时、完整、准确的信息。领导者能否及时获取完整、准确的信息,关键在于沟通的效率。

2. 沟通是建立良好的工作环境的基本手段。沟通是改善人际关系、建立良好的工作环境的基本手段。人们都希望在工作中建立良好的人际关系,希望可以从工作中获得归属感、信任感、成就感。这是人的基本需要之一。如果一个组织内人际关系良好,大家互相信任、互相帮助、互相尊重、和睦相处,就容易做到上下齐心,增加组织的凝聚力,提高员工的士气,增强员工的斗志。相反,如果组织内人际关系紧张,相互猜忌,互不信任,甚至矛盾重重,必然会使组织成为一盘散沙,毫无战斗力。那么,如何创造良好的人际关系呢?关键之一仍然是良好的沟通。通过沟通，人与人之间加深了了解，增强了感情，化解了矛盾，取得了一致，这样，才能给员工创造一个令人心情舒畅的工作环境，提高他们工作的积极性、责任心。

3. 沟通是改变员工行为的重要方法。沟通是转变员工态度、改变员工行为的重要方法。理解是接受的前提，在一个组织内部，一项决策，特别是一时不能理解或者不易理解的决策，比如改革中采取的一些措施，能否切实地得到贯彻落实，关键在于下级是否真正接受，这就需要良好的上下沟通，获得广大职工的理解、支持，否则就会出现上有政策，下有对策的现象，即使下级违心接受，也只能是消极执行，不可能有积极性和创造性。因此，上级对下级所犯错误或存在的问题，只要不是原则性的，就应该采取沟通方式，使其认识到错误或问题的性质、原因及后果，这样才能真正促使其转变认识，端正态度，改正错误。

4. 沟通是适应外部环境的重要途径。组织同外部的沟通是组织沟通的重要内容之一，通过这种沟通，组织可以从外部环境中获得生存和发展所需的信息。这一点对正处在信息化时代的各类组织都是十分重要的。比如，企业要想在市场经济中求生存、谋发展，就必须了解顾客的需要，拿捏市场规律，把握市场动态，这样才能生产出适销对路的产品。此外，还必须让市场了解本企业的产品，激发用户的购买欲望。所有这些，都需要企业与市场之间进行充分的信息交流，也正因为如此，当今广告业才兴旺发达，它是企业与用户间沟通的重要手段。再比如高等院校，培养什么样的人才，也是一个"适销对路"的问题，关系到学校的兴衰，也需要学校与外界进行信息交流。一句话，闭门造车，对外界不闻不问，必将被社会淘汰。

## 四、沟通的过程

在信息沟通中，沟通的程序就是信息的发送者将要发送的信息通过一定的渠道传送，信息的接受者在接到信息之后，对信息进行理解，并按接收到的信息采取行动，其中包括信息反馈。这个过程可分如下五个步骤（见图12-1）。

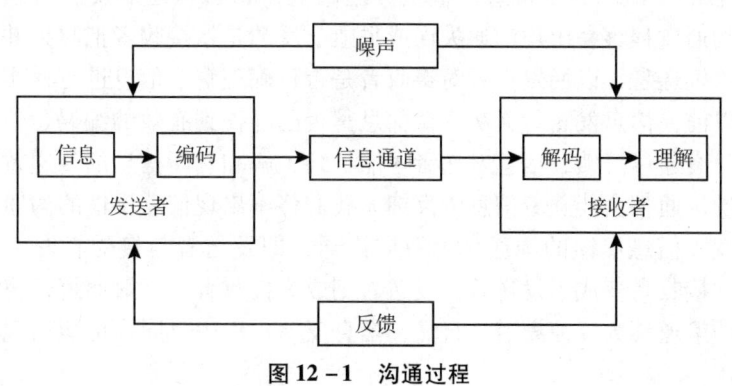

图12-1 沟通过程

1. 信息的发出。信息沟通过程是从信息的发出和发送开始的。发送者具有某种意思或想法，但需要纳入一定的形式之中才能传送，此即为编码。编码中常用的符号有语言、文字、图片、照片、手势等。编码最常用的是口头语言和书面语言，除此之外还有体语，即身体语言（如表情）和动作语言（如手势）等，通称为非语言因素，与之相对应，信息沟通可分为口头沟通、书面沟通和非言语沟通三种。

2. 信息的传递。这是指通过一条连接信息发送者与接受者双方的渠道、通道或路径而将信息发送出去。传送信息可以通过谈话、演讲、信函、报纸、电话、电视节目等来实现。不同的沟通渠道适用于传递不同的信息。比如，生产主管布置生产作业，使用报纸或电视节目传递信息显然不合适。沟通过程有时需要兼用两条甚至更多的沟通渠道。例如，面对面交谈可以同时使用口头语言和身体语言、动作语言；下级向上级汇报工作时，可以口头汇报之后再提供一份书面材料。在现代通信技术迅速发展的今天，一条沟通渠道通常可以同时传送多种形式的信息，例如，计算机网络可以把语言、文字、图像、数字等融合在一起传送，这大大便利了复杂信息的传送。同时也应注意到，信息传送中的障碍经常会出现，例如电话中断。沟通渠道选择不当，或者沟通渠道超载，或者沟通手段本身出现问题等，都可能导致信息传递中断、失真或根本无法传送至接收者。

3. 信息的接收。信息的接收是指从沟通渠道传来的信息，需要经过接收者接收之后，才能达到共同的理解。信息的接受包括接收、解码和理解三个步骤。首先，收受信息的人必须处于接收准备状态才可能收受传来的信息。例如，某个员工外出办事，随身未带通信工具，领导急需找他了解情况然而联系不上，就可能沟通失败。其次为解码，即将收到的信息符号理解、恢复为思想，然后用自己的思维方式去理解这一思想。只有当信息接收者对信息的理解与信息发送者传递出信息的含义相同或相近时，才可能产生正确的信息沟通。缺乏共同语言、先入为主和心理恐惧等，都可能导致接收者对信息产生错误的理解。另外，有些人在沟通时喜欢用专门术语和"行话"、简称，这往往会造成"外行人"理解上的困难和障碍，造成沟通失败，甚至产生严重后果。

4. 信息的反馈。为了检查、核实沟通的效果，往往还需要有信息反馈。没有反馈的沟通过程容易出现沟通失误或失败。反馈是指接收者把收到并理解了的信息返送给发送者，以便发送者对接收者是否正确理解了信息进行核实。在没有得到反馈以前，信息发送者无法确认信息是否已经得到有效的编码、传递、解码与理解。只有通过反馈，信息发送者才能最终了解和判断信息的传递效果。但并不是所有的沟通都会伴随着信息的反馈。我们将不出现信息反馈的沟通称为单向沟通，出现了信息反馈的沟通称为双向沟通，即发送者与接受者发生了角色互换，信息的接收者变成了发送者，发送者则成为接收者。一般而言，我们将传递反馈信息的渠道称为反馈渠道。自然，信息反馈过程中也同样可能出现信息传递过程的障碍。

5. 噪声。噪声被认为是扭曲目标信息的因素，它会破坏沟通的有效性。所谓噪声是指一切干扰、混淆或模糊沟通的因素,它既包括来自沟通过程系统外在因素的影响,也包括系统内部功能上的扰动因素。例如,由于发送者、接收者自身的知识和能力不足,会造成对有效沟通的干扰等。噪音会发生在沟通过程的任意一个环节中。

### 五、沟通的原则

沟通具有社会性,与其他社会活动一样,都有着必须依据的规则。只有沟通双方都承认并尊重这些规则时,沟通才有可能协调、顺利地进行。

1. 尊重原则。受尊重是人的高层次需要。心理学研究表明,人都有自尊心,都有受尊重的需要,都期望得到别人的认可、注意和欣赏。如果这种需要得到满足,就会增强人的自信心和上进心;反之,则会使人失去自信,产生自卑,甚至影响其人际交往。因此,在沟通中首先要遵循相互尊重的原则。

尊重原则要求沟通者讲究言行举止的礼貌,尊重对方的人格和自尊心,尊重对方的思想与言行方式。这里既包括要善于运用礼貌用语,如称呼语、迎候语、致谢语、致歉语、告别语、介绍语等,也包括遣词造句的谦恭得体、恰如其分,如多用委婉征询的语气,还包括平易近人、亲切自然的态度。当然,对对方的尊重不仅仅表现在沟通形式上,更表现在沟通中所交流的信息和思想观念上,要把对方放在平等的地位,以诚相待,摒弃偏见,要讲真话。正如古人所说,要做到"以诚感人者,人亦诚而应"。

2. 相容原则。在沟通中难免会发生意见分歧,引起争论,有时还会牵涉个人、团体或组织的利益。如果事无大小,动辄就激昂动怒,以针尖对麦芒,则双方心理距离就会越拉越大,正常的沟通就会转化为失去理智的口角,这种后果显然是与沟通的目的背道而驰的。因此,在沟通中,心胸开阔、宽宏大量,把原则性和灵活性结合起来,至为重要。

只要不是原则性的重大问题,应力求以谦恭容忍、豁达超然的大家风度来对待各项工作中的分歧、误会和矛盾,以谦辞敬语、诙谐幽默、委婉劝导等与人为善的方式来缓解紧张气氛,消除隔阂。这种相容的品格中国自古以来就被视为立身处世的一种美德,君子应能"忍人所不能忍,容人所不能容,处人所不能处"。事实证明,沟通中得理且让人,态度宽容、谦让得体、诱导得法,会使沟通更加顺畅并赢得对方的配合与尊重。

3. 理解原则。由于人们在社会上所处的地位各异,其人生经历、思想观念、性格爱好、心理需要、行为方式、利益关系等不同,所以在沟通中对同一事物常会表现出不同的看法、情感和态度,尤其在涉及自身利益的问题上,更会反映出从特定地位和立场出发的价值观念与利益追求,因而必定会给沟通带来许多复杂的矛盾和冲突。如果双方缺乏必要的相互理解,各执一端,互不相让,不仅会导致沟通失败,还会影响双方的感情,一切合作与互助就无从谈起了。按照社会心理学的原理,理解原则首先是指沟通者要善于进行心理换位,尝试站在对方的立场上设身处地地考虑和体会对方的心理状态、需求、感受，以产生与对方趋向一致的共同语言。即使是最有效的发信者传播最有效的信息内容，如果不考虑受信者的态度及条件，也不能指望获得最大效果。其次，要耐心、仔细倾听对方的意见，准确领会对方的观点、依据、意图和要求，这既可以表现出对对方的尊重和重视，也可以更加深入地理解对方。

## 第二节　沟通的基本类型

鉴于组织中的人都身居一定的职位，都处在上下左右的各种关系中，担任一定的社会角色，并受到正式和非正式权力关系的影响，因此，对组织中发生的沟通方式可以从各种不同的角度进行分类。

### 一、人际沟通与组织沟通

人际沟通就是指人与人之间的信息传递与交流，它是群体沟通和组织沟通的基础。从某种程度上说，组织沟通是人际沟通的一种表现和应用形式，有效的管理沟通是以人际沟通为保障的。

根据信息载体的不同，人际沟通可分为语言沟通和非语言沟通，如图12-2所示。

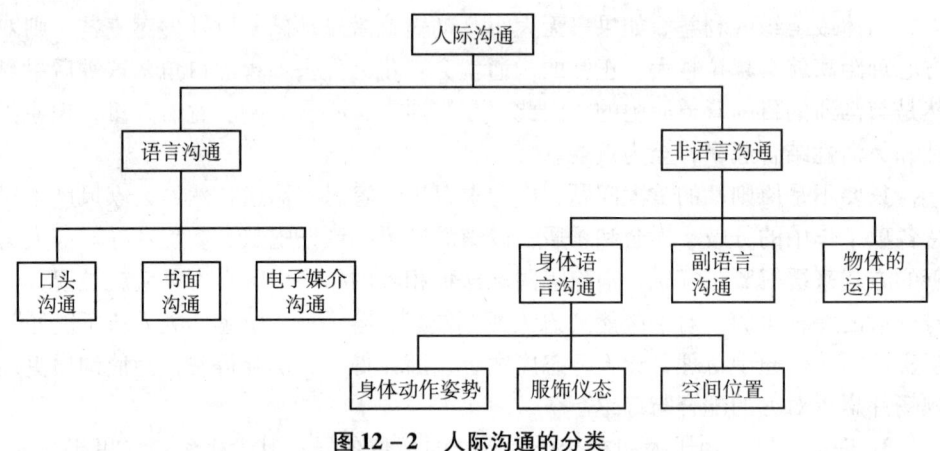

图12-2　人际沟通的分类

组织中最普遍使用的语言沟通方式有口头沟通、书面沟通和电子媒介沟通；非语言沟通主要是指利用身体语言及其他手段的沟通。下面我们对每一种方式进行简要的介绍。

1.口头沟通。人们之间最常见的交流方式是交谈，也就是口头沟通。它的形式灵活多样，包括交谈、讲座、讨论会、辩论会、演讲、打电话、QQ语音聊天、传闻或小道消息的传播等。

口头沟通的优点是用途广泛、信息量大、快速传递和快速反馈。在这种方式下，信息会在最短的时间里被传送，并在最短的时间里得到对方的回复。如果接受者对信息有疑问，迅速反馈可使发送者及时检查其中不够明确的地方并进行改正。

但是，当信息经过人传送时，口头沟通的主要缺点便会暴露出来。在此过程中，卷入的人越多，信息失真的潜在可能性就越大。每个人都以自己的方式解释信息，当信息到达终点时，其内容常常与最初大相径庭。如果组织中的重要决策仅仅通过口头方式在权力金字塔中上下传送，则信息失真的可能性相当大，有的时候反馈和核实也比较困难。

有关研究表明，发送者具有知识丰富、自信、发音清晰、语调和善、诚意、逻辑性强、有同情心、心态开放、诚实、仪表好、幽默、机智、友善等是有效沟通的特质，将有助于增进沟通的效果。

2. 书面沟通。当所传送的信息必须广泛地向他人传播或信息必须保留时，口头沟通形式就无法替代以报告、备忘录、信函等书面文字形式的沟通了。书面沟通是以文字为媒体的信息进行的沟通，包括文件、报告、信件、书面合同、备忘录、组织内发行的期刊、公告栏及其他任何传递书面文字或符号的手段。

书面沟通的优点是比较规范、信息传递准确度高、传递范围广、有据可查、便于长期保存等。如果对信息的内容有疑问，过后的查询是完全可能的。对于复杂或长期的沟通来说，这尤其重要。一个新产品的市场推行计划可能需要好几个月的大量工作，以书面方式记录下来，可以使计划构思者在整个计划的实施过程中有一个参考。书面沟通的优势来源于其过程本身。除个别情况外（如准备一个正式演说），书面语言比口头语言考虑得更为周全，把东西写出来会促使人们对自己要表达的东西认真地思考。因此，书面沟通显得更为周密，逻辑性强，条理清楚。

当然，书面沟通也有自己的缺陷。书面沟通更为精确，但耗费更多的时间。同样是 1 小时的员工素质测验，通过口试传递的信息远比笔试多很多。事实上，花费 1 个小时写出来的东西往往只需 10~15 分钟就能说完。书面沟通的另一个主要缺点是缺乏及时反馈。口头沟通能使接受者对其所听到的东西及时提出自己的看法，而书面沟通则不具备这种内在的反馈机制。其结果是无法确保所发生的信息能被接收到；即使被接收到，也无法保证接收者对信息的解释正好是发送者的本意。

3. 电子媒介沟通。所谓电子媒介沟通，是指将包括图表、图像、声音、文字等在内的书面语言性质的信息通过电子信息技术转化为电子数据进行信息传递的一种沟通方式或形式。它的主要特点和优势是，可以将大量信息以较低成本快速地进行远距离传送。缺点是有时受技术因素影响较大，很多交流需要技术成本来支撑，需要具有一定的专业知识、操作技能才能进行。电子媒介沟通形式只存在于工业革命之后，即电子、信息技术得到人类认识和应用之后。按照电子数据采用的具体设施和工具、媒介不同，电子数据沟通又可细分为电话沟通、电报沟通、电视沟通、电影沟通、电子数据沟通、网络沟通、多媒体沟通等七种主要形式。电话沟通又可细分为有线电话和无线电话沟通形式，或电话交谈、电话会议、电话指令等多种形式。

4. 非语言沟通方式。一些极有意义的沟通既非口头形式也非书面形式，如声光信号、体态、语调等是通过非文字告诉我们信息。其优点是信息内涵丰富、含义比较灵活；缺点是，传递距离有限，信息模糊，而且很多时候只可意会不可言传。如培训讲师给员工培训时，当看到员工们眼神无精打采或者有人开始翻阅报纸、接打手机时，无须语言说明，员工已经告诉他（她），他们厌倦了。同样，当纸张沙沙作响、笔记本开始合上时，所传达的信息意义也十分明确，该下课了。又如管理者所用的办公室和办公桌的大小以及其穿着打扮都向别人传递着某种信息。人们熟知的非语言沟通主要包括体态语言、语调和距离。

（1）体态语言。体态语言包括手势、面部表情、目光或静态无声的身体姿势、空间距离及衣着服饰等其他身体动作形式。比如，课堂上学生们的眼神可以反映出他们对教师教学的理解与否；对于一位你没兴趣跟他交谈但又出于礼貌不得不听他与你闲聊的同事，你通常会采取向别处移动眼神或不耐烦地收拾桌上文件等体态语言来表示你不想继续听其谈话的信息；一副咆哮的面孔所表示的信息显然与微笑不同。手的动作、面部表情及其他姿态能够传达诸如攻击、恐惧、傲慢、愉快、愤怒等情绪或感情。

（2）语调。语调是指个体对词汇或短语的强调。下面我们举例说明语调如何影响信息。假设员工问经理一个问题，经理反问道："你这是什么意思？"反问的声调不同，员工的反应也不同。轻柔平和的声调和刺耳尖利、重音放在最后一词所产生的意义完全不同。大多数人会觉得第一种语调表明某人在寻求更清楚的解释；而第二种语调则表明此人的攻击性和防卫性。

（3）距离。距离是指人与人交往过程中彼此之间空间的远近。研究表明，距离是一种无声的语言，在管理过程中，人与人之间距离的远近所表示的含义不相同，心理距离越近，交往的空间距离也就越近。一般而言，不超过18英寸属于亲密距离，表示关系亲密，相互接触；18英寸到4英尺之间属于人际距离，表示非正式的个人交谈；4～12英尺之间属于社会距离，表示公共事务、社交聚会等；12英尺以上属于公共距离，表示关系疏远，影响轻微。因此，管理者要善于利用距离来进行有效的沟通。

任何口头沟通都包含了非语言信息，这一事实应引起极大的重视。这是因为，非语言要素有可能给沟通造成极大的影响。研究者发现，在口头交流中，信息的55%来自面部表情和身体姿态；38%来自语调；而仅有7%来自真正的词汇。我们都知道动物是对我们怎么说做出反应的，而不是对我们所说的内容做出反应，人类与此并无太大差异。

当今时代，我们依赖于各种各样复杂的电子媒介传递信息。除了极为常见的媒介（报纸及杂志）之外，我们还拥有电视、电话、广播、计算机、公共邮寄系统、静电复印机、传真机等。将这些设备与言语和纸张结合起来就产生了更有效的沟通方式。其中，发展最快的应该是电子邮件了。只要计算机之间通过网络相连接，个体就可以通过计算机迅速传达书面信息。存储在接受者终端的信息可供接受者随时阅读。电子邮件迅速而廉价，并可以同时将一份信息传递给多人。它的其他优缺点与书面沟通相同。

## 二、正式沟通与非正式沟通

组织沟通是指在组织内部进行的信息交流、联系和传递活动。在一个组织内部，既存在着人与人之间的沟通，也存在着部门与部门之间的沟通。作为管理者来说，除了搞好人际沟通之外，还应关心部门间的沟通问题。良好的组织沟通是疏通组织内外部渠道、协调组织内外部关系的重要条件。由于组织中人们各自有不同的角色，并且受到权力系统的制约，因而组织内部的沟通比单纯的人际沟通更为复杂。

组织既是一个由各种各样的人所组成的群体，又是一个由充当着不同角色的组织成员所构成的整体。在一个组织中，既有正式的人际关系，又有正规的权力系统。因此，组织沟通可分为两大类：正式沟通和非正式沟通。

1. 正式沟通。正式沟通就是按照组织设计中事先规定好的结构系统和信息系统的路径、方向、媒体等进行的信息沟通，如组织之间的信函来往、文件、召开会议、上下级之间的定期情报交换以及组织正式颁布的法令、规章、公告等。其优点主要是，正规、严肃、富有权威性；参与沟通的人员普遍具有较强的责任心和义务感，从而容易保持所沟通信息的准确性及保密性。缺点主要是，对组织机构依赖性较强，造成沟通速度迟缓、沟通形式刻板，存在信息失真或扭曲的可能性；由于缺乏灵活性，信息传播范围受限制，传播速度比较慢。

2. 非正式沟通。非正式沟通是指正式组织途径以外的信息沟通方式。企业除了正式沟通外，需要并且客观上存在着非正式沟通。这类沟通主要是通过个人之间的接触以小道消息传播方式来进行。它一方面满足了员工的需求，另一方面弥补了正式沟通的不足，带有一种随意性和灵活性，并没有一种固定的模式或方法，但它要求管理人员要在日常人际交往活动中把握分寸，适时沟通，相互交流思想，减少心理上的隔阂，这则是管理人员的更高层次的要求。非正式沟通的主要功能是传播员工（包括管理人员和非管理人员）所关心的与他们有关的信息，它取决于员工的个人兴趣和利益，与企业正式与否无关。非正式沟通的优点是，速度快，形式不拘，效率高，而且能够满足员工的社会需要；它的缺点是，难以控制，信息容易失真，容易导致拉帮结派，影响组织的凝聚力和人心的稳定。与正式沟通相比，非正式沟通有下列五个特点。

（1）非正式沟通信息交流速度较快。由于这些信息与员工的利益相关或者是员工比较感兴趣的问题，其信息内容要比一般正式沟通更容易让员工知道，信息传播速度大大加快。

（2）非正式沟通的信息比较准确。据研究，它的准确率高达95%。一般来说，非正式沟通中信息的失真主要来源于形式上的不完整，但并不是提供无中生有的谣言。人们常常把非正式沟通与谣言混为一谈，这是缺乏根据的。

（3）非正式沟通可以满足员工的需要。由于非正式沟通不是基于管理者的权威，而是出于员工的愿望和需要，因此，这种沟通常常是积极的、卓有成效的，并且可以满足员工的安全需要、社交需要、尊重需要。

（4）非正式沟通效率较高。非正式沟通一般是有选择地、针对个人的兴趣传播信息，正式沟通则常常将信息传递给本不需要它们的人。如企业管理人员的办公桌上往往堆满了一大堆毫无价值的文件就是证明。

（5）非正式沟通有一定的片面性。非正式沟通中的信息常常被夸大、曲解，因而需要慎重对待。

总之，与正式沟通相比，非正式沟通具有弹性，只要时间许可，彼此随时都可进行信息交流，而且也可随时结束信息交流。非正式沟通打破层级界限，不受层级影响，不受时空限制，信息的发送者与接收者居于平等的地位，沟通时不易感受到压力的存在。它可以弥补正式沟通的不足，可以收集到正式沟通以外的信息，协助组织改进，可以澄清正式沟通的信息，避免信息遭到曲解或误解，可以获取组织成员对于政策的反应，提供给决策者参考，也可以增进成员互动的机会，促进组织成员的情感交流，还可以提供组织成员发泄其不满的渠道，协助成员进行情绪管理。

但非正式沟通也有其负面影响，主要有：散布错误信息，以讹传讹，制造组织内部矛盾，影响团队士气；容易造成组织革新的阻力，阻碍组织的进步与发展；信息不易澄清，导致人际关系紧张与猜忌；等等。总之，非正式沟通犹如一把双刃剑，善用之则可增强组织的效能，否则反之。因此，身为组织的领导者，为发挥良好的沟通效果，应该学习整合正式沟通与非正式沟通的功能，以帮助组织的改进与发展。

对非正式沟通的管理方面，首先要对非正式沟通进行引导，发挥它的积极作用。比如，作为一个领导者，要了解下情，可以隐蔽自己的身份直接融入实践中，这就是传统的"微服私访"。其次，还要加强对信息的辨别能力，中国有句俗话"无风不起浪"，有的时候小道消息并非空穴来风，它是有一定依据的，但另一些时候，小道消息可能是出于一些人的恶意，故意扰乱局面，这个时候就应加强对信息的辨别，以防止虚假信息对决策的影响。最后，应正确对待不利于组织的信息，对于这种信息要迅速收集，并采取有力措施加以控制，最好的办法就是用真实的信息跟它加以比较。真实的信息一出，谣言自然不攻自破。在2003年的SARS危机中，北京市就流传过很多小道消息，谣言四起，这时候政府迅速通过各种手段，如新闻发布会、报纸、网络，把一些消息及时地发出来，把真实情况告诉大家，这样谣言不攻自破。

## 三、下行沟通与上行沟通

按照组织内部信息沟通流向可将沟通分为下行沟通和上行沟通。

1. 下行沟通。下行沟通即自上而下的沟通，指管理者通过向下沟通的方式传送各种指令及政策给组织的下层。其中的信息一般包括：有关工作的指示；工作内容的描述；员工应该遵循的政策、程序、规章等；有关员工绩效的反馈；希望员工自愿参加的各种活动等。下行沟通渠道的优点是，它可以使下级主管部门和团体成员及时了解组织的目标和领导意图，增加员工对所在团体的向心力与归属感。它也可以协调组织内部各个层次的活动，加强组织原则和纪律性，使组织机器正常运转下去。缺点是，如果这种渠道使用过多，会在下属中造成高高在上、独裁专横的印象，使下属产生心理抵触情绪，影响团体的士气。此外，由于来自最高决策层的信息需要经过层层传递，容易被耽误、搁置，有可能出现事后信息曲解、失真的情况。

常见的下行沟通方式有工作指示、谈话、会议纪要、广播、年度报告、政策陈述、程序、手册和公司出版物等。其通常的表现形态是，在组织职权层级链中，信息由高层次成员向低层次成员流动，如上级向下级发布各种指令、命令、指导文件和规定等。这种自上而下的沟通在实行专制式领导的组织中尤为突出。

2. 上行沟通。上行沟通即自下而上、点面结合的沟通，是指在组织职权层级链中信息由下层向上层流动。如下级向上级提出自己的意见和建议；组织成员和基层管理人员通过一定的渠道与管理决策层所进行的信息交流等。它通常存在于参与式或民主式领导的组织环境中。

上行沟通有两种表达形式：一是层层传递，即依据一定的组织原则和组织程序逐级向上反映；二是越级反映，这指的是减少中间层次，让决策者和团体成员直接对话。上行沟通的优点是：员工可以直接把自己的意见向领导反映，获得一定程度的心理满足；管理者也可以利用这种方式了解企业的经营状况，与下属形成良好的关系，提高管理水平。上行沟通的缺点是：在沟通过程中，下属因级别不同造成心理距离，形成一些心理障碍；害怕"穿小鞋"、受打击报复而不愿反映意见。同时，向上沟通常常效率不佳。有时，由于特殊的心理因素，经过层层过滤，导致信息曲解，出现适得其反的结果。

常见的上行沟通方式有设置意见箱、作报告、汇报会、接待日、信访制等。

相比较而言，向下沟通比较容易，居高临下，甚至可以利用广播、电视等通信设施；向上沟通则困难一些，它要求基层领导深入实际，及时反映情况，做细致的工作。一般来说，传统的管理方式偏重于向下沟通，管理风格趋于专制；而现代管理方式则是向下沟通与向上沟通并用，强调信息反馈，增加员工参与管理的机会。

### 四、单向沟通与双向沟通

按照是否执行反馈，沟通可分为单向沟通和双向沟通。

1. 单向沟通。单向沟通是指没有信息反馈的沟通。单向沟通比较合适下列四种情况：

(1) 问题较简单,但时间较紧;
(2) 下属易于接受解决问题的方案;
(3) 下属没有解决问题的足够信息,在这种情况下,反馈不仅无助于澄清事实反而容易混淆视听;
(4) 上级缺乏处理负反馈的能力,容易感情用事。

2. 双向沟通。双向沟通是指有反馈的沟通,即信息发送者和接受者之间相互进行信息交流的沟通。从时间上看,双向沟通比单向沟通需要更多时间;从准确程度上看,双向沟通中接受者能够理解的信息和对发送者理解的准确程度会大大提高;从可信程度上看,在双向沟通中,沟通双方对沟通的内容都比较信任;从满意程度上看,接受者比较满意双向沟通,而发送者更倾向于使用单项沟通;从影响方式上看,由于与问题无关的信息容易进入沟通渠道,所以双向沟通的噪音要比单向沟通的大得多。双向沟通比较适合于下列四种情况:
(1) 时间比较充裕,但问题比较棘手;
(2) 下属对解决方案的接受程度至关重要;
(3) 下属能提供有价值的信息和建议;
(4) 上级习惯于双向沟通,并且能够有建设性地处理负反馈。

### 五、横向沟通与斜向沟通

1. 横向沟通。横向沟通是水平方向的沟通,也称平行沟通,是指组织结构中处于同一层级的人员或部门间的信息沟通。在组织中,平行沟通又可具体划分为四种类型:一是组织决策阶层与工会系统之间的信息沟通;二是高层管理人员之间的信息沟通;三是组织内各部门之间的信息沟通与中层管理人员之间的信息沟通;四是一般员工在工作和思想上的信息沟通。

平行沟通具有很多优点:第一,它可以使办事程序、手续简化,节省时间,提高工作效率。第二,它可以使组织各个部门之间相互了解,有助于培养整体观念和合作精神,克服本位主义倾向。第三,它可以增加职工之间的互谅互让,培养组织成员之间的友谊,满足成员的社会需要,使成员提高工作兴趣,改善工作态度。其缺点表现在:平行沟通头绪过多,信息量大,易造成混乱;此外,平行沟通尤其是个体之间的沟通也可能成为职工发牢骚、传播小道消息的一个途径,造成涣散团体士气的消极影响。

2. 斜向沟通。斜向沟通,也称交叉沟通,是指信息在处于不同组织层次的没有直接隶属关系的人员或部门间的沟通。它时常发生在职能部门和直线部门之间,如当人事部门的一位主管直接与比他高的生产部门经理联系时,他所采取的是斜向沟通。斜向沟通的目的是为了加快信息的传递,但为了尽量减少它对组织的等级链的影响,斜向沟通也常常伴随着下行沟通或上行沟通。横向沟通和斜向沟通往往具有业务协调作用。

## 六、信息沟通网络

信息沟通网络指的是信息流动的通道，是由若干环节的沟通路径所组织的总体结构。组织中的许多信息通常都需要经由多个环节传递才能到达最终接收者。如果不能在组织内部建立良好的信息传递网络，信息就很难在多人之间进行有效的交流。信息流动的通道是多种多样的，如组织之间的公函来往以及组织内部的文件传达、召开会议、上下级之间的工作汇报等。

其实，在正式组织环境中，信息沟通网络错综复杂，一般是多种模式的综合，具体表现为以下五种沟通形态，即链式、环式、Y 式、全通道式和轮式（如图 12-3 所示）。

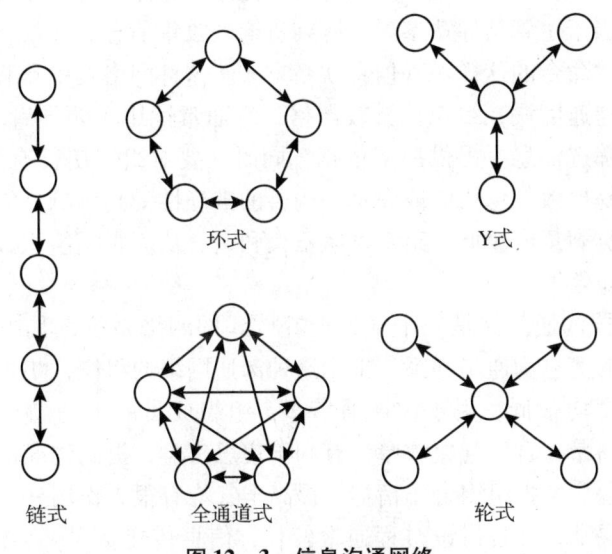

图 12-3 信息沟通网络

1. 链式沟通。链式沟通是指信息在组织成员之间只能从一个人到另一个人，将信息进行单线、顺序沟通的网络状态。在一个沟通群体内，居于两端的人只能与内侧的一个成员联系，居中的人则可分别与两端的人沟通信息。它的沟通渠道类似于一条双向流水线。链式沟通的信息只能逐级传递，不能越过中间的一个沟通人而直接与不相邻的人沟通。成员之间的联系面很窄，平均满意度较低。信息层层传递、筛选，容易失真，最终一个环节所收到的信息往往与初始环节发送的信息差距很大。在一个组织系统中，它相当于一个纵向沟通网络，代表组织的各级层次自上而下地传递信息。信息传送速度与链条长短、各链节间距及各链节间传送效率成正比。链条越长，各链节间间距越远，各链节间传送效率越低。这种网络表示组织中主管人员与下级部属之间存在若干管理者，属于控制型结构。

2. 环式沟通。环式沟通可以看成是链式沟通的一个封闭式控制结构，表示组织所有成员之间不分彼此地依次联络和传递信息。其中，每个人都可同时与两侧的人沟通信息，因此，大家地位平等，不存在信息沟通中的领导或中心人物。在这个网络中，组织的集中化程度和领导人的预测程度都较低；信息流动通道不多，组织成员有比较一致的满意度，组织的士气高昂，但组织的集中化程度和领导人的预测程度较低，沟通速度慢，信息易于分散，难以形成中心。如果需要在组织中创造出一种向上昂扬的士气来实现组织目标，环式沟通是一种行之有效的方式。

3. Y 式沟通。这是一种纵向沟通网络，其中只有一个成员位于沟通的中心，成为沟通网络中拥有信息而具有权威感和满足感的人。其实在现实中我们常看到的是倒 Y 型网络形式，例如，主管、秘书和几位下属构成的倒 Y 型网络，就是秘书处于沟通网络中心地位的一个实例，由此我们不难理解为何秘书的职位并不高却常拥有相当大的权力。组织中的直线职能系统也是一种变形 Y 式网络，这一网络大体上相当于主管领导从参谋、咨询机构处收集信息和建议，形成决定后再向下级人员传达命令的这样一种信息联系方式。这种网络集中化程度高，较有组织性，信息传递速度快，组织控制较严格，它通常适用于领导者工作任务繁重，需要有人协助筛选信息、提供决策依据，同时又要对组织实行有效控制的情况。但这种网络容易导致信息扭曲或失真，沟通的准确性受到影响，组织成员间缺乏横向沟通，成员满意度较低，组织气氛不大和谐，从而影响组织成员的士气，阻碍组织提高工作效率。

4. 全通道式沟通。这是一个全方位开放式的网络系统，其中每个成员之间都有不受限制的信息沟通与联系。采用这种沟通网络的组织，集中化程度及主管领导的预测程度均很低。由于沟通通道多，组织成员的平均满意程度高且差异小，所以士气高昂，合作气氛浓厚，有利于集思广益，提高沟通的准确性，这对于解决复杂问题、增强组织合作精神、提高士气均有很大作用。但由于沟通通道多，容易造成混乱，并且讨论过程通常较长，信息传递费时，会影响工作效率。委员会方式的沟通就是全通道式沟通网络的应用实例。

5. 轮式沟通。这种网络中的信息是经由中心人物而向周围多线传递的，其结构形状因为像轮盘而得名，也叫做辐射型沟通网络。这属于控制型沟通网络，其中只有一个成员是各种信息的汇集点与沟通中心，沟通中心和其他每个人之间都有双向的沟通渠道，但非沟通中心的每个人之间没有直接沟通渠道，必须通过将信息传递给沟通中心，再由沟通中心将信息传递给沟通目标人，才能进行互相沟通。在组织中，这种网络大致相当于一个主管领导直接管理几个部门的权威控制系统，所有信息都是通过他们共同的领导人进行交流，因此，信息沟通的准确度很好，效率和集中化程度也较高，解决问题的速度快，领导人的控制力强，预测程度也很高，但各个一般沟通人之间缺乏直接联系，导致他们之间管理沟通较难进行，组织成员的满意度低，士气可能低落，而且此网络中的领导者在成为信息交流和控制中心的同时可能面临着信息超载的负担。一般来说，如果组织接受攻关任务，要求进行严密控制同时又要争取时间和速度时，可采用这种网络。

每种沟通网络都有优缺点，在实际工作中，应根据工作性质和员工特点选择不同的沟通网络。

## 第三节　沟通的障碍与克服

### 一、沟通的障碍

在管理实践中，沟通障碍是普遍存在的。由于存在着外界干扰以及其他种种原因，信息往往被丢失或者扭曲，使信息的传递不能发挥正常的作用，困扰了管理者，使管理者的管理效率下降。信息沟通的障碍有来自信息沟通过程中内部方面的因素，也有来自信息沟通过程中所遇到的各种外部因素。

1. 信息沟通过程中的障碍。沟通过程中的障碍主要是指信息从发送者到接受者的传递过程中遇到种种干扰或问题，使信息失真，影响了沟通的效果。这些障碍主要体现在以下三方面。

（1）发送者方面的障碍。这方面的障碍主要体现为信息发送者对信息表达的障碍。发送者要把自己的观念和想法传递给接收者，首先必须通过整理变成双方都能理解的信号。也就是说，要把传达的信息表达出来，并表达得十分清楚。这方面容易出现障碍的情况主要有：

第一，过滤。过滤指发送者有意操纵信息，以使信息显得对接受者更为有利。比如，一名管理者告诉上级的信息都是上级想听到的东西，这名管理者就是在过滤信息。这种现象在组织中经常发生吗？当然是的。当信息向上传递给高层经营人员时，下属常常压缩或整合这些信息以使上级不会因此而负担过重。在进行整合时，个人的兴趣和自己对重要内容的认识也加入进去，因而导致了过滤。通用电气公司的前任总裁曾说过，由于通用电气公司每个层级都对信息进行过滤，使得高层管理者不可能获得客观信息。过滤的主要决定因素是组织结构中的层级数目。组织纵向上的层级越多，过滤的机会就越多。

第二，错觉。错觉即歪曲的知觉，也就是把实际存在的事物歪曲地感知为与实际完全不相符合的事物。精神病人经常有错觉，如把屋顶上的圆形灯看成是人头。正常人也有错觉，比如处于身体疲乏、精神紧张、心理恐惧等的时候都可能产生错觉，但正常人的错觉一般通过验证能较快地纠正和消除。

第三，信息发送人信誉不佳。信息发送人发出的信息之所以不被信息接收人重视，常常是因为收方对发方的人品、经验等不信任，甚至厌恶。因此，管理者在与人交往中要做到"言必信"，以便获得良好的信誉。

第四，语言障碍。发送者采用不当的语言符号来表达自己的意思，如接收者听不懂的语言或行话，或者，如口头语言和体态语言表达不一致时导致别人的误解等。同时，沟通过程中发送者表达能力不佳，词不达意、口齿不清或字体模糊，也易使信息失真。

（2）信息传递过程中的障碍。在信息传递过程中，常出现以下障碍：

第一，渠道或媒介选择不当的障碍。由于所选择的渠道或媒介与信息符号不匹配，导致信息无法有效传递和信息传递失真，例如向不懂英语的员工讲英语、向文盲员工发一张书面通知等。

第二，时机不当的障碍。抓住有利时机及时传递信息能增强信息沟通的价值。不合时机地发送信息，对于接收者的理解将是一个难以克服的障碍。时间的耽搁或拖延，会使信息过时无用。

（3）接收者方面的障碍。在沟通过程中，接收者接到信息符号后进行解码，变成对信息的理解。常出现以下障碍：

第一，选择性知觉的障碍。接收信息是知觉的一种形式。由于种种原因，人们总是习惯接收部分信息，而摒弃另一部分信息，这就是知觉的选择性。知觉选择性所造成的障碍，既有客观方面的因素，也有主观方面的因素。客观因素如组成信息的各个部分的强度不同、对接收人的价值大小不同等，都会致使一部分信息容易引人注意而为人接受，另一部分则被忽视。主观因素也与知觉选择时的个人心理品质有关。在接受或转述信息时，符合自己需要的、与自己有切身利害关系的，很容易听进去；而对自己不利的、有可能损害自身利益的，则不容易听进去。凡此种种，都会导致信息歪曲，影响信息沟通的顺利进行。在沟通过程中，接受者会根据自己的需要、动机、经验、背景及其他个人特点有选择地去看或去听信息。解码的时候，接受者还会把自己的兴趣和期望带进信息之中。例如，如果一名面试主考官认为女职员总是把家庭放在事业之上，则会在女性求职者中看到这种情况，无论求职者是否真有这样的想法。

第二，情绪的障碍。在接收信息时，接收者的感觉也会影响到他对信息的解释。不同的情绪感受会使个体对同一信息的解释截然不同。极端的情绪体验，如狂喜或悲痛，都可能阻碍有效的沟通。这种状态常常使人无法进行客观而理性的思维活动，代之以情绪性的判断。

第三，接收者的畏惧感以及个人心理品质的障碍。在实践中，信息沟通的成败主要取决于上级与上级、领导与员工之间全面有效的合作。但是，在很多情况下，这些合作往往会因下属的恐惧心理以及沟通双方的个人心理品质而形成障碍。一方面，如果主管过分威严，给人造成难以接近的印象，或者管理人员缺乏必要的同情心，不愿体恤下情，都容易造成下级人员的恐惧心理，影响信息沟通的正常进行。另一方面，不良的心理品质也是造成沟通障碍的因素。

第四，信息过量的障碍。在现代组织中，一些管理人员经常埋怨他们被淹没在大量的信息传递中，因而对过量的信息采取不予理睬的办法。

（4）反馈过程中的障碍。信息只有通过反馈才能建立有效的沟通过程。在反馈过程中，由于反馈渠道本身的实质和使用以及反馈过程中可能出现的信息失真等，都会给有效沟通带来障碍。例如，企业中虽然设有意见箱，但领导从未打开过信箱，这种反馈形同虚设。

2. 信息沟通环境方面的障碍。组织中的信息沟通,除了受沟通过程本身各因素的影响外,还受环境因素的影响,主要表现在以下三方面。

(1) 组织结构方面的障碍。在管理中,合理的组织机构有利于信息沟通。但是,如果组织机构过于庞大,中间层次太多,那么,信息从最高决策传递到下属单位,不仅容易产生信息的失真,而且还会浪费大量时间,影响信息的及时性。同时,自上而下的信息沟通,如果中间层次过多,同样也浪费时间,影响效率。有的学者统计,如果一个信息在高层管理者那里的正确性是100%,到了信息的接受者手里可能只剩下20%的正确性。这是因为,在进行这种信息沟通时,各级主管部门都会花时间把接收到的信息自己甄别,一层一层地过滤,然后有可能将断章取义的信息上报。此外,在甄选过程中还掺杂了大量的主观因素,尤其是当发送的信息涉及传递者本身时,往往会由于心理方面的原因造成信息失真。这种情况也会使信息的提供者望而却步,不愿提供关键的信息。因此,如果组织机构臃肿,机构设置不合理,各部门之间职责不清、分工不明,形成多头领导,或因人设事、人浮于事,就会给沟通双方造成一定的心理压力,影响沟通的进行。

一般来说,组织层级越多,信息的失真率越高。一项研究表明,企业董事会的决定通过五个等级后,信息损失平均达80%。其中,副总裁一级的保真率为63%,部门主管为56%,工厂经理为40%,第一线工长为30%,职工为20%。如图12-4所示。

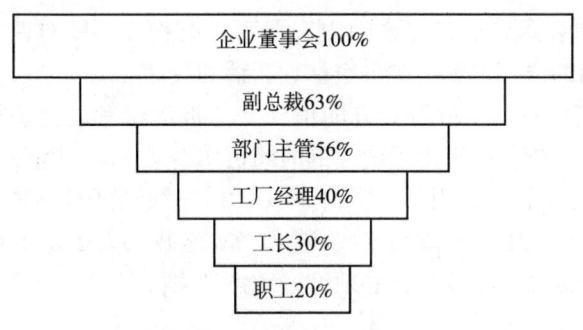

**图12-4 信息传递失真现象实例**

(2) 组织文化方面的障碍。组织文化是一个组织所创造和形成的以一定的价值观为核心的一系列独特的制度体系与行为方式的总和。由于组织文化是组织中员工的价值观的根本体现,在很大程度上影响着员工的行为,因此,它对组织中的信息沟通也有着深刻的影响。例如,在一个崇尚等级制度、强调独裁式管理方式的组织里,信息常常被高层管理者垄断,有用的信息得不到传递,人与人之间的沟通缺乏互动性和开放性,自上而下的沟通行为通常不受重视。组织中的制度体系则直接规定了组织中信息传递的渠道和方式,不合理的制度体系在很大程度上给有效沟通设置了障碍。另外,一些组织缺乏一定的物质文化,如缺乏员工进行正式和非正式沟通的场所等,也不利于组织的有效沟通。

(3) 社会环境方面的障碍。不同的社会环境有不同的文化价值观，各种不同的文化价值观影响下的沟通行为有很大的区别。例如，美国文化背景下组织中的上下级关系的沟通显得较为民主，下级可以直接向上级或上级的上级提出自己的意见；而在日本的公司中，等级森严，沟通一般都是逐层进行的，因此，日本公司中人们之间的交往较为慎重；在我国的组织中，人们的沟通行为更多地受社会关系的影响，所以，组织中非正式渠道的沟通作用更加重要，人际关系的作用在组织沟通中至关重要。特别是在跨文化的组织里，不同价值观影响下的跨文化沟通障碍显得更加明显和复杂。

## 二、如何克服沟通障碍

要实现有效沟通，必须消除上述沟通障碍。在实际工作中，可以通过以下六个方面来努力。

1. 沟通要有认真的准备和明确的目的性。沟通者自己首先要对沟通的内容有正确、清晰的理解。重要的沟通最好事先征求他人意见，每次沟通要解决什么问题、达到什么目的，不仅沟通者清楚，要尽量使被沟通者也清楚。此外，沟通不仅是下达命令、宣布政策和规定，而且是为了统一思想、协调行动，所以沟通之前应对问题的背景、解决问题的方案及其依据和资料以及决策的理由和对组织成员的要求等做到心中有数。

2. 沟通的内容要确切。沟通的内容要言之有物，有针对性，语意确切、准确；要避免含糊的语言，更不要讲空话、套话和废话。

3. 沟通要有诚意，以取得对方的信任并与被沟通者建立感情。有人对经理人员的沟通作过分析，一天用于沟通的时间占70%左右。其中，撰写占9%，阅读占16%，言谈占30%，用于聆听占45%。但一般经理都不是一个好听众，效率只有25%。究其原因，主要是缺乏诚意。缺乏诚意大多发生在自下而上的沟通中。因此，要提高沟通效率，必须诚心诚意地去倾听对方的意见，这样对方也才能把真实想法说出来。

4. 提倡平行沟通。所谓平行沟通指车间与车间、科室与科室、科室与车间等组织系统中同一个层次之间的相互沟通。有些领导整天忙于当仲裁者的角色而且乐于此事，想以此说明自己的重要性，这是不明智的。领导的重要职能是协调，但是，这里的协调主要是目标的协调、计划的协调，而不是日常活动的协调。日常活动的协调应尽量鼓励平级之间进行。

5. 提倡直接沟通、双向沟通、口头沟通。美国曾有人找经理们调查，请他们选择良好的沟通方式，55%的经理认为直接听口头汇报最好，37%喜欢下去检查，18%喜欢定期会议，25%喜欢下面给写汇报。另外一项调查是部门经理们在传达重要政策时认为哪种沟通最有效，共51人（可多项选择），选择召开会议口头说明的有44人，亲自接见重要工作人员的有27人，在管理公开会上宣布政策的有16人，在内部备忘录说明政策的有14人。这些都说明倾向于面对面的直接沟通、口头沟通和双向沟通者居多。

一个企业的领导者每天应到车间科室转转，主动问问有些什么情况和问题，多与当事者商量。日本不主张领导者单独办公，主张大屋一体办公，这些都是为了及时、充分、直接地掌握第一手资料和信息，不仅能了解生产动态，而且也能了解职工的士气和愿望，还可以改善人际关系。某些工厂工人连车间主任和厂长都见不到，这不是成功领导者的形象。

6. 设计固定的沟通渠道，形成沟通常规。这种方法的形式很多，如采取定期会议、报表、情况报告、相互交换信息的内容等。

克服沟通障碍不只是工作方法问题，更根本的是管理理念问题。发达国家的现代企业流行的"开门政策""走动管理"，是基于尊重、了解实情以及组成团队等现代管理理念，沟通只是这种理念的实现途径。因此，如何克服沟通障碍，以及如何建立高效、通畅的沟通，应站在管理理念和价值观的高度，妥善地加以处理。

## 复习思考题

1. 什么是沟通？怎样才算是有效的沟通？它有哪几种类型？
2. 沟通有什么特点？沟通在组织管理中起什么作用？
3. 有效沟通的要素有哪些？有效沟通通常包括哪几个步骤？
4. 沟通的原则是什么？沟通有哪些基本类型？它们是以什么标准来划分的？非正式沟通与正式沟通有何区别？
5. 信息沟通网络有哪些类型？各有什么优缺点？
6. 个体行为对人际沟通有何影响？
7. 常见的沟通障碍有哪些？如何克服沟通障碍？

## 案例分析

### 摩托罗拉（中国）公司的"Open Door"式沟通网络[①]

摩托罗拉（Motorola）公司于1992年在天津经济开发区破土兴建它的第一家寻呼机、电池、基站等5个生产厂，成为摩托罗拉在其本土之外最大的生产基地，投资额比最初的投资增加了9倍，工人数从不到100人增加到8 000多人，年产值达28亿美元，这是一个在华投资成功的企业。企业员工的有效沟通和反馈是摩托罗拉经营管理特别是人力资本整合运作的纽带。

**摩托罗拉的沟通网络**

摩托罗拉公司日常生产经营管理的信息沟通是具有正式规范的制度安排。日

---

[①] 李宝元主编：《人力资源管理案例教程》，人民邮电出版社2002年版，第339～341页；徐国良、王进等编著：《企业管理案例精选精析》，经济管理出版社2000年版，第129～131页。

常的会议通知都是通过联网的计算机传递来完成的,这样的信息一般可提前3天或一周得知;部门经理的工作汇报一般每周一次,也是通过计算机传递到部门主管和相关部门;部门之间是否需要相互协作是通过部门经理每天的"晨报制度"来确定的,每天早晨各相关部门的经理们利用15分钟的时间聚会一次,各自通报所需对方协助的事情,以便相互配合。公司生产部门则是通过下班前15分钟的质量总结通报来传达日常生产的各种情况和信息。

作为跨国公司,"本土化"是公司生存和发展的生命线,摩托罗拉吸取和提倡"诚、诺、信"的东方传统文化遗产来营造坦诚、守信和相互信任的企业文化氛围,推行IDE(肯定个人尊严)测试问卷,其中包括6个固定问题,让员工(包括管理者)真实地表达他们对本岗位工作的意义、胜任程度、培训、职业前途的认识,对工作绩效的反馈以及对工作环境的看法。调查结果按具体职能部门层层反馈,再按不同的管理层面要求管理者和员工逐一交谈,公司注意考虑员工的个人特长、兴趣和工作需要,尽量使两者达成一致。员工相信诚实地表达自己的意愿可获得个人发展的机会;上司把倾听员工意见看作发现人才和留住人才、调动员工积极性的钥匙。

设立"建议箱"和"畅所欲言箱"是摩托罗拉公司的又一个重要信息沟通渠道,也是让员工参与政策、实行民主管理的一种重要方式。这可以使每个员工把自己工作范围内所发现的问题、建议快速地反映上去。两个箱子摆放在员工最常经过的位置,采取固定表格的形式,由员工自由抽取、署名填写;填表须署名,否则视为作废,这主要是为避免无中生有,扰乱正常的生产秩序。两个箱子的钥匙由一专人掌管,及时开箱,在把署名的小条仔细裁下后,将收集的意见或建议分发给各相关部门,各部门主管必须及时把改进措施反馈回来或对良好的建议加以肯定,对有些暂时解决不了的问题也必须说明原因。这些反馈通常在公司壁报专栏中及时刊出,以便及时反馈改进工作,对提出意见者给予鼓励,并使工作得到有效监督。

壁报专栏是摩托罗拉公司宣传交流、肯定成绩、鼓舞士气的好方式。它是借鉴中国的大、小字报,并兼容西方常用的布告栏,中西合璧结合而成。据说它在中国的传达效果胜过世界各地摩托罗拉公司。壁报专栏大都由各个部门的员工亲手创作,内容涉及环保、安全、质量检查、技术达标、培训信息、健康、文娱活动照片、意见反馈和新出台的公司制度等,一般采用各种不同颜色的纸张贴的方式,配有版面艺术修饰和生动的人物配图,图文并茂。一则消息很快能够通过壁报传向公司的每个角落。壁报多以表扬员工的成绩为主,但偶尔也会把个别员工的批评处理公开在其上,如某员工重复报销医药费的欺骗行为等,目的是警戒大家,重申公司制度的严明。1996年12月,公司向希望工程捐款300万元,就是通过壁报的方式实现的。此外,壁报的另一个作用是树立公司对外的形象,起到良好的宣传效果。

1996年6月,摩托罗拉公司举办了由公司员工家属大约7 000人组成的大型"家庭日",借以向支持员工工作的家属们致以真诚的问候和感谢。员工家属兴高采烈地参观世界先进公司的格局和管理,参加别开生面的游艺活动,这一天成为公司这个大家庭的盛会。原来公司创始人罗伯特·高乐文就是一个极富家庭观念的人,作为公司传统,摩托罗拉公司每年都要选择一天来过这个节日。目的是提醒大家,家是最温暖的地方,公司也要成为所有员工的家。每个员工在公司里要像在家中那样和谐、充满友爱与关心。

### "Open Door"式的沟通

在摩托罗拉公司,每一个摩托罗拉的高级管理层都被要求与普通操作工形成介乎于同事和兄妹之间的关系——在人格上千方百计地保持平等。"对人保持不变的尊重"是公司的个性。最能表现摩托罗拉"对人保持不变的尊重"的个性是它的"Open Door"。"我们所有管理者办公室的门都是绝对敞开的,任何职工在任何时候都可以直接推门进来,与任何级别的上司平等交流。"每个季度第一个月的1~21日,中层干部都要同自己的手下和自己的主管进行一次关于职业发展的对话,回答"你在过去两个月里受到尊重了吗"之类的6个问题。这种对话是一对一和随时随地的。摩托罗拉的管理者们为每一个下层的被管理者们还预备了11条这种"Open Door"式表达意见和发泄抱怨的途径。

- I Recommend(我建议):书面形式提出对公司各方面的意见和建议,"全面参与公司管理"。
- Speak Out(畅所欲言):这是一种保密的双向沟通渠道,如果员工要对真实的问题进行评论或投诉,应诉人必须在3天之内对隐去姓名的投诉信给予答复,整理完毕后由第三者按投诉人要求的方式反馈给本人,全过程必须在9天内完成。
- G. M Dialogue(总经理座谈会):每周四召开的座谈会,大部分问题可以当场答复。7日内对有关问题的处理结果予以反馈。
- Newspapers and Magazines(报纸与杂志):摩托罗拉给自己内部报纸起的名字叫《大家庭》,内部有线电视台叫《大家庭》电视台。
- DBS(每日简报):方便快捷地了解公司和部门的重要事件与通知。
- Townhall Meeting(员工大会):由经理直接传达公司的重要信息,有问必答。
- Education Day(教育日):每年重温公司文化、历史、理念和有关规定。
- Notice Board(墙报)。
- Hot Line(热线电话):当你遇到任何问题时都可以向这个电话反映,昼夜均有人值守。
- ESC(职工委员会):职工委员会是员工与管理层直接沟通的另一个桥梁,委员会主席由员工关系部经理兼任。
- 589 Mail Box(589信箱):当员工的意见尝试以上渠道后仍无法得到充分、及时和公正解决时,可以直接写信给天津市589信箱,该信箱钥匙由中国区人力资源总监亲自掌握。

从以上可以看出,在摩托罗拉公司,上级和下级沟通的方式各种各样,从视听到面对面一对一地交谈,全方位地进行,同一条信息可以从不同的渠道得到,信息的反馈也可以从不同的渠道及时得到。他们采取这样的方式取得了惊人的效果,"抱怨是一件积压已久的事,如果每星期、每天都有与老板平等对话的机会,任何潜在的不满和抱怨还没有来得及充分积蓄就都被扼杀在摇篮里了。"公司的企业文化通过方方面面的沟通途径和方式,渗透和凝聚在每个员工的日常生活和行为中,构成了独具特色、井然有序的摩托罗拉办事方式。

问题:
1. 摩托罗拉(中国)公司如何克服信息沟通中的障碍?
2. 摩托罗拉(中国)公司的"Open Door"式沟通给了我们什么样的启示?

# 第十三章 协 调

【学习要求】
通过本章学习,明确协调的概念与作用;理解协调与其他管理职能之间的关系;掌握协调的原则与要求;掌握企业协调的主要内容;掌握协调的手段与途径。

1916年法约尔在其名著《工业管理与一般管理》中指出,管理活动有五项职能,即计划、组织、指挥、协调和控制,协调是其中之一。后来有些管理学专家与学者认为,管理的其他职能都有协调之意,所以不要把协调从管理的职能里独立出来。尽管如此,把协调作为管理的一项重要职能在实践中是必需的,协调能力也应是管理者必须掌握的最重要的能力之一。协调的功能就是通过正确处理组织内外各种关系,为组织发展创造良好的内部条件和外部环境,从而促进组织目标的实现。组织内经常因目标不一致而出现矛盾、冲突,这就需要管理者通过协调加以解决。

## 第一节 协调概述

### 一、协调的含义

协调作为管理的一项职能,是理顺组织内外关系,消除不和谐、不平衡状态,加强各方合作,以便为实现组织目标创造良好的环境的过程。协调是创造环境的工作,这里所说的环境是指社会环境,不是物理环境。组织目标的实现需要组织内部各方面的力量相互配合,需要组织外部有关方面的支持,然而这种配合与支持不是自发形成的。相反,由于利益、认知、情感等方面的差异,不和谐甚至矛盾和冲突常常出现,从而影响组织目标的实现。管理者的职责之一就是,通过各种途径,理顺组织内外关系,获取各方面的支持与配合,形成有利于目标实现的组织氛围。

管理学家法约尔把协调当作管理职能,但又没有严格区分管理职能与管理要求的概念。他在其名著《工业管理与一般管理》中写道,"协调就是指企业的一切工作都要和谐地配合，以便于企业经营的顺利进行，并且有利于企业取得成功。"接着他举了人、财、机、具、物要保持一定比例和配套合用，收支要成比例，生产设施与生产需求要成比例，产供销要成比例，企业各项工作更要兼顾、先后主次有序等。最后他归纳说，"总之，协调就是让事情和行动都有合适的比例，就是方法适用于目的。"它要求企业各部门、部门内各成员都要对自己在完成企业共同目标方面必须承担的工作和应相互提供的协助有准确的认识；同时，必须反对各自为政、互不通气和不顾企业整体利益的行为。

像企业这样的组织，是由人、财、物、技术、信息等要素共同构成的。企业要正常运转，就必须根据企业经营目标对各生产要素进行统筹安排和全面调度，使各要素能够均衡配置，各环节相互衔接、相互促进。这里的统筹安排和全面调度就是协调，它需要通过管理者的管理行为来执行。其实，这种协调就是理顺组织内部的各种关系，如部门间的关系、员工与员工之间的关系、上下级间的关系等。同时，企业是开放的系统，在其运转过程中必然会与外部环境发生多种关系，如企业与政府的关系、企业与消费者的关系、企业与新闻界的关系等。这些关系的处理是否得当，也会影响企业的正常运转。所以，管理者必须正确处理好这些关系，为企业正常运转创造良好的条件和环境。

总之，协调就是正确处理组织内外各种关系，为组织正常运转创造良好的条件和环境，促进组织目标的实现。因此，在一定意义上可以说，管理者的任务之一就是协调关系。协调如同"润滑剂"，是组织凝聚力的源泉之一。

## 二、协调的作用

协调的作用主要表现在以下四方面。

1. 优化氛围，满足需要。若个人目标与组织目标相一致，人们的行为就会趋向统一，组织目标就容易实现。但是，我们知道，人们加入组织是为了满足个人的某些需要，如生存的需要、安全的需要、尊重的需要等，这使得个人目标往往与组织目标不能完全一致。管理者可以通过协调工作使个人目标与组织目标相辅相成，从而促进组织目标的实现。一个相互协调、和谐、合作的文化氛围是大多数人向往的，搞好协调工作，可以优化人们的工作与生活环境，提高人们的工作和生活质量，直接满足人的需要，从而稳定队伍、留住人才、调动积极性。同时，良好的协调可以改善组织形象，从而获得多方面的支持。日本企业各级主管支持各种非正式组织，如同学会、同乡会、钓鱼协会、围棋协会，其目的之一就是以此协调上下级关系。

2. 消除对抗，实现共赢。在市场经济中，竞争是难免的，但竞争也要讲策略，未必一定要争个你死我活，在许多情况下要通过协调实行合作竞争。人与人之间、人与组织之间、组织与组织之间的矛盾和冲突是不可避免的，并且这种矛盾和冲突如果积累下来就会由缓和变为激烈、由一般形式发展到极端形式。如果这样下去，轻则干扰组织目标的实现，重则会使组织崩溃、瓦解。所以，管理者必须通过协调很好地处理和利用冲突，发挥冲突的积极作用，并使部门之间、人与人之间能够相互协作，很好地配合。

3. 改善配合，提高组织效率。协调可以起到动员各方面资源、集中解决主要矛盾的作用，可以改善各方面活动的衔接、缩短整个活动的周期，从而达到提高效率的目的。协调使组织的各部门、各成员都能对自己在完成组织总目标中所需承担的角色和职责以及应提供的配合作用有明确的认识，组织内所有力量都集中到实现组织目标的轨道上来，各个环节紧密衔接，各项活动和谐地进行，而各自为政、相互扯皮、不顾组织整体利益的现象则会大大减少，从而极大地提高组织的效率。

4. 实现优势互补，增强组织功能。中国人熟知的一个故事很能说明这个问题。一个盲人与一个瘸子在同一个房间，房屋突然失火，两人都很着急，都要夺门逃生，但是盲人苦于找不到门，瘸子虽然能看见门却无法行动，这时两人迅速商议，决定合作，盲人寻声找到瘸子，背上瘸子按瘸子所指方向夺门而出，结果两人同时得救。显而易见，这两位值得同情和赞扬的残疾人，是通过协商结成联盟，不是组织、控制的结果，是协调的成果。

### 三、协调的原则

为实现有效协调，在实践中应遵守以下三条原则。

1. 尊重容纳原则。协调不能靠强迫。协调者与被协调者都要适应变化的环境，思想观念应该具有较强的容纳性，对不同的文化环境下形成的思想、作风和习惯，要尊重、理解，通过分析辨明利弊，逐步改造疏导，或求同存异，避免激化矛盾。例如，在一些企业中，经理之间、经理与员工之间，由于缺乏相互理解，常常发生摩擦、冲突。如果双方能相互尊重，从都想搞好企业的一致动机思考，就容易相互理解了。

2. 互相让步的原则。协调成功的要诀是发现各方的利益所在，兼顾各方利益，并在合理限度内尽可能予以满足。协调不是压迫某一方接受屈辱。互相让步常常是协调能否成功的关键。

3. 遵守信用的原则。协调中难免要让步，但是必须设立底线，否则协调就等于放弃。我国企业在引进高速铁路动车技术方面，按照国家统一部署，坚持以全面转让技术为底线，通过全球公开招标，在中国巨大市场潜力"诱惑"及竞争压力下，日本川崎重工业、德国西门子、法国阿尔斯通等跨国公司最后接受了技术转让条件，开始与中国企业合作。合作实际上是一种契约关系，契约的价值是建立在当事人信用基础之上的。如果当事人不讲信誉，达成的协议可以置之不理，合作就会随时终止。

### 四、协调与其他管理职能的关系

1. 协调与计划。计划是主观意图，计划的实现除了要由组织提供功能实体，由激励增强动力,由控制消除偏差,还要由协调改善环境。没有一个良好的环境(例如,企业与政府部门发生冲突,或与社区发生冲突,或者劳资纠纷不断),计划是根本无法实现的。

系统的协调状态当然要靠计划保证,如各种生产要素的匹配、平衡,各项活动的衔接平衡,都要事先考虑好,作出妥善安排;但计划毕竟只是主观意图,实际的协调状态要靠组织工作、激励工作、协调工作及控制工作去实现。

2. 协调与组织。合理的体制是保证生产要素相互平衡、各项活动相互衔接的基础,如各类人员的平衡、人与事(包括人与器、工具)的匹配、供产销活动的衔接等,可通过合理定员、科学的人员配备、明确分工、责任及工作程序予以保证。但组织体制不能解决所有的平衡、衔接问题,例如,企业内外(与合作厂商和政府部门等)的平衡衔接问题,处于动态过程中的要素失衡,活动脱节如生产部门与供应部门对原材料质量标准认识不一致等问题,组织手段就显得很有限了,这时只能通过协商解决,而协商是协调的主要手段。

3. 协调与激励。协调与激励都是为了提高系统功能,但各有侧重。激励的任务是推动各自的努力;而协调的任务是创造良好的环境,强调的是相互关照,而不是个别努力。

4. 协调与控制。协调与控制在许多情况下都是为了消除贯彻计划中的偏差,进行资源的重新配置和调度。但协调与控制的对象、手段不太一样。控制主要面向系统内部,协调则面向系统内外;控制只能是权力所及范围,因此,只能在系统内进行,而且主要是自上而下进行的,协调不一定要依靠权力,它涉及管理者的上下左右;控制对象可能是一或几个,而协调总是针对几个对象。

## 第二节 协调的要求与内容

### 一、协调的要求

协调的出发点是什么?协调应当有什么样的结果?这是实施协调所必须明确的内容。

1. 协调应有助于组织目标的实现。协调本身只是为实现组织目标创造良好环境,是保证计划顺利贯彻的手段;协调应化解矛盾、统一认识,减少内外不必要的资源消耗,使组织能集中资源(包括领导精力)于主要目标。如果协调的结果是改变了组织的方向,那么就是失败的协调。例如,劳资双方发生冲突,由你去帮助协调,而结果是解散了企业,虽然冲突消除了,但这绝不是协调的初衷。

在协调活动中要防止为了摆平关系到处许愿、妥协,结果分散了资源,使组织主要目标无法实现。另一种不应该出现的情况是,有的管理者为协调而当老好人使工作效率大大下降。

2. 协调应有利于保持组织的活力。协调一般要求某些部门或主体改善其行为，但应注意保护组织成员的积极性，如果协调的结果是死气沉沉，那么协调就是失败的。例如，如果市场上出现互相降价的恶性竞争，使行业生产力受到严重损害，那么制定行规以协调同业竞争行为是必要的。但如果只规定一个统一的最低销售价，就会挫伤企业降低成本的积极性，是不可取的。好比足球比赛，如果为了不发生矛盾而不许双方队员有身体接触，足球还有那么大的吸引力吗？

3. 协调要有利于形成既有统一意志又相互制衡、长期稳定的局面。矛盾冲突不能任其发展，否则难以集中精力于主要目标。但由不同人群组成的社会系统，有不同的观点和要求也是正常的，过分强调协调，如果不给人说话的权利与机会，甚至搞一言堂，破坏系统应有的制衡机制，就会滋生腐败，不利于形成长期稳定的局面，这样的协调是不可取的。

4. 协调要计算成本。协调需要付出代价（包括时间），不同利益主体还要调整预定目标，作出某些牺牲，但不能为协调而不惜一切代价。例如，因协调时间过长而错过了机遇，或利益目标牺牲过多，就得不偿失了。

## 二、协调的内容

像企业这样的由多要素组成的、开放的组织，在其生存和发展过程中需要协调的关系很多也很复杂，但它们大体上可以分为两部分：一部分是企业内部关系，如企业与股东的关系、产供销间的关系、上下级间的关系、生产技术设备与生产任务间的关系等；另一部分是企业与外部环境间的关系，如企业与消费者的关系、与政府部门的关系、与供应商的关系等。通过对组织内部关系的协调，可以使组织内部各种力量都统一到为实现组织目标而努力的轨道上来；通过与外部的沟通、协作，可以为组织发展创造良好的外部环境。

（一）组织内部协调

1. 各生产要素的协调。组织要顺利地运转，必须根据组织总目标的要求，对组织各要素进行统筹安排和合理配置，并使运行各环节相互衔接、相互配合。在要素配置过程中，就产生了各种各样的关系，其中重要的方面有：产品销售与生产能力的关系、生产任务与原料供应的关系、生产任务与生产技术准备的关系、资金需求与资金筹措间的关系等。这些关系又大多表现为部门与部门间的关系。

对生产要素进行协调时，主要的工具是计划和规章制度。在企业发展中，要编制的计划主要有企业发展总体规划、销售计划、生产计划、供应计划、生产技术准备计划、财务计划、人力资源计划等。在编制计划时要注意三点：一是加强信息传递、沟通，使计划工作有充分、准确的依据；二是学会使用滚动式计划法，因为这种方法能够灵活地适应环境变化；三是实施目标管理，建立组织目标体系，并把目标的完成情况作为各部门和个人考核的依据。

完善、科学的规章制度是协调工作能够顺利进行的基本保证。企业的规章制度主要由管理制度、工作制度或程序等组成。管理制度是为了规范组织内各种关系而制定的，它明确了各部门在完成企业目标中应承担的职责范围以及应提供的配合，这是协调工作的依据，如生产技术准备制度、原材料供应制度、质量管理制度、财务管理制度、考核制度等。工作制度或程序主要说明工作任务及要求、工作程序、责任范围等，是每个工作岗位上的行为的依据。

会议也是协调的重要方式。横向部门间可采用定期或不定期的会议方式加强彼此间的联系、沟通，如联席会、调度会、信息发布会等。通过协调性会议，使横向部门间步调一致，进展平衡，相互衔接，按期完成任务。

2. 企业与股东关系的协调。企业与股东的关系，是重要的内部关系。在所有权和经营权相分离的现代企业制度下，股东出资形成了企业的原始经营资本，并交由专门的经营管理层来运营，所以没有股东也就没有现代企业。在企业经营过程中，如果股东都对企业失去信心而抛出手中的股票，企业价值将急剧下降并将被停业整顿。所以，良好的股东关系是企业生存和发展的基础。

协调企业与股东关系的目的是，通过加强企业与股东间的信息沟通，争取现有股东与潜在投资者的了解、信任和支持，最大限度地扩大企业资金来源。在协调企业与股东的关系时，应做好以下工作：

（1）完善企业法人治理结构，在产权清晰和责权利统一的基础上，实现对企业控制权的合理配置，在企业所有者和经营管理者之间形成相互制衡的机制以及有效的激励和约束机制，以最大限度地提高企业运营效率。目前，我国企业在治理结构方面仍存在十分突出的问题，如政企不分和所有者缺位、缺乏对经营者有效的激励和约束机制、"内部人控制"等。针对这些问题，在今后的改革中必须做到：通过股权结构多元化，强化所有权对经营者的约束；进一步明确董事会的权利、责任和法律地位；对企业经理人员实行有效的激励和约束制度；理顺新老三会之间的关系等。

（2）企业，尤其是上市的股份公司，应按《公司法》《证券法》的要求规范自己的信息披露行为，为投资者提供充分、准确的投资信息，包括公司财务报告、资金使用情况、股利政策以及公司经营方案等。通过提供信息，加强与股东和社会公众的交流、沟通，促进了解和信任。

3. 组织内部人际关系的协调。组织内部的人际关系主要指的是正式组织以外的非正式关系，如同学关系、非正式群体关系、亲朋关系等。这些关系一般是自愿、自发的人际关系，所以往往比正规的、自上而下（或自下而上）的沟通渠道更迅速、更有效、更富于弹性，并成为密切企业与员工感情、提高企业内聚力的重要途径。

协调组织内部人际关系的目的是，提高员工对组织的归属感、认同感和组织内聚力，使所有员工团结一致，共同为实现组织目标而努力。协调组织内部人际关系应坚持以下原则：

（1）相互尊重，平等待人。与人交往最重要的是要尊重对方，不管对方是你的上级还是下级，或是同级，都应一视同仁，不能因对方级别低或知识少等原因而歧视对方，也不能因对方地位显著就趋炎附势。相互尊重是进行有效沟通的基础，也是建立良好关系的前提。

（2）互助互利。个体都是因一定的个人需要而加入组织的，所以在协调组织内部人际关系时要尽可能满足个体的一些需要，这是提高个体工作热情以及其对组织归属感的重要手段。

（3）诚实守信。诚实守信是做人的基本原则，也是处理人际关系时应坚持的基本原则。对人诚实，才能取得对方的信任；信守承诺，才能继续交往。

（二）组织与外部环境的协调

1. 组织与消费者的关系。市场经济体制下，企业与消费者的关系可以说是"唇齿相依"的关系。没有了消费者，企业就失去了生存的基础。建立和维护良好的消费者关系，是企业发展中的头等大事。

协调企业与消费者关系的目的是，促进企业与消费者的有效沟通，在企业与消费者之间建立起相互了解、相互信任、相互依存的关系，并使企业及时、准确地掌握消费者需求变化的趋势，为消费者提供有价值的产品或服务，在消费者心目中建立起良好的企业形象。

协调企业与消费者的关系，需要企业牢固树立消费者导向观念，在经营决策中充分考虑消费者需要，在经营管理中处处为消费者着想，只有这样才能赢得消费者的信任和支持。为协调好与消费者的关系，企业需做好以下工作。

（1）做好市场调查和市场预测。即应了解、掌握消费者需求变化的趋势，以及消费者对企业生产、经营、管理等方面的意见和要求，并通过提供及时、优质、独特的产品或服务，满足消费者的需要。同时，还可通过广告、专题报道等形式，向消费者宣传企业经营理念、文化、宗旨及经营状况，促进消费者对企业的了解和良好企业形象的建立。

（2）改进、完善企业服务体系（包括售前、售中、售后）。良好的服务可以使消费者高兴而来、满意而去，并导致连续的消费欲望和购买行为。其中，积极的售前服务可以教育消费者和引导消费；热忱的售中服务可以促进购买和消费；良好的售后服务则是企业信誉的保证。此外，还可以把服务体系作为信息反馈的重要渠道，通过它收集有关消费者的信息，改进产品或服务。

（3）认真对待消费者投诉、质询、批评和纠纷。再好的消费者关系也难免出现冲突、纠纷，而当出现这种情况时，最好的解决办法就是认真分析引起投诉的原因，及时、妥善地处理实际问题，认真、严肃地回答质询。

（4）积极寻求与社会上的消费者组织进行合作，为消费者提供必要的信息，指导消费者如何识别和正确使用产品，如何根据自己需要选择产品。此外，企业还可以在这些组织的帮助下获取有关消费者的信息。

（5）既要重视未来的新消费者，也要维系好与老消费者的关系。开拓新市场、吸收新消费者是企业不断发展的条件之一，但维系、保持住现有的老消费者同样重要,因为老消费者是直接验证和推销企业产品的一支重要力量,起着宣传企业和产品的重要作用。维系老消费者的方法有:与他们通信、开座谈会等。通过这些活动,征求他们的意见或建议,以改进企业的经营管理。

2. 企业与政府的关系。这里的政府不是指作为国有资产所有者的政府,而是指作为经济、社会管理部门的政府。政府控制着工商、税务、法律等监督和管理手段;同时,政府还可以通过宏观经济政策对企业施加引导。企业等组织作为社会的一员,必须接受政府的统一监督和管理。协调好企业与政府的关系,是企业对外关系中的重要内容,它有助于企业的顺利发展和目标的实现。

(1) 协调与政府的关系,加强企业与政府的信息沟通。一方面,企业要认真学习、理解政府的方针政策和法律法规,为企业决策提供政策和法律依据,保证企业的一切活动都能够在政策法律许可的范围内进行,并随时按照政策法令的变化修正自己的行为。另一方面,利用一切可能的时机和渠道,向政府有关部门反映经济生活中的实际情况和要求,主动提出政策建议或方案供政府决策参考,提高政府行为的合理性、有效性。

(2) 熟悉政府机构的内部层次、部门职能和办事程序,这样可以提高办事的效率。

(3) 利用一切机会扩大企业在政府部门的影响和信誉。如利用新项目奠基的机会邀请政府有关领导参加奠基仪式。通过这样的活动可以提高政府对企业的信心和重视程度,以便在政策上获得政府的支持。

(4) 正确处理企业利益与国家利益的关系。不能为了企业利益而不顾国家的大利益,甚至损害国家利益,杜绝偷税漏税等违法行为的发生。

3. 企业与新闻界的关系。新闻界指报纸、电视台、电台等大众传播媒介机构。新闻界通过新闻报道、新闻评论、开展社会讨论等形式来引导公众舆论。新闻界既是企业处理对外关系的一个重要媒介,同时也是企业对外关系中的一个重要方面。企业可以借助新闻界迅速扩大影响,塑造自己的良好形象,加强与政府、消费者等外界间的沟通。但是,如果企业社会舆论不利,则可能扼制企业的生存和发展机会。新闻界对企业有一定的监督作用。因此,企业与新闻界的关系是一种只能搞好、不能搞坏的重要关系,必须认真对待。企业协调与新闻界的关系,应注意以下三点:一是尊重新闻界人士,了解他们的工作性质和工作方式,给予工作上的方便和合作,提供真实信息,一方面宣传自己,另一方面也为新闻界提供了新闻源。二是与新闻界的沟通、联络应保持经常性,增进双方的相互了解和信任。三是根据新闻媒体的特点、背景选择合适的新闻中介。

4. 企业与社区的关系。社区是指人们共同生活的一定区域,如城镇、街道等。任何组织都是在一定的社区中生活的,因而必然与社区及社区中的社会公众发生种种联系。这就要求企业必须从多方努力,搞好与社区的关系,以取得社区的支持,使企业能够顺利地发展。企业之所以要建立和维持与社区之间良好的关系,是因为企业可以从社区那里得到以下帮助或资源:一是可靠的后勤服务,如水、动力、交通条件等,这样可以减轻企业的一些负担,避免了"大而全"、

"小而全"和企业办社会所带来的种种弊端;二是为员工创造良好的生活环境;三是充足的劳动力资源;四是扩展一定的消费和购买力。出于以上对社区的需要,企业希望建立并维护良好的社区关系,以保证企业顺利运转。而社区是否接受企业,取决于企业能否给社区带来利益。一般来说,除了缴纳税金、提供产品或服务外,企业还可以给社区带来以下利益:维护社区环境,增强社区吸引力;支持社区公益活动;维持社区稳定;促进社区经济发展等。

企业社区化是建立和维持良好社区关系的根本方法。企业社区化是指通过接受、吸取社区文化并以自己的行为反作用于社区,从而使企业被社区公众接受、爱戴并融为社区一员。在实现企业"社区化"的过程中应注意以下三点:

(1) 加强企业与社区之间的沟通,使企业了解社区的政治、经济、文化背景,并能够及时掌握社区对企业的看法和要求,促进企业改善经营管理;同时,也使社区全面了解企业的宗旨、目标和特色,促进相互理解、相互信任关系的建立。

(2) 企业要像爱护自己的家园一样爱护社区,拿出适当的人力、物力促进社区建设,在生产安全、环境卫生、社会秩序、公共设施、社区活动等方面发挥中坚作用,担负起自己应尽的社会责任,从而树立一个"合格公民"的良好形象。企业要遵纪守法,防止发生任何危害社区公众利益的行为。

(3) 妥善处理与社区间的冲突、摩擦。再好的关系也难免发生摩擦、冲突。当问题发生时,企业必须认真、妥善地给予处理。处理问题要在相互理解和尊重的基础上进行,要以社区整体利益为出发点。

## 第三节 协调的途径与手段

### 一、协调的途径

协调是通过寻求共识、资源共享,争取共和,实现共赢。不协调的直观表现是行动方面的不衔接、不和谐,甚至公开冲突对抗。前美国管理学院院长 W. H. 纽曼认为,组织中的矛盾产生于对不充裕的资源的竞争、固有的矛盾、由于工作性质不同而产生的矛盾、个人价值观与目标的千差万别、含糊不清的组织结构。按照行为科学中个人及组织动机的理论,社会主体的行为受其利益、认知和情感的支配,社会各方行动的不协调可以因利益、认知的不一致和情感障碍造成。

矛盾冲突是由于利益不一致引起的,例如,零部件分厂的产品作价高,对自身有利,但对总装厂则不利,于是就会围绕价格产生矛盾。有时社会主体之间根本利益是统一的,但认识上不一致,也会引起矛盾冲突。例如,企业内销售部门认为某项产品毫无前途,而开发部门认为存在潜在的市场,因此,努力去搞研制,这就形成了一种不协调。感情上的隔阂也会引起冲突。即使利益、认识都没有分歧,但在行动上不能很好地相互配合,也存在行动失调的可能。

可见,协调的基本途径就是调整利益格局,改变认知结构,调和各方情感,直至调节各方行为。

1. 调整利益格局。某企业各地区分公司互相抢市场,不惜提高销售成本、降低销售价格,使各分公司利润及总公司利益均受到损害。后来总公司明确规定,重新划分市场,统一销售价格策略,一个分公司负责一个销售区域,解决了"互相自残"的问题。

2. 改变认知结构。20世纪初,劳资双方都认为只有削减对方的利益才能增加自己的利益。为此,资本家不断提高劳动定额以增加利润,工人则通过消极怠工予以对抗,结果生产效率上不去,劳资双方都受到了损害。泰勒倡导的科学管理运动,要求雇主和工人都改变认知,在不增加劳动强度的前提下,改进工作方法,制定合理定额,大家一起努力提高生产率,"把蛋糕做大",就可以实现共同繁荣。泰勒的主张被一些企业的劳资双方接受,结果工人工资增加了,资本家的利润也提升了。

3. 调和各方情感。日本丰田公司劳资双方于20世纪60年代共同发表宣言,提出通过汽车产业的兴盛,为国民经济发展作出贡献;劳资关系以相互信任为基础;通过提高劳动生产率,以维持企业的繁荣,改变劳动条件。该公司经常举行车间恳谈会、劳资恳谈会、劳资协议会,组织各种社团和文化体育活动,联络上下左右感情,使劳动关系处于一种比较和谐的状态,因而生产率也就有了保证。

4. 调节各方行为。例如,通过完善工作程序、工作标准和管理制度,或者通过召开调度会,使各车间、各班组及有关职能部门的工作配合得更好。

## 二、协调的手段

协调的具体手段包括组织手段、计划与控制手段、沟通协商手段以及文化情感手段等。

### (一)协调的组织手段

1. 编写《组织手册》。明确规定各级领导、各部门的责任和权力界限,完善工作程序、工作标准和交接制度,减少扯皮和权力交叉引起的矛盾。

2. 建立联盟。企业之间的协调可以实行纵向一体化联合或横向联合,如成立企业集团,形成命运共同体,以实现紧密合作。总部设在巴塞尔的瑞士两大化工集团——汽巴嘉基和桑多士在1996年合并成立诺瓦尔蒂斯化工医药集团,节省了两公司原来的重叠开发投资,加强了该公司药品、农药、营养保健品等方面在国际市场上的竞争力。

3. 建立互助和自律型组织。例如,英国金融业的监管主要不是靠政府,而是依靠自律组织,如证券和投资委员会,该委员会的董事会由投资领域的公司高层人士及某些代表客户利益的人士组成,该委员会负责制订规则,并可向法庭起诉违反投资规则的个人或公司。商会、工会也属于互助和自律型组织,商会的作用是防止不正当竞争,减少同业之间的恶性冲突。

4. 发挥非正式组织的作用。例如,周而复的小说《上海的早晨》中,一群企业界精英通过星期聚餐会形成沟通信息,会商联合行动;丰田公司的同乡会、同学会、桥牌俱乐部、书法协会,把不同等级、不同部门的人员结合在一起,既联络了感情,又沟通了信息。

5. 建立协商、调解和仲裁机构。国际上有世界贸易组织、海事法庭等机构调解和仲裁国际争端;企业内劳动关系既可以通过劳动争议调解委员会协商解决,也可申请劳动争议仲裁委员会仲裁。

6. 组织隔离。例如,通过中间人调解矛盾;在厨师和餐厅服务员之间采用书面点菜单联络,避免产生"指挥关系"造成的紧张。

(二) 计划与控制手段

企业内部各部门、各岗位之间合作以及多企业联合作业的问题,相当一部分可通过完善计划和控制解决。

1. 通过承包合同和目标管理协调。通过将总目标层层分解落实到各部门、各岗位,在承包合同中明确规定其任务完成的质、量、时以及成本费用限额,就可减少许多扯皮和矛盾。

2. 程序化和标准化。对于一些需要若干部门配合完成的作业,应尽量明确规定先后程序及作业标准,如首钢为保证年度生产经营计划的编制质量和进度,除明确规定主管科室计划处各岗位的责任、工作程序,还明确规定各处室计划衔接的时间,从而保证总的计划进度。

3. 联合办公与直接调度。例如,为加快引进外资的进度,政府组织税务、环保等部门联合办公;企业根据计划及实际执行情况或新的形势要求,对有关部门直接下达改变行动的指令。

(三) 沟通协商手段

沟通与协商是协调的常用手段。具体做法是,针对利益上的矛盾,通过协商,寻找共同点或者大家都能接受的平衡点,避免、消除行动的冲突。协商谈判与沟通的不同之处是,前者有明显的利益冲突,通过调整利益格局减少冲突、加强合作;后者的重点是改变认知结构,以实现和解合作。

协商谈判有时甚至是协调的基本手段,推销员与顾客、采购员与供应商就价格及服务项目进行谈判;企业界与政府就某项新税制、国有企业总经理与政府官员就承包指标及资源保障谈判。劳资双方就工资福利进行谈判。杰勒德·I.尼尔伦伯格在《谈判的艺术》一书中写道:"事情既然可以谈判解决,那又何必大动干戈呢?"

(四) 文化与情感手段

协调也可以通过文化与情感手段实现。

1. 通过体验，增加合作意识。许多专家认为日本企业内部合作优于美国企业，这与日本企业干部实行轮岗制度有关，一个干部长期在某个部门工作，容易产生本位主义，如果轮流在市场、生产、财务等部门任职，就能增强全局观念及合作意识。

2. 通过教育，灌输、培育合作意识。如宝钢坚持灌输服务意识，提出管理要为基层服务，后勤要为第一线服务，上工序要为下工序服务，形成了我为别人服务、别人为我服务的紧密合作的氛围。

3. 通过感情投资，减少合作障碍。例如，干部关心职工生活，职工对利益也不会斤斤计较；平时感情基础好，就可以互谅互让、相互支持。

## 复习思考题

1. 什么是协调？为什么需要协调？协调有什么作用？协调有哪些要求？
2. 协调有哪些应该遵循的原则？组织内部协调的内容是什么？
3. 协调与其他管理职能之间有什么关系？
4. 组织与外部协调的内容有哪些？组织如何建立良好的对外公共关系？它对组织的生存和发展有什么作用？

## 案例分析

### 中国引进高铁技术的底线①

经过长期论证，2004年6月17日，《人民铁道》和中国采购与招标网同时发布招标公告：中国决定采购时速200千米的铁路电动车组共计10包200列。公告明确了招标公司和投标人资格，投标主体是国内企业，但它必须取得国外先进技术的支持。

当时，世界上掌握成熟高速动车组设计和制造技术的企业是德国西门子、法国阿尔斯通、日本川崎重工和加拿大庞巴迪等几家，它们在华都有合资公司，因此，都希望以合资公司为主体投标。当时铁道部明确拒绝了这一要求，坚持外方向中国企业全面转让技术，让国内企业自己掌握核心技术，最终实现国产化，这就是合作的底线。

最初中国铁道部与拥有高铁技术的日本车辆制造（日车）及日立制作所洽商，但它们拒绝向中国出售车辆及技术转移。其后中方改向川崎重工业洽商，当时川崎重工业因销售业绩并不理想，愿意出售新干线技术给中国，最初遭到JR东日本、日车及日立反对，后经一轮谈判，取得对方理解和默许，最后决定向中国出售E2系车辆及转让技术。当时，国内网站上出现抵制日本动车组的呼声。如果排斥日本供应商，投标竞争将会明显减弱，不利于维护国家利益。铁道部和

---

① 《中国高铁诞生与成长：单位造价约1公里1亿》，新华网，2010年2月25日。

国家有关部门做了大量的引导工作,保证了招标工作按计划推进。

德国西门子公司的"维拉罗 E"时速 350 千米动车组,是当时世界铁路商业运营中速度最快、动力最大的一种成熟高速列车,但西门子向中国合作企业长春轨道客车股份公司开出"天价":每列原型车的价格 3.5 亿元人民币,而技术转让费高达 3.9 亿欧元,相当于 39 亿元人民币。此外,它们对标书不响应之处多达 50 余项,于是西门子被中国排除在外。随后,该公司股票狂跌,总裁引咎辞职,在中国的谈判团成员也全部被撤职。2005 年,败走麦城的西门子又回到中国,参加铁道部第二轮时速 300 千米以上动车组的竞标。中方给出更严格的条件,最后西门子完全接受中方的技术转让方案和价格方案,与唐山轨道客车有限公司进行合作。

这次招标,中国高铁列车同时引进了四家的先进技术,这为日后的国产化道路打下了基础。

问题:结合案例,请谈谈协调的基本要求和原则。

# 第十四章 控 制

【学习要求】

通过本章学习,理解控制的概念和作用,了解控制与其他管理职能之间的关系;知道控制系统的构成要素,掌握基本的控制类型及其适用特点;掌握控制的基本前提,明确控制的基本过程;掌握有效控制的基本原则;了解人们反对控制的原因、表现形式和管理者对待人们抵制控制的方法;熟悉各种常见的控制方式;清楚各种控制方式、控制方法的特点和适用场合,并能根据组织活动具体的控制需要选择适当的控制方式和控制方法。

计划工作是管理的首要职能,管理工作一般都从计划工作开始。而要做好计划工作,就需要依据科学的预测与决策,确定组织的目标,制订可实施的工作计划,然后组织和领导计划的实施。但是,要想弄清计划实施的结果如何、计划所确定的目标是否得以顺利实现,甚至计划本身制定得是否科学,就需要开展有效的控制工作。

## 第一节 控制与控制系统

管理工作是一个持续的过程,不可能总是在最理想的状态下进行,总会出现这样或那样的偏差,管理工作必须要有控制系统,要不断地防止和纠正工作过程中出现的偏差,这样才能确保管理工作能够持续进行。控制贯穿于整个管理过程。

### 一、控制的含义

关于控制的定义,管理学家们有很多不同的说法。法约尔认为,控制就是监视各人是否依照计划、命令及原则执行工作;霍德盖茨认为,控制就是管理者将计划的完成情况和目标相对照,然后采取措施纠正计划执行中的偏差,以确保计划目标的实现;孔茨则认为,控制就是按照计划标准衡量计划的完成情况和纠正计划执行中的偏差,以确保计划目标的实现;谢默霍恩认为,控制是衡量工作绩效、对比成果与目标并且必要时采取纠正措施的过程。可见,控制是指管理人员监视各项活动以保证它们按计划进行并纠正各种显著偏差的过程。控制的实质就是使工作按计划进行，或者只对计划作适当的调整，以确保组织的目标以及为此而拟订的计划能够得以实现。

控制的基础是信息。一切信息传递都是为了控制，而任何控制都有赖于信息反馈来实现。信息反馈就是由控制系统把信息输送出去，又把其作用结果返送回来，并对信息的再输出发生影响，起到控制的作用，从而达到预定的目的。

控制有三个基本要素：

1. 控制标准。人们总希望管理工作按照计划顺利进行下去，计划就是控制的标准。此外，要保证管理工作顺利进行，还必须具备很多其他条件，因而，就有其他标准，各种政策、制度、规范、规则、程序、准则，流程、纪律等都是管理工作的控制标准。

2. 偏差信息。偏差信息即实际工作情况或结果与控制标准之间的偏离情况。只有掌握、理解了偏差信息，才能决定是否采取纠正措施以及采取怎样的纠正措施。

3. 纠正措施。偏差超过控制标准就要采取纠偏措施。并非一有偏差就需要采取纠正措施，纠正措施通常是在偏差超过标准时才采取。而且，只有当纠正措施的投入产出效果令人满意时，采取纠正措施才是必要的。

## 二、控制与计划、组织和领导的关系

控制工作存在于管理活动的全过程中，与其他管理职能紧密地结合在一起，它不仅可以维持其他职能的正常活动，而且在必要时还可以通过采取纠正偏差的行动来改变其他管理职能的活动，使管理过程形成一个相对封闭的闭路系统。

1. 控制与计划。控制是对管理系统的计划实施过程进行监测，将监测结果与计划目标相比较，找出偏差，分析其产生的原因，并加以处理。由此可见，控制和计划息息相关，要准确理解控制的含义，必须把它放在与计划工作的联系中加以说明。如果说管理的计划工作是谋求一致、完整而又彼此衔接的计划方案，那么管理控制工作则是使一切管理活动都按计划进行。

计划和控制是一个问题的两个方面。计划产生控制的标准，是控制的前提；而控制是计划目标能够实现的保证。一旦计划付诸实施，控制工作就必须跟随、穿插其中，衡量计划的执行进度，揭示计划执行中的偏差以及指明纠正措施，以保证对工作发展态势的控制。计划越明确、全面和完整，控制的效果也就越好；反之，控制越是完善，管理者实现组织计划的目标就越容易。两者的关系具体表现在：（1）一切有效的控制方法就是计划方法，例如预算、政策、程序和规则，这些控制方法同时也是计划方法或计划本身。（2）之所以需要控制，是因为要实现目标和计划，控制到什么程度、怎么控制都取决于计划的要求。（3）控制职能使管理工作成为一个闭路系统，成为一个连续的过程。

一般情况下，控制工作既是一个管理过程的终结，又是一个新的管理过程的开始。控制工作不仅限于衡量计划执行中出现的偏差,更在于通过采取纠偏措施把那些不符合计划要求的管理活动引回到正常的轨道上来,使组织系统稳步地实现预定目标。纠偏措施有可能很简单,但在更多的情况下纠偏措施可能涉及需要重新拟订目标、修订计划、改变组织结构、调整人员配备并对指导或领导方式做出重大的改变等。这实际上又是一个新的管理过程的开始。从这个意义上说,控制工作不仅是实现计划的保证,而且可以积极地影响计划工作。

2. 控制与组织。要进行有效的控制,必须要有组织的保证,同时控制还必须反映组织结构的类型。组织职能是通过建立一种组织结构框架,为组织成员提供一种适合默契配合的工作环境。因此,组织职能的发挥不但为组织计划的贯彻执行提供了合适的组织结构框架,为控制职能的发挥提供了人员配备和组织机构,而且组织结构的确定实际上也规定了组织中信息联系的渠道,为组织的控制提供了信息系统。如果目标的偏差产生于组织上的问题,则控制的措施就要涉及组织结构的调整、组织中的权责关系和工作关系的重新确定等方面。在控制进行过程中,我们必须知道组织在计划实施中发生的偏差情况以及采取纠偏行动的职责应归属于谁。如果各级组织机构职责不明确,承担偏差产生责任的部门和采取纠偏措施的部门就无法确定。因此,组织机构越明确、全面和完整,所设计的控制系统越符合组织机构中的职责和职务的要求,控制工作就会越有效果。

3. 控制与领导。控制要有效进行,还必须配备合适的人员,必须给予正确的指导和领导,必须调动广大参与者的积极性。领导职能是通过领导者的影响力来引导组织成员为实现组织的目标而做出积极的努力。这意味着领导职能的发挥影响到组织控制系统的建立和控制工作的质量。反过来,控制职能的发挥又有利于改进领导者的领导工作,提高领导者的工作效率。

一个有效控制系统的形成,还必须依赖于管理者的充分授权。在处理人际关系时,许多管理者认为授权是一件非常困难的事,其主要原因是由于管理者对下属的决策负有最终的责任,他害怕下属犯了错误而由他来承担责任,从而使许多管理者试图靠自己做事以避免授权给他人。但是,如果通过建立反馈机制,形成一种有效的控制系统,能积极、有效地提供授予了权力的下属工作绩效的信息和反馈,这种不愿授权的思想负担可以大大减轻。

## 三、控制的目的及作用

前面已经提到,控制与管理的其他职能紧密结合在一起,使管理过程形成了一个相对封闭的系统。法约尔指出,控制必须施之于一切的事、人和工作活动。这是因为,即使有完善的计划,有效的组织与领导,都不能确保管理系统的目标一定能自动达到,都需要控制予以督促;工作是由人来完成的,因个人才能、动机和态度的不同,在执行同样的工作任务时往往出现不同的结果;计划是事先制定的,本身因环境变化也需要修正,这些都需要控制这个职能来加以管理。图14-1显示了控制的基本作用,良好的控制系统能防止上述各种问题的产生,使管理的各项职能朝着既定的目标前进。

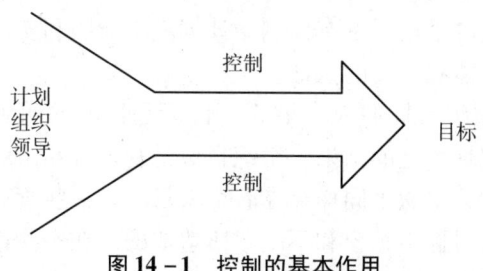

图14-1　控制的基本作用

在现代管理活动中，控制要达到的第一个目的（也就是控制的基本目的）是"维持现状"，即在变化着的内、外环境中，通过控制工作，随时将计划的执行结果与标准进行比较，若发现有超过计划容许范围的偏差时，及时采取必要的纠正措施，以使系统的活动趋于相对稳定，实现组织的既定目标。

控制要达到的第二个目的是"打破现状"。在某些情况下，变化的内、外部环境会对组织提出新的要求。主管人员对现状不满，要改革创新，开拓新的局面。这时，就势必要打破现状，即修改原定的计划，确定新的现实目标和管理控制标准，使之更加合理，从而符合变化了的新的形势。

在一个组织中，往往存在两类问题：一类是经常产生的可迅速、直接地影响组织日常经营活动的"急性问题"；另一类是长期存在、影响组织素质的"慢性问题"。解决急性问题，多是为了维持现状。而打破现状，多须解决慢性问题。在各级组织中，大量存在的是慢性问题，但人们往往只注意解决急性问题而忽视了慢性问题。这是因为，慢性问题是在长期活动中慢慢形成的，产生的原因复杂多样，人们对这些问题已经习以为常，见惯不怪，不可能发现或者即使已经发现也不愿意承认和解决由于慢性问题所带来的对组织素质的影响。而急性问题是经常产生的，对多数人的工作和利益会产生显而易见的影响，故容易被人们发现、承认和解决。因此，要使控制工作真正起作用，就要像医生诊治疾病那样，重点解决慢性问题，打破现状，求得螺旋形上升。

尽管在日常管理活动中控制工作的目的主要是上述两个，但进行控制工作的最佳目的是防止问题的发生。这就要求管理人员应当向前看，把控制建立在前馈而不是简单的信息反馈的基础上，在不应发生的偏离计划的情况出现以前就能预测到并能及时采取措施加以防止。

具体而言，控制职能的作用体现在三个方面：

1. 控制是完成计划的重要保证。计划是全部管理职能中最基本的一个职能。可以通俗地将计划概括为六个方面，即做什么（What）、为什么做（Why）、何时做（When）、何地做（Where）、谁去做（Who）和如何做（How），简称为"5W1H"。

一个完整的计划是组织内高层、中层和基层三级管理人员共同努力的结果。

计划是控制的依据，没有计划就不存在控制。如果不先考虑计划以及计划的完善程度就试图去控制的话，是不会有效果的。

控制是实现计划的手段，没有控制，计划就不能顺利实现。只有有效地实行控制，计划的实现才能有切实的保证。

2. 控制是实现组织目标的根本措施。目标是目的的明确化、具体化。组织有目标——它期望实现一定的结果。组织目标是管理者和组织中一切成员的行动指南。除了组织目标，组织中同样存在着个人目标。一些管理问题的产生往往是由于组织目标和个人目标不相容和不一致所造成的。在一些组织中，目标落实在书面上，但更多的是它们只不过是在人们中间形成的一个总体认识。

目标是控制活动的出发点与归宿点。没有明确的目标，管理是杂乱的、随意的，如果在管理工作中找不到一个明确的目标，那么任何人和任何集体都不能期望有效地完成任务。

控制是以计划为依据的，但控制的最高宗旨是实现组织的目标。在计划的实际执行中会出现一些难以预料的情况，造成实际工作与计划不符的偏差，有些是工作偏差，应服从计划加以调整；有些是计划偏差，则应服从实际情况加以纠正。控制具有调整和纠正这两种偏差的职能，这不仅保证了计划的实现，而且也是对计划的完善和补充，从而在根本上保证了组织目标的实现。

3. 控制是改进工作的有效手段。控制是对实际活动的反馈所做出的反应。这里的反馈反映出实际工作偏离了计划、偏离了组织目标或原制定的计划不符合实际。

当采取措施加以纠正和调整后，各项工作就会得到改进。如失去控制，工作没有改进，就难以保持正确的工作方向，无法提高工作的效率。

认识并纠正错误是管理水平提高的重要标志，同时也是组织不断完善、不断发展的必要前提，而控制则是组织发现错误、纠正错误的重要手段。

概括而言，控制工作的重要性就是保证组织活动有条不紊地进行，以达到组织目标的实现。一个组织若是缺少控制或有效的控制，就会产生混乱，甚至偏离组织正常活动的轨迹。

## 四、控制的前提

在管理中，控制有着极为重要的作用，为了保证控制职能的发挥，有三个基本前提是要充分考虑的。

1. 要有明确的计划和目标。控制要有计划包含以下两方面内容。一是控制要以计划为依据。即控制之前必须先有计划，没有计划无从控制。计划越全面、完整，控制工作的目标就越明确，效果也会越好。二是控制工作自身也应拟订计划，确定控制工作的目标、重点、要求、进度以及各种控制形式的正确使用和各种控制手段运用上的协调一致等。控制工作自身缺乏计划，软弱无力、混乱不堪，使控制工作放任自流，难以取得好的效果。同时，控制活动本身是为达到某个计划目标而采取的保证措施。目标决定控制活动的内容，没有目标，控制就没有意义。比如，库存控制的目标是使库存量维持在某一定量的水平上，库存控制活动就是围绕这一目标进行。当库存量在目标水平线上下波动时，则应采取相应的措施，使库存量回复到目标水平线上。一般来说，目标越明确、越具体，控制效果就越显著。

2. 要有责权分明的组织结构。任何一项工作都是由许多部门共同合作完成的，何部门、何职位、何人来负责何种控制工作都应有明确的规定，即要有分工明确的组织结构。控制工作的计划设想再好，如无特定的组织机构来负责，那仍然是不落实的。不设立专职机构和专职人员，而期望很好地完成控制工作，无论从理论上还是实践上都证明是行不通的。如果责权分明，每件事都有专门的机构负责，信息能有效、畅通地传输，控制活动就易于开展。一旦发现偏差，马上就能判断偏差出在哪里，由哪个部门负责，以便及时采取措施纠正。否则，各部门不能切实地负担起自身的工作，出现偏差无法发现，或者发现了偏差也无法及时反馈、及时采取措施，以至于出现失控局面，给整个组织带来损失。同样，组织结构越明确、越完整，其控制效果也越明显。

3. 要有科学的控制方法和手段。控制的目的是使实际运行情况和计划方案相一致。而实际运行情况却需要通过一定的控制方法才能得到，如果发现偏差，纠偏措施也是通过一定的控制方法和手段来实现的。在实际控制过程中，应根据具体的控制目标采取相应的控制方法，才能取得较好的控制效果，否则就会事倍功半。

## 五、控制系统

汽车需要控制系统才能确保正确的行驶。任何组织，如果没有一个与之一致的管理控制系统，都无法有效地贯彻它的战略。组织中的控制活动是通过组织的控制系统来完成的，而控制系统主要包括以下四个方面：第一，控制的目标，即进行控制活动的目的取向，也是进行控制活动的依据。第二，控制的主体，即各级管理者及其所属的各职能部门。第三，控制的对象，控制系统控制的对象应是组织的整个活动。第四，控制的方法和手段，即为达到有效的控制，所采用的各种科学方法和手段。

管理控制系统的基本结构如图 14-2 所示。

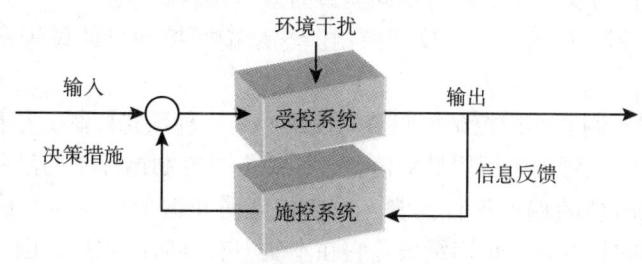

图 14-2　管理控制系统的基本结构

例如，企业管理系统作为一个控制系统，是由决策领导层及计划编制者组成的施控主体以及分厂或车间生产者组成的受控客体构成的。计划部门根据决策领导层确定的经营目标，经过分解将指标下达到各个生产单位，即施控主体作用于受控客体，这就是控制作用。各个分厂、车间生产的产品是否按质、按量、按期实现了计划，在市场上的销售状况如何，顾客有何反映，情况有何变化，这些信息需要反馈到计划部门，同计划目标进行对比，找出偏差加以调整或纠正，即受控客体反作用于施控主体，这就是反馈作用。同时，系统存在于环境之中，它与环境相互作用、相互制约。

在具体研究一个管理控制系统时，还应当明确被控对象是什么、被控变量有哪些。如库存控制系统的被控对象就是仓库，而被控变量就是库存量。能根据被控变量的实际值和预期值之间的偏差，对被控对象施加控制作用以减少偏差的控制机构由偏差测量机构、决策机构和执行机构组成。偏差测量机构可以是计算装置，它应能连续不断地测定实际值与预期值之间的偏差。决策机构是核心机构，它能根据偏差做出控制决策。执行机构执行纠正偏差的决策命令，作用于被控制对象。

上面考察的控制形式是将控制对象与控制机构明确地区别开来，在这种情况下，所涉及的是外部机构对于对象的控制。但是，控制并不总是由外部机构来实施的。在管理中，很多控制是自我控制，即人们以自己的方式行事。自我控制是一种内部控制，因为在同一个人身上集中了控制的原因和理由。就管理控制而言，在大部分情况下内部控制与外部控制相配合。管理控制的负责人也被视作其希望控制的对象的一部分，他实施的是一种自我控制。而且，从本质上来说，管理控制更倾向于让管理负责人自己来组织已经发生偏差形势的纠正。只不过我们主要讨论的是管理控制过程的正规问题。

## 第二节 控制过程

### 一、控制的类型

按照不同的分类方法，就有不同类型的管理控制。

1. 前馈控制、现场控制和反馈控制。这是按照控制点的位置或纠正措施的环节来划分的。

（1）前馈控制。前馈控制也叫事先控制，是一种预先控制，是在活动开始之前实施控制，即主管人员运用最新信息，包括上一控制循环中的经验教训，对尚未出现但可能出现的偏差进行预测，采取措施防止偏差的发生，确保目标的实现。前馈控制的目的是保证高绩效，它在本质上有预防的作用，因此，它属于一种预防性控制，它的工作重点并不是控制工作的结果，而是克服某些干扰或适应环境的变化提前采取各种预防性措施,包括对投入资源的控制、主动修正指令,以防止工作过程中可能出现的偏差,保证预期目标的实现。可以通过提出一个重要的但是经常被忽视的问题来减少以后出现的问题:在开始之前,我们需要做些什么?例如,在麦当劳公司,食物成分的预先控制就是前馈控制,在公司的质量管理中起到了举足轻重的作用;在企业中制定一系列规章、制度让职工遵守,从而保证工作的顺利进行;为了生产出高质量的产品而对原材料质量进行的入库检查;职工的岗前培训等。这些都属于前馈控制。

前馈控制是一种面向未来的控制,它具有许多优点:首先,从理论上讲,它是人们最乐于采用的类型,因为它能避免预期问题的出现,有防患于未然的效果;其次,前馈控制适用于一切领域中的所有工作,如企业、医院、学校、军队都可以运用这种控制方法,其适用范围很广;最后,前馈控制是在工作开始之前,针对某项计划行动所依赖的条件进行控制,不针对具体人员,因而不会造成心理抵触,易于被职工接受并付诸实施。

但是,由于未来的不确定性,要实行切实的前馈控制也不是一件容易的事情,它需要及时和准确的信息,必须对整个系统和计划有透彻的分析,懂得计划行动本身的客观规律性,从而建立前馈控制的模式,经常注意保持它和现实情况相吻合,并且输入变量数据,估算它们对预期的最终成果的影响,还要采取措施以保证最后结果合乎需要。由于管理人员不可能完全把握未来会发生的所有事件和可能导致的结果,因此,虽然前馈控制有许多优点,但在管理工作中也不能完全代替其他类型的控制工作。

(2)现场控制。现场控制是指在某项活动或工作进行过程中,在现场及时发现存在的偏差或潜在的偏差,即时提供改进措施以纠正偏差的一种控制方式。由于它是组织活动进行过程中同期发生的控制,因而又称为同期控制。与前馈控制和反馈控制相比,现场控制活动往往是在偏差已经或将要出现但尚未造成严重后果的情况下进行的,它可以分析研究造成偏差的根源,并预测偏差发展的可能方向,然后做出控制。

现场控制一般表现为两种方式:一是主管人员深入现场检查和指导下属的活动,它包括适当的工作方法和工作过程的指导,监督下属工作,发现偏差督促纠正;二是表现为基层工作人员的日常自我工作控制,控制的对象就是自我的操作控制过程。现场控制能及时发现偏差、及时纠正偏差,既是一种较经济、有效的控制方法,也是一种难度较大的控制方法。由于现场控制对已经出现的偏差要进行即时纠正,需要对实时信息做出及时的反应,因而对主管人员的管理水平和领导能力要求较高,它要求控制人员具有敏锐的判断力、快速的反应能力以及灵活多变的控制手段,同时要注意避免凭主观意志进行控制。更要注意的是,即使是现场控制,从发现偏差到纠正偏差也需要花费一段时间,故其控制效果有时也非完全的现时控制。

现场控制的有效性需要信息采集方便和传递快捷,这也就要求组织建立完善的信息网络和必要的计算机信息系统,并在管理制度上建立严格的信息收集、分析和报告体系，确保信息传递的迅速以及纠偏、调节措施的及时。

虽然现场控制效果明显，纠偏有力，但现场控制也有许多弊端。首先，运用这种管理方法容易受到管理者的时间、精力、业务水平的制约，管理者不能时时事事进行现场控制，只能在关键工作上予以使用。其次，现场控制的应用范围较窄。对生产工作容易进行现场控制，而对那些问题难以辨认、成果难以衡量的工作，如科研工作、行政管理等，几乎无法进行现场控制。最后，现场控制容易在控制者与被控制者之间形成心理上的对立，容易影响被控制者的工作积极性和主动性。所以，现场控制一般不能成为日常性的主要控制方法，而只能是其他控制方法的补充。

在现场控制中，管理当局授予主管人员的权力使他们能够使用经济的和非经济的手段来影响其下属。控制工作的标准来自计划工作所确定的目标、政策、战略、规范和制度。

现场控制的内容应该与被控制对象的工作特点相适应。例如，对简单重复的体力劳动可以实行严格的监督，而对创造性劳动，应为其创造宽松的工作环境。

在现场控制中，控制工作的有效性取决于主管人员的个人素质、个人作风、指导的表达能力以及下属对这些指导的理解程度。其中，主管人员的"言传身教"具有很重要的意义。

在现场控制中，主管人员必须避免单凭主观意志进行工作。主管人员必须注意提高自身素质，亲临第一线进行认真细致的观察和监督，以控制标准为控制的依据，服从组织原则，遵从正式指挥系统的统一指挥，逐级实施控制。

（3）反馈控制。反馈控制是管理控制中最常见的控制类型，其控制作用产生于行动之后，所以也称为事后控制或成果控制。它是活动完成后，主管人员根据已发生的情况分析工作的执行结果，将它与控制标准相比较，从中发现已经出现或即将出现的偏差，在分析原因的基础上采取措施纠正偏差，以防止偏差继续发展或在以后的工作中再次发生；或者是在组织内外部环境条件已经发生重大变化而导致原定标准和目标脱离现实时，采取措施调整修正计划。如企业根据业绩对管理人员实施的奖惩，企业对不合格产品进行淘汰，发现产品销路不畅而减产、转产或加强促销等，都属于反馈控制。

反馈控制的优点是：首先，反馈控制可以根据工作的实际结果对工作进行评价，既易于工作人员接受，也有利于管理人员采取有效和有力的措施改进管理工作。例如，反馈控制可以为管理者提供关于计划的效果究竟如何的真实信息，如果反馈显示标准与现实之间只有很小的和可接受的偏差，说明计划的目标达到了；如果偏差很大，管理者就应该利用这一信息发现问题，调整计划，追究责任，实施惩戒，使新计划的制定和执行更为有效。其次，反馈控制可以增强员工的积极性。因为人们希望获得评价他们绩效的信息，并据此来调整自己未来的行为，而反馈正好提供了这样的信息。

反馈控制的不足是：反馈控制存在时间滞后性，当管理者获取信息时，可能的失误和损失已经发生，弥补的措施只能在新的工作中产生效果，成语"亡羊补牢"就是对反馈问题和工作效果的很好描述。虽然反馈控制存在这样的问题，但在实际工作中，比较而言，反馈控制依然是控制活动中运用得最多的一种控制方式。在管理中使用最多的反馈控制有财务报表分析、生产成本分析、产品质量检验和组织成员绩效测评等。

图14-3揭示了三种控制方式的关系，在实际控制过程中，我们应根据工作的重要性，结合不同控制的特点，选择恰当的方式。控制并不是管理的最后环节，它伴随着计划的执行、生产或服务活动的展开而展开，并且控制将上一次活动的信息反馈给下一次的工作，从而开始新一轮的管理控制。

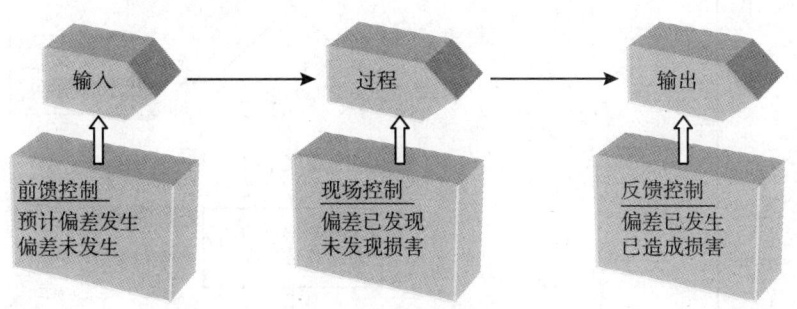

图14-3 控制的类型

可以看出，这三种控制方式的控制重点各不相同：前馈控制重在资源，包括人、财、物等；现场控制重在进行的活动，多为工作过程；反馈控制是对已结束工作的资源投入、工作过程进行评价，用于对下一次活动的开展进行控制。

2. 直接控制与间接控制。

（1）直接控制。直接控制是指通过提高主管人员素质，使他们改善管理工作，从而防止出现因管理不善造成不良后果的一种控制方式。

这种控制方式的特点是，通过培训等形式，着力提高主管人员的素质和责任感，并在控制过程中实施自我控制。

（2）间接控制。间接控制是指根据计划和标准考核工作的实际结果，分析出现偏差的原因，并追究责任者的个人责任以使其改进未来工作的一种控制方法，多见于上级管理者对下级人员工作过程的控制。

这种控制方式是建立在如下假设基础上的：一是工作成效是可以计量的，因而也是可以相互比较的；二是人们对工作任务负有个人责任，个人责任是清晰的、可以分割的和相互比较的，而且个人的尽责程度也是可以比较的；三是分析偏差和追究责任所需的时间、费用等是有充分保证的；四是出现的偏差可以预料并能及时发现；五是有关责任单位和责任人将会采取纠正措施。

## 二、控制的过程与步骤

从管理控制的实施上看，组织的管理控制大致包括确立控制标准、衡量实际绩效和纠正偏差三个阶段，这三个阶段的有序结合构成了完整的管理控制过程（如图14-4所示）。

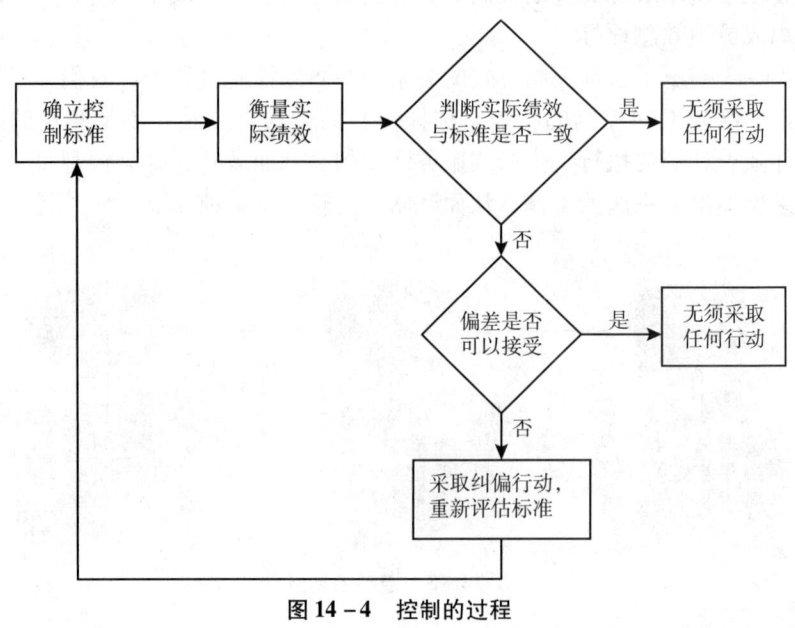

图14-4 控制的过程

## （一）确立控制标准

确立控制标准是控制过程的起点，如果没有控制标准，衡量实际绩效和纠正偏差将失去客观依据。控制标准是控制过程中对实际工作进行检查的衡量尺度，是实施控制的必要条件，对计划工作和控制工作起着承上启下和连接的作用。一般来说，控制标准是从整个计划方案中选出的对工作绩效进行评价的关键指标，这些是计划已经制订了的具体的、可直接引用的标准。但因各种计划的详尽程度不同，有些计划是比较抽象的、概括的，是对组织工作目标及行动方案的总体规划和安排，这时需要将计划目标转换制定出一套更具体、可测量和考核的控制标准。控制标准的设立应当具有权威性。一个较好的控制标准体系，在内容上一般包括数量标准、质量标准、时间标准、成本和效益标准等；在文字上要求尽可能简化明了，做到具体化、数字化，容易测定，便于考核，便于执行。

1. 控制标准的分类。控制标准可以分为定量和定性两大标准。定量标准便于度量和比较，但定性标准也是不可缺少的。

定量标准包括：第一，实物标准。实物标准是企业在耗用原材料、能源，雇用劳动力，以及生产产品质量、性能和用途等方面的标准。例如，企业中的产品质量、单位台时定额、单位产品工艺消耗定额、废品的数量等。第二，价值标准。价值标准反映了组织的经营状况，包括成本标准、利润标准、资金标准等。例如，单位产品成本、年利润额、销售收入、税金等。第三，时间标准。时间标准为工作的开展提供了时间限制，表现为一系列的时间标准。例如，工时定额、工程周期、交货期、生产线的节拍、生产周期等。

定性标准主要是有关产品和服务的质量、顾客满意度、组织形象等方面的衡量标准，这些标准的控制对企业和组织计划与目标的实现也极为重要。

2. 寻找控制的关键点。一般来说，并不是计划实施过程中的每一步都要制定控制标准，而是选择一些关键点作为主要的控制对象。事实上，控制住了关键点，也就控制住了全局。只要对这些主要的关键点进行控制，就可以控制企业和组织活动的整体状况。确定控制关键点的过程是一个分析决策的过程，它需要对计划内容作全面深入的分析，同时还要充分考虑组织实施过程中的具体情况以及外部环境带来的干扰影响。确定关键点需要有丰富的经验和敏锐的观察力。一般关键点都是目标实施过程中的重要组成部分，可能是计划实施过程中最容易出偏差的点，或是起制约因素的点，或者是起转折作用的点，或者是变化度大的点，等等，应根据具体情况进行具体选定。为此，孔茨建议管理者应不时地问自己这样一些问题：什么能最佳地反映本部门的目标？当没有达到这些目标时，什么能最佳地表明情况？最能表明偏差情况的是什么？能向主管表明谁应对此负责的是什么？哪些标准最省钱？经济适用的信息标准是什么？在实际管理工作中，要根据管理组织所达到的目标来确定关键点。这个目标可以是管理组织的总目标，也可以是各个部门以致各个人的分目标。由于人们在实现目标的过程中所达到的最终成果是衡量计划完成情况的最好尺度，因而建立起一个可以考核的完整目标体系，也就获得了一个最好的控制标准体系。只要掌握了这些标准，也就掌握了计划的基本进程和最终目的。

3. 确立标准的方法。在日常管理工作中，常用的确立标准的方法有三种。

第一，统计分析法。相应的标准称为统计标准。它是通过分析反映企业经营在各个历史时期状况的数据或对比同类型企业的水平，运用统计学方法为未来活动建立的标准。最常用的有统计平均值、极大（或极小）值和指数等。统计分析法常用于确立与企业的经营活动和经济效益有关的标准。这种方法的优点是简便易行，但由于受历史的局限而难以反映发展和变化的要求。

第二，经验判断法。它是由有经验的管理人员凭经验、判断和评估来确立控制标准。在这种方法下，管理人员的主观期望和个人价值系统将起决定性的作用，因此，应尽量克服主观性，充分综合各方面管理人员的知识和经验，进而确立标准。这种方法一般是作为另两种方法的补充。

第三，技术分析法，又称工程方法。相应的标准称为工程标准。它以准确的技术参数和实测的数据为基础，主要用于测量生产者或某一工程的产出定额标准。例如，确定机器的产出标准，就是根据设计的生产能力确定的；劳动时间定额是利用秒表测定的受过训练的普通工人以正常的速度按照标准操作方法对产品或零部件进行某个工序的加工所需的平均必要时间。

以上三种确立标准的方法各有优劣，因此，在日常管理工作中可根据标准的性质、工作的要求选择综合使用。

## （二）衡量绩效

在管理控制工作中，按控制标准对组织的实际工作进行衡量是实施控制的关键环节，只有找出了实际工作与控制标准的差异，才可能进行纠偏，从而达到控制组织活动和实现预期目标的目的。衡量绩效的要点是，用预定的标准对实际工作绩效和进度进行检查、比较，提交需要纠正的偏差结果，形成管理控制中的纠偏依据。因此，它又可分为两个小步骤：一是衡量实际工作成绩；二是比较实际工作与控制标准，由此发现和提出问题。

1. 衡量实际工作成绩。事实上，如何评定管理活动绩效的问题，在拟订标准时就已经部分地得到了解决。对于评定绩效而言，剩下的主要问题是如何及时地收集可靠的信息，并将其传递到对某项工作负责而且有权采取纠正措施的管理人员手中。控制既然是为了纠正偏差，就必须首先掌握实际工作情况。为了获得控制信息，管理人员衡量实际工作情况时采用的方法较多，一般来说可分为定性衡量和定量衡量两类。定性衡量用于衡量非量化的管理控制的对象的绩效，如组织成员的工作积极性、士气、责任心、能力发挥水平以及组织的运行状态等。定性衡量常用的方法包括观察法、现场调查法、座谈法、会议调查法、跟踪调查分析法、汇报法和调查表方法等。定量衡量用于测评组织中各类量化控制指标的完成情况，实际工作与指标的偏差等。定量衡量常用的方法有报表统计法、业务监测法、数据归纳法等。

2. 比较实际工作绩效与控制标准，界定偏差。对实际工作情况进行测量，常用的方法有三种：一是直接观察，即直接接触受控对象，了解情况，收集第一手材料做出判断；二是统计分析，即根据统计报表和其他统计资料分析受控对象的实际工作情况；三是例会报告，即通过定期或不定期的会议或下属的报告（书面或口头）调查受控对象的情况。以上三种方法各有利弊，应根据实际情况选用。不论采用何种方法，都要注意信息的把握，只有掌握及时、准确、可靠的信息，才能对实际工作情况做出正确的判断。

通过比较实际工作绩效与控制标准，会出现两种情况：一是没有出现偏差；二是出现了偏差。一般来说，管理工作的实际绩效与控制标准不可能完全一致，两者之间总会有一定的偏差，因此，人们往往规定了一个可以浮动的范围，只要实际结果在这个范围之内就可以认为不存在偏差，则该控制过程暂告完成；而一旦实际结果在允许的范围之外，就可以认为存在偏差，则控制过程进入下一步骤。

人们通常认为衡量绩效要等工作做完以后才进行，这不仅不全面而且很危险。控制活动应当跟踪工作进展，及时预告脱离正常或预期成果的信息，偏差信息即实际工作情况或结果与控制标准之间的偏差情况。只有了解、掌握了偏差信息，才能决定是否应该采取纠正措施以及采取什么纠正措施。拟出控制报告是有效评价中的一个关键环节。只有在把有关评价的结果传递给能够采取纠正行为的管理人员时，对绩效的衡量才具有价值。所以，控制报告的及时性和准确性是很可贵的。

根据控制标准衡量实际绩效，最理想的是在偏差尚未出现以前就有所察觉，并采取措施加以避免，实施前馈控制，富有经验的管理者一般都是这样的。但是，光凭管理者的经验是远远不够的，必须凭借切实可行的控制标准和测定手段才能客观评价实际的或预期的执行情况。标准与现实的比较可采用手工、机械化或者自动化等手段来进行。

为准确地测定执行情况，还必须考虑衡量的精度和频率问题。所谓精度，是指衡量结果能够在多大程度上反映出被控制对象的变化。精度越高，越能准确反映出被控对象的变化。所谓频率，是指对被控对象多长时间进行一次测量和评定。频率越高，越能及时掌握被控对象的变化。但总的原则是衡量精度和测量频率要适当。

### （三）纠正偏差

这是控制过程的第三个步骤。这一步是在衡量工作绩效的基础上，针对被控对象状态相对于标准的偏离程度，及时采取措施予以纠正，使其恢复到正常状态上来。

1. 要分清偏差的性质。偏差可分为正偏差和负偏差。正偏差是实际绩效比标准完成得还好；负偏差是实际绩效没有达到标准的要求。负偏差固然引人注目，需要纠正，但是，出现正偏差时也不一定就没有问题，也必须引起注意并正确处理。例如，由于正偏差，生产超过了计划，造成库存大量积压、资金周转不灵，也会危及企业经营目标的实现。

2. 要分析偏差产生的原因。可能是由于未能严格按计划要求行动所致，如工作不负责、不认真或不能胜任、能力有限等；也可能是由于外部环境发生了重大变化，而事先并没有估计到这些变化，如国家政策法规变化、国际政治风云变化、市场出现了新的强大竞争对手、某个大客户或大供应商突然破产等；还有可能是由于计划目标本身不合理造成的，如盲目把目标定得太高而实际能力根本达不到。弄清原因是采取措施的基础。

3. 采取措施纠正偏差。管理者可以选择的方案有三种：第一，不采取行动。当工作绩效与控制标准之间不存在偏差时，理所当然地不会采取任何行动。还有就是当偏差虽然出现但未超过允许的偏差范围时，管理者也可以不采取任何行动。这种小范围的偏差有时可以通过组织的自适应控制来校正。还有一种可能是，通过成本—效益分析，管理者发现，如果采取纠偏行动，其费用可能会超过偏差带来的损失，此时最好的方案也许就是不采取任何行动。第二，改进工作绩效。如果偏差是由于工作产生的，且偏差已超出了允许的范围，则需要采取纠偏措施，以改进工作绩效。具体采取的方式涉及各方面的管理工作，通常包括改进生产技术、改进流程、改进管理方式、调整组织结构、改进激励措施、重新配置人力物力资源、调整培训计划等。第三，修订控制标准。可以采用提高标准和降低标准两种方式。如果标准脱离实际，导致多数员工、多数部门无法实现控制目标时，管理部门应适当降低标准；相反，如果实际工作绩效已远远超过了标准，则应在充分肯定工作的情况下，适当提高标准。标准的修订在管理控制中是不可避免的，这是由于在组织管理中一些不确定因素的影响往往难以预测，同时，管理环境的变化会导致管理目标和标准的变化。从某种意义上说，管理控制就是一个不断制定标准、实施标准、修订和完善标准的过程。值得注意的是，在修订标准时，应从实际情况出发，强调标准的客观性，避免管理人员主观因素的消极影响。

这一步是在衡量工作绩效的基础上，针对被控对象状态相对于标准的偏离程度，及时采取措施予以纠正，使其恢复到给定状态上来。

对实际工作业绩进行衡量后，就应将衡量结果与控制标准进行比较研究，以发现其中的偏差。偏差可能有两种：顺差和逆差。前者即实际执行结果优于控制标准。后者即实际执行结果劣于控制标准。

并不是一有偏差就需要采取纠正措施。一般来说，当偏差较小，尚在标准允许范围内时，就不必采取什么措施；当偏差较大，就必须针对造成偏差的原因，尽快采取对策，而且只有当该纠正措施的投入产出效果令人满意时，采取它才是必要的。

纠正偏差重要的是对其产生的原因进行认真的分析。偏差产生的原因往往是多方面的，如果不对造成偏差的原因作切合实际的分析，那么纠正偏差的控制措施也就不能奏效。因此，搞清偏差产生的原因是采取控制措施的基础。

产生偏差的原因，既可能是主观努力程度不够，也可能是出现客观条件变化，导致标准脱离实际情况。找出产生偏差的原因后，就要对症下药，采取纠正措施。

控制职能绝对不是仅限于衡量计划执行中出现的偏差，控制的目的在于通过采取纠正措施，把那些不符合要求的管理活动引回到正常的轨道上来，使管理系统稳步地实现预定目标。只有采取了必要的纠偏行动之后，控制才是有效的。

无论在何种情况下都要采取纠正的行动。需要注意的是，并不是任何偏差都需要采取纠正行动，也不是任何人都能采取纠正行为，仅在偏差较大又影响到目标时才采取行动，并且只有被授权人才能采取行动。

上述控制过程的三个基本步骤，实际上形成了一个完整的反馈控制系统，完成了一个控制周期。管理是计划、组织、控制、再计划、再组织、再控制即一个螺旋上升的循环过程。

我们可以得出这样的结论：管理系统是一种典型的控制系统。控制是管理诸项职能中必不可少的一环，它使组织的整个控制过程得以有效运转，循环往复以至无穷。

## 三、有效控制的原则

控制的目的是保证组织活动符合计划的要求，以有效地实现预定目标。但是,并不是所有的控制活动都能达到预期的目的。为此,有效的控制应遵循如下原则。

(一) 适时控制

适时控制强调控制的及时性,因而也称为及时性原则。法约尔曾指出,为了达到有效的控制目的,控制应在有限的时间内及时进行。有效的控制,要求能对组织活动中产生的偏差尽可能早地发现并及时采取措施加以纠正,避免偏差的进一步扩大,或防止偏差对组织产生不利影响的扩散。信息是控制的基础,要做到及时控制,信息的收集和传递必须及时,管理人员必须及时掌握能够反映偏差产生及其严重程度的信息。如果信息处理的时间过长,即使信息是非常客观和完全正确的,其时间的滞后可能就失去了纠偏的实际意义,且会产生严重的后果。

纠正偏差的最理想方法应该是在偏差未产生以前就预计到偏差产生的可能性,从而采取措施,防患于未然,防止产生偏差,特别是对控制全局的主管人员来说,应关注所预见的趋势,通过对活动变化趋势的把握,尽可能早地预测偏差的产生,并采取预防措施加以纠正,从而使各方面的损失降到最低限度。

预测偏差虽然在实践中有许多困难,但在理论上是可行的,即可以通过建立组织经营状况的预警系统实现。为需要控制的对象建立一条警戒线,反映经营状况的数据一旦超过这个警戒线,预警系统就会发出警报,提醒人们采取措施防止偏差的产生或扩大。

(二) 适度控制

适度控制是指控制的范围、程度和频度恰到好处,防止控制过多或控制不足。控制常给被控制者带来某种不快。但是,如果缺乏控制则可能导致组织活动的混乱。有效的控制应该既要满足对组织活动监督和检查的需要,又要防止与组织成员发生强烈的冲突。一方面,要认识到,过多的控制会对组织中的人造成伤害,对组织成员的行为产生过多限制会扼杀他们的积极性、主动性和创造性,会抑制他们的创新精神,从而影响个人能力的发挥和工作热情的提高,最终会影响企业的效率;另一方面,也要认识到,过少的控制将不能使组织活动有序地进行,不能保证各部门活动进度和比例的协调,会造成资源的浪费。此外,过少的控制还可能使组织中的个人无视组织的要求,我行我素,不提供组织所需的贡献,甚至利用在组织中的便利地位谋求个人利益,最终导致组织的涣散和崩溃。

控制程度适当与否,受到许多因素的影响,判断控制程度或频度是否适当的标准通常随活动性质、管理层次以及下属受培训程度等因素而变化。一般来说,科研机构的控制程度应小于生产劳动,企业中对科室人员工作的控制少于现场的生产作业,对受过严格训练、能力较强的管理人员的控制低于那些缺乏训练的新任管理者或单纯的执行者。此外,企业环境的特点也会影响人们对控制严厉程度的判断。在市场疲软时期,为了共渡难关,部分职工会同意接受比较严格的限制,而在经济繁荣时期则希望工作中有较大的自由度。

### (三) 客观控制

控制工作应该针对企业实际状况采取必要的纠偏措施，促进企业活动沿着原先的轨道继续前进。因此，有效的控制必须是客观的、符合企业实际的。客观的控制源于对企业经营活动状况及其变化的客观了解和评价。为此，控制过程中采用的检查、测量的技术和手段必须能正确地反映企业经营时空上的变化，准确地判断和评价企业各部门、各环节的工作与计划要求的相符或相背离程度。这种判断和评价的正确程度还取决于衡量工作成效的标准是否客观和恰当。为此，企业还必须定期检查过去规定的标准和计算规范，使之符合现时的要求。另外，由于管理工作带有许多主观成分，因此，对一名下属人员的工作是否符合计划要求，不应不切实际地主观评定。凭主观进行控制会影响对业绩的判断。没有客观的标准、态度和准确的检测手段，就不容易对企业实际工作有正确的认识，从而难以制定出正确的措施，难以进行合理的控制。

### (四) 弹性控制

企业在生产经营过程中可能经常遇到某种突发的、无力抗拒的变化。这些变化使企业计划与现实条件严重背离。有效的控制系统应在这样的情况下仍能发挥作用，维持企业的运营。也就是说，有效的控制系统应该具有灵活性或弹性。弹性控制通常与控制的标准有关。比如，预算控制通常规定了企业各经营单位的主管人员在既定规模下能够用来购买原材料或生产设备的经营额度，如果将这个额度绝对化，那么一旦实际产量或销售量与预测数发生差异，预算控制就可能失去意义。

经营规模扩大，会使经营单位感到经费不足，而销售量低于预测水平，则可能使经费过于宽绰，甚至造成浪费。有效的预算控制应能反映经营规模的变化，应该考虑到未来的企业经营可能呈现出的不同水平，从而为企业经营规模的不同参数值规定不同的经营额度，使预算在一定范围内是可以变化的。

弹性控制有时也与控制系统的设计有关。通常组织的目标并不是单一的，而是多重目标的组合。由于控制系统的存在，人们为了避免受到指责或是为了使业绩看起来不错，会故意采取一些行动，从而直接影响一个特定控制阶段内信息系统产生的数据。例如，如果控制系统仅仅以产量作为衡量依据，则员工就会忽略质量；如果衡量的是财务指标，那么员工就不会在生产指标上花费更多时间。因此，采取多重标准可以防止工作中出现做表面文章的现象，同时也能够更加准确地衡量实际工作和反映组织目标。一般来说，弹性控制要求企业制定弹性的计划和弹性的衡量标准。

### (五) 注重成本效益

任何控制都需要一定的成本，衡量工作成绩、分析偏差产生的原因以及为了纠正偏差而采取的行动都会产生成本。同时，由于纠正了组织活动中存在的偏差，也会带来一定的效益。只有控制带来的效益超出所需成本时才是值得的。控制成本与效益的比较分析，实际上是从经济角度去分析控制程度与控制范围的问题。

控制成本基本上随着控制程度的提高而增加，控制收益的变化则比较复杂。在初始阶段，较小范围和较低程度的控制不足以使企业管理者及时发现和纠正偏差，因此，控制成本会高于可能产生的效益。随着控制范围的扩大和控制程度的提高，控制的效率会有所改善，能指导管理者采取措施纠正一些重要的偏差，从而使控制效益能逐渐补偿并超过控制成本。到了一定的限度，控制成本会超过效益。控制不足和控制过度都是不经济的。

组织的一切经济活动都应以较少的费用取得较多的经济收益为目的，控制工作也不例外。控制所支出的费用必须小于由于控制所带来的收益的增加。这个要求看起来很简单，但实际做起来却相当复杂。因为一个主管人员很难了解哪个控制系统是值得的以及它所花费的费用是多少。一般来说，要实现控制的经济性，首先，应根据组织规模的大小、所要控制问题的重要程度以及控制费用和所能带来的收益等方面来设计控制系统。其次，所选用的控制技术和控制方法，应当是能够以最少费用或其他代价就可以检查和阐明工作偏差及其原因的。最后，不要追求所谓的"全面控制"，应该实行有选择的控制，把着眼点放在组织工作最重要的方面和最关键的环节上。

（六）全面控制与重点控制相结合

任何组织都不可能对每一个部门、每一个环节的每一个人在每一时刻的工作情况进行全面的控制。并不是所有成员的每一项工作都具有相同的发生偏差的概率，也不是所有可能发生的偏差都会给组织带来相同程度的影响。全面控制的代价太大，所以组织在建立有效控制时必须从实际出发，对影响组织目标成果实现或反映工作绩效的各种要素进行科学的分析研究，从中选择出关键性要素作为控制对象，并进行严格的控制，其他方面则相对放松控制，这样，管理人员可以省出很多时间和精力，收到事半功倍的效果。一般来说，关键性因素包括：关于环境特点及其发展趋势的假设、资源投入、组织活动过程等。在确立了重点的控制对象后，就必须在相关环节上建立预警系统或关键控制点，组织控制了关键点，也就控制了全局。选择关键点要注意：（1）影响整个工作过程的重要操作与事项；（2）能在重大损失出现前显示出差异的事项；（3）若干能反映组织主要绩效水平的实践与空间分布平衡的控制点。重点控制要求企业在建立控制系统时找出影响企业经营成果的关键环节和关键因素，并据此在相关环节上设立预警系统或控制点进行控制。有了这类标准，主管人员便可以管理一大批下属，从而扩大管理幅度，达到节约成本和改善信息沟通的效果，同时也使主管人员以有限的时间和精力做出更加有成效的业绩。

此外，一个有效的控制系统还应该站在战略的高度，抓住影响整个企业或绩效的关键因素。有效的控制系统往往集中精力于例外发生的事情，即例外管理原则，第一次发生的事例则需投入较大的精力，凡已出现过的事情皆可按规定的控制程序处理。

## 第三节　控制的内容

### 一、人员控制

人员控制分为直接控制和间接控制。

人员的直接控制是指管理者通过他人的工作实现自己的目标。为了实现组织的目标，管理者需要而且必须依靠下属员工。因此，管理者使员工按照他所期望的方式去工作是非常重要的，为了做到这一点，管理者最简单的方法就是直接巡视和评估员工的表现。在日常工作中，管理者的工作是视察、指导员工的工作并纠正出现的问题。

人员的间接控制是指根据企业发展战略的要求，通过有计划地对员工进行合理配置，搞好员工的培训和人力资源的开发，采取各种措施，激发员工的积极性，充分发挥员工的潜能，做到人尽其才、人尽其用，更好地促进生产效率、工作效率和社会经济效益的提高，进而推动整个企业各项工作的开展，以确保企业战略目标的实现。

具体来说，它主要包括以下五个方面：

（1）通过规划、组织、调配、招聘等方式，保证以一定数量和质量的劳动力及各种专业人才满足企业发展的需要。

（2）通过各种方式和途径，有计划地加强对员工的培训，不断提高员工的文化知识和技术业务水平。

（3）结合每一个员工的具体职业生涯发展目标，搞好对员工的选拔、任用、考核和奖惩工作。

（4）采取各种措施，包括思想教育、合理安排、关心员工的生活和物质利益等，激发员工的工作积极性。

（5）根据现代企业制度的要求考核员工工作绩效，根据员工工作绩效的大小和优劣做好薪资、福利、奖惩等工作，协调劳资关系。

人力资源部专门对人员进行管理和控制，把管理工作不仅仅局限于日常的事务性工作，而是作为企业经营管理战略的一大要件，从控制员工转为建立一种整合的人力资源的规划、开发和运用的系统，其包含：战略与决策系统；招聘与选拔系统；教育培训系统；绩效考核系统；薪资与福利管理系统；管理诊断系统；管理信息系统。从而满足日常的人员管理控制活动，各子系统间相互紧密联系又交叉互动，带动整个管理活动良性循环。

重视和加强人员的管理控制，对于促进企业生产经营的发展、提高企业的劳动生产率、保证企业获得最大的经济效益有着重要的作用。

## 二、时间控制

时间就是金钱，时间就是效率。在企业的经营管理过程中，工程的按时完工、贸易中的准时交货、合同的按时执行等都是十分重要的。在这里所说的按时其实就是计划时间，科学准确地做好时间计划是时间控制的第一步，从某种程度上说，计划首先是时间的安排。

较好地安排时间的计划方法有甘特图计划、滚动计划和网络计划技术等，其中网络计划技术为管理活动的时间合理安排和资源的科学安排起到了很重要的作用。

20世纪70年代，日本丰田汽车公司首先应用的准时生产制（JIT）是一种先进的生产控制和时间控制的方法。其最初的指导思想是：通过生产过程整体优化，改进技术和理顺物流，彻底消除无效劳动和浪费，降低成本，改善质量，以达到用最少的投入实现最大产出的目的。

"设计一个生产系统，能高效地生产100%优良产品，并且在需要的时间、按需要的数量、生产所需要的工件"，这是对准时生产制目标最简单的概括。

进行准时生产制的直观效果是减少浪费，这是一个成功企业与一个不成功企业的分界线。简单地讲，准时生产制就是在必要的时间生产必要数量的必要产品，节约一分钱就可能增加一分钱的利润。为了提高劳动生产率，不是要在劳动中更多地使力气，而是应尽量减少生产中的各种浪费来提高生产率。这种尽量减少浪费的思想就是准时生产制的出发点。

准时生产确切地说就是零件、部件或部分装置件都必须准时完成，早一点或晚一点都不行。它追求的目标是零库存，即在需要该零部件时，刚好把它生产出来并送到需要的地点。即这种生产方式的核心是追求一种无库存生产系统或使库存达到最小的生产系统。

无库存生产，又称为零库存生产，即在整个生产过程中不需要库存。这种生产方式是不同于传统生产组织方式的一种新兴生产方式。准时生产制已经成为一种生产的哲理，在生产管理中得到了普遍的应用。当然，零库存作为一种理想状态是不可能实现的，但零库存管理的真正目的在于，通过降低库存，发现管理中存在的问题，解决这些问题，从而提高整个系统运作的效率，使得系统得以改善。这样以库存作为手段，一步一步把工作和管理中的问题解决。准时生产制还认为，改进的过程并不是一个静止的过程，而是一个不断循环的过程，是一个要求尽善尽美的过程。

准时生产制的基本原理是以需定供或者说是"下求上供"，即供方根据需方的要求提供，下一道工序所用物料要求上一道工序按实际需要供给。准时生产制的原理虽简单，但内涵却很丰富：品种配置上，保证品种有效性，拒绝不需要的品种；数量配置上，保证数量有效性，拒绝多余的数量；时间配置上，保证所需的时间,拒绝不按时供应;质量配置上,保证产品的质量,拒绝次品和废品。

准时生产制要求企业生产秩序稳定,全面按照科学的方法指导生产;设备、工装精度良好;建立以生产工人为主体的管理体系,保证一线工人百分之百的时间在从事生产。

随着市场环境向多样化方向发展和竞争的加剧,准时生产制生产方式的应变能力以及对质量、成本、生产周期的有效控制方法已经越来越多地影响着众多的制造企业。

### 三、成本控制

当一个企业的经营设计、产品设计、设备装置、作业设计等已确定并按规范投入各生产要素时,成本管理的中心是成本的控制,即要使经营活动的各环节、各方面达到或低于目标成本。具体方法如下。

1. 制定控制标准,确定目标成本。确定目标成本的方法有计划法、预算法和定额法等。

2. 记录和统计资料,进行成本核算。成本统计所用的原始记录是反映核算期人力、物力、财力等支出的全部原始记录,是进行成本核算和控制的最基本依据。进行成本控制所要进行的成本核算有可比产品总成本、可比产品单位成本、商品产品成本、主要产品单位成本、可比产品成本降低率等。通过成本核算,了解实际成本,并为分析改进提供数据资料。

3. 差异分析。将实际成本与目标成本相比较,就会发现差异。分析就是通过比较找到实际成本与目标成本差异的发展趋势,找出控制和降低成本的措施。差异分析的主要内容有直接材料费用分析、直接人工费用分析、管理费用分析、销售费用分析。

4. 采取措施,降低成本。一旦发现实际成本高于目标成本,就应积极采取措施,控制成本的上升趋势。一般来说,可采用的方法有价值工程、严格投入管理、防止跑冒滴漏、改进产品设计或生产工艺、精简机构等。

### 四、质量控制

产品质量是企业的生命,也是企业竞争取胜的关键。企业产品质量好,竞争能力就强,在市场上才能站得住脚。否则,产品就会被市场所淘汰,企业就不会有前途。

质量控制是企业生产经营活动中一项极其重要的控制活动。质量控制的根本目的显然是要提高产品质量,而提高产品质量是增强企业国内外市场竞争能力、保证企业生存和发展、提高企业经济效益的客观需要。因此,各级主管人员必须切实重视质量控制,在提高产品质量上下功夫。

1. 质量控制的定义。质量控制具有两个方面的含义:一是工作的质量;二是产品的质量。两者既有联系又有区别。产品质量是工作质量的体现,工作质量是产品质量的保证。质量控制包括对企业产品或服务质量的控制,也包括对工作质量(包括制度、标准等)的控制。

控制工作质量就是企业为了保证和提高产品质量,在经营管理和生产技术方面所要达到的水平。工作质量的好坏是通过企业内各单位、各部门以及企业每一个职工的工作态度、工作绩效、产品质量等反映出来的。工作质量是产品质量的保证,在一定意义上,提高工作质量比提高产品质量更重要。

控制产品质量是企业生产出合格产品和减少无效劳动的重要保障。在市场经济条件下,产品质量控制应达到两个方面的目标:一是使生产出来的产品达到产品质量标准;二是使企业以最低的成本生产出符合产品质量标准的产品。这两个方面是相辅相成的。企业生产出的产品符合质量标准是产品能为市场所接受的必要条件,而只有在低于社会平均劳动时间条件下生产出的合格产品才有竞争力。

2. 质量管理的发展。质量管理的发展经历了三个阶段,即质量检验阶段、统计质量管理阶段和全面质量管理阶段。质量检验阶段发生在20~40年代,工作重点在产品生产出来之后的质量检查。统计质量管理阶段发生在40~50年代,管理人员主要采用统计方法对生产过程加强控制,提高产品的质量。从50年代开始的全面质量管理是以保证产品质量和工作质量为中心,企业全体员工参与的质量管理体系。它具有多指标、全过程、多环节和综合性的特征。目前,全面质量管理已经形成了一整套管理理念,风靡全球。

3. 全面质量管理。全面质量管理具有以下四个特点。

(1) 管理的对象是全面的。不仅要管理好产品质量,而且还要管理好产品赖以形成的工作质量。产品质量不仅应符合企业确定的标准,更重要也是最关键的是应符合消费者的标准。

(2) 质量管理的过程和范围是全面的。即实行过程的质量管理,把形成产品质量的全过程都管理起来。全面质量控制的重点不是单纯的事后检验,而是事先控制不合格产品的生产及产品设计。

(3) 参加质量管理的人员是全面的。即要求企业各业务部门、各环节的全体职工都要参加质量管理。要求企业内所有人员都重视质量,关心质量,切实做好各项质量责任范围内的本职工作。

(4) 管理质量的方法是全面的。在质量分析和质量控制时必须以数据为科学依据,全面综合运用各种质量管理方法。不但需要运用有关方法,而且还必须将这些方法与改善组织管理、改进生产技术和提高人员素质相结合。

全面质量管理具体表现在以下四方面。

(1) 一切为用户服务。在全面质量管理中,必须树立以用户为中心、为用户服务的思想。这里的"用户"有其特定的含义,它不只是指产品的直接用户。下道工序是上道工序的用户,下一个车间是上一个车间的用户。

(2) 以预防为主。在全面质量管理中,要做到以预防为主,即通过分析影响产品质量的因素,找出主要因素,加以重点控制,防止质量问题的发生,做到化被动为主动，化消极防御为积极进攻，防患于未然。

（3）一切以数据为依据。全面质量管理强调一切以数据为依据，对质量问题要有定量分析，做到心中有数，掌握质量变化的规律，通过调查分析，得到可靠的结论，以便采取解决质量问题的有效措施。

（4）按 PDCA 管理循环办事。全面质量管理要求采用一套科学的程序来处理问题，即按 P（计划）D（执行）C（检查）A（行动）管理循环来开展工作，并通过不断循环达到提高质量管理水平和产品质量的目的。

产品质量取决于产品形成过程中各个环节工作的质量水平，它包括产品的设计质量水平、产品的制造质量水平以及产品售后的使用和维护水平的全过程。因此，在全面质量管理过程中应对产品质量有影响的各因素进行合理的控制，抓好影响产品质量的重要环节的质量水平。

### 五、库存控制

库存控制（inventory control），是对制造业或服务业生产、经营全过程的各种物品、产成品以及其他资源进行管理和控制，使其储备保持在经济合理的水平上。库存控制是使用控制库存的方法得到更高盈利的商业手段。库存控制是仓储管理的一个重要组成部分。它是在满足顾客服务要求的前提下，通过对企业的库存水平进行控制，力求尽可能降低库存水平、提高物流系统的效率，以提高企业的市场竞争力。

进行库存控制可以先借助 ABC 分类法确定不同库存物资控制的重要程度。通常，一家公司有几千种库存物资并不少见，对这些物资都进行严格的控制显然是不可能的，也是不必要的。事实证明，大多数组织库存中约 10% 的物品占年度库存总价值的 50%；另外 20% 的物资占了价值的 30%；其余 70% 的物资只占 20% 的价值。ABC 分类法正是通过对企业所有库存物资进行分析、计算，把物资分成 A、B、C 三类，然后实施不同的管理：A 类物资应受到最严格的控制，因为 A 类物资的数量非常少，却占用了大量的投资金额；B 类物资进行一般的控制；C 类物资进行最少的控制，因为它们占用的资金很少，可以通过简单设置订货点的方式进行控制。

在有关库存数量控制方面，管理人员使用经济订购批量模型（economic order quantity，EOQ）计算最优订购批量，使所有费用达到最小。这个模型考虑三种费用：一是订购费用，即每次订货所需的费用（包括通讯、文件处理、差旅、行政管理费用等），它随订货次数的增加而增加；二是保管费用，即储存原材料或零部件所需的费用（包括库存、利息、保险、折旧等费用），它与每次订货的数量有关；三是总费用，即订购费用和保管费用之和。

EOQ 模型的目标是在订购费用和保管费用之间取得平衡，使总费用最低，如图 14-5 所示。假设企业在一定期间内物资总需求量为 Q，每次订购所需的费用为 O，库存物资单价为 P，保管费用与全部库存物资价值之比为 C，则每次的经济订货批量为：

$$EOQ = \sqrt{\frac{2 \times Q \times O}{P \times C}}$$

EOQ 模型主要适合于具有独立需求性质的物资，不能用于零部件的库存问题，另外，它的使用还需要一定的条件，如假设需求量和提前期都是已知的而且是不变的，等等，虽然如此，作为最古老、最通用的库存控制技术，它还是得到了非常广泛的应用，并成为其他库存控制模型的重要基础。

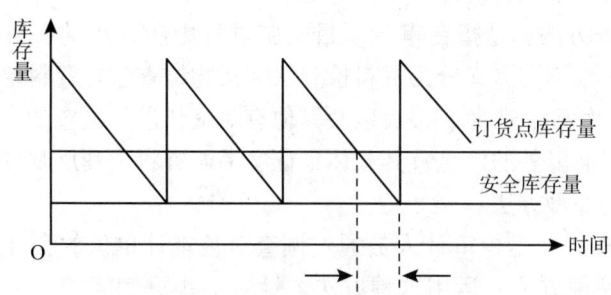

图 14-5　订货点法库存量变化示意

在库存物资的补充时间控制方面，常用的方法是订货点法和定期补充法。订货点法是设置一个订货点，如图 14-5 所示，当现有库存量降到订货点时，就向供应商发出订货，每次的订货量均为固定的值，如经济订购批量。而订货点（$Q_o$）的确定，则是根据订货提前期（$T$）、该物资平均的日消耗量（$q$）和安全库存（$Q_s$）来确定，即 $Q_o = T \times q + Q_s$。订货点法需要随时检查库存，并随时发出订货，显然增加了管理的工作量，也对供应商提出了较高的要求，但它对库存量的控制相对比较严密。定期补充法与订货点法不同，它采用固定的订货时间间隔，如每周、每月或每 90 天发出一次订货，每次订货的数量为将现有库存量补充到期望水平库存量所需订购的数量。定期补充法由于不需要随时检查库存，不同的物资可以同时订货，因此，简化了管理，也节省了订货费用，但订货数量的变化可能会给供应商带来不便。

### 六、审计控制

审计是常用的一种控制方法，它包括财务审计和管理审计两大类。审计还有外部审计和内部审计之分。外部审计是指由组织外部人员对组织活动进行审计；内部审计是组织自身专门设有审计部门，进行审计本组织的各项活动。

审计工作有一些公认的原则，具体原则有：（1）政策性原则，即审计必须符合国家方针政策；（2）独立性原则，即审计监督部门应独立行使职权，不受任何干涉；（3）客观性原则，即审计应实事求是，客观地做出评价和结论；（4）公正性原则，即审计应站在公正立场，不偏不倚地进行判断；（5）群众性原则，即审计应走群众路线,充分依靠群众开展审计;(6)经常性原则,即审计工作应经常化、制度化。

## (一)财务审计

财务审计是由专职机构和人员依法对审计单位的财务、财政收入及有关经济活动的真实性、合法性、效益性进行审查,评价经济责任,达到维护财经法纪、改善经营管理、提高经济效益、促进宏观调控的独立性的经济监督活动。财务审计的主要方法有以下四种。

1. 审计检查方法,是指在审计项目实施过程中所采用的各种检验、查证方法。按检查的对象不同,又分为资料检查法和实物检查法。资料检查法也称查账法,它是对会计凭证、账簿、报表以及其他有关资料进行检查的方法。实物检查法,是指收集书面以外的信息及其载体,证实书面资料及其反映的经济活动的真实性、合法性的一种方法。

2. 审计调查法,是指审计人员通过调查对被审计单位的会计资料和有关事实进行查证的一种方法。运用这种方法,针对一些重大问题,采用多种多样的具体方法,透过经济现象发现带有倾向性的问题,有针对性地提出建议和措施,为各级领导进行决策提供依据。其具体方法包括审计查询法、观察法和专题调查法等。

3. 审计分析法,是指审计人员利用各种分析技术对审计对象进行比较、分析和评价的一种方法。这种方法主要用来查找可疑事项的线索,验证和评价各种经济资料所反映经济活动的真实性、合法性和效益性。常用的审计分析方法有账户分析法、账龄分析法、逻辑推理分析法、经济活动分析法、经济技术分析法和数学分析法等。

4. 抽样审计法,也称抽查或试查法,是先从被查总体中抽取一部分资料作为样本进行审查,然后根据审查结果来推断被查总体正确性和合法性的一种方法。常用的抽样审计方法有任意抽样审计法、判断抽样审计法和统计抽样审计法。

## (二)管理审计

管理审计是一个工作过程,它以管理原理为评价准则,系统地考查、分析和评价一个组织的管理水平和管理成效,进而采取措施克服存在的缺点或问题。管理审计的目标不是评价个别主管人员的工作质量和管理水平,而是从系统的观点出发去评价一个组织整个管理系统的管理质量。值得注意的是,要把管理审计和经营审计区别开来,两者的差别类似于评价主管人员的管理能力以及评价主管人员在制定和实现目标方面的能力。管理审计的方法与财务审计的一般方法基本一致,其中,查明事实真相是管理审计工作的最基本任务,具体包括以下内容。

(1)熟悉被查单位或部门的组织、人事、业务性质、管理制度、业务操作程序及领导关系等。

(2) 确定需要取得的资料。
(3) 查明各种业务记录，如单据、合同、函电、规章制度、账册、会议记录、总结报告等。
(4) 向各级管理人和职工调查，完成书面记录。
(5) 核实所得材料并进行分析，形成清楚的调查记录。

（三）内部审计与外部审计

管理控制的另一个有效方法是内部审计，即人们所说的经营审核。从广义上说，经营审核就是企业内部的审计人员对企业的会计、财务和其他业务经营活动所作的定期的和独立的评价。内部审计提供了检查现有控制程序和方法能否有效地保证达成既定目标和执行既定政策的手段。

内部审计虽局限于对会计账户的审核，但就其最有用的方式而言，内部审计包括对经营活动的全面评价，即按预计的成果来衡量实际的成果。因此，内部审计人员除了使本身确实弄清会计账户是否反映实际之外，还要对政策、程序、职权行使、管理质量、管理方法的效果、专门问题以及经营的其他各个方面做出评价。

外部审计是由外部机构选派的审计人员对组织财务报表及其反映的财务状况进行独立的评估。

## 第四节 控制的方法

现代管理诞生以前，人类的管理处于传统管理阶段。与此相适应，控制方法也是传统的。传统控制方法有明显的直观性质，比较有代表性的有现场视察、专题报告等方法。随着科技进步，现代管理又有了新一代的控制方法，它们普遍使用数字化的控制技术，如计划评审法、程序控制法等。后者适应了时代演变的需求，却不是前者的更替物。因此，事实上传统控制方法在大多数管理控制系统中还在应用，还有作用。以下主要介绍上述两类中的基本控制方法。

### 一、现场视察法

现场视察法是最古老的控制方法。比起报告、统计、预算等控制方法，它的特点和长处是直接、直观而不离不隔。不同层次的管理者都能用现场视察的控制手段有针对性地解决各自面临的管理问题。如从基层工作中的设备运转、劳动纪律、生产进度、成员士气，到中、高层工作中的现场视察下属报告属实程度、形势变化对原计划构成的挑战、组织目标、政策的落实情况等，现场视察无不发挥其效用。因为现场视察贴近实际，可以采集到及时、可靠、深入的信息，所以现场视察容易奏效。运用现场视察法，需要注意避免两种情况：一是下属或员工由于某些原因驱动制造假象应付管理者；二是把视察当作对他们工作的干涉、不信任。但只要管理者深入实际而不是走马观花,实事求是而不是好大喜功,体察下情而不是无端指责,解决问题而不搞形式主义,那么,现场视察可能存在的负面影响是可以抑制和避免的。

现场视察除具有直观的好处外,还会附带若干间接的益处。如管理者通过现场视察可以发现下属中的优秀人才,可以从倾听下属合理化建议中获得启发,可以对员工起激励作用,可以借此营造和谐的组织氛围,可以体察民情等,从而有利于组织计划更好地完成。

## 二、专题报告分析法

专题报告分析法是有效控制特定范围内问题的方法。它主要针对复杂的、例外的潜在问题,为管理者提供控制的信息和对策。在许多组织中,管理者把此项工作指派和委托给由训练有素的专业人员组织的参谋小组。小组成员因为长期从事研究分析工作,容易培养出敏锐的发现问题的能力,他们提出的专题报告也就能适时地、突出重点地为改进组织活动和提高组织绩效发挥巨大作用。这种作用是日常的统计图解方法所不具有的。

控制可以指向组织的常规工作,也可以作用于组织活动的关键领域、关键事件、关键环节,后一方面难以构成主要矛盾的主要方面,因此,控制必须突出重点、抓住重点,解决影响全局的重点问题。专题报告正是以满足控制的这一要求而显示出自己的方法性能活动。

## 三、统计资料分析方法

统计资料是反映受控系统历史活动状况的原始记录,也可以用来推断事物的变化趋势。它基本上用表格和图表两种形式为管理者提供控制组织运行的依据。多数人都不容易从表格中看出数据的趋向和关系,而比较容易理解图表或曲线图形显示的统计数据的分析,因为图表具有形象直观性。统计资料要有针对性地、有效地为管理控制服务,除了适应管理者的情况外,还应注意保证它的及时性和科学性。具体而言,就是要保证它定期地以某种规范形式呈报给管理层,这样可以排除由于季节性、财务调整等因素引起变化的影响,有助于管理者对变化趋势采取相应的控制手段。

## 四、预算控制法

预算属于计划范畴,是用数字形式编制一定时间内计划的表现。这里的数字形式,运用在财务范围内,就是资金及其使用,如表现为收益预算、支出预算、资本预算等;运用在其他可以数字化的组织行为与计划时,是指工时、原材料、产量、销售量等预算。预算把计划数字化,使控制得以量化,而且成为达到预期目的的重要手段，有利于管理者制定管理标准，有利于把计划分解为与组织结构相一致的各个部分，使它得以落实，同时使各部门的工作融入总目标，成为总目标的一个有机体，有利于协调组织资源并且清楚地标示出组织资源的运用情况及效果，有利于对管理者、员工的工作进行评价。

不同的组织，由于生产活动的特点不同，预算表中的项目会有不同程度的差异，但是，一般来说，预算内容要涉及以下三个方面。

1. 收入预算。收入预算和下面要介绍的支出预算提供了关于组织未来某段时期经营状况的一般说明，即从财务高度计划和预测未来活动的成果以及为取得这些成果所付出的费用。

由于组织收入主要来源于产品销售，因此，收入预算的主要内容是销售预算，销售预算是在销售预测的基础上编制的，即通过分析组织过去的销售情况以及目前和未来的市场需求特点和发展趋势，比较竞争对手和本组织的经营实力，确定组织在未来时期内为了实现目标利润必须达到的销售水平。

2. 支出预算。组织销售的产品是在内部生产过程中加工制造出来的，在这个过程中，组织需要借助一定的劳动力，利用和消耗一定的物质资源。因此，与销售预算相对应，组织必须编制能够保证销售过程得以进行的生产活动的预算，要确定为得到这些产品、实现销售收入需要付出的费用，即编制各种支出预算。不同的组织，经营支出的具体项目可能不同，但一般都包括直接材料预算、直接人工预算、附加费用预算。

3. 现金预算。现金预算是对组织未来生产与销售活动中现金的流入与流出进行预测，通常由财务部门编制。现金的预算只能包括那些实际包含在现金流程中的项目，赊销所得的应收款在用户实际支付以前不能列作现金收入，赊购所提的原材料在未向供应商付款以前也不能列入现金支出，而需要今后逐年分摊的投资费用却需要当年实际支出现金。因此，现金预算并不需要反映组织的资产负债情况，而是要反映组织在未来活动中的实际现金流量和流程。通过现金预算，可以帮助组织发现资金的闲置或不足，从而指导组织及时利用暂时过剩的现金，或及早筹齐维持营运所短缺的资金。

由于预算的实质是用统一的货币单位为组织各部门的各项活动编制计划，因此，它使得组织在不同时期的活动效果和不同部门的经营绩效具有可比性，但在预算的编制和执行中也暴露了一些局限性，主要表现在：它只能帮助组织控制那些可以计量的特别是可以用货币单位计量的业务活动，而不能促使组织对那些不能计量的组织文化、组织形象、组织活力的改善予以足够的重视；另外，编制预算时通常参照上期的预算项目和标准，从而会忽视本期活动的实际需要，因而会导致预算的错误等。充分认识了上述局限性，才能有效地利用预算这种控制手段，并辅之以其他工具。

## 五、程序控制法

程序是组织操作、处理事务时，按时间先后或内在顺序安排的规范化的工作步骤。它把组织行为过程有序、简捷、实用地加以描述,以提高处理管理活动中一切常规性、例行性事务的效率。建立程序是有效控制的途径。这是因为:

1. 程序是计划优化实现的表现形式。它把琐细、繁杂的日常事务,提炼、梳理为规范的物质流、资金流、信息流,便于快捷准确处理。

2. 程序是对计划系统化控制的体现。一项复杂的计划总是由不同的职能和工作部门来完成,期间要涉及调研、生产、采购、销售等各种类型的管理活动。不同门类的管理活动之间,既可能发生矛盾,也会形成某种重叠。为了保证它们协作有序、为目标的实现形成合力,就应以系统的观点和分析方法来设定程序。程序设定是把组织活动纳入计划目标系统中的必然要求,也是对组织活动有力规范、系统控制的体现。

3. 程序是凝结着控制标准的具体显现。程序通过文字说明、格式说明、流程图等方式,对组织处理事务的次序、步骤、要求、承诺做出了严格的、明确的规定,从而既便于成员按程序办事也便于管理者进行检查控制,还有利于服务对象的监督。

4. 管理中程序也有失效的危机。导致程序失效,既有经济的因素,如投入程序设定的费用大到使程序控制所获甚少,也有控制程序和计划的差距的因素,如一个已经老化的程序不能适应新的计划要求,甚至演变为创新发展的障碍,还有管理不到位的影响等。

### 六、信息控制法

管理离不开信息,控制也离不开信息。信息是进行管理的基础,也是实行有效控制的基础。甚至可以说,控制是一门收集、处理、利用和驾驭信息的艺术。控制和信息的依存关系决定了它必须与信息系统同步发展才能达到控制的目的。随着信息科学、计算科学、管理科学、系统科学等学科的交叉渗透发展,管理信息系统自20世纪中叶产生以后已经为不同类别的组织广泛利用。它不仅为管理提供了新的技术手段,而且也对信息控制提出了新课题、新要求,这主要表现在以下四方面。

1. 改变了管理者的控制方式。管理信息系统是人—机系统,它的开发、应用都要凭借人工进行,不会运用计算机就很难对它提供的信息进行深层次的利用和控制。因此,管理信息系统的出现导致了管理者控制方式变化。

2. 改变了组织的结构面貌。管理信息系统的建立使信息资源可以统一收集、存储、分析、传送和利用。它在控制领域引发的变化是:计算机的控制作用部分取代了人的监督,而且控制范围更大,控制的标准化更易得到贯彻落实。表现在组织结构方面,就是使组织控制的层次减少,对辅助人员需求减少,集权程度减弱,分权倾向增强,组织因此充盈着前所未有的活力。

3. 改变了组织内部的权利关系。由于管理者可以借助管理信息系统进行大范围的、标准化的控制,使及时应变、给出对策成为可能,组织中高层管理者的控制权力得到了加强。与此同时,中层管理者因为作用力下降,在组织管理控制中的地位也相对下降。各管理层的控制作用有进一步调整的趋向。

4. 改变了对成员的控制方式。管理信息系统不仅增强了传递信息的能力,使信息超载、堵塞现象大为减少,而且改变了信息传递方式,使信息横向传递、超级传递少有阻碍。于是,传统的上下垂直交流、小范围控制方式逐渐被淘汰。随之应运而生的对成员的控制方式是,管理者可以恰当地向成员发布各类信息去控制成员心理。如将技术进步、销售额增长等利好指标向成员公布,以鼓舞他们的工作热情;而面临的危机适时、适当地向成员公布,能增强他们的危机感等,并促使他们把自己和组织的前途命运联系起来,统一认识、集中力量、群策群力,为组织走出困境而努力。

## 复习思考题

1. 怎样理解管理控制的含义?控制在组织中处于何种位置?现代组织管理中为什么要加强控制?
2. 控制职能和其他三项管理职能之间有什么关系?
3. 实施有效控制的基本前提是什么?一个组织的控制系统由哪几部分组成?
4. 常见的控制类型有哪几种?它们是怎样划分的?它们各适用于什么场合?预先控制、过程控制和事后控制各有什么特点?正式组织控制和自我控制各有什么特点?直接控制和间接控制的优缺点是什么?
5. 控制过程一般由哪几个基本步骤构成?进行有效控制的基本原则是什么?怎样才能贯彻这些原则?
6. 人们对控制不满的主要原因有哪些?怎样才能减少人们对控制的抵制?
7. 资金控制、时间控制、数量控制、质量控制、安全控制、信息控制之间有什么联系?
8. 有哪些常用的控制方法?这些方法各自的特点是什么?
9. 分组讨论怎样才能建立起一个有效的控制系统,以衡量自己在管理学课程学习方面所取得的进步?该控制系统应该包括哪几方面的内容?如何运用?如何检验控制系统的有效性?

**案例分析**

### 摆 梯 子

在某集团生产车间的一个角落,因工作需要,工人要爬上爬下,因此,管理者甲放置了一个梯子,以便上下。可由于多数工作时间并不需要上下,屡有工人被梯子所羁绊,幸亏无人受伤。于是管理者乙叫人改成一个活动梯子,用时,就将梯子支上;不用时,就把梯子合上并移到拐角处。由于梯子合上竖立太高,屡有工人碰倒梯子,还有人受伤。为了防止梯子倒下砸着人,管理者丙在梯子旁写了一个小条幅：请留神梯子，注意安全。

一晃几年过去了，再也没有发生梯子倒下砸着人的事。一天，外商来谈合作事宜。他们注意到这个梯子和梯子旁的小条幅，驻足良久。外方一位专家熟悉汉语，他提议将小条幅修改成这样：不用时，请将梯子横放。很快，梯子边的小条幅就改过来了。

问题：本案例给我们哪些重要的启示？

# 参 考 文 献

1. [美] W. H. 纽曼、小 C. E. 萨默著：《管理过程——概念、行为和实践》，中国社会科学出版社 1995 年版。
2. [美] 安德鲁·J. 杜伯林著，胡左浩、陈莹、袁媛译：《管理学精要》，电子工业出版社 2003 年版。
3. [美] 哈罗德·孔茨、海因茨·韦里克著：《管理学》（第九版），经济科学出版社 1995 年版。
4. [美] 斯蒂芬·罗宾斯、玛丽·库尔特著，孙健敏、黄卫伟、王凤彬等译：《管理学》（第 13 版），中国人民大学出版社 2017 年版。
5. [美] 理查德·L. 达夫特著，范海滨译：《管理学》（第 11 版），中国人民大学出版社 2018 年版。
6. 邢以群著：《管理学》（第四版），浙江大学出版社 2016 年版。
7. 黄津孚著：《现代企业管理原理》，首都经济贸易大学出版社 2007 年版。
8. 韩岫岚、王绪君主编：《管理学基础》，经济科学出版社 1999 年版。
9. 王俊柳、邓二林编著：《管理学教程》，清华大学出版社 2003 年版。
10. 芮明杰主编：《管理学》，上海人民出版社 1999 年版。
11. 周健临主编：《管理学教程》，上海财经大学出版社 2001 年版。
12. 郭咸纲著：《西方管理学说史》，中国经济出版社 2003 年版。
13. 顾宝炎编著：《管理学导论》，东方出版社 1998 年版。
14. 王积瑾主编：《管理学》，浙江大学出版社 2007 年版。
15. 蒋永忠、张颖主编：《管理学基础》，清华大学出版社 2007 年版。
16. 仝新顺主编：《现代企业管理》，中国铁道出版社、经济科学出版社 2005 年版。
17. 吴金法主编：《现代企业管理学》，电子工业出版社 2003 年版。
18. 刘继忠、袁其平、杨秀琴主编：《管理学基础知识》，哈尔滨地图出版社 2006 年版。
19. 彼得·德鲁克：《管理——任务、责任、实践》，中国社会科学出版社 1987 年版。
20. 张正河、陆娟主编：《管理学原理》，中国农业大学出版社 2007 年版。
21. 阮文彪主编：《管理学原理》，中国农业大学出版社 2007 年版。
22. 赵丽芬主编：《管理理论与实务》，清华大学出版社 2004 年版。
23. 周三多主编：《管理学》，高等教育出版社 2006 年版。
24. 施斌主编：《管理学基础》，南海出版社 2004 年版。
25. 徐国华、张德、赵平等编著：《管理学》，清华大学出版社 2004 年版。

26. 陈传明、周小虎编著：《管理学》，清华大学出版社2005年版。
27. 魏文斌、江涌著：《现代管理导论》，中国矿业大学出版社2002年版。
28. 席酉民主编：《经济管理基础》，高等教育出版社2007年版。
29. 王凯、陈超主编：《管理学基础》，高等教育出版社2008年版。
30. 王雄伟著：《现代管理学》，宁夏人民出版社2006年版。
21. 俞明南、易学东主编：《现代企业管理》（第五版），大连理工大学出版社2006年版。
33. 王瑞永、周鸿著：《管理学——原理与方法》，人民邮电出版社2006年版。
33. 戴卫东、刘新姝编著：《管理学》，电子工业出版社2007年版。
24. 蒋永忠、张颖主编：《管理学基础》，清华大学出版社2007年版。
35. 刘汴生主编：《管理学》，科学出版社2006年版。
36. 白瑷峥、张晓霞、张小红主编：《管理学原理》，中国人民大学出版社2014年版。
37. 张小红主编：《管理学》，清华大学出版社2014年版。
38. 闫笑飞主编：《企业管理概论》，中国人民大学出版社2018年版。

# 敬 告 读 者

为了帮助广大师生和其他学习者更好地使用、理解、巩固教材的内容，本教材提供课件和部分习题答案，读者可关注微信公众号"经科新知"获取相关信息。

如有任何疑问，请与我们联系。

QQ：16678727

邮箱：esp_bj@163.com

教师服务 QQ 群：208044039

读者交流 QQ 群：894857151

经济科学出版社

2020 年 6 月

经科新知

教师服务 QQ 群

读者交流 QQ 群

经科在线学堂